기업 진화의 비밀

기업 진화의 비밀

기업은 어디에서 와서 어디로 가고 있는가?

2017년 5월 15일 초판 1쇄 발행
2018년 4월 10일 초판 2쇄 발행

지 은 이 | 김은환
펴 낸 곳 | 삼성경제연구소
펴 낸 이 | 차문중
출판등록 | 제1991-000067호
등록일자 | 1991년 10월 12일
주   소 | 서울특별시 서초구 서초대로74길 4(서초동) 삼성생명서초타워 30층
전   화 | 02-3780-8153(기획), 02-3780-8084(마케팅), 02-3780-8152(팩스)
이 메 일 | seribook@samsung.com

ⓒ 김은환 2017
ISBN | 978-89-7633-976-8 03320

삼성경제연구소 도서정보는 이렇게도 보실 수 있습니다.
홈페이지(http://www.seri.org) → SERI 북 → SERI가 만든 책

EVOLUTION OF ENTERPRISES

기업 진화의 비밀

기업은 어디에서 와서 어디로 가고 있는가?

| 김은환 지음 |

삼성경제연구소

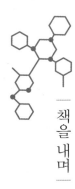

기업이란 '돈을 벌기 위해, 사람과 다양한 자원을 결합하여 재화나 서비스를 만들고 이를 시장에 파는 조직'이라고 쉽게 생각할 수 있다. 현실적으로 "기업이란 무엇인가"라는 질문보다 더 중요한 것은, 경영자라면 어떻게 이익을 낼 것인가, 투자자라면 어떤 기업에 투자할 것인가, 구직자라면 어떤 기업에 지원하여 어떻게 자신을 어필할 것인가, 그리고 기업의 잠재적 파트너라면 어떻게 기업과 역량을 결합하여 시너지를 창출할 것인가······ 등등이 될 것이다. 이를 축구에 비유하자면, "축구란 열한 명이 한 팀이 되어 경기장 양 끝의 골대 안으로 손을 쓰지 않고 공을 차넣는 게임"이라는 것 정도만 이해한 뒤 어떻게 연습하고 어떤 전략을 써서 상대방보다 골을 많이 넣을 것인가에 전념해야 하는 것과 같다. 연습에 열중하는 선수들에게 왜 한 팀이 열한 명인가? 왜 골키퍼 외에는 손을 쓰지 못하는가? 간접 프리킥으로 골을 넣으면 왜 인정이 안 되는가? 등의 근본적 질문을 던지는 것은 적절하지 못한 행동이 될지도 모른다.

유감스럽게도 본 책은 독자에게 바로 그런 질문을 던지고 있다. 왜 기업은 외부와는 시장 거래를 하면서 내부적으로는 명령과 통제에 의해 운영되는가? '자기 책임의 원칙'이라는 계약의 대원칙에도 불구하고 왜 주주는 유한책임을 지는가? 자동차 회사의 주주가 해당 회사 매장에 들어가 차를 몰고 나오면 절도죄가 성립하는 이유는 무엇인가? 이런 질문은 경쟁 전략을 입안하는 경영자나 면접을 준비하는 취업준비생에게는 현실과 동떨어진 이야기로 들릴지도 모른다. 기업이 정상적으로 원활하게 작동하고 기업을 둘러싼 경제 생태계가 순조롭게 운행되고 있다면 기업의 진화 자체를 따져보는 일은 한가한 지적 유희로 여기면 그만이다. 그러나 근본적인 곳에서 이상 징후와 균열이 발생하고 있다면 우리는 한발짝 물러나 다시 생각해볼 필요가 있다.

축구에서 오프사이드 규칙의 제정은 게임의 본질을 바꿔놓았다. 이 규칙이 없을 때의 축구는 최후방 수비수 한 명을 남겨두고 전방에 아홉 명을 배치하는 극단적 공격 축구였다. 하지만 오프사이드가 생김으로써 조직화된 수비와 이를 공략하기 위한 공격 전술이 나타났고 축구는 비로소 고차원적인 스포츠로 발돋움할 수 있었다. 축구의 전략 전술을 이해하기 위해서는 축구가 어떤 제도적 디자인에 의하여 등장하고 발전해왔는가를 우선 이해할 필요가 있다.

　기업도 마찬가지다. 하루하루 죽느냐 사느냐의 경쟁에 쫓기는 상황이지만, 현재 벌어지는 이 승부의 구조, 승부의 의미를 알고 싸우는 것과 그렇지 못한 것 사이에는 차이가 있다. 단지 규칙만 알고 짜는 전략과 규칙의 숨은 의미와 그것이 경기에 미치는 내부 역학을 이해하고 짜는 전략은 서로 크게 다른 것이다.

　고도성장기가 끝나고 전 세계 경제가 하강하는 상황에서 통상적인 전략들의 약효가 점차 사라져가고 있다. 그렇다면 우리는 경제 사회를 움직이는 게임의 규칙을 좀 더 깊이 이해하고 그 근원, 즉 탄생의 취지와 진화의 과정을 다시 숙고할 필요가 있다.

　본문에서 상세하게 소개하겠지만, 경쟁의 아이콘인 기업은 사실 협력을 고도화, 입체화하기 위한 정교한 디자인의 결과였다. 왜 협력을 고도화할 필요가 있었을까? 그것은 이제까지 시도되지 않은 새로운 방식으로 '과업', 즉 혁신을 달성하기 위해서였다. 아직도 우리에게 협력과 혁신이 중요하다고 생각한다면, 그리고 그것이 순조롭게 이루어지고 있지 않다고 생각한다면 이 문제를 함께 고민해볼 것을 제안한다.

혁신을 통해 참신한 가치를 창조하면서 또한 인류의 복지에도 기여하는 기업이란, 맛도 좋고 영양가도 풍부한 요리와 같다. 요리의 맛을 내는 식재료와 양념 하나하나가 오랜 진화의 산물이듯이, 기업은 자신의 DNA를 기업 이전 시대의 협력과 상호작용의 DNA에 의존한다. 사회와 국가와 시장은, 인간이 동물과 달리 대규모의 긴밀한 상호작용을 위해 활용해온 제도적 장치들이었다. 기업은 이 제도들의 DNA를 치밀하게 재결합한 결과다. 기업의 유전자에 각인된 혁신 본능이 어떻게 진화되어 왔는지를 살펴보자.

2017년 봄
김은환

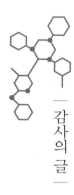

감
사
의
글

필자는 조직 이론을 전공하고, 기업 경영에 관한 실무적 연구를 오랫동안 수행해왔지만, 학술 연구 경력과 이론적 지식은 부족한 편이다. 그런데 본 책은 기업의 진화를 그 근원부터 추적하다 보니 최근의 진화론적 사회과학 분야까지, 필자가 감당하기에 버거울 정도로 넓은 분야를 다루게 되었다. 광범위한 주제에 대한 전문성 부족으로 혹여라도 오류를 범하지 않았을까 두렵다. 나름대로 기초적이고 확립된 이론을 바탕으로 이야기를 진행하려고 노력했다. 따라서 본 책은 진화론, 경제학, 경영학 해당 분야의 권위적인 연구 성과들을 소개하는 성격을 갖는다. 다만 그 내용을 배열하는 방식은 필자의 아이디어로, 이때 필자의 역할은 미술 전시회의 큐레이터와 닮았다고도 할 수 있겠다.

집필 과정에서 필자가 몸담은 SERI의 연구원들로부터 많은 도움을 받았다. 원고를 읽고 세세한 부분까지 코멘트를 해준 김창욱 박사에게 깊은 감사를 드린다. 김 박사는 혁신 연구의 전문가로서 복잡계, 진화경제학에도 조예가 깊어 가장 적합한 조언자가 되어주었다. 러시아 전문가 이대식 박사는 기업의 역사를 서술하는 데 있어 인문학적 관점에서 조언과 격려를 아끼지 않았다. 또한 기업 이론과 전략 분야의 전문가 강한수 박사는 특히 기업 파트에 대해서, 마케팅 전문가 이정호 수석은 전체적인 조언과 함께 제목을 포함한 독자와의 소통에 대해서 아이디어를 제공해주었다.

무엇보다도 본 책을 집필하고 출간할 수 있도록 아낌없이 배려해준 SERI 차문중 소장님 이하 경영진에 감사드린다. 출판의 승인은 물론, 집필의 편의를 위한 물심양면의 후원이 없었더라면 본 책은 나올 수 없었을 것이다. 특히 SERI 출판팀은 필자의 기대 이상으로 역량과 관록을 발휘하며 필자를 인도해주었다. 단독으로는 처음 책을 써보는 필자가 이 정도의 모양이라도 갖추게 된 것은 모두 출판팀의 지원 덕분이다. 또한 필자가 20여 년 SERI에 근무하면서 얻은 경험과 지식이 자양분이 되었음은 다시 언급할 필요도 없을 것이다. SERI의 연구 보고서 몇 개는 참고문헌으로 덧붙였으나, 필자가 SERI 입사 이래 함께 일한 모든 경영진, 선후배 동료들, 과제를 의뢰해준 관계사와 고객사로부터 받은 가르침과 지혜는 일일이 다 기록할 수 없었음을 밝혀둔다.

이러한 도움을 받고도 이 정도의 성과에 머무른 것은 모두 필자의 한계임을 부끄럽게 고백하며, 협력의 역사와 기업의 발전이라는 주제에 대해 필자에게 가르침을 주시고 이끌어주신 모든 분께 본 책을 돌려드린다.

감사할 대상이 둘 더 있다. 우선, 집 근처의 종로도서관은 본 책의 결정적 자료가 된 책들—특히 절판된 도서—을 만날 수 있는 경로가 되어주었다. 이런 좋은 도서관을 운영하는 서울시와 종로구에 감사드린다.

끝으로 손목이 아프네, 어깨가 아프네 하는 필자의 엄살을 참아가며 늘 곁에서 집필을 지켜봐준 아내에게 감사한다. 아내는 전공과 경력 등에서 필자가 본 책을 읽어주기를 바라는 독자의 전형이기도 하다. 모쪼록 아내를 비롯해 본 책을 펼치는 이들 모두에게 본 책이 의미 있는 시간을 선사할 수 있기를 진심으로 바란다.

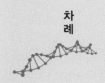

차
례

| 제1부 | 협력의 메커니즘:
협력은 어떻게 인류를 진화시켰는가?
유전자 공유와 3가지 조정 메커니즘

기업을 어떻게 이해할 것인가?

기업은 과연
어디를 향해 가고 있는가?

매일 아침 TV를 켜면 "아빠가 출근할 때~"라는 노래가 울리던 시절이
있었다.[1] 그만큼 아침에 출근하고 저녁에 퇴근하는 삶이 당연한 것으로
여겨지던 시절이었다. 물론 출근이야 개인 사무실이나 상점 등 자영업
일터로 할 수도 있는 것이지만, 여기서 말하는 출근이란 대부분 기업이
나 관공서, 대학 등과 같이 일정 규모 이상의 인력이 근무하고, 근태 등
에 대한 내규를 운영하는 공식 조직으로의 출근을 의미하는 것이었으리
라. 하지만 지금 세상은 빠르게 달라지고 있다. 공무원 채용 인력 감소,
대기업 신입사원 채용 축소로 이제 공식 조직에 '출근'한다는 것은 만만
치 않은 일이 되었다. 100인 이상 기업을 대상으로 조사한 결과 대졸자

신규채용 경쟁률은 26:1, 특히 대기업은 30:1에 달한다.[2] 30명 중 겨우 한 명만 통과할 수 있는 좁은 관문이 된 것이다. 더군다나 이렇게 어렵게 입사를 해도 오랜 기간을 근무하지 못하는 경우가 많다. 과거에 비해 조기퇴직률도 훨씬 높아져 회사에 취직하여 평생 한 직장에 근무하는 인력이 크게 줄어들고 있고 이런 경향은 지속될 전망이다.

이러한 흐름은 경제의 저성장, 직업에 대한 선호, 라이프 스타일 변화 등 많은 요인에 기인하겠지만, 근본적으로는 기업의 인력 수요가 양적으로나 질적으로나 달라지고 있음을 드러낸다. 이것은 단순히 불경기로 인해 채용 규모가 줄어든다는 것만을 의미하지 않는다. 화이트칼라 및 엔지니어 등의 직종을 통해 대졸 이상 학력 소지자들의 최대 고용주 역할을 해오던 기업의 위상이 변하고 있다. 이는 기업 자체의 본질적인 변화를 암시하고 있는지도 모른다. 기업이 오직 단기 이익 때문에 청년들에게 '좋은 일자리'를 제공해야 하는 의무를 소홀히 하고 있다고 판단하기에는, 심층에서 일어나고 있는 구조적 변화의 조짐들이 심상치 않다. 기업이 대졸자를 대규모로 고용하는 고용사회의 막이 내리고 있다는 진단이 나오고 있는 이유다.[3]

기업이 고용을 축소한다는 것은 단순히 일자리만의 문제가 아니다. 기업이 지금 그리고 앞으로 어떤 인재를 요구하고, 이들을 통해 어떤 가치를 창출하려고 하는가 하는 더 큰 질문이 그 뒤에 있다. 이것은 기업의 채용 정책이나 인적자원 관리의 영역을 벗어나며, 기업의 현재와 미래, 그리고 그 뿌리로서 과거에 대한 성찰을 요구한다. 기업은 도대체 어디서 와서, 지금 어디에 있으며, 과연 어디를 향해 가고 있는가?

문명의 가속 페달,
근대 기업의 출현

인류 역사라는 기나긴 시간의 축 위에서 보면 기업은 근대 이후, 즉 비교적 최근에 생긴 조직이라고 할 수 있다. 정부, 군대, 대학, 교회, 그리고 다양한 사회단체 같은 다른 공식 조직이 기업보다 훨씬 더 오랜 기원을 가지고 있다. 물론 기업을 어떻게 정의하느냐에 따라 그 역사는 길어질 수도 짧아질 수도 있을 것이다. 호사가들의 기록에 의하면 고대 로마에도 벽돌 공장이 있었고, 가까운 일본 사례만 봐도 백제 도래인이 만들었다는 1,400년 역사를 자랑하는 건축회사 콘고구미(金剛組) 같은 기업이 있다.[4] 하지만 생산, 유통, 고용의 주역으로서 우리가 알고 있는 기업은 어디까지나 근대의 산물이라고 보아야 할 것이다.

기업은 근대 이후 경제의 주역으로 부상했지만, 석기 시대 이래로 인류는 언제나 경제생활을 영위해왔고 또 느리게나마 혁신을 지속해왔다. 불, 도구, 농경 등 원시 인류가 이룩한 혁신은 어떤 의미에서는 근대 산업혁명보다 더 근원적인 것이었다.

— 신석기 시대의 인간은 토기를 만들고 직물을 짜며 농사를 짓고 가축을 기르는 등의 문명을 이루는 위대한 기술을 습득했다. […] 이러한 기술들은 몇 세기에 걸친 능동적이고 조직적인 관찰을 요하며 대담한 가설을 세워 반복해서 실험하고 검증하는 수많은 과정을 거쳐 이루어진 것이다.[5]

선사 시대 인류의 업적은 경이로운 것이었지만, 너무나 느리게 진행되었다. 석기 사용, 불 피우기, 수렵, 어로, 농경 등 전통사회의 모든 기술은 오늘날의 기준으로 판단하면 믿을 수 없을 정도로 천천히 개발되고 전파되었다. 그러나 정지화면 같았던 인류사회의 성장은 근대 이후 갑자기 고속 재생한 식물의 영상처럼 극적으로 빨라졌다. 그리고 이러한 변속은 기업이 경제의 전면으로 부상한 시점—그것의 선후나 인과 관계를 따지기는 어렵지만—과 겹친다.

본 책의 주요 목적은 근대의 어느 시점에서 어떤 계기로 혁신이 폭발적으로 가속화되었는지, 그 과정에서 기업이 어떤 역할을 했는지를 살펴보는 데 있다. 그러나 이를 위해서는 기업이 역사의 전면에 등장한 근대보다 훨씬 더 먼 과거로 먼저 가보지 않을 수 없다. 각종 도구를 발명한 원시 시대 조상들 이래로 인류의 혁신이 멈춘 적은 없다. 근대의 혁신 역시 무에서 피어난 것이 아니라, 이러한 원시 시대 이래의 유산을 바탕으로 한 것이다. 혁신의 속도라는 점에서 근대 이전과 이후는 매우 이질적으로 보이지만, 근대 이후의 폭발력의 근원은 결국 과거로부터 축적되어 왔다고 보아야 한다.

진화 사회과학이
기업에 대해 말해주는 것

기업의 역사에 대한 관심이 높아지고 있으며 여러 가지 성과들이 나오고 있다.[6] 본 책에서는 역사적 사실들을 세세하게 들여다보는 것보다는 이론적인 접근을 택했다. 사실에 대한 광범위한 조사를 통해서 귀납적으로 결론을 도출하는 것이 아니라, 조직과 기업의 이론으로부터 기업이 어떻게 형성되고 기능을 수행하는가를 역사 속에서 재구성하고자 하였다.

최근 기업 이론 및 조직 경제학, 그리고 법 경제학의 발전은 기업에 대한 이해의 수준을 상당히 심화시켰다. 이러한 이론들을 통해 문명의 발전 속에 기업이 어떻게 생겨나고 어떻게 경제생활의 주역으로 부각되었는지에 관한 개략적인 설명이 가능할 것으로 생각된다. 물론 이를 위해서는 기업을 둘러싼 제반 정치·사회·경제 제도의 발전은 물론 경제사를 포함한 역사에 대한 이해가 필수적이다.

그러나 이러한 사회과학적 접근만으로는 부족한 부분이 있다. 기업조직 역시 개인들이 어떤 목적하에 상호작용하는 협력 체제의 하나라고 한다면, 꿀벌 사회에서 시작된 자연계의 협력을 이해할 필요가 있다. 그 이유는 자연계의 협력을 살펴봄으로써 협력을 보다 보편적으로 이해하고 본질적인 부분에 집중할 수 있기 때문이다.

최근 통섭(統攝)의 중요성이 강조되면서 진화론 이슈가 더욱 강력하게 부상하고 있지만[7] 그 한편에서는 진화론이 사회과학의 비타민인가, 바이러스인가에 대한 논란도 있다. 학문 간 소통을 강조한다면서 생물학이 모든 것을 지배하려는 어두운 의도가 있다는 비난마저 나온다.[8] 그렇지만 진화 사회과학은 생물학의 한 분과가 아니다. 동물과 인간을 동시에 개념화할 수 있는 가장 유력한 방법론은 '게임이론'인데, 게임이론은 사회과학, 즉 경제학에서 먼저 개발된 후 진화생물학 연구에 큰 영향을 미쳤다. 다시 말해, 어느 한편의 일방적 영향이 아니라 상호 간 주고받기를 한 것이다. 더 정확하게 표현하자면, 진화 사회과학이란 생물학을 사회과학에 적용한 것이 아니라, 게임이론을 통해서 생물학과 사회과학을 일관되게 보려고 하는 것이다.[9] 생물학의 언어와 사회과학의 언어가 소통 가능하게 되면서 동물과 인간의 차이를 명확하게 이해할 수 있게 되었다. 생물학의 방법론이 기존 사회과학의 방법론을 대체하는 것도 아니고 인간과 동물의 차이를 무시하는 것은 더더욱 아니다.

근래 들어 협력의 진화에 관한 다양한 연구가 이루어지고 있고 일반 대중을 위한 책들도 다수 출간되었다.[10] 그런데 이러한 진화적 접근들은 다양한 인간사회 현상을 다루면서도 기업이라는 테마에 대해서는 그리 관심을 보이지 않는 것 같다. 기업에 관한 언급이 일부 있긴 하지만 인간의 상호작용과 집단행동이라는 보편적 이론의 한 적용 사례로만 보는 경우가 많고, 기업의 특수성을 심도 있게 다루는 경우는 흔치 않다.

하지만 기업은 단순히 집단행동으로 포괄할 수 없는 특수한 조직으로서 별도로 고찰할 만한 충분한 가치가 있다. 따라서 본 책에서 필자는 협력과 조직의 진화를 소개하는 논리와, 기업의 출현과 작동을 설명하는 논리를 접목해보려 한다. 그런 의미에서 본 책은 기업 역사의 재구성이면서 인류 문명사와 접목된 기업의 역사라고 할 수 있을 것이다. 그렇기 때문에 기업 이전 시대의 이야기를 꽤 상세하게 다룰 수밖에 없다. 기업은 백지에 저절로 쓰인 무엇이 아니라 오래된 뿌리에서 뻗어 나온 새로운 가지이다. 더 정확하게 표현하면, 기업은 기존의 협력과 조직 원리의 참신한 재구성이다.

—— 어떠한 조직의 탄생도 결코 처녀생식이 아니다. 모든 새로운 조직의 출현은, 아무리 급진적인 것처럼 보여도, 기존에 있던 것들의 결합이나 변형이다.[11]

본 책은 문명사라는 거시적 스케일로 기업을 조망한다. 그러다 보니 명료하지 않은 저해상도 시뮬레이션이 되었다는 한계도 없지 않지만, 혼란스러운 현상의 배후에서 흐르는 장기적 트렌드를 포착하는 데는 도움이 될 수 있을 것이다.

기업 이론은 기업의 전략을 설계하기 위한 수단도, 이윤 최적화를 달성하기 위한 전술도 아니다. 본 책에서는 선진기업과 평범한 기업의 차별화보다는 모든 기업에 공통된 본질을 더 눈여겨본다. 또한 최신 사례를 통해 미래를 전망하기보다는, 영화의 시리즈물에서 전편보다 시간적으로 더 앞선 이야기를 찾아가는 프리퀄처럼 기업이 최초로 탄생한 배경을 탐구한다.

기업이 벌이는 실제 경쟁을 분석하고 그 승패를 가늠해보는 일과 비교할 때 왜 이러한 게임이 생겨났는지, 기업의 성과를 평가하는 기준은 왜 이렇게 결정되었는지를 탐구하는 일은 덜 중요해 보일지도 모른다. 그러나 근본적 변화의 시대를 헤쳐가려면 단순히 게임의 룰을 잘 따르는 것만으로는 부족하다. 기존의 규칙을 변형하고 새로운 규칙을 고안해야 하며, 이를 위해서는 관습적으로 받아들이던 규칙들에 숨겨진 '탄생의 비밀'로 돌아갈 필요가 있다.

테마와 구성:
협력과 혁신의 짜임

본 책의 주제는 2개의 키워드, 즉 '협력'과 '혁신'으로 요약할 수 있다. 이

두 단어는 진영 논리와 관계없이 긍정적으로 받아들여지는 흔치 않은 어휘이며, 더 나아가 인류의 다양한 문제를 해결해줄 해법으로도 자주 거론된다. 그런데 이 두 단어는 서로 미묘한 긴장 관계에 놓여 있다.

협력[12]이란 안정적인 틀을 요구하고 참여자 상호작용에서 상당한 정도의 예측 가능성을 전제한다. 즉 돌출적 행동, 즉흥적 대응을 억제하는 성질을 지니는 것이다. 반면 혁신은 바로 이러한 예측 가능성을 흔들어놓는다. 그리고 이러한 혼란을 새로운 질서로 변화시키는 과정에서 수평적 협력보다는 단호하고 일방적인 리더십이 요구되곤 한다. 즉 협력과 혁신은 서로 길항하는 측면이 있다.

한편, 협력이 이루어지기 위해서는 기존의 교착 상태, 갈등 상태를 풀어주고 이른바 '윈윈 관계'를 구성하기 위해 기존의 관계를 혁신해야 한다. 동시에 혁신 역시 하나의 아이디어로부터 현실적인 질서로 변화하기 위해서는 매우 열성적인 참여와 협력이 필요하다. 즉 협력과 혁신은 서로를 요구하고 보완한다.

이것이 인류사회가 진화해오면서 끝없이 고민하고 시도하고 실패하고 성공했던 다사다난한 역사의 근원을 이룬다. 이 길이 너무나 험난했기 때문에 인간 외의 동물들은 그 길을 가지 않은 것인지도 모른다. 독립적으로 살면 상호 이익 창출의 기회도 없지만, 배신으로 인한 리스크도 없다. 그럼에도 불구하고 인간은 다른 인간의 손을 붙잡았고 그 결과 관계의 고통을 겪으면서도 이제까지 어떤 동물도 이루지 못했던 협력을 이룰 수 있었고, 다양한 상호작용을 통해 조직을 구성할 수 있었다.

이제부터 시작될 이야기는 이 과정에 대한 설명과, 근대에 이르러 협력의 기반 위에서 혁신을 가속할 수 있는 제도적 장치로서 고안된 기업에 관한 이야기이다.

　본 책은 크게 네 부분으로 나뉜다. 〈제1부 협력의 메커니즘: 협력은 어떻게 인류를 진화시켰는가?〉에서는 모든 생물체에 공통된 유전자 공유의 메커니즘을 다룬 후 인간사회의 상호작용을 조율하는 3가지 메커니즘, 즉 ① 상호 호혜적 협력, ② 명령과 통제, ③ 시장 거래를 살펴볼 것이다. 이것은 앞으로 전개될 모든 이야기의 이론적 기초를 이룬다. 그 원리를 간단하게 설명하면 다음과 같다.

　① 상호 호혜적 협력은 "네가 도우면 나도 돕고 네가 날 버리면 나도 널 버리겠다"는 이른바 '눈에는 눈, 이에는 이(tit for tat)' 전략에 입각한 방식이다. 이것은 수평적 관계이며 공평성이 중요하다.

　② 명령과 통제는 확실하게 집단 내의 우두머리를 정해서 그의 명령을 따르는 것이다. 전시와 같이 비상상황에서 일상적이지 않은 어떤 일을 단기간 내에 치러야 할 때 한 사람의 결정권자에게 권위를 부여하는 방식이다. 이 방식이 규모가 커지고 정교해지면 수직적 위계에 의한 '공식 조직'이 생긴다.

　③ 시장 거래는 시장에서 벌어지는 익명 간의 거래이다. 시장 거래에서는 사람이 누구냐를 묻지 않고 적절한 재화나 충분한 구매력을 가지고 있는가만을 중시한다. 친한 사람이라고 해서 특별대우를 하지 않으며 이방인이라고 해서 거래를 거절하지 않는다. 관계가 아니라 재화를 통해 필요를 해결하는 시장 거래 역시 훌륭한 협력의 방법이다.

　이 3가지 조정 메커니즘은 참가자들 간의 상호 교환행위를 디자인하는 방식들이다. 그것을 '호의'로 하느냐, '명령'으로 하느냐, '거래'로 하느냐의 차이가 있을 뿐이다.

〈제2부 협력의 역사: 무리 사회에서 글로벌 네트워크 사회로〉에서는 3가지 조정 메커니즘이 인류 역사 속에서 어떻게 구현되어왔는지를 개관한다. 상호 호혜적 협력은 인간이 맹수들의 먹잇감이 되던 처지에서 대형동물을 사냥하여 멸종시킬 정도로 위상이 변화되는 데 큰 역할을 하였다. 채집·수렵 경제 시대의 인간은 상호 호혜적 협력으로 '사냥감'에서 '사냥꾼'으로 진화하였으며, 이 시기 협력은 그 자체로 혁신이었다. 협력하지 않거나 그 수준이 낮았던 다른 동물종에 대해서 인간이 최초로 경쟁우위를 확립했던 것이다.

구석기 시대가 끝나고 신석기 농업혁명이 일어나면서 잉여 농산물이 증가하고 이를 바탕으로 문명이 발생한다. 이것이 국가와 관료제, 군대라는 강력한 조직 구축의 원동력이었고, 이 조직의 원리가 바로 명령과 통제였다. 이 시기 원시사회의 수평적 협력은 혁신에 걸림돌이었고, 그로 인해 전 세계에 퍼져 있는 원시사회 중 극히 일부, 즉 4대 문명이라고 알려진 지역에서만 국가라는 조직이 성립하였다. 이때부터 선진 지역과 후진 지역이라는 문명 간의 격차가 발생하였다.

전통사회에서는 경제활동이 주로 가정이나 마을 등의 지역 공동체 내에서 자급자족 또는 국지적 교환에 의해 이루어졌다. 이러한 비시장 영역은 근대의 상업혁명과 산업혁명 이후 대거 시장으로 편입되었고 이른바 '시장경제'의 시대가 열렸다. 시장을 통해 수많은 익명의 개인들이 거래를 하게 되면서 협력의 범위는 더욱더 확장된다.

3가지 조정 메커니즘은 각각 사회, 국가, 시장이라는 '섹터' 개념에 상응한다. 상호 호혜적 협력은 공동체, 명령과 통제는 국가, 익명 간 거래는 시장이라는 인간의 상호 의존 시스템을 구성해온 것이다.

① 상호 호혜적 협력: 공동체

② 명령과 통제: 국가

③ 익명 간 거래: 시장

〈제3부 기업의 탄생: 기업은 어떻게 협력의 역사를 가속하였는가?〉에서는 인류가 발전시켜온 여러 가지 조정 메커니즘이 어떻게 결합되어 기업조직이 출현하는가를 다룬다. 기업은 외부적으로는 시장을 창출하면서 내부적으로는 명령과 통제에 의한 위계 조직을 구성했다. 기업은 명령경제와 시장경제의 경계선에서 활약하며 공동체의 속성도 가지고 있는 복합 메커니즘이다.

〈제4부 기업의 진화: 안트러프러너에서 플랫폼까지〉에서는 산업혁명 이후 기업의 역사를 세 단계로 나누어 살펴본다.

① 고전적 안트러프러너(entrepreneur, 기업가) 시대: 가족·친족, 지인, 숙련공 위주의 자발적 결사 성격

② 경영자와 대기업의 시대: 수직적 위계와 정교한 관리 시스템

③ 전환기: 모듈화·네트워크화·전문화·플랫폼화

산업혁명과 함께 등장한 고전적 안트러프러너는 주로 혈연으로 뭉친

소규모의 소유경영 체제였으며, 기계를 도입한 최초의 공장을 통해 '제조 혁명'을 달성했다. 이후 생산 시스템이 더욱 체계화되면서 소유와 경영이 분리되고, 다각화와 수직계열화를 통해 등장한 거대 다국적기업이 시장경제를 지배하게 되었다. 그리고 이제는 다시 시대가 바뀌어 기업 영역이 해체, 분리되고 그 상당 부분이 시장화되는 현상이 벌어지고 있다. 이 시기는 1980년대 말부터 시작되어 이제 30여 년이 지나고 있는 미완의 시대로서, 어떤 시대라고 단정 짓기에는 이르기 때문에 '전환기'라고 부르기로 한다.

인류의 역사는 협력과 상호 시너지를 높이기 위한 제도 혁신의 장으로 볼 수 있다. 단순한 소규모 협력조차도 결코 쉬운 일이 아니다. 참여자의 이기적 동기를 억제하고 협력 관계에 묶어두기 위해 다양한 노력이 지속되지 않으면 안 된다. 또한 협력 체제가 안정되어 원활하게 작동한다고 해도, 이 체계가 너무 고착되면 이것이 다시 새로운 가능성을 차단하는 역효과를 낳는다. 실제로, 협력을 유지하면서도 혁신 활동이 왕성하게 일어나도록 하는 것은 언제나 일종의 묘기라고 할 수 있는 난제였다. 우리는 근대 이후의 기업이 이러한 난제를 푸는 묘수였음을 확인하게 될 것이다.

제 1 부

협력의 메커니즘: 협력은 어떻게 인류를 진화시켰는가?

유전자 공유와 3가지 조정 메커니즘

인간사회에서 협력적 상호작용을 하기 위한 조정 메커니즘은 크게 상호 호혜적 협력, 명령과 통제, 익명 간 거래, 이렇게 3가지로 볼 수 있으나 그 이전에 모든 생물체에 적용되는 근원적 메커니즘, 즉 유전자 공유가 있다. 인간 이전에 유일무이하게 대규모 협력 집단을 건설한 진사회성(eusociality) 동물은 어떻게 협력을 달성했는가? 이를 가능하게 한 '이기적 유전자' 이야기와 함께 3가지 조정 메커니즘의 구조를 살펴보자. 이것은 앞으로 다룰 협력과 제도의 역사를 이해하기 위한 원리이다.

유전자의 공유:
"피는 물보다 진하다"

유전자는 복제하려는 경향 그 자체로서 모든 생명체의 이기적 욕망의 근원이다. 그런데 공교롭게도 그 유전자가 협력의 근원이기도 하다. 생존의 기본 단위이며 이기주의의 주체인 '개체'는 완전하게 분리된 존재가 아니라 서로의 유전자를 공유하고 있다. 이것이 개체 간의 경쟁 전선에 복잡한 변화를 일으키며 그 결과 협력 행동의 최초의 실마리가 마련된다.

그러나 인간의 대규모 협력을 설명하는 데 유전자 공유는 걸음마 단계에 국한된다. 인간사회에도 극단적인 혈연 이기주의 현상이 있지만, 인간은 유전자 공유라는 차원에서 멈추지 않았다. '피'에 집착하는 것을 출발점으로 해서 인류는 머나먼 길을 걸어왔다. 인간사회의 협력과 상호작용을 가능하게 한 메커니즘에 앞서, 모든 생물체에 공통된 유전자의 힘을 살펴보자.

약육강식의 자연:
"형제자매 해치는 기막힌 사연"[1]

협력은 왜 어려운가? 우선 협력과 경쟁의 단위를 분명히 할 필요가 있다. 생물 개체가 아니라 종의 차원에서 보면, 자연은 '약육강식의 장'이라는 부정적 표현과는 딴판으로 무수한 협력의 사례들을 보여준다. 악어와 악어새로 대표되는 공생하는 종들의 예는 일일이 열거할 수 없을 정도이다.

꼬리치레개미와 아프리카 아카시아 나무의 공생은 동물과 식물의 협력 사례다. 꼬리치레개미는 나무에 구멍을 내고 살다가 코끼리가 가지와 잎을 먹으려고 하면 코끼리의 입을 공격한다. 아카시아의 발톱이 되어준 대가로 아카시아는 꿀샘이라는 특수 영양식을 개미에게 제공하는 것이다.[2]

이보다 더 정교한 사례도 있다. 버섯 농사를 짓는 것으로 알려진 잎꾼개미는 베어온 잎사귀 위에 종균을 뿌려 버섯을 경작한다. 놀라운 것은 이뿐만이 아니다. 사람이 농사를 지을 때 병충해에 시달리는 것처럼 잎꾼개미가 버섯을 키울 때도 치명적인 세균이 번식하는데, 이를 퇴치할 수 있는 항생물질을 분비하는 박테리아가 개미의 체내에 살고 있음이 밝혀졌다. 개미는 자신의 양분으로 머리와 다리 사이에 박테리아를 기르고 있다. 이 박테리아는 오직 이 잎꾼개미 몸에서만 서식한다고 한다.[3]

이런 예를 들자면 끝이 없다. 흰동가리와 말미잘, 나비와 꽃식물, 콩과 뿌리혹박테리아, 물고기 입 주위를 청소해주는 예쁜이줄무늬꼬마새우, 심지어 인간의 장내에서 소화를 도와주는 비피더스균까지 일일이 거론하기도 번거롭다. 이렇게 협력의 사례가 자연계에 넘치고 있는 것을 보면 약육강식이 진화를 대표하는 키워드가 된 것이 이상할 지경이다.

협력은 투입과 산출이 서로 다를 때 쉽게 일어난다. 진딧물의 배설물은 개미의 먹이이다. 개미는 진딧물을 둥지에 갖다 두기만 하면 자기방어의 부산물로 이들을 지켜줄 수 있다. 악어의 입에 낀 찌꺼기는 악어새의 먹이이므로 악어새가 먹이를 먹는 행동을 통해 악어는 입 청소를 할 수 있다. 이렇게 투입과 산출이 맞물려 있을 때 협력이 발생한다.

서로 다른 종 간에 협력하는 예가 아무리 많다고 해도 결코 자연을 협력의 장으로 볼 수 없게 만드는 관계가 있다. 그것은 바로 동종 개체 간의 관계이다. 앞의 모든 사례는 서로 종이 다른 동물 간의 협력이거나 동물과 식물, 또는 동물과 박테리아 간, 즉 계(界, kingdom) 사이의 협력이다. 반면 동종 개체들 간에는 이러한 관계가 형성되지 않는다.

이들은 기본적으로 투입과 산출이 같다. 이것은 희소한 자원에 대하여 서로의 이해관계가 필연적으로 충돌하게 된다는 것을 의미한다. 울릉도에 서식하는 괭이갈매기는 바닷가의 적당한 둥지 터를 놓고 격렬하게 몸싸움을 벌인다.[4]

곤충들은 이러한 동종 간 경쟁을 피하기 위해 변태를 하는 것이라는 이야기가 있다. 곤충종 가운데 65%가 번데기를 거쳐 성충으로 바뀌는 변태 과정을 겪는데, 성장 단계가 다른 개체 간에 먹이 경쟁이 완화된다는 이론이다.[5] "어머니는 짜장면이 싫다고 하셨어."[6]라는 GOD의 노래 가사는 어머니의 희생적인 거짓말이었지만 어미 곤충에게는 진심의 표현인 셈이다.

포식자가 먹이를 잡아먹는 약육강식보다 더욱 무자비한 경쟁이 같은 종의 개체 간에 일어난다. 수컷 성체와 새끼 사이에서는 피도 눈물도 없는 잔혹한 상황이 자주 발생한다. 따라서 어린 새끼를 보호하는 어미에게 가장 무서운 적은 다른 종의 천적이 아니라, 같은 종의 수컷이다. 젊은 수사자가 무리를 지배하는 늙은 수사자를 몰아내고 나면 가장 먼저 영아 학살이 시작된다.

인종 청소와 같은 대규모 살육이 동물에게 드문 것은 사실이지만, 동물의 종 내 경쟁에서 동족과 영아를 학살하고 가장 가까운 가족이나 한 배에서 태어난 형제자매까지 죽이는 사례들을 보면, "같은 종끼리 서로 죽이는 것은 인간 외 자연 세계에서는 극히 드물다."[7]라는 생각이 잘못되었다는 것을 알 수 있다.

── 검은독수리는 벼랑 끝에 둥지를 만들고 2개의 알을 낳는다. 새끼 두 마리는 3일 정도의 간격을 두고 태어난다. 먼저 깨어난 형 독수리는 늦게 태어난 동생보다 몸집이 크다. 형 독수리는 동생이 알을 깨고 나오는 순간 무차별한 공격을 시도한다. 1978년 미국 가제트 박사가 《사이언티픽 아메리칸》에 발표한 관찰 결과에 따르면 형 독수리는 3일 동안 동생을 1,569번이나 쪼아댔다고 한다.[8]

동물들 간의 협력이라고 하면 흔히 꿀벌이나 개미의 사례를 떠올린다. 그러나 수만 마리 이상의 경이로운 조직생활을 보여주는 이들 '진사회성 동물'은 모든 생물종 중에서 극히 예외적인 경우이다. 이들을 제외하고는 대부분의 동물종이 어미─새끼 단위와 외톨이 수컷의 분리 독립 생활을 유지하며, 집단생활은 늑대, 사자, 들개, 유인원 등 주로 포유류의 일부 종에서 소규모로 나타난다.[9] 즉 동물의 세계는, 적어도 동종 내

※ 동물들의 기사도 : "살살 합시다"

상당수 동물종에서 암컷을 차지하기 위한 경쟁 중 극단적 폭력을 자제하는, 격식을 갖춘 기사도적 결투의 사례들이 관찰된다. 특히 코브라나 블랙맘바류의 맹독을 지닌 뱀들이 암컷을 두고 경쟁할 때 독니를 사용하지 않는다고 한다. 수컷 킹코브라의 싸움은 얼핏 보면 두 마리가 한데 어우러져 추는 춤처럼 보일 정도이다. 다른 한 마리가 땅바닥에 제압되면 싸움은 끝이 난다.[10]

이것은 혼기를 맞은 전성기의 두 개체가 극단적 투쟁을 하게 되면, 과도한 경쟁으로 인해 양쪽 모두 치명상을 입을 위험이 크기 때문인 것으로 이해된다. 의사도 항생제도 없는 자연계에서는 가벼운 상처만으로도 감염에 의해 치명적 위험에 빠질 수 있다. 그러므로 격식을 갖춘 결투는 같은 종끼리의 동포애 때문이라기보다는 정교한 이해타산의 결과로서 싸움의 강도를 조절하는 본능이 진화된 것으로 해석할 수 있다.

동물 간의 기사도적 행위는 동종에 대한 인간의 폭력을 더욱더 비난받을 만한 행동으로 보이게 만들었다. 그러나 앞서 보았듯이 이는 부분적인 관찰에 불과하다.

개체 간에는 협력이 주류가 아니다. 동종 개체 간 협력은 예외적이며, 일반적으로는 약육강식이라고 말해도 무방하다.

인류는 이러한 자연 상태를 극복하고 현재 '지구촌'이라 불리는, 60억 단위의 협력 체제를 만들어냈다. 인간과 동물의 가장 큰 차이가 바로 이 대규모의 체계적 협력이라고 해도 과언이 아니다.[11] 지금부터 다루려는 주제가 바로 서로 경쟁할 수밖에 없는 동종 개체인 인간들 사이에서 어떻게 협력이 깊고 넓게 이루어질 수 있었는가에 대한 것이다.[12]

※ 협력이 어려운 이유: 동종 개체 간 선호의 유사

동물은 종에 따라 매우 다양한 기호를 갖는다고 알려져 있다. 빛을 좋아하는 양성 주광성과 빛을 싫어하는 음성 주광성, 한류성 어종과 난류성 어종, 오직 특정한 식사만을 고집하는 입 짧은 종과 아무거나 닥치는 대로 먹는 잡식성 등 다양하다. 한편 동종의 개체들은 효용 구조가 동일하므로 서로 갈등할 수밖에 없다. 그렇다면 동종 개체 간에는 선호의 차이가 없을까?[13]

행동양식에서는 일부 개체 간의 차이가 관찰되고 있지만, 자원이나 먹이, 서식처에 대한 선호에서는 큰 차이가 없어 경쟁은 치열할 수밖에 없다. 이렇게 동물 세계에서 선호의 차이가 적은 이유는 이들의 소비 수준이 최소 요건(minimum requirements), 즉 하한선 근처에서 크게 벗어나지 않기 때문이다. 인간에게도 영양분에 대한 최소 섭취 기준이 있다.[14] 인간에게 교역이 활발하고 음식에 대한 선호가 다양한 이유는 실제 음식 소비량이 최소 섭취 기준을 훨씬 상회하기 때문이며, 바로 이 상회하는 부분에서 선호 차이가 발생하는 것이다.

대부분 동물은 야생 상태에서 이 최소 섭취 기준, 즉 하한선에 가까운 영역에 머물고 있을 것으로 짐작된다. 야생동물이 얼마나 잘 먹고 있는지를 판단하기는 쉽지 않지만, 먹을 것이 남아돌아서 비만이 되거나 성인병에 걸리는 동물은 찾아볼 수 없는 반면에 식량 섭취가 부족하여 굶주리거나 질병에 걸리고 포식자의 먹이가 되어 도태되는 동물은 흔하게 볼 수 있다. 이를 통해서 정상적으로 활동하는 대다수 야생동물이 최소 섭취 기준 부근에서 식생활을 하고 있다는 결론을 내릴 수 있다. 한 가지 방증으로 동물원에서 인간에게 사육되는 동물의 평균수명이 야생 상태의 동족보다 훨씬 더 길다는 것을 근거로 제시할 수도 있을 것이다.[15] (그러나 최근, 동물의 생태를 정확하게 이해하지 못한 상태에서의 사육은 오히려 수명을 줄인다는 논의가 제기되기도 했다.[16])

더 설득력 있는 설은 자연환경이 풍요로울 경우 동물들은 개체당 자원 투입을 늘리는 것이 아니라 개체 수를 증가시킨다는 것이다. 야생동물에게는 생존에 필요한 최소 영양 섭취 기준을 넘는 것이 쉽지 않은 일이다. 하지만 이 기준을 넘을 만큼 환경이 좋아져도 개체 수가 늘어나 경쟁이 심화되고 결국 개체당 누리는 자원의 크기는 늘 최소 기준으로 수렴하게 되는 것이다.

인간이 다양한 선호를 가지고 교환을 하게 된 것은, 최소 기준을 넘는 소비를 하게 되면서부터라고 할 수 있다. 선호가 다양해지면서 동종의 개체인 사람들 간에도 악어와 악어새 같은 상리공생의 가능성이 열렸다. 최초로 사회와 시장을 만들어낸 인류의 원시 조상들도 그 출발점에서는 야생동물과 비슷한 상황이었다. 농업혁명, 상업혁명 등이 등장하기 전까지 인간의 선호는 다양하지 못했으며, 따라서 초기의 협력은 오늘날의 기준으로는 미미한 수준에 그쳤다.

이기적 유전자:

자식을 포기한 자매애(姉妹愛)

상당한 규모와 질서 정연한 내부 구조를 갖추고 있어서 '사회'라고 불러도 손색이 없는 군집을 형성한 동물들이 있다. 이른바 진사회성 동물로, 막시류 곤충, 즉 흰개미, 개미, 벌의 일부와 갑각류의 일부, 그리고 벌거숭이두더지라는 단 한 종의 포유류가 여기에 해당된다. 이들은 이러한 협력을 어떻게 달성했을까? 진화론의 입장에서 이것은 오랫동안 설명하기 어려운 수수께끼였다. 진화론의 창시자 찰스 다윈(Charles Robert Darwin)은 이 문제를 잘 알고 있었다. 자기 유전자를 최대한 퍼뜨리려는 경쟁이 진화론의 핵심인데 어떻게 스스로의 번식권을 포기한 일벌, 일개미라고 하는 대규모의 불임 개체군이 장기간 지속될 수 있단 말인가?

___ 마침내 다윈은 1859년에 나온 《종의 기원》 7장에서 불임성 일꾼 계급이 "하나의 특별한 어려움이며, 사실 처음에는 도저히 극복 불가능하고 내 이론 전체를 무너뜨릴 것 같다고 봤다."고 고백했다.[17]

이 문제를 해결하는 것은 진화론의 숙제로 남았고, 다윈 사후 80여 년이 지난 후 다윈 이래 가장 중요한 생물학자로 일컬어지는 윌리엄 도널드 해밀턴(William Donald Hamilton)이 1964년에 '포괄적응도'라는 개념을 발표함으로써 해답을 찾게 되었다.

포괄적응도 이론이란, 생물 개체는 자신의 이익만이 아니라 자신의 유전자를 보유한 다른 개체의 이익을 포괄적으로 감안해 행동한다는 것이다. 여기서 개체의 이익이란 단순히 각 개체가 얻을 수 있는 효용이 아니라 유전자의 확산을 말한다. 한 개체가 다른 개체와 교미를 하는 것도 자신의 유전자 절반을 보유한 개체, 즉 후손을 만들기 위해서다. 아무리 이기적인 존재라도 그가 추구하는 이익에는 후손의 이익이 포함되기 마련이다. 유전자는 직계 자손만이 아니라 부모, 형제, 친족들도 공유한다. 해밀턴의 이론에 따르면 한 개체는 자기 자신은 물론, 자신의 유전자를 공유한 정도에 따라 다른 개체들도 고려한다. 진화생물학자 존 버든 샌더슨 홀데인(Jone Burdon Sanderson Haldane)은 이 원리를 "친형제 두 명이나 사촌 여덟 명을 살리기 위해서라면 기꺼이 물속에 뛰어들겠다."라는 말로 표현했다. 형제는 유전자 공유도가 사촌에 비해 4배 더 큰 것이다.

그런데 이때 유전자를 공유한 여러 개체를 동시에 다 살릴 수 없다면 어떻게 될까? 그럴 경우 유전자 공유도가 높은 쪽을 택할 것이고, 더 나아가 유전자를 많이 공유한 가까운 개체를 위해 덜 공유한 개체를 희생시킬 가능성도 발생한다. 이타주의의 근원인 포괄적응도 이론이 골육상잔의 상황을 설명하는 데도 사용되는 것이다. 자식과의 유전자 공유도는 0.5이고, 조카와의 공유도는 0.25이다. 조카를 죽이고 자신이 왕위에 오르면 자신의 후손을 왕으로 만들 수 있다. 이러한 단순한 생물학적 계산으로 수양대군의 왕위 찬탈을 설명할 수도 있다. 이것은 대규모의 불임 개체군을 가진 꿀벌 사회를 이해하는 데에 매우 중요한 개념이다.

한 개체의 입장에서 유전자 공유도는 자식, 형제자매, 부모가 모두 0.5로 동일하다. 형제는 자식과 공유도가 같지만, 형제의 자식은 내 자식보다 유전적으로 거리가 멀다. 자원이 희소할 경우 형제가 자신보다 자원을 더 많이 차지하면, 공유도가 절반인 형제의 후손 계열이 자신의 후손

계열을 경쟁에서 압도할 가능성이 있다. 이 때문에 형제의 난이 벌어진다. 이런 상황은 자식 중심의 핵가족 이기주의의 확산을 조장한다. 앞서 말한 것처럼 같은 종의 개체들은 대부분 동일 자원을 향한 경쟁 관계에 놓여 있다. 모두가 잘살 수 있다면 자식도, 사촌도, 조카도 다 포용할 수 있을 것이다. 그러나 대부분 동물은 생존의 마지노선을 위태롭게 오가기 때문에 동일한 자원을 두고 경쟁하는 친족이 가장 심각한 경쟁자가 된다. 유전자를 공유하고 있음에도 불구하고 동족상잔의 비극이 일어나는 원인이다. 꿀벌(막시류 곤충에는 여러 종이 있으나 일단 여기서는 꿀벌로 대표하기로 한다) 집단은 이러한 비극을 막기 위한 솔루션을 찾아냈다.

꿀벌 사회의 기본 전략은 수만 마리의 구성원이 모두 한 어미의 자식, 즉 형제자매가 되는 것이다. 소수의 수컷은 놀고먹으며 후일의 번식을 위해 정자은행으로서 대기하는 반면, 암컷들은 불임 일꾼 계급으로 평생 일만 하는 일벌이 된다. 말하자면 꿀벌은 전 국민이 편모슬하의 한 가족이 되는 방법으로 협력의 문제를 해결한 셈이다. 그리고 이들은 지금도 협력을 통해 막대한 양의 꿀을 인류에게 공급할뿐더러 이보다 더 큰 역할, 즉 꽃식물 생식 과정의 메신저로서 식물 생태계 유지에도 결정적 역할을 하고 있다.[18]

이로써 전 사회가 하나의 거대한 핵가족인 꿀벌의 협력 문제는 다 해결되었는가? 그렇지 않다. 앞에서도 살펴보았지만 형제, 그로 인해 발생하는 조카의 문제는 생각보다 단순하지 않다. 과연 일벌은 전체를 위해 순순히 임신의 권리를 포기했을까? 만약 임신을 고집하는 반항아가 나타나면 어떻게 될까? 반항아가 만약 자신의 가문을 창건할 수 있다면, 반항의 흐름이 물밀듯 확대될 수도 있다. 이를 어떻게 막을 것인가?

※ 꿀벌의 협력 이유: 분산된 자원

꿀벌이 전 구성원을 한 가족으로 만들 만큼 어렵게 협력을 추구했던 이유는 무엇일까? 개체들을 유지하면서 이렇게 유기적 협력 집단을 만드는 것은 여간 어려운 일이 아니다. 생물학자 윌리엄 모턴 휠러(William Morton Wheeler)는 꿀벌 사회를 하나의 척추동물에 비유한 바 있다. 여왕벌은 난소, 수벌은 정자, 일벌은 소화기관, 병정벌은 백혈구라는 것이다. 애벌레에게 먹이는 로열젤리는 포유류의 젖에 해당하며, 여름에 온도가 올라가면 벌들이 날갯짓을 하여 벌집 온도를 낮추는데 이것은 항온 동물의 체온조절에 비유할 수 있다.[19]

그렇다면 꿀벌은 왜 이러한 여러 기능을 가진 하나의 개체로 합체하지 않았을까? 통합된 하나의 개체로서 세포마다 동일한 유전자를 공유했다면 세포들의 협력에 아무 문제도 없었을 것이다. 이유는 단순하다. 꿀벌의 먹이는 꽃 속의 꿀인데, 이 꿀은 넓은 지역에 분산된 꽃송이마다 미량으로 존재한다. 만약 한 마리의 포유류 동물이 꽃마다 꿀을 핥아 먹으면서 다녀야 한다면 이동하는 에너지 비용조차 감당하기 어려울 것이다. 이 척추동물이 손오공의 분신술처럼 자신을 작은 자아로 분열시킬 수 있다면 넓은 지역으로 동시에 퍼져 꿀을 따올 수 있겠으나 이런 일은 마법으로나 가능하다. 반면에 꿀벌의 단일 가족 사회는 이러한 분리와 재결합을 자유롭게 수행할 수 있다.

여기에는 약간 복잡한 음모가 숨어 있다. 여왕벌은 처녀생식을 할 수 있는 능력이 있다. 여왕벌이 다른 수벌로부터 받은 정자와 자신의 난자를 합해서 알을 낳으면 이는 모두 암벌이 된다. 하지만 정자를 섞지 않고 그냥 자신의 난자만으로 알을 낳으면 수벌이 된다. 단지 성을 바꾸었을 뿐 어미의 클론이 탄생하는 것이다. 이것을 반수성(半數性, haplodiploidy)이라고 한다. 약간의 산수를 해보자. 암벌인 일벌은 여왕벌과 아비 수벌(교미 후 이미 살해당한)로부터 유전자를 반반씩 받을 것이다. 그런데 여왕벌은 선대 여왕으로부터 50%의 유전자를 받았지만 수벌은 클론으로서 선대 여왕벌의 유전자를 100% 갖고 있다. 그 결과 일벌 자매 간의 유전자 공유도는 0.5×50+0.5×100=75%가 된다. 자매 간의 공유도가 어미-자식 사이보다도 높기 때문에 인간의 형제자매애를 뛰어넘는 강력한 '자매애'로 결속되는 것이다.

일벌의 불임이 단순히 강제에 의한 것일 경우 일벌은 어떤 식으로든 여왕의 통제에 대항해서 허가받지 않은 알을 낳으려 할 수 있다. 실제로

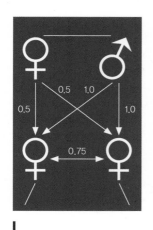

꿀벌의 유전자 공유도

일벌들이 알을 낳는 현상이 관찰된 바도 있다.[20] 생리학적으로 원천봉쇄를 한다고 해도 만약 자신의 유전자에 유리하다면 개체들은 길을 찾아낼 수 있다. 따라서 중요한 점은 여왕벌의 철저한 감독과 억제 이상의 수단이 필요하다는 것이다. 그것이 바로 앞에서 얘기한 수컷의 처녀생식을 이용한 유전자 공유도 조작이다. 만약 일벌이 반란을 일으켜 자신의 알을 낳

는다 해도 번식력을 가진 암컷, 즉 딸과의 유전자 공유도는 0.5에 불과하다. 그런데 함께 일하고 있는 동료 일벌, 즉 자신의 자매와는 0.75의 유전자를 공유하는 것이다. 포괄적응도 이론은 바로 이러한 유전자 구조가 불임 개체의 헌신과 순응을 유도하는 근거라고 설명한다. 다윈의 궁금증에 대해 80년 뒤에 답한 셈이다.[21]

혈연, 즉 유전자 공유에 의한 협력은 꿀벌 사회 전체를 묶는 접착제이지만 그보다 훨씬 진화한 인간사회에서도 결코 간과할 수 없는 요인이다. 인간 역시 최초의 협력은 친족 단위로부터 시작되었다. 대의명분을 같이하는 자발적 결사 또는 초기 창업한 안트러프러너의 상당수가 혈연 집단을 통해 시작되며, 이것이 엄청난 규모로 발전하고 난 뒤에도 여전히 가족 중심으로 운영되는 사례를 볼 수 있다. 민주주의 시대가 열린 오늘날에는 거의 사라졌지만, 한때 국가 대부분이 채택했던 정치 체제인 왕정에서는, 왕실의 후계 관리가 꿀벌 사회의 여왕벌 관리만큼 중요했다. 해밀턴이나 홀데인 같은 생물학자가 포괄적응도 이론을 주장하기 훨씬 전부터 동아시아 유교 사회에서는 친족 간의 복잡한 관계를 규율하는 고도의 규범 체계가 유전자 공유도를 기반으로 성립되었다. '촌수'란 해밀턴이 사용한 유전자 공유도와 정확하게 일대일로 대응하는 척도이다.

그러나 유전자에 입각한 협력은, 인간이 개체의 번식권을 포기하지 않는 한 전 사회적 원리가 될 수 없었다. 그리고 혈연 내에서는 긴밀하게 협력할 수 있지만 혈연 외부와는 반목과 갈등에 빠지는 문제점이 있다. 인간은 협력하기 위해 보다 보편적인 원리를 찾아 나서야 했지만, 혈연적 유대는 본능 속에 도사린 채 지금 이 순간에도 협력과 갈등을 유인하는 충동으로 엄연하게 살아 있다.

상호 호혜적 협력과 공동체:
"내 등을 긁어다오, 나도 네 등을 긁어주마"

피를 나누지 않은 개체들은 왜 협력하기 어렵나:

"죄수의 딜레마"

꿀벌 사회의 대규모 협력은 한 가족의 확장을 통해서 이루어졌지만, 이 조차도 반수성, 즉 처녀생식이라는 교묘한 메커니즘이 작동한 결과였다. 척추동물의 경우 집단 구성원 대다수에게 불임을 강요하는 체제는 장님 두더지 단 한 종을 제외하고는 보고된 바가 없다. 즉 척추동물 이상에서 는 친족 단위를 넘어서는 협력을 위한 새로운 방법이 필요하게 된 것이 다. 그런데 코스타리카에 사는 한 흡혈박쥐종에서 배불리 먹은 개체가 먹이를 찾지 못한 비혈연 동료에게 피를 나누어준다는 사실이 보고되 었다.[22]

또 하나의 흥미로운 예가 서인도 제도 가운데 한 섬의 개울에서 발견되었다. 이곳에 서식하는 관상용 어종 거피는 무리생활을 하는데 늘 포식자의 위협에 시달린다. 이들에게는 놀라운 현상이 관찰되었는데, 포식자의 존재가 의심스러운 구역으로 한두 마리의 개체가 정찰을 나가는 것이다. 정찰은 전체 집단의 안전에 기여하지만, 정찰에 나서는 거피는 포식자의 먹이가 될 위험이 크다.

여기에는 좀 더 흥미로운 사실이 숨어 있다. 두 마리의 거피가 정찰을 나갈 때, 한 마리가 뒤처지면 다른 한 마리도 속도를 늦춘다. 언제 포식자가 덮칠지 모르는 상황에서 혼자 앞서면 더 위험하기 때문에 서로 보조를 맞추는 것이다. 만약 동료가 자신을 앞세우고 뒤로 몸을 사리면 자

※ 거피의 정찰 실험

조그마한 관상어의 행동을 관측하기란 쉽지 않다. 수조 안에 거피 무리를 두고 포식자 물고기의 모형을 조금 떨어진 곳에 넣어 기척을 느끼게 한다. 그러면 실제로 한 놈이 정찰에 나선다. 이때 수조 옆면에는 거울이 배치되어 있다. 실험은 거울을 거피의 경로와 평행하게 배치하는 경우와, 각도를 주어 비스듬하게 배치하는 경우를 비교함으로써 이루어진다. 거울이 평행할 때는 동료로 오인한 자신의 거울상이 나란히 헤엄치고 있는 것처럼 보이지만, 비스듬하게 배치된 거울에는 거울상이 뒤처지는 것처럼 보일 것이다. 이 실험을 통해 정찰에 나선 거피는 거울이 비스듬할 때보다 평행하게 놓였을 때 더 오래, 더 적극적으로 탐색한다는 관찰 결과를 얻을 수 있었다.[23]

신도 이를 거부하는 공정성 추구 행동이 나타난다.

흡혈 박쥐와 거피의 사례는 고도의 지성을 갖추지 못한 동물들도 혈연에 의존하지 않고 협력할 수 있다는 가능성을 보여준다. 그러나 이것은 희귀한 사례로서, 자연에서 흔히 만나기 어려운 일이다. 서로 협력했을 때의 이익이 분명한데도 이것이 왜 이렇게 드문 일인가를 생각해볼 필요가 있다. 즉 협력 상황에서 배신의 유혹이 발생한다는, '죄수의 딜레마'라는 개념을 살펴볼 필요가 있다.

죄수의 딜레마가 큰 반향을 불러일으킨 것은 20세기 중반에 들어서였다. 이것은 게임이론을 적용한 모델의 하나로서 1950년대 미국 랜드 연구소(RAND Corporation)[24]의 메릴 플러드(Merrill Flood)와 멜빈 드레셔(Melvin Dresher)가 고안하였고 프린스턴 대학의 수학 교수인 앨버트 터커(Albert W. Tucker)가 이를 쉽게 설명하고자 사례를 만들고 '죄수의 딜레마'라고 이름 붙였다.[25] 이것은 게임 참가자가 서로 협조하여 좋은 성과를 거둘 수 있음에도 불구하고 서로에게 불리한 선택을 하는, 희랍 비극을 연상시키는 반전의 구조를 가지고 있다. 죄수의 딜레마는 사회과학 개념으로서는 가장 유명한 것 중의 하나이며, 여전히 사람들의 상상력을 자극하는 원천이 되고 있다.

죄수의 딜레마의 실제 사례로는, 제2차 세계대전 이후 냉전 시대의 미국과 소련 간 핵무기 경쟁이 가장 대표적일 것이다. 전쟁 이후 경제재건에 바쁜 양국은 서로 평화를 유지하면서 핵무장이라는 막대한 국력 소모를 피하고 싶었을 것이다. 그러나 서로를 믿을 수 없었기 때문에 모두에게 바람직한 이 대안은 선택되지 않았다. 미국이 핵무장을 하지 않을 경우, 소련이 약속을 깨고 무장을 하면 미국은 무방비 상태가 되어 적의 위협에 그대로 노출될 수밖에 없다. 이러다 보니 핵 억지력을 위해 상대국 만큼의 핵무장을 하는 것이 불가피했다.

더욱 큰 문제는 핵무장이 무제한 확대되는 경향을 갖는다는 것이다. 상대국이 자국 이상의 핵무장을 하게 되면 핵 억지력이 현격하게 약화된다. 상호 핵공격을 벌이는 최악의 경우에도 어느 한쪽의 위력이 충분치 않다면 여력이 남아 있는 쪽이 최후의 승리를 하게 되기 때문이다. 냉전 시대를 배경으로 핵무기 전쟁을 신랄하게 풍자한 스탠리 큐브릭(Stanley Kubrick) 감독의 영화 〈닥터 스트레인지러브〉를 보면, 미국의 한 장군이 소련에 선제 핵공격을 할 경우 소련이 반격하더라도 2,000만 명 수준의 '견딜 만한' 희생만 치른다면 완전히 소련을 제거할 수 있다고 주장하는 장면이 나온다. 이 말은 결국 2,000만 명을 살상할 만큼의 핵무장으로도 상대의 핵공격을 완전히 억지할 수 없음을 뜻한다. 그러므로 핵무장을 둘러싼 경쟁은 상대방을 완전히 절멸시킬 수 있는 수준까지 갈 수밖에 없다. 이것이 바로 죄수의 딜레마 이론이 시사하는 바다. 역사적으로 미국과 소련의 핵무장 경쟁은 극단적인 수준에 이르렀다. 큐브릭의 영화에서도 선제 공격의 위험에 대비하기 위해 소련은 '코발트 폭탄'이라는 '운명의 날 장치(Doomsday Machine)'를 보유했고, 두 나라는 치명적 무기를 주고받는 죄수의 딜레마의 극적인 파국 사례를 보여준다.

모두에게 이익이 된다는 것을 모두가 알고 있으면서도 개인의 사리사욕 때문에 협력할 수 없다는 간단하고도 심오한 비극적 구조, 죄수의 딜레마는 블랙홀과도 같이 사람들을 비협조와 배신의 파국으로 잡아당긴다. 그러나 인간은 무기력하게 굴복하지 않았다. 이 힘에 저항하여 탈출 방법을 발견하기 위해 인간은 기나긴 모색의 길을 걷게 된다.[26]

액설로드의 실험:
"착한 놈이 일등한다"

협력은 상대방을 믿고 허공으로 몸을 던지는 공중그네(trapeze) 곡예와 같다. 상대방이 나를 잡아줄 것이라는 믿음 없이는 이러한 용기를 발휘할 수 없다. 포식자가 있는지 없는지 정찰에 나서는 거피, 자신의 피를 토해주는 박쥐, 사냥한 들소 고기를 빈손의 동료에게 나눠주는 원시인은 모두 같은 상황에 처해 있다. 이것은 문자 그대로 '힘든 결정(tough choice)'이다. 그리고 이런 상황에서 타자를 돕기로 결정하는 존재들은 아무 조건 없이 '착한 놈(nice guys)'이라고 이름 붙일 수 있을 것이다.

문제는 기나긴 진화의 역사 속에서 착한 자가 생존할 수 있는가이다. 진화론에서는 약육강식이든 적자생존이든 생존 게임에서 이기는 자가 살아남는다고 말한다. '착한 놈'은 혹시 이 게임에서 패배하고 마는 약자 또는 부적합한 존재가 아닌가?

생존 게임이 언제나 '만인의 만인에 대한 투쟁'이며 엄격한 '개인전'이라면 착하다는 것은 그리 큰 강점이 아닐 수도 있다. 그러나 생존 게임에서는 '단체전'이라는 대안이 존재한다. 독불장군식의 강자는 타자를 지배할 수는 있으나 사회적으로 환영받지 못한다. 사회적 환경이 중요해지면 사회적으로 환영받는 존재인 착한 자의 승산이 높아질 수 있다.[27]

원시인들이 코스타리카 박쥐처럼 각자의 사냥감을 서로 나눈다면, 각자의 사냥 성공률은 불확실할지라도 전체의 사냥 성공률은 어느 정도 안정화될 수 있다. 이것은 각자 독립적으로 먹이 채취 능력을 끌어올리는 것보다 더 적은 비용으로 생산성을 높인다. 착한 사람은 사회적으로 환영받고 적절한 팀을 구성함으로써 단체전에서 승리할 수 있다. 그런데 이것은 아름다운 이야기이지만 과연 현실적인 것일까? 착한 사람은 어리석으며 결국 배신당할 것이라는 '죄수의 딜레마'가 여전히 진리인 것은 아닐까?

이러한 궁금증에 대해 엄밀한 학문적 방법론에 입각한 실험 결과가 1984년 《협력의 진화》라는 제목의 책으로 출판되었다.[28] 이 실험은 사회과학에서 이루어진 가장 유명한 것 중의 하나이다. 미시간 대학의 정치학 교수 로버트 액설로드(Robert Axelrod)는 가상적인 게임 상황에서 다수의 대상자를 참여시켜 둘이 만날 때마다 협력과 배신 중 한 전략을 선택하도록 하고 그 결과를 관찰하였다. 참가자들은 게임이론과 관련된 다양한 전문가들로 구성되었다. 지금으로 보면 일종의 간단한 RPG게임을 한 셈이다. 참가자들은 협력보다는 배신할 때 더 큰 이익을 얻지만, 이러한 행동이 타인에게 관찰되어 그다음 게임에서 그에 상응하는 대우를 받게 된다. 주어진 게임의 이득 행렬은 다음과 같았다.

		참가자 2	
		협력	배신
참가자 1	협력	3, 3	0, 5
	배신	5, 0	1, 1

각 참가자의 선택은 컴퓨터에 입력되어 그 결과가 즉각적으로 계산되었다. 실험을 통해 대단히 흥미로운 결과가 나왔다. 액설로드는 실제 사용된 14개의 전략을 크게 신사적 전략과 비신사적 전략으로 구분했는

데, 신사적 전략이란 일단 상대방을 믿고 협력을 택하다가 배신당하면 그때 가서 응징하는 전략이었고, 비신사적 전략은 선제적으로 배신하는 전략이었다. 상당 기간 게임을 진행한 뒤 결과를 조사해보니 신사적 전략이 항상 최종적으로 더 높은 점수를 받은 것으로 나타났다. 더욱 놀라운 것은 신사적 전략은 배신자에 대한 응징의 강도에서 차이가 있었는데, 그중 가장 약하게 응징하는 전략인 '눈에는 눈, 이에는 이' 전략, 즉 상대방이 한 번 배신하면 자신도 한 번 배신하고 바로 그다음에 뒤끝 없이 다시 협력을 제안하는 전략이 최고의 점수를 받은 것이었다. 한편 "오른뺨을 맞으면 왼뺨까지 들이대라."라는 가르침과 같은 무조건적 포용 전략은 좋은 점수를 받지 못했으며, 동시에 상대방을 배신하여 이익을 얻으려는 어떠한 비신사적 전략도 성과가 보잘것없었다.

가상의 대결이었지만 이 실험을 통해 착한 전략이 사악한 전략보다 우수하다는 것이 실증되었다. 이러한 결론은 이론적으로는 논증되어 있었다. 즉 죄수의 딜레마 성격을 갖는 게임이 불특정 횟수만큼 반복되면 딜레마가 해소된다는 것이 게임이론에 의해 수학적으로 입증[29]되어 있었던 것이다. 비록 실험 상황이라고는 해도 이러한 이론적 결과가 현실에서 구현되었다는 것은 충분히 놀라운 일이었으며, 인간의 협력에 대해 새로운 관점에 눈뜨게 하는 계기가 되었다.

이 실험에서 모든 참여자가 배신하게 된다는 우울한 결론에 도달하지 않을 수 있었던 가장 큰 이유는, 이것이 죄수의 딜레마 게임과 같은 구조임에도 불구하고 반복된다는 사실 때문이다. 게임이 반복되기 때문에 한 번의 배신으로 이익을 본다고 해도 배신자로 낙인이 찍혀 그 뒤부터 따돌림을 당하게 되면 결과적으로는 손해가 된다는 것이 그 핵심적 논리이다. 이 논리가 성립하려면 2가지 조건이 필요한데, 하나는 게임이 계속 반복되어야 한다는 것이고, 또 하나는 참가자들이 서로를 알고 그의 과거 행적을 기억할 수 있어야 한다는 것이다. 즉 익명성이 보장되지 않는다는 것이 협력의 핵심 조건이다.

게임이 반복되고 비신사적 행위를 할 때 바로 알아볼 수 있다면 다양한 응징의 방법이 존재하며, 이를 바탕으로 지속적 협력을 유도할 수 있

※ 동물의 개체 인지 능력

동물들이 서로서로 개체를 인식하는 능력이 어느 정도인가를 알기는 쉬운 일이 아니다. 간접적 증거로는 상당수의 포유류나 조류가 자신의 새끼를 알아본다는 점이다. 멕시코의 꼬리 없는 박쥐 무리는 동굴 천장에 새끼를 두고 먹이를 구하러 가는데 그동안 새끼들은 거꾸로 매달려 있다. 그런데 "어찌나 따닥따닥 붙어 있는지…… 살아 있는 카펫"같이 느껴질 정도이다. 어미는 밤에 사냥을 갔다가 새벽녘에 돌아오는데 동굴 천장의 수많은 새끼 중 자기 새끼를 울음소리로 어렵지 않게 찾아낸다고 한다.[30]

타자를 알아보는 것을 넘어서서 자신의 개체성을 인식하는 단계, 즉 거울에 비친 모습이 자기임을 아는 수준에 도달한 동물도 있다. 현재까지의 연구로는 침팬지, 오랑우탄 같은 유인원 외에는 돌고래, 범고래, 코끼리, 제비, 까마귀 정도가 확인되었다고 한다. 이들이라면 확실하게 타자를 인지할 것이다.[31]

게 된다. 이것은 실제 동물과 인간 모두에게 적용되는 법칙이다. 거피나 박쥐, 그리고 무리 사냥을 하는 사자, 늑대, 들개류, 또는 공동양육을 하는 다양한 조류 등은 항구적 집단을 형성함으로써 관계를 지속하며, 또한 이들은 서로 개체를 인지할 수 있다. 거피의 '눈에는 눈' 전략에 대해서는 앞에서 얘기한 바 있다. 작은 관상어도 할 수 있는 일을 인간이 못할 리 없다.

액설로드의 실험에 열광한 사람 중의 하나가 《이기적 유전자》의 저자로 명성을 떨친 리처드 도킨스(Richard Dawkins)이다. 도킨스는 액설로드의 《협력의 진화》에 추천사를 쓰면서 책에 대한 자신의 감동을 열정적으로 표명하였다. 도킨스는 전 세계 호텔 객실에 기드온 성경 대신 이 책을 놓아두어야 한다고 추천사를 맺고 있다. 이 책은 영국에서 출판되기 전 TV 다큐멘터리로 만들어져 BBC에서 방영되었는데, 그 프로그램의 타이틀이 "착한 놈이 일등한다(Nice guys finish first)"였다.[32]

반복되는 게임:
함께할 미래는 피보다 진하다

액설로드의 실험이 인류 역사에 대해 갖는 의미를 생각해보자. 인간은 집단생활을 하면서 동굴이나 물고기가 많이 잡히는 하천변에, 농경이 시작된 뒤로는 농경지 주변에 정주하게 되었다. 동일 집단의 구성원들과 함께 일상을 반복하게 된 것이다. 이것은 참가자가 정해져 있는 집단 내에서 구성원들 간에 게임이 반복되는 액설로드의 실험과 비슷한 상황이다. 배신하면 더 큰 이익을 얻는 죄수의 딜레마 상황이 변하기 시작한 것이다.

단 1회의 게임이라면 신사적 전략을 취할 때 상대방에게 배신당할 위험이 크지만, 게임이 반복되는 상황에서는 배신당할 경우 그다음부터는 그를 알아볼 수 있으므로 상대를 안 해주면 된다. 이렇게 벌을 주면 상대는 적어도 나로부터는 많은 것을 잃게 된다. 더욱이 단 두 명이 아니라 집단이 되었을 때 구성원들이 정보를 공유하고 더 나아가 '이름'을 통해 누군가를 지칭할 수 있다면, 자기 자신이 배신당하지 않더라도 그가 없는 자리에서 이름을 통해 협력을 거부한 자의 정보를 공유할 수 있다(일종의 '뒷담화'라고 할 수 있다. 뒷담화가 가능해지려면 그 자리에 없는 사람을 지칭할 수 있어야 한다. 그것이 바로 '이름'이다).[33] 이름의 공유는 집단적 따돌림의 속도와 그에 따른 효과를 강화할 것이다. 이것을 평판 효과라고 한다. 평판 효과는 반복된 죄수의 딜레마 게임에서 비협력을 억제하고 협력을 촉진하는 데 큰 역할을 한다.

게임이 미래에도 반복된다는 것을 인정하면 이제 결정적 변수로 등장하는 것은 사람들이 미래를 얼마나 중시하는가이다. 내일보다 오늘을 중시할 수도 있고, 반대로 오늘보다는 내일을 중시할 수도 있다. '고진감래(苦盡甘來)'라는 말은 전형적으로 미래를 중시하는 태도이고, 최근 젊은 세대를 중심으로 나타나는 "오늘 행복하지 않으면 내일도 행복하지 않을 거야."[34] 류의 사고방식은 현재를 중시하는 것이다. 이솝은 다음과 같이 말했다. "손안의 새 한 마리가 숲속의 새 두 마리보다 낫다."[35] '숲속의 새'를 '장차 나타날 새'로 생각하면, 미래가치를 할인하는 태도로 해석할 수 있다. 미래의 불확실성을 높게 보거나 현재가 더 중요하다고 보는 사람은 미래의 가치를 낮게 평가한다.[36] 극단적으로 오늘만 중요하고 내일 일은 전혀 모른다는 태도를 취하면 미래가치는 현재가치의 0%가 된다. 이럴 경우, 아무리 많은 게임을 반복해도 그 결과는 한 판의 죄수의 딜레마 게임과 다르지 않을 것이다.

자연계의 야생동물들이 미래를 많이 고려하는 것 같지는 않다. 곰이 늦가을에 연어를 잔뜩 먹고 겨울잠을 자는 정도가 아마 가장 장기적인 투자행위일 것이다. 원시 시대의 인류도 장기적인 미래에 대해 고려할 정도의 수준은 되지 못했다. 사냥꾼이 아니라 사냥감으로 쫓기던 원시인들은 내년은 고사하고 내일 일도 장담하기 어려웠을 터이고, 당면 과제를 처리하는 일만으로도 여력이 없었을 것이다. 그러나 차츰 채집·수렵의 기술이 향상되고 생활이 안정되면서 계획의 시간 범위가 넓어지고 그에 따라 점점 더 미래의 가치가 높게 평가되기 시작했을 것이다. 그리고 미래의 가치가 높아짐에 따라 점차 생존 게임의 성격이 변해가면서, 상대방과 협력하지 않으면 미래에 잃을 것이 더욱 많아지게 되었다. 이렇게 해서 협력해야 할 이유가 점점 커졌다.

배반하는 것이 당장에 이익을 가져온다고 해도, 서로 기약 없이 함께 생활해야 하는 관계로 묶이고 또 기억과 뒷담화에 의해 평판이 저하되는 상황에서, 게임의 양상은 바뀔 수밖에 없다. 마치 단거리 경주가 마라톤으로 바뀌면 전략이 달라져야 하듯이, 모두의 배신으로 끝나는 '죄수의 딜레마' 게임은 장 자크 루소(Jean Jacques Rousseau)가 《인간 불평등 기원론》에서 제시한 사슴 사냥 게임으로 변화한다.

사슴 사냥 게임이란 다음과 같다. 사냥꾼들이 사슴을 가운데 몰아넣고 포위망을 형성한다. 모두가 적정한 간격을 두고 사슴을 조여가고 있다. 사슴은 매우 기민하고 점프력이 뛰어나기 때문에 포위망의 약한 부분을 노린다.

— 가령, 사슴을 잡으려고 할 경우에 각자가 자신의 위치를 단단히 지켜야만 성공할 수 있다고 생각하겠지만 만일 토끼 한 마리가 마침 어떤 사람의 손이 닿는 곳으로 접근하는 것을 발견했다면 그는 조금의 거리낌도 없이 자신의 먹이를 쫓아가서 붙잡는다는 것은 의심의 여지가 없다. 그 때문에 자신의 동료들이 사슴을 놓치게 되어도 거의 염려를 하지 않았던 것이다.[37]

이것은 결국 신뢰의 문제이다. 사슴은 단 한 명의 사냥꾼만 한눈을 팔아도 순식간에 탈출해버린다. 사냥꾼은 생각한다. 모두가 신의를 지키면 훨씬 더 큰 사슴을 잡을 수 있다. 물론 사슴을 분배해야겠지만 사냥꾼 수대로 분배해도 토끼보다는 훨씬 더 큰 몫을 얻는다. 그러나 누구 한 명만 포위망을 이탈해도 이탈한 자는 토끼를 얻지만, 자리를 지킨 사람들은 바보가 된다. 즉 사슴은 불확실하고 토끼는 확실하다.

이것은 얼핏 보기에는 죄수의 딜레마만큼 고약한 상황처럼 보인다. 실제로 루소는 《인간 불평등 기원론》에서 누구나 토끼를 쫓을 것이라고 예견하고 있다. 그러나 이 문제는 모두가 배신하는 것이 최선인 딜레마 상황은 아니다. 물론 사슴 사냥 게임에서도 배신—포위를 등한시하고 토끼를 잡는 것—이 모두의 전략이 되는 상황이 발생할 수 있다. 다른 사냥꾼이 모두 토끼를 잡고 있다면 와해된 포위망을 혼자 지켜봤자 사슴은 다른 곳으로 유유히 빠져나갈 것이기 때문이다.

그러나 모든 사냥꾼이 굳건히 포위망을 지키고 있는 경우를 생각해보

자. 죄수의 딜레마와는 달리 다른 이들 모두가 협력하고 포위망을 지킨다면, 나도 자리를 이탈할 동기가 없다. 포위망을 지키면 훨씬 더 많은 양의 사슴고기를 분배받을 수 있는데 토끼 쪽으로 돌아설 필요가 없는 것이다. 즉 모두가 포위망을 지켜 사슴을 잡는 것도 하나의 균형이고, 모두가 이탈하여 토끼를 잡는 것도 또 다른 균형이다. 균형이 2개인 게임이 된 것이다.

죄수의 딜레마는 모두 배신하여 함께 망하는 결과가 나왔지만, 적어도 균형은 하나였고 따라서 사람들의 행동을 예측할 수 있었다. 그러나 사슴 사냥 게임은 답이 2개가 되고 사람들이 어느 편을 택할지를 이론적으로 예측할 수 없다. 이것은 이론적으로는 불만스러운 상황이지만, 인류에게는 훨씬 더 좋은 게임이다. 여기서는 비협력, 배신, 결별이 블랙홀처럼 모든 참가자를 빨아들이는 '유일한 균형'이 아니다.

사슴 사냥 게임을 다소 장황하게 설명한 까닭은 이 게임이 우리의 현실과 많이 닮았기 때문이다. 현대사회의 중요한 일들은 단 한 번으로 끝나기보다는 대부분 반복적으로 일어난다. 사슴 사냥 게임에 관한 저서를 출간한 스컴스(Bryan Skyrms)는 이렇게 말한다.

___ 죄수의 딜레마와 비교하여 사슴 사냥 게임은 현대사회 철학에서 상대적으로 덜 논의되어왔다. […] 그러나 사슴 사냥 게임은 사회계약 이론의 핵심적 논점이 되어야 한다고 생각한다.[38]

죄수의 딜레마에서 협력을 유지하는 것은 역풍을 맞으며 나아가거나 폭포를 거슬러 올라가는 것과 비슷하다. 그러나 사슴 사냥은 바람을 타

※ 도로 위의 선행

운전자들의 블랙박스 영상 제보로 진행되는 프로그램에 소개되었던 사례이다(SBS 모닝와이드, "블랙박스로 본 세상", 2015년 9월 8일 방송분). 도로 위를 달리던 트럭에 사고가 나면서 적재물이 길 위에 어지럽게 쏟아졌다. 주행이 불가능해 차들이 멈춰 서 있는 상황에서 갑자기 예기치 못한 일이 일어났다. 운전자들이 모두 내려서 도로 위의 적재물을 치우기 시작한 것이다. 금세 통행이 가능해질 정도로 도로가 정리되고 차들은 길을 빠져나갔다.

그날의 착한 운전자들은 사슴 사냥 게임으로 설명할 수 있다. 정지한 운전자들에게는 2가지 선택이 있다. 그냥 앉아 있거나 아니면 나가서 적재물을 치우는 것이다. 적재물을 치우는 것은 힘들고 손에 먼지도 묻고 여러 가지로 번거롭다. 그러나 많은 사람이 나가서 치울수록 길은 더 빨리 뚫린다. 바쁜 운전자들로서는 정차 시간이 늘어나는 것도 반갑지 않다. 모두가 운전석에 앉아 있을 때 혼자 나가서 적재물을 치우는 것은 너무 오랜 시간이 걸리므로 현명한 처신은 아닐 것이다. 그러나 모두가 나가서 치울 때 혼자 앉아 있는 것도 본인에게 큰 이익이 아니다. 한 사람이라도 더 참여할수록 정차 시간은 짧아진다. 혼자 앉아 있는 것은 에너지 손실은 없을지 모르나 무료하고 불편하다. 그날 도로에서는 앉아서 기다리는 것과 긴밀히 협력하는 2가지 경우가 모두 가능한 상황이었다. 그중 협력을 선택한 것에 대해 그날의 운전자들은 합리적이고 현명한 선택이었다고 평가할 수 있다.

한편 이 상황은 공연이 끝날 때쯤 쓰레기를 치워달라는 간절한 호소를 뒤로하고 먼저 주차장으로 향하는 관람객의 경우와는 다른 점이 있다.

이 경우 쓰레기를 치우면 한발 늦게 되고 주차장에서 서로 먼저 빠져나
가려는 차들 때문에 귀가 시간이 크게 늦어질 가능성이 있기 때문이다.
이 경우는 죄수의 딜레마 상황에 더 가깝다고 볼 수 있다.

고 가는 것과 같다. 인류가 협력을 순조롭게 진행시킬 수 있었던 출발점
은 고정된 집단을 형성하고, 얼굴과 이름을 통해 평판 효과를 확산하고,
삶을 안정화하여 미래의 가치를 높인 것 등이었다. 이것이야말로 협력의
고질적 문제인 죄수의 딜레마를 완화하는 데 기여했다고 말할 수 있을
것이다.

명령-통제와 국가:
"거절할 수 없는 제안"

"거절할 수 없는 제안"은 영화 〈대부〉의 주인공 돈 비토 코를레오네의 대사이다. 젊은 비토는 이탈리아 이민자 마을의 보스 돈 파누치가 과도한 상납을 요구하자 그를 만나러 가면서 동료에게 말한다. "난 그가 거절할 수 없는 제안을 할 거야(I'm going to make him an offer he can't refuse)."[39] 폭력을 가지고 상대에게 특정 행동을 강요하는 것은 조직폭력배의 방법이지만 동시에 일반적으로 권력이 자신을 구현하는 방법이기도 하다.

집단이 커지면
협력은 깨진다

인간은 대규모의 체계적 협력을 달성한 지구상의 유일한 종이라고 할 수 있다. 물론 개미나 꿀벌의 집단이 존재하지만, 70억 인류가 지구적 차원의 협력을 하는 것과는 비교할 수 없다. 인간들 사이에서 이루어지는 협력의 깊이와 방식도 놀랍지만, 더욱 놀라운 것은 바로 그 규모이다. 우리는 현재 방글라데시의 노동자가 만든 옷을 입고, 아프리카 광부가 캐낸 희토류가 들어간 스마트폰으로 전화를 걸고, 칠레 농부가 재배한 포도로 만든 와인을 마신다. 전 세계 인구가 서로서로의 삶을 떠받치는 전대미문의 깊고 넓은 협력이 이루어지고 있다. 이에 비하면 꿀벌, 개미의 예외적 사례까지 총동원해봐도 자연계의 협력은 보잘것없다. 일부다처제의 사자 무리, 돌아가며 보초를 서는 미어캣, 기민한 무리 사냥 기술을 보여주는 늑대들의 사례 중 그 어떤 것도 참가하는 개체가 100단위를 넘어서지 못한다. 인간의 협력은 그야말로 불가사의다.

본 책의 연구 대상은 '협력'이 아니라 '대규모 협력'이다. 작은 규모의 협력은 단순한 유기체에서조차 찾아볼 수 있다. 그러나 소규모 집단에서 자생적으로 생겨나는 협력과 대규모 집단에서 일어나는 협력은 차원이 다르다. 작은 씨앗에서 커다란 나무가 자라는 것과 달리 협력은 일정 규모 이상이 되면 한계에 부딪힌다. 간단한 예를 들어보자. 이웃집 부엌의 숟가락 숫자까지 아는 마을에서 품앗이, 두레와 같은 공동체 활동을 한다면 얌체 행위를 하는 것은 거의 불가능할 것이다. 그러나 익명의 현대 대중사회에서는 온갖 사기행각이 근절되지 않는다. 도심의 거리에서 발생하는 얌체 운전 행각은 얼굴 식별도 어려울뿐더러, 한 번 만난 차를 또다시 만날 확률이 거의 없다는 익명성 때문에 근절되기 어렵다.

진사회성을 예외로 할 때 동물들의 협력은 규모의 한계를 극복하는 데 실패했다. 사자가 지금과 같은 무리생활을 시작한 것이 몇백만 년은 되었을 텐데, 이들은 거대한 사자 제국을 건설할 수 없었다. 모든 동물들 가운데 인간만이 규모가 갖는 협력의 한계를 극복한 것이다.

협력 자체는 어려운 것이 아니다. 대규모 협력이 어려운 것이다. 집단의 규모가 커질 때 왜 협력이 어려워지는가에 대해서는 미국의 경제학자 맨커 올슨(Mancur Olson)이 결정적 연구를 수행했다. 올슨은 다음과 같이 말한다.

___ 대규모 집단의 구성원들이 각자의 행복을 최대화하고자 할 경우, 공통의 또는 집단 전체의 목적에 도움이 되는 행동을 오히려 하지 않게 된다. 모종의 강제력이 공통 이익에 봉사하도록 압박하지 않는 한, 또는 공통 목적 달성으로 자연스럽게 얻어지는 것 이상의 추가적인 인센티브가 제시되지 않는 한 그렇다.[40]

다소 추상적인 명제를 이해하기 위해서는 예를 들어보는 것이 좋을 것이다. 경제학자였던 올슨은 기업의 예를 제시한다. 수많은 기업이 경쟁하고 있는 완전경쟁 산업을 생각해보자. 기업의 수가 너무 많아서 한두 기업이 생산량을 늘리거나 줄여도 시장 전체의 수급에는 영향을 미치지 못한다. 기업들은 서로 경쟁을 하고 있지만, 제품의 가격이 오르기를 바란다는 점에서는 같은 마음이다. 높은 가격은 모든 기업의 공통된 희망이라고 할 수 있다. 만약 기업들이 담합하여 생산을 감축할 수 있다면 가격은 상승할 것이다. 그러나 다수의 기업이 서로 경쟁하는 상황에서 이러한 단체 행동을 이끌어내기는 불가능에 가깝다. 천신만고 끝에 다수의 합의로 생산량을 감축했다고 하자. 그러나 이렇게 물건의 생산량이 줄고 가격이 올라간 상황에서 기업 하나가 몰래 생산량을 늘리면 높은 가격의 혜택을 독차지할 수 있다. 감축 계획을 준수하는 다른 기업들은 이러한 배신행위에 분노하겠지만, 무수히 많은 기업이 경쟁하는 상황에서 이런 얌체족을 적발하여 제재하기란 쉽지 않다. 한 기업이 전체에서 차지하는 비중이 워낙 작아 눈에 띄지 않기 때문이다.

만약 기업의 수가 적은 과점 상황이었다면 유무형의 압력이나 제재를 행사할 수 있을 것이다. 그러나 수많은 기업이 존재하는 완전경쟁 시장에서는 결국 모든 기업이 생산을 늘리게 되고 가격은 원래의 수준으로 되돌아간다. 이것이 바로 완전경쟁 시장의 균형이며, 이는 "각자의 최선을 추구한 결과 공통의 목표 달성이 좌절"되는, 올슨이 말한 일반 명제의 좋은 예이다.[41]

여기서는 시장을 예로 들었지만 다른 어떤 집단에서라도 구성원이 대규모가 되면 똑같은 현상이 벌어지게 된다. 화창한 봄날의 캠퍼스, 강의실에서 지루한 수업이 진행되고 있다. 학생 수가 10명 이내인 작은 강의장에서는 뛰쳐나가고 싶은 학생의 충동이 집단 압력에 의해 어느 정도 제어될 수 있다. 그러나 몇백 명이 참가하는 대형 강의라면 어떨까. 몇백 명이 수강하는 상황에서 퇴실하는 것은 심리적 부담이 덜할 것이다. 더욱이 이는 다른 학생에게도 영향을 미쳐서 많은 학생이 집단으로 퇴실하는 사태로 번질 가능성이 크다. 숫자가 많다는 것은 일탈의 방패막이가 되고 집단적 압력을 약화시킨다. 대규모 집단이 공통의 이익을 추구하는 데 곤란을 겪는 것은 이러한 예를 통해서도 분명히 알 수 있다.

올슨은 과거의 조직 이론이 순진했다고 비판한다. 아리스토텔레스가 인간은 정치적 동물이라고 말한 이래, 인간은 떼를 지어 모이고 집단을 형성하는 본능을 지니고 있다고 주장한 고전적 이론이 많았다. 집단을 형성하는 것이 인간의 본능이라고 하면 더 설명할 것이 없다. 그러나 사실 인간의 조직은 인간 스스로 본성에 반하면서 창의적인 제도와 운영의 묘를 통해 구축해온 것이다. 그 과정을 통해서 인간은 현대 조직사회에 이르게 된 것이며 이를 위한 방법이 바로 명령과 통제의 체제이다.

협력을 위한 자유의 잠정적 반납 :
권력의 생성

내가 도우면 도움을 받지만, 도와주지 않으면 나도 도움을 받지 못한다는 '눈에는 눈' 원칙이 곧 상호 호혜적 협력의 원리였다. 그런데 바로 이 원리의 특성 때문에 익명성의 사회, 즉 누가 누군지 알 수 없는 사회를 구성하는 것은 새로운 도전이 되었다. 인류는 구석기 시대부터 오랫동안 친족 집단 단위로 협력생활을 해왔다. 원시사회에서 긴밀하게 공동생활을 한 집단의 규모는 30~50명 정도라고 한다.[42]

소규모 집단에서 작동하던 상호 호혜적 협력 메커니즘은 집단의 규모가 커지면서 한계에 이르렀고 그에 따라 새로운 방법이 필요하게 되었다. 올슨은 이에 대해 강제적 조정, 즉 명령과 통제의 메커니즘을 제시하였다.

노동조합의 예를 들어보자. 노동조합도 산업의 예와 기본적으로 동일하다. 노조원들이 단결하여 파업을 벌이지만, 무노동 무임금 원칙으로 인해 파업 기간에는 급여를 받을 수 없으며 파업이 성공할지 여부도 불확실하다. 그렇다면 자신은 그대로 출근하고 다른 사람들이 파업을 해서 임금 인상의 목적을 달성해주었으면 하는 바람이 생기는 것이 인지상정이다. 그 때문에 몇 사람이 파업에 참여하지 않고 회사에 출근한다면 어떻게 되겠는가? 결국 노조원 전체의 결속이 흔들리고 이탈자가 속출할 것이다. 그래서 노동조합은 이러한 이탈자를 막기 위해 피케팅이라는 수단을 동원하기도 한다. 노조 운영진이 회사 입구에서 노조원의 출근을 막는 것이다. 처음 노조가 피케팅을 시도했을 때 이것은 불법이었다. 이러한 행동이 노조 구성원 전체의 의사에 반한 지도부의 전횡이 될 수 있다는 취지였다. 만약 노조가 모든 구성원의 의견을 바탕으로 파업하는 것이라면 왜 일부 구성원의 의지를 억압해야 하는가? 이는 구성원들이 자발적으로는 공동선을 추구하지 못한다는 올슨의 원리를 이해하지 못하면 반박하기 어려운 논리다. 그러나 현재는 모든 국가에서 노조의 피케팅을 부수적 쟁의행위로서 합법으로 인정하고 있다.[43] 이것은 규모가 큰 집단이 공통의 목적을 추구함에 있어서 강제성이 반드시 필요하다는 점을 인정한 것과 같다.

— 강제적 멤버십과 피케팅은 노동조합주의의 본질이다.[44]

하나의 집단이 공통의 목적을 추구하기 위해서는 이탈자를 제어할 필요가 있고 이것은 근본적으로 물리력에 의한 통제, 즉 강제력의 발휘를 요청한다는 것이다. 사슴 사냥 게임에서도 사슴을 잡는 것이 각자 토끼를 잡는 것보다 모두에게 좋은 결과지만 누군가가 토끼에 한눈을 팔 경우 모든 것이 무산되므로 이를 단순히 신뢰에 내맡기기가 어려워진다.

그러나 누군가 한 사람이 토끼에 한눈파는 이를 엄벌에 처할 수 있는 권위를 보유한다면 어떨까. 아마도 리스크가 줄어들 것이다.

의심은 증폭되는 속성을 갖는다. 상대방이 배신하지 않을 것이라고 믿는 것만으로는 충분하지 않으며 상대방이 나를 의심하지 않을 것이라는 확신까지 있어야 한다. 내가 과거에 토끼를 쫓아가느라 포위망에 구멍을 낸 전력을 가지고 있다면, 비록 개과천선을 했다고 하더라도 과거의 일 때문에 상대방이 자신을 의심하지 않을까 하는 의심이 생긴다. 그리고 이것이 다시 배신의 싹이 될 수 있다. 의심이란 마주 보는 거울처럼, 상대를 비추고 비춘 것을 되비추는 끝없는 상호작용을 보여준다.

무한히 꼬여가는 의심의 고리를 끊으려면 어떻게 해야 할까? 여기서 공권력의 필요성이 떠오른다. 집단의 일원이 아닌, 한 차원 높은 위상을 가진 권력의 존재가 다람쥐 쳇바퀴 같은 의심의 순환을 중단시킬 수 있다. 공권력은 이럴 때 확실하게 공공선을 증대시킬 수 있으므로 구성원의 지지를 받는다. 올슨은 저서 《집단행동의 논리》에 '공공재, 그리고 집단의 이론'이라는 부제를 달았다.

공공선에 기여하기 위한 재화가 바로 공공재다. 모두가 원하는 공공재를 얻으려면 각자 적정한 희생을 감수해야 한다. 숫자가 많을수록 나 하나쯤 빠져도 되지 않을까 하는 꾀가 생긴다. 협력의 대열에서 이탈하고도 공공재 서비스를 받을 수 있다면 무임승차자는 이득을 누릴 것이고, 이를 알게 된 다른 사람들도 이탈하려는 마음이 생길 것이다. 이를 막기 위해서는 무임승차자를 감시하고 제재할 힘, 즉 권력이 필요하다.[45]

권력이란 타인의 의지를 꺾어서 특정한 방향으로 순응하게 만드는 힘이며, 그 배후에는 물리적 폭력이 버티고 있다. 서양 근대 사상가들은 왕권을 정당화하는 과정에서 이른바 '폭력의 독점'이라는 개념을 제시하였다. 토머스 홉스(Thomas Hobbes)는 만인의 만인에 대한 투쟁에 지친 자연 상태의 개인들이 모든 권력을 왕에게 헌납함으로써 왕권이 성립한다는 논리를 펼쳤다. 이러한 전통을 이어받아 막스 베버(Max Weber)는 "오직 인간사회만이 물리적 힘의 합법적 사용권을 독점하도록 허용하며, 다만 이 독점은 특정 지리적 영역에 국한되고 바로 이 폭력 독점이 적용되는 특정 영역의 한계가 국가를 정의하는 요소 중 하나이다."라고 말하고 있다.[46]

올슨에 따르면, 모두에게 이익이 되는 바람직한 행동이라도 자발적으로 나타나지는 않으며, 적절한 명령과 통제가 필요하다. 올슨은 서로 협력하고자 하는 인간의 자연 발생적인 감정, 즉 동료애 등은 무정부주의자의 낭만적 공상에 불과하다고 비판한다. 등대가 바다 위에 떠 있는 선박들의 길잡이가 되어주는 것처럼 공권력은 명령과 통제를 통해 불신의 어둠을 신뢰의 빛으로 밝혀준다. 이것은 물리적 인프라 못지않게 중요한 무형적 인프라의 대표적인 예일 것이다.

공공재를 조달하기 위해 모두 일정한 비용을 추렴하듯이, 명령과 통제가 작동하기 위해서는 모두가 권력을 추렴하여 소수의 주체에게 몰아주어야 한다. 그것은 물리적 폭력의 집중이라는 형태를 취하지만, 폭력 행사를 위한 물리적 도구 못지않게 권위를 인정해주는 구성원의 마인드가 중요하다. 구성원은 통제 주체에게 '완장'—이 말이 주는 느낌이 그리 밝거나 반갑지 않은 것이 사실이지만—을 채워준다.

권력의 타락과 흉포화는 역사상 잊을 수 없는 비극들을 만들곤 했지만, 이는 동시에 권력이 가지는 에너지를 보여주는 것이었다. 수십 명에

※ 완장 효과: 권위에 대한 복종 실험과 스탠퍼드 감옥 실험

완장 효과에 관한 극적인 실험은 그 결과가 믿기지 않을 정도이다. 1961년 예일 대학교 심리학과의 스탠리 밀그램(Stanley Milgram)은 "징벌에 의한 학습 효과"를 측정한다는 명분 아래 실험 참가자를 모집하고 문제를 풀지 못한 학생에게 전기충격 장치로 고통을 가하도록 했다. 물론 전기충격 장치는 가짜였으며 학생들은 고용된 배우로 고통스러운 연기를 한 것이었다. 놀랍게도 실험 결과 300볼트 이상은 위험하다는 경고문에도 불구하고 65%의 참가자들이 450볼트까지 전압을 올렸다.

10년 뒤 스탠퍼드 대학교의 필립 짐바르도(Philip Zimbardo)는 실험 참가자들을 간수와 죄수로 구분하고 각자 역할을 하게 하는 유명한 '스탠퍼드 감옥 실험'을 진행하였다. 언제든지 자의로 빠져나올 수 있는 실험이었음에도 불구하고 그 효과는 상상을 초월하여 짐바르도는 5일 만에 위험을 감지하고 실험을 중단하였다. 실험에 참가한 대다수가 그 역할을 거부하고 실험을 그만둘 수 있다는 사실 자체를 잊었고, 간수 역할을 맡은 일부는 성적 학대를 포함한 가혹행위를 저질렀다. 실험의 효과가 너무나 강력하여 연구 윤리에 심각한 문제가 제기되었으며 이후 "실험자에게 연구 과정 및 방법을 상세하게 설명한다."라는 절차가 삽입되게 되었다.

이 실험들은 현실 속에서 벌어진 가혹행위, 특히 나치의 홀로코스트 등을 이해하는 단서로 해석되기도 한다. 평범한 인간이 외적 권위에 의해 극단적으로 변화할 수 있다는 가능성은 충격적이며 앞으로도 커다란 관심을 기울여야 할 주제일 것이다.

그치던 인간의 수평적 협력이 수천 수만을 넘어 수억에 이르는 규모로 도약하기 위해서는 권력을 차별화하고 수직적 위계를 형성해야 하며, 이는 현실적으로 이용할 수 있는 가장 확실한 방법이었다.

한 가지 지적할 것은 권력을 형성했다고 해서 명령과 통제가 항상 성공하는 것은 아니라는 점이다. 명령과 통제는 집단의 효율적 운영을 인도하는 등대와 같지만, 안개가 끼면 등대의 불빛이 보이지 않듯 정부 역시 다수의 국민을 통제하는 과정에서 오류를 범할 수 있다. 이러한 경향은 집단의 규모가 커질수록 더욱 심화된다. 명령—통제의 효율성 문제는 많은 숫자의 인원을 통제할 때 단지 국가를 구성한다고 해서 모두 해결되는 것은 아니며 다른 원리들과의 상호 보완이 필요하다는 것을 깨우쳐 주는 계기가 된다.

익명 간 거래와 시장:
"돈을 내는 이가 나의 형제"

이제 협력을 발전시키는 또 하나의 방법, 시장에서 일어나는 익명 개인 간의 거래에 대해 살펴보자. 인류는 오랫동안 다른 공동체에 소속된 이 방인에게는 적대감을 가졌다. 서로 친근하지도 않고, 그렇다고 단일한 정부의 통제 아래 있지도 않은 개인들이 협력할 수 있을까? 시장은 이에 대한 긍정적 해답의 하나이다.

사실 필요한 물품을 교환할 수만 있다면 이방인은 더욱 반갑고 유익한 거래 상대자가 될 수 있다. 함께 살아가는 이웃과 친족은 생활양식도 비슷하고 소유한 물건이나 선호도 비슷하여 서로 교환할 것이 별로 없지만, 이방인은 선호가 다르고 또 이국적인 물건들을 보유하고 있기 때문이다.

그러나 이러한 가능성에도 불구하고 낯설다는 것은 접촉 자체를 어렵게 만든다. 협력 관계를 확대하는 방법으로서 시장은 엄청난 위력을 지녔지만 상당히 까다로운 조건을 요구했다. 도로가 잘 닦이고 포장되어 있는 상황에서 자동차는 아주 좋은 교통수단이지만 도로가 포장되어 있지 않은 상황에서는 무용지물이 되는 것과 유사하다.[47]

거래의 어려움 :
일촉즉발의 거래 현장

막대한 양의 마약 현물과 현찰을 교환하는 거래 현장을 생각해보자. 거래 자체가 불법이므로 이들은 거래 중에 발생하는 어떠한 사태에 대해서도 공권력의 보호를 기대할 수 없다. 외부인의 방해를 받지 않기 위한, 사막과 같은 외딴 장소에서의 회합은 일촉즉발의 긴장감으로 가득하다. 쌍방은 만약의 경우를 대비하여 중무장하고 심지어 사나운 개들까지 동원한 채 팽팽하게 대치한다. 모두가 정상적 거래를 원하면서도 작은 오해, 작은 몸짓 하나 때문에 무차별 총격 상황이 돌발할 수 있다.

2008년 개봉된 영화 〈노인을 위한 나라는 없다〉에서, 베트남전 저격수 출신의 주인공 모스가 텍사스의 어느 사막에서 발견한 것은 바로 이러한 우발적 총격전이 휩쓸고 지나간 뒤의 풍경이었다. 주인공은 나뒹구는 시체들 사이로 트럭에 실린 마약 더미와 200만 달러가 담긴 돈 가방을 발견한다. 피비린내 나는 현장에는 피 흘리는 검은 개 한 마리와 물을 호소하는 빈사의 멕시코 갱 한 명만이 살아 있었다(200만 달러를 챙긴 모스의 앞날은 영화를 보지 않은 독자를 위해 여기서 이야기하지 않겠다).

마약 거래만이 아니라 다른 모든 거래에도 정도의 차이는 있을지언정

이러한 위험이 도사리고 있다. 교환을 하려면 어느 한 시점에서는 자신의 점유를 포기해야 하고 바로 그 순간 그에 상응하는 다른 재화의 점유가 가능해야 한다. 이것이 조금이라도 어긋나면 문제가 발생할 수 있다. 묵직한 마약 포대와 돈 가방은 '동시에' 주고받아야 하며 이 주고받는 동작 중에 조금이라도 의심스러운 몸짓이 나오면 어떤 사태가 벌어질지 아무도 모른다.

마약 거래의 가장 큰 문제는 점유권과는 독립된 소유권이 보장될 수 없는 상황, 즉 야생의 세계로 돌아간다는 사실이다. 인간이 자신의 소유물 모두를 점유로 지켜야 한다면 많은 것을 누리기 힘들 것이다. 동물들 사이에 빈부의 격차가 없는 이유다. 관리하지 못하는 것은 소유가 아니므로 모든 소유가 점유의 한계를 상한선으로 하여 멈춘다. 수만금의 재산을 축적하여 부자가 되는 것은 자연에서는 불가능한 일이다. 나무를 타는 표범이라면 먹이를 나무 위에 올려놓는 정도가 고작일 것이다. 어렵게 사냥해서 잡은 먹이를 면전에서 빼앗기는 일이 비일비재하다.

하지만 점유 외에는 소유가 인정될 수 없는 동물사회에서도 소유권 개념의 싹이 나타나는 사례들이 발견된다. 특히 사냥의 결과로 얻은 고기 같은 것은 소유를 지키기가 매우 어렵지만, 동물들의 보금자리가 되는 동굴이나 둥지, 더 나아가 자신이 먹이활동을 하는 '영역'과 같은, 인간 사회의 용어로 하면 부동산에 대해서는 선점한 자의 기득권이 유지될 가능성이 크다. 동굴을 먼저 차지하고 도사리고 앉은 자와 밖에서 이것을 뺏으려고 하는 자의 싸움은 공평하지 않다. '홈 어드밴티지'가 작동하고 이것은 이후 소유권으로 진화하는 계기가 된다.

우리 인간은 얼굴 한번 본 적 없는 대리주차 직원에게 자동차 열쇠를

※ 하이에나의 양심?

잠깐만 한눈팔아도 모든 것을 빼앗기는 야생의 세계에서도 가끔 놀라운 장면이 벌어진다. 표범이 맹렬히 저항하는 혹멧돼지를 잡아 물어뜯고 있다. 혹멧돼지의 비명을 듣고 하이에나 한 마리가 나타난다. 표범이 멈칫하는 사이 혹멧돼지가 필사적으로 탈출한다. 표범은 허무하게 자리를 뜨지만, 하이에나는 이미 치명상을 입은 혹멧돼지를 추적하여 물어 죽인다. 표범은 "죽 쒀서 하이에나 준 꼴"이 된 셈이다. 하이에나가 혹멧돼지를 맛있게 먹고 있는데 아까의 표범이 다시 나타나 주변에서 눈치를 본다. 그러더니 슬그머니 다가와 하이에나의 반대쪽에서 혹멧돼지를 먹기 시작한다. 어떻게 될 것인가?

놀랍게도 하이에나는 표범을 내버려둔다. 둘은 사이좋게 혹멧돼지를 공유한다. 하이에나는 원소유주가 표범이라는 것을 인정하는 것일까? 인상적인 장면이지만, 이것이 야생에도 소유권이 있다는 증거라고 보기는 어렵다. 만약 그렇다면 처음부터 표범이 물러나지도 않았을 것이

Rob The Ranger Wildlife Videos, "AMAZING! Leopard, Hyena & Warthog: An Unlikely Outcome", 〈https://www.youtube.com/watch?v=LdXZr7FN_6M〉.

다. 이러한 공존은 어차피 하이에나 혼자 먹이를 전부 먹어치울 수 없고 따라서 표범과 다투는 것이 불리하다고 판단했기 때문에 가능하다고 보는 것이 더욱 합리적일 것이다.

넘겨주고 호텔 프런트에선 보관증 하나를 받고 여행 가방을 맡긴다. 어떻게 낯선 상대에게 자신의 소중한 소유물을 선뜻 내미는 것일까? 그것은 점유의 변동과 소유권의 변동이 전혀 별개라는 놀라운 상호 간 믿음의 체계가 있기 때문이다. 소유와 점유를 구별하게 된 것은 인간의 엄청난 진보이다. 인간이 직립하고 불을 사용하고 바퀴를 만드는 모든 물리적 혁신 못지않게 중요한 혁신이 소유권의 확립이다. 이런 믿음의 체계가 만들어지기까지는 영역 행동으로부터 실로 기나긴 진화의 시간이 필요했다.[48]

시장이 존재하고, 거기서 자유롭고 평화로운 거래가 이루어진다는 것은, "진정 우리가 보여줄 수 있는 인간 존엄성의 최상의 표징"[49]이라고 해도 과장이 아닐 것이다.

시장의 탄생 :
정보의 확산, 그리고 재산권의 보장

① 정보의 공유

소유권 또는 재산권[50]이 확립될 때 함께 이루어져야 할 시장의 조건이 있다. 거래에 관한 정보이다. 정보가 없으면 애초에 거래가 이루어지지 않는다. 내가 필요로 하는 물건을 어디에서 파는지, 어느 정도의 가격으로 살 수 있는지를 아는 것이 늘 그렇게 쉬운 일은 아니다. 사냥꾼이 멧돼지 고기에 질려서 신선한 생선 요리를 먹고 싶을지라도 때마침 멧돼지 고기를 원하는 어부가 어디에 있는지 모른다면 그는 그 식욕을 참을 수밖에 없다.

시장에 도달했다고 해서 정보 문제가 해결되는 것은 아니다. 가격에 대한 정보가 충분하지 않으면 바가지를 쓰지 않을까 하는 두려움에 거래가 꺼려진다. 노련하고 경험 많은 구매자는 바가지를 피해갈 수 있겠지만, 대다수는 그렇지 못하다.

—— 다양한 도자기, 신발, 놋그릇, 목공예품, 의류, 바구니, 모자이크 등이 즐비한 모로코 바자에서 […] 관광객들은 다양한 상인들의 제안을 비교하는 데 오랜 시간을 보낸다. […] 정보의 탐색은 이 시장에서 가장 핵심적인 경험이며 모든 것을 좌우하는 고난도의 예술적 기교에 매우 가깝다.[51]

더욱 중요한 것은 품질이다. 상당수의 상품이 써보기 전에는 그 품질을 정확하게 판단하기 어렵다. 물론 판매자나 제조자는 알고 있을 것이다. 이러한 일종의 정보 비대칭으로 인해 빚어지는 시장의 붕괴는 '레몬 시장'이라는 개념으로 잘 알려져 있다.[52] 레몬 시장의 대표적 사례로 거론되는 것이 중고차 시장이다. 중고차 판매자는 사고 경력과 같은 품질 하자를 공개하지 않으므로, 구매자는 전체 중고차의 평균 품질을 가정하고 값을 지불한다. 그러면 평균 품질 이상의 중고차 판매자들은 가격에 대한 불만으로 시장을 떠나고 평균 품질이 지속적으로 저하되어 결국 시장이 소멸한다는 것이다. 정보의 비대칭성이 시장을 사라지게 만드는 사례로서, 이는 시장이라는 것이 저절로 존재하는 견고한 것이 아니라는 사실을 다시 한 번 환기시킨다.

그런데 이처럼 정보의 탐색이 시장에서 중요하다는 사실이 사업기회의 중요한 원천이 되기도 한다. 즉, 서로에게 이로운 거래 가능성을 갖고 있음에도 정보 부족으로 인해 떨어져 있는 두 거래자를 이른바 중매쟁이(matchmaker)처럼 연결해줌으로써 정보 비용을 줄여주는 대가로 이윤을 획득할 수 있다. 이것은 상업의 본질적 기능 중 하나로, 고대의 원격지 무역에서부터 근대 지리상의 발견, 오늘날의 글로벌 교역에 이르기까지 상업이 추구해온 바다. 상업은 격리된 두 거래자를 연결시키며 세계를 하나로 만든다. 정보만 있다면 어떠한 오지라도, 거래할 수 없을 정도로 멀지는 않다.

② 재산권의 확립

거래 당사자를 찾았다고 해도 거래는 쉬운 일이 아니다. 재산권이 확립되어 있지 않은 상황에서는 거래가 완료될 수 있을지에 대한 확신을 가질 수 없기 때문이다. 물론 계약 위반 행위로 인해 재산권이 침해되었을 때 공권력이 피해를 원상 복구하거나 계약을 이행하도록 명령할 수 있다면 거래는 훨씬 쉽게 이루어진다. 앞서 말한 코스타리카 흡혈박쥐가 피를 나누어주거나 원시인들이 사냥한 동물을 나누어 먹는 경우, 신세를 진 쪽이 후일 보답을 거절한다고 해도 제재를 가할 수 있는 방법은 없다. 하지만 소유권이 확립되어 있다면, 그리고 그것이 공권력에 의해 보호된다면, 이러한 얌체 행동은 제재를 받게 될 것이고 보답을 받지 못할 위험은 훨씬 줄어들 것이다.

공동체의 공동선 추구에서 일탈 행위를 하는 참가자에게 국가는 감시와 제재를 가할 수 있다. 이와 마찬가지로 재산권 침해가 범해졌을 때에도 국가가 개입하여 재산권을 보호한다. 재산권 보호 역시 하나의 공공재 관리라고 볼 수 있지만, 공공재와는 달리 재산권은 각각 권리 보유자가 있어 이들이 우선적으로 자신의 재산권을 보호하고 자신의 힘이 모자랄 때 국가에 지원을 요청하는 구조를 가진다. 즉, 공공재의 관리에 대해서는 구성원들이 방관자 역할을 하는 반면, 재산권은 당사자들 스스로가 지키기 위해 노력할 뿐 아니라 침해받았을 때 이를 회복하기 위한 수고 역시 아끼지 않는다. 소매치기를 당하지 않기 위해 가방을 더 단단히 메고 도둑을 막기 위해 울타리를 치고 창고에 경보장치를 설치한다. 이 모든 일들이 재산권을 보호하려는 노력의 일환이다. 이러한 각자의 자율적 노력이 선행했음에도 불구하고 침해 사례가 발생했을 때 신고에 의해 공권력이 투입된다. 국가 역시 재산권 문제에 개입하기 전에 재산권자가 충분히 성의를 기울여 재산권을 지키려고 노력했는가를 보호의 전제조건으로 간주한다.

재산권은
효율적인 분쟁해결책

신제도학파 경제학자로서 노벨상을 수상한 더글러스 노스(Douglass North)는 서유럽이 왜 근대화의 선두주자가 되었는가 하는 질문에 대해서 '재산권의 확립'을 그 요인으로 제시했다.[53] 동양의 전제정치, 그리고 한때 강대국이었지만 네덜란드, 영국 등 신흥국가에 추월당한 스페인 역시 취약한 재산권이 결정적 한계로 작용했다고 본다.

재산권이 무엇이기에 이렇게 강력한 힘을 발휘하는 것일까? 재산권은 시장을 형성하게 하고, 시장에서의 교역은 자급자족과는 비교할 수 없는 후생의 증가를 가져온다. 서로 효용이 다른 소비자 간 사적 재화의 교환에 국한되지 않고, 보다 복잡한 문제까지 훌륭하게 해결한다. 역시 노벨 경제학상 수상자인 로널드 코스(Ronald Coase)는 시장 형성의 큰 장애요인인 외부 효과도 몇 가지 조건만 성립된다면 시장 거래를 통해 가장 효율적으로 처리할 수 있음을 다음 사례를 통해 보여준다.[54]

목장과 농지가 인접해 있다고 생각해보자. 목장에서 이익을 위해 가축의 수효를 늘렸더니 이들 중 일부가 경계를 넘어 농지의 작물을 밟고 심지어 뜯어먹기까지 했다. 이것은 골치 아픈 분쟁 사례로 원만한 해결이 매우 힘들다. 또한 분쟁의 당사자들은 이로 인해 각자의 사업에 대한 의욕을 잃어버리기 십상이다.

코스는 이때 재산권이 확립될 경우 어떻게 효율이 확보되는지를 보여준다. 이 사례에서 재산권을 설정하는 방법은 2가지이다. 먼저, 농부의 '경작권'을 인정하고 목장주에게 배상 책임을 물리는 방법으로, 이는 상식에 부합하는 것처럼 보인다. 다른 방법은 목장주의 '방목권'을 인정하고 가축이 가끔 경계선을 넘어가는 일을 불가피하다고 보는 것이다.[55] 경작권이냐 방목권이냐는 당사자 간 이해관계가 걸린 매우 중요한 문제이다. 그러나 코스에 따르면 사회 전체의 관점에서 이 문제는 중요하지 않다. 즉, 분배 상태가 어떻게 되느냐와 무관하게 사회적 입장에서는 재산권을 어느 쪽으로든 설정해놓기만 하면 효율적 배분이 이루어진다.

구체적인 분석을 위해 가상의 예를 그림으로 나타내보았다. 소가 늘어날수록 경계선을 넘는 빈도가 늘어나므로 작물의 추가적인 피해액도 늘어난다. 소가 한 마리일 때 배상금이 1달러라고 하면 소가 두 마리일 때 배상금은 3달러로 늘어난다. 즉 한 마리씩 증가할 때마다 배상금이 전체 마릿수×1달러만큼 증가하는 셈이다.

이때 농부의 경작권이 인정되는 경우를 생각해보자. 현재 두 마리 소

소의 마릿수	작물 피해액(달러)

가축의 증가와 농사 피해(진하게 표시된 그림은 증가분을 의미)

를 키우는 목장주가 한 마리를 더 키우고 싶다고 하자. 그것은 두 마리에서 세 마리로 늘어날 때 얻는 이익의 증가(MR; marginal revenue)가 비용의 증가(MC; marginal cost)보다 크기 때문이다. 소가 증가하므로 작물의 피해도 커진다. 경작권이 인정되어 목장주에게는 배상 책임이 있으므로 배상금을 비용에 포함해야 한다. 만약 MR이 MC+3보다 작다면, 목장주는 소를 두 마리 선에서 더 이상 늘리지 않을 것이다. 이익이 늘어나도 비용과 배상금의 증가를 충당할 수 없기 때문에 목장주와 농부는 소 두 마리를 키우는 선에서 타협을 하게 된다. 그리고 이것은 사회적으로 최적의 결과이다. 농부는 배상금을 받으므로 소의 마릿수와 관계 없이 이익이 일정한데, 목장주는 소 두 마리일 때 최대의 이익을 얻기 때문이다.

이제 목장주의 방목권이 인정된다고 해보자. 억울한 느낌이 들지만, 농부는 보조금을 지급해서 목장주가 소의 숫자를 늘리지 않도록 억제할 수 있다. 농부에게 주는 배상금이 없는 상태에서는 MR이 MC보다 크기 때문에 목장주는 소를 세 마리로 늘리고자 한다. 그런데 앞에서 보았듯이 MR은 MC+3보다는 작다. 즉 MR−MC는 3보다 작다. 소를 두 마리에서 세 마리로 증가시켰을 때 기대되는 이익의 증가분이 3보다 작은 것이다. 이때 농부가 목장주에게 만약 소를 총 두 마리로 유지해준다면 3달러의 보조금을 주겠다고 제안한다. 이것은 목장주에게 합리적인 제안이다. 이렇게 해서 경작권을 인정하든 방목권을 인정하든 사회적으로 최적인 두 마리의 사육 규모가 유지된다.

코스의 정리는 가공의 목장을 무대로 한 것이지만, 이것은 역사적으로 실제 일어난 일을 충실하게 반영하고 있다. 노스는 재산권의 확립이 경제 발전에 미친 영향을 입증하는 사례로서 근세 초 스페인의 메스타라는 양치기 길드를 언급하고 있다. 당시 스페인의 지주들에게 메스타는 공포의 대상이었다. 이들은 양떼를 몰고 가는 길에 농지를 전혀 신경 쓰지 않았으며, 전국적인 단결력을 통해 견제나 처벌을 피해갔다.

— 지주는 세심하게 작물을 준비하고 경작하면서도, 어느 순간에라도 (메스타의) 양떼가 밭을 짓밟고 작물을 먹어치울지 모른다는 것을 염려해야 했다.[56]

　바로 이러한 양떼 침범의 위협은 지주의 농업에 대한 열성적 관리나 생산성 향상을 위한 투자 인센티브를 현저하게 저하시켰다. 당시의 공권력은 메스타와 지주 사이의 분쟁을 조정할 의지나 역량이 미약했다. 노스가 코스의 이론을 알고 메스타의 사례를 주목했는지는 알 수 없으나 이론을 위한 가상의 사례가 역사적 사실과 비슷한 것은 일단 흥미롭다.

조정 메커니즘과
역사 시대의 조응

협력 또는 협력적 상호작용을 위해 인간사회에서 고안되어온 조정 메커니즘에는 3가지가 있다. 그리고 그 메커니즘을 구현하는 체제도 3가지가 있다. 즉 상호 호혜적 협력은 공동체, 명령과 통제는 국가, 익명 간 거래는 시장이라는 체제로 귀결된다.

이 원리는 서로 복잡하게 얽히면서 함께 발전했지만, 시대별로 특정 메커니즘이 확연히 부각되는 것을 볼 수 있다. 원시 시대에는 소규모 원시사회를 형성한 공동체의 원리, 고대 및 중세에는 명령과 통제에 의한 국가 원리, 근대 이후에는 익명 간 거래에 의존하는 시장경제가 시대적 변화를 주도하는 경향을 보였다. 이것은 우리가 익히 알고 있는 세계사의 큰 구분, 선사 시대, 고대·중세, 근대라는 구분과도 대체로 일치한다. 이 3가지 메커니즘은 상충하기도 하지만 보완하기도 한다. 인류는 서로 부딪치는 메커니즘 간의 마찰을 적절하게 조절하여 각각의 장점을 살리

조정 메커니즘	구현 체제	역사 단계	혁신 사례
상호 호혜적 협력	공동체	원시 시대	집단 수렵
명령과 통제	국가	고대/중세	관개혁명
익명 간 거래	시장	근대	상업혁명

조정 메커니즘과 시대별 주요 혁신

는 복합적 체제를 고안했으며 이를 통해 더욱 큰 규모의 정교한 상호작용을 구현할 수 있게 되었다.

문명의 발달사에서 석기와 불 이래 공학적 기술의 발전이 핵심적 요인으로 여겨지는 경향이 있으나, 사람들 간의 상호작용을 설계하는 사회적 기술의 역할을 간과해서는 안 될 것이다. 이 두 종류의 기술은 독립된 요인이 아니라, 서로 밀접하게 영향을 주고받아왔다. 본 책에서 사회 혁명을 주축으로 역사를 구분한 것은 기업조직의 탄생을 추적하는 데 적합하기 때문이며, 사회적 기술이 공학적 기술보다 중요하다는 사실을 암시하는 것은 아니다.

제 2 부

협력의 역사:
무리 사회에서
글로벌 네트워크 사회로

제1부에서 우리는 인간 상호작용을 발전시키는 주요 조정 메커니즘을 다루었다. 이제 이 메커니즘들의 작동으로서 실제 인류의 역사를 해석해보고자 한다. 풍부한 역사적 사실들을 이러한 방식으로 재현하면 자칫 단순화의 오류에 빠지기 쉽지만, 하나의 모델을 통해 복잡다단한 현실을 해석할 수 있는 시각을 가진다는 점에서 의미를 찾을 수 있을 것이다. 세계사에 대한 요약판 지식을 전달하기보다 세계사를 바라보는 하나의 관점을 제시하고자 하는 것이 필자의 바람이다.

원시 인간은 혈연 간의 유대감, 그리고 집단 내 상호 협력 등을 이용해 무리 사회적 협력을 달성했다. 그러나 이는 사자나 늑대 등에서 나타나는 소규모 무리생활 이상으로는 나아가지 못했고, 다른 맹수종에 비해 취약한 개체 능력으로 인해 멸종 위협에 쫓기는 취약 종, 즉 '사냥감'으로 전락했다. 그러나 협력의 규모와 정교함을 발전시키면서 인간은 차츰 사냥감에서 집단 사냥꾼으로, 더 나아가 군대와 관료제를 거느린 조직 설계자로, 그리고 오대양을 누비는 무역상으로 화려한 변신을 시작했다.

인간 집단의 진화 단계:
원시사회, 고대국가, 시장경제

인간은 무리생활을 하는 포유류 수준의 협력에서 출발하여 상호작용의
규모로나 복잡성으로나 경이로운 진보를 이룩했다. 그것은 단번에 이루
어진 급격한 혁신이 아니라 기나긴 기다림과 노력의 결과였다. 오늘날의
인류사회에 도달하기까지 협력과 상호작용은 지속적으로 진화 과정을
거쳤는데, 그 과정에는 세 번의 중대한 변곡점이 있었다.

이 세 변곡점은 앞에서 소개한 3가지 조정 메커니즘을 현실에 구현하
는 과정처럼 보인다. 상호 호혜적 협력, 명령과 통제, 익명 간 거래는 원
시사회, 고대국가, 그리고 시장경제체제라는 세 번의 변곡점에 대체로
맞아떨어진다.

개체 간의 상호 호혜적 협력으로 소규모 공동체를 형성한 것이 원시사
회이다. "네가 나를 배신하지 않으면 나도 너를 배신하지 않을" 것이라는
믿음의 네트워크를 만든 것만으로도, 고독한 독립생활을 하거나 서열을

통해 강자가 모든 것을 독점하고 약자를 소외시키는 다른 무리생활 동물에 비해 월등한 경쟁력을 창출할 수 있었다. 원시사회의 협력 원리는 오늘날에도 오지의 원주민 부족에게서 발견되며, 또한 현대사회에서도 지역 공동체, 친목 단체, 또는 자발적 결사체 등에서 여전히 구현되고 있다. 100만 년에 달한다는 원시 시대의 시간의 길이를 생각할 때 이러한 상호 협력 성향은 우리 본성에 각인되어 있다고 생각할 근거가 충분히 있다.[1]

이러한 협력은 집단의 규모가 커지면서 한계에 부딪히고, 이를 극복하기 위해 힘의 비대칭에 기반을 둔 수직적 구조가 발생한다. 명령—통제의 원리를 대규모로 구현한 조직체가 바로 국가다. 이 시기에 협력과 혁신은 서로 갈등을 일으킨다. 소규모 친근한 공동체에 적용되던 상호 호혜적 협력이 대규모 익명 사회의 조직적 협력으로 바뀌어야 했던 것이다. 대규모 관개시설의 구축, 관료제와 군대의 운영 등 기술적·제도적 혁신은 인간관계와 사회 구조를 근본적으로 바꾸는 변혁을 요구했다. 이 혁신의 선두에 선 것이 국가였다. 국가의 리더인 왕은 권력을 통해 국민적 의무를 강제함으로써 공공재를 조달하고 강력한 국가체제를 성립시켰다.

그런데 국가의 통치가 비교적 철저하지 못했던 지역, 특히 왕권이 취약했던 유럽을 중심으로 교환 거래가 서서히 성장하기 시작했다. 봉건 왕조로부터 치외법권을 누리는 도시가 성장하고 이를 거점으로 상인 집단이 유럽 전역은 물론 전 세계로 뻗어나갔다. 여기에 산업혁명과 함께 시작된 제조 혁신이 가세하면서, 인류는 처음으로 경제생활 대부분이 시장에서 이루어지는 '시장경제'의 시대를 맞이하게 된다.

시장경제란 당시의 국가나 사회로서는 일종의 충격이었다. 공적 이익과 균형을 강조하는 국가체제가 사적 이익을 주로 하는 시장경제와 갈등을 일으켰고 따라서 국가는 시장경제를 경계하게 된다. 특정 권력의 통제를 받지 않는 '분산 시스템'으로서의 시장은 정부의 입장에서는 일종의 불온 세력이었다.

시장이라는 분산화된 시스템 내에서 추진력을 발휘하기 위해 등장한 것이 바로 기업이라는 조직이다. 기업은 내부적으로는 국가와 같은 명령체제이면서 특정 산업과 시장에 파고들어감으로써 시장의 건설자로서 역할을 수행하게 된다.

요약하여 이야기하면 인간이 숲과 동료 유인원을 떠날 때 사회적 협력이 작동했고, 문명을 형성하면서 국가가 탄생하였고, 산업혁명과 근대화가 진행되면서 시장경제가 뿌리를 내렸다고 할 수 있다. 지나친 단순화이기는 하나 큰 시대 구분은 이렇게 정리될 수 있다.

중요한 것은 협력의 방식을 계속 바꾸어간 근원적 동기 중의 하나가 혁신이었다는 것이다. 사바나로 진출한 원시 인류는 당시의 모든 경쟁 종목에서 극히 열등한 종이었지만, 협력을 통해서 수렵·채취 기술을 혁신하고 다른 유인원과의 차별화에 성공한다. 이 시대의 혁신 아이콘인 도구와 불도 협력이 없었다면 충분한 효력을 발휘하지 못했을 것이다. 불씨의 관리를 위해서는 집단생활이 불가피하다. 그 외에도 대형동물에 대한 집단 사냥, 그리고 자원을 공정하게 분배하는 기술 등 협력과 관계된 혁신이 모두 이때 이루어졌다.

협력을 통한 수렵과 채집의 경제로 형성된 이 시기는 거의 100만 년 이상의 시간을 지속했으며, 현대인의 감각으로는 정지 화면처럼 보이는 초저속 성장의 시대였다. 신석기 농업혁명이 일어나고 금속기를 사용하는 문명이 등장하면서 야금술, 농경, 그리고 문자와 도시, 국가의 발명으로 변화의 속도는 빨라진다. 소규모로 시작된 농경이 관개 농업으로 바뀌고 비약적으로 생산성이 증가하면서, 여기서 생겨난 잉여 식량으로부터 도시와 국가가 형성되었다. 태양력 등 역법에 따른 농업 사이클의 체계적 관리, 그리고 대규모 관개 인프라의 구축은 이 시기 혁신의 핵심이다. 이 인프라의 건설과 운영을 담당한 주역이 바로 강제적 통제 능력을 지닌 고대국가이다.

근대에 들어와 전 세계를 무대로 한 교역망이 형성되고 산업혁명에 의한 제조 혁신으로, 자급자족이 지배하던 이른바 '비시장 영역'이 시장으로 편입되고 근대적 시장경제가 등장한다. 이를 계기로 천천히 움직이던 인류의 생산성과 삶의 질은 전무후무한 속도로 상승세를 타게 되고 일상적으로 혁신이 일어나는 시대가 도래한다. 즉, 인류의 역사는 혁신의 역사임과 동시에 그 혁신에 적합한 상호작용의 체제를 끊임없이 고도화해온 역사라고 할 수 있다. 그 과정을 조금 더 상세하게 살펴보기로 하자.

원시사회의 출현:
서열에서 평등한 공동체로

서열 구조의 극복과
정의감의 진화

인간은 유인원과 같은 조상을 공유하며 수백만 년 동안 특출할 것 없는, 여러 종 가운데 하나였을 뿐이다. 인간이 침팬지와 유전자의 98.5%가 동일하다는 것은 널리 알려져 있다. 유전자가 불과 1.5%밖에 다르지 않은 인간과 침팬지가 어떻게 오늘날과 같은 큰 차이를 보이게 되었을까 하는 것은 흥미로운 문제이다. 많은 가설이 있지만, 협력 능력을 해답으로 제시하는 학자들도 있다. 그리고 이러한 협력을 가능하게 한 요인은 공정성이라고 한다. 영국의 수학자이자 경제학자인 켄 빈모어(Ken Binmore)는 "왜 공정성이 중요한가? 공정성은 원시 시대 우리 조상들의 삶의 게임에서 벌어진 균형 선택 문제의 해결책이었기 때문"[2]이라고 말한다.

※ 인간과 유인원

인간은 동물분류학상 유인원, 즉 오랑우탄, 고릴라, 침팬지와 어떤 관계일까? 간단하게 얘기해서 개와 고양이 사이보다는 가깝고 사자와 호랑이 사이보다는 멀다. 개와 고양이는 '종속과목강문계'라는 동물 분류 체계상 다른 '과'에 해당된다. 사자와 호랑이는 모두 '고양이과'의 '표범속'이라는 같은 '과', 같은 '속'에 속한다.

한편 인간과 유인원은 같은 '과', 즉 우리말로 '사람과', 현행 생물학 분류 체계에서는 '호미니드'에 속한다. 그런데 사람은 호미니드 안에서 '사람속'에 속하지만 이 '사람속'에는 호모사피엔스종, 즉 '사람종'만 있다. 오랑우탄, 고릴라, 침팬지는 모두 각자 하나의 속이다. 즉 인간과 침팬지는 같은 표범속에 포함된 사자와 호랑이 사이보다는 더 먼 관계이다.

'속'은 내부의 종끼리 번식할 수 있다는 점에서 특별하다. 타이온, 라이거는 같은 표범속에 속한 다른 종 간의 교미로 태어난 신종이다. (매우 드물지만 서로 다른 속 간에도 이런 경우가 있는데, 노새처럼 번식을 못하는 후손

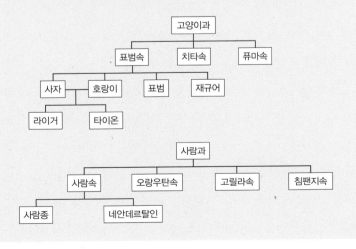

이 나온다.) 사람은 침팬지 등의 유인원과는 속이 달라 번식되는 혼혈종을 낳을 수 없다.

'사람속'에 처음부터 사람이라는 종 하나만 존재했던 것은 아니다. 오스트랄로피테쿠스와 네안데르탈인이 인간의 형제 종이었지만, 이들은 모두 멸종하였다. 인류는 단일한 호모사피엔스 내에서도 백인종, 흑인종 등 인종과 민족의 구분으로 인종차별, 노예제, 민족 갈등 등 다사다난한 일들을 겪어왔다. 만약, 여기에 네온데르탈인이나 오스트랄로피테쿠스 같은, 사람속 내의 다른 종이 존재했다면, 그래서 라이거, 타이온 같은 또 다른 변종들까지 나타났다면 얼마나 복잡했을지 상상만 해도 아찔하다.

이 상상이 실제로 시도될 뻔한 사건이 있었다. 2013년 하버드 대학교의 조지 처치(George Church) 교수가 영화 〈쥬라기 공원〉에 소개된 바 있는 유전자 복원술을 써서 네안데르탈인을 복원하겠다고 발표했던 것이다. 하지만 그는 발표를 곧 취소했는데, 기술적 한계보다는 사회적 파장이 컸던 탓으로 보인다. 유전자 보존 측면에서 보면 네안데르탈인이 현재 시도되고 있는 매머드 복원보다 더 쉽다고 한다. 단지 대리모를 구해야 하는 것이 문제인데, 알려진 바로는 처치 교수의 제안에 대리모를 하겠다고 나선 자원자가 여럿이었다고 한다.[3]

현대 오지의 수렵−채집 민족의 삶을 연구한 결과, 대부분의 사회가 서열보다는 수평적 협력을 중시하는 사회 구조를 가지고 있었다. 칼라하리 부시먼족부터 알래스카 에스키모족까지, 이들은 강력한 지도자를 인정하지 않고 평등주의를 견지한다. 특히 이들 사회에서는 누군가가 우월한 지위를 차지하거나 이로 인해 불평등이 심화될 경우, 튀는 자를 조롱하거나 견제해서 눌러 앉히는 이른바 '모난 돌이 정 맞는' 원리를 노골적으로 실천하고 있다.

유인원 등 무리생활을 하는 포유류의 경우 대부분 강력한 카스트(caste)나 서열 구조(pecking-order)[4]를 가지고 있는 것으로 알려져 있다. 수컷들 간의 치열한 경쟁 끝에 가장 우세한 한 마리의 수컷이 여러 마리의 암컷을 거느리는 것은 유인원만이 아니라 사자, 물개 등 다양한 포유류 종에서 공통으로 나타나는 현상이다. 그리고 먹이를 먹는 순서, 머무는 장소 등에서 규칙이 엄격하게 유지되며 평등한 배분이란 상상조차 어렵다. 그러나 적어도 현재 남아 있는 수렵-채집 단계의 오지 사회에는, 강자가 군림하는 수직적 지배구조가 없다. "이러한 지배에 저항하는 사회적 메커니즘은 누군가 자신의 영향력을 강화하려는 징조를 보이면, 즉 각 구성원들이 점점 강화되는 응징을 통해 이를 제지하는 것이다. 그 첫 단계는 지도자가 되려고 나서는 폭군 후보를 조롱하는 것이다."[5]

우리가 서부영화에서 보았던 무시무시한 인디언 추장의 이미지는 실제와 다르다. 오지 부족의 추장은 때로 권위적으로 보인다. 그러나 그의 권위는 절대적이지 않다.

── 집단은 추장 없이는 아무것도 할 수 없고 전적으로 추장에게 의존하는 것처럼 보인다. 그러나 이러한 복종은 표면적인 것일 뿐이다. 오히려 여기에는 추장에 대한 집단의 협박이 숨겨져 있다. 왜냐하면 추장에게 기대한 것이 이루어지지 않으면 마을 사람들은 쉽게 추장을 버리고 추장의 의무에 보다 충실한 지도자

를 택하기 때문이다.[6]

인간이 다른 유인원을 앞선 데는 강력한 리더와 서열의 존재가 아니라 수평적 관계와 형평의 유지가 오히려 결정적 요인일 수 있다. 왜 공정성이 그렇게 중요할까?

원시사회의 협력 상황은 앞에서 살펴본 사슴 사냥 게임과 유사하다. 사슴을 잡는 것이 토끼를 잡는 것보다 유리하므로 리더가 사슴 포획의 비전을 제시하고 구성원들을 설득하면 쉽게 합의가 이루어질 것으로 보인다. 그러나 변수가 있다. 생산성이 비약적으로 상승할 경우, 늘어난 생산량을 어떻게 분배할 것인가의 문제가 부각되는 것이다. 생산성이 그다지 크게 늘지 않는다면 공평한 분배는 그대로 유지될 것이다. 예를 들어 토끼가 10kg이고 사슴이 200kg인데 사냥 공동체의 구성원이 20명이라면, 생산성의 변화는 없다. 사슴이 이보다 조금 더 무거운 정도라면 최소 토끼보다는 더 많은 고기를 나눠줘야 한다는 제약 때문에 분배가 크게 불공정해질 여지가 없다.

그런데 생산성이 비약적으로 향상되어 이번에는 사슴이 아니라 400kg의 들소를 잡았다고 하자. 리더가 절반인 200kg을 독차지해도, 남은 19명은 나머지 200kg을 나눠 가지게 되어 토끼를 잡을 때보다는 더 많은 고기를 얻을 수 있다. 즉, 분배가 불공정해도 여전히 이전보다는 개선된 성과를 얻는 것이다. 생산성의 파격적인 증대는 인간에게 또 하나의 어려운 문제, 즉 리더와 구성원 간의 배분 비율을 선택해야 하는 문제를 낳았다.

이 문제에 대한 최초의 선택은 공평한 분배였다. 공평하게 분배하지 않으면, 불공평하다고 느낀 측이 협력을 거부할 가능성이 있다. 사슴을 둘러싼 포위망은 단 한 사람만 한눈을 팔아도 사슴에게 탈출의 기회를 준다. 물론 포위망에 구멍을 내는 것은 자신에게도 손해다. 그러나 불공평으로 마음이 상한 구성원은 소득의 감소보다 차별대우에 대해 더 격렬하게 반응할 수 있다. 포위망이 허물어짐으로써 모두 손해를 보지만 가장 크게 손해 보는 것은 리더다. 즉, 포위를 허무는 것은 구성원이 리더에게 가하는 복수의 의미를 갖는다.

한번 신뢰가 깨지면 '신뢰의 게임'이라고도 하는 사슴 사냥 게임의 포위망은 재건되기 어렵다. 앞에서도 언급했듯이, 상대를 믿고, 상대가 나를 믿을 것을 믿고, 상대가 나를 믿을 것을 내가 믿는 것을 상대가 또 믿어야 하는…… 무한 반복의 신뢰망은 한번 끊어지면 다시 잇기가 매우 어렵다.

불공정에 대한 불만으로 전체 협력망이 무너질 수 있다는 위험이 공정성을 지키는 일종의 위협 역할을 했을 수 있다. 물론 모두가 포위망을 지키고 있을 때 혼자 자리를 이탈하는 것은 스스로에게 손해인, '비합리적' 행위임에 틀림이 없다. 인간이 비합리적 행위를 단행하려면 그만한 에너지가 필요한데, 이러한 에너지를 공급해주는 것이 '감정'이다. 정의감, 또는 불의에 대한 분노는 이런 식으로 진화되었을 것이다. 불공정을 거부하고 반격을 가할 수 있는 것은 인간만이 발휘할 수 있는 능력이다.

인간의 협력은 먹이를 동료에게 나눠주거나(코스타리카 흡혈박쥐의 혈액 나누기) 위험을 감수하는(거피의 정찰) 등의 단순한 협력에서, 점차 집단 사냥과 같은 복잡한 협력으로 나아갔다. 복잡한 협력을 위해서는 상대방과 호흡을 맞추어야 하며 다양한 상황 변화와 상대의 반응까지 감안하여 임

※ 이타적 복수

인간에게만 존재하는 '복수', 그리고 복수를 촉발시키는 원한의 감정이 상호 협력 체제를 유지하기 위한 메커니즘이라는 주장이 있다.

복수는 이익과 손실을 계산적으로 따질 경우 '비합리적인 행동'이다. 복수는 이미 입은 피해를 복구하지 못할뿐더러 복수를 하는 과정에서 상당한 비용을 지불해야 한다. 그러나 그 대가는 감정적 상처를 그나마 부분적으로 달래주는 것에 그친다. 개체의 이익에 집착하는 동물들은 복수 따위는 하지 않는다.

따라서 인간이 배신을 당했을 때 복수하지 않을 수 없는 격정 상태에 빠지는 것은 전체를 위한 이타적 행위의 동력을 마련하기 위한 것이라는 해석이 등장했다. 이런 의미에서 '이타적 복수'라는 표현이 사용되기도 한다. 이 해석에 따르면 복수는 협력이라는 사회적 규범이 유지되기 위해 꼭 필요한 것이다. 최근의 한 연구에 의하면 복수를 했을 때의 통쾌감은 복수의 비용을 상쇄하기 위해 진화되었다고 한다.[7]

기응변을 해야 한다. 재즈 뮤지션들은 악보 없이 즉흥연주를 하면서 현재의 음을 듣고 앞으로의 진행을 예상하는 경지, 즉 두 사람의 두뇌가 하나로 연결된 듯한 '지음(知音)'의 경지에 이른다. 그 밑바탕에 바로 감정이입(empathy)이 있다. 상대방에게 빙의된 듯 상대의 갈 길을 예측하는 것이다. 그리고 내가 예측할 것을 상대가 예측하고, 그것을 내가 다시 예측하는 무한 반복의 상호작용이 일어난다. 이것이야말로 협력을 고도화할 수 있는 기반이다.[8]

감정이입은 상대방과 자신 간의 불공정에 대한 불만과도 연결되어 있다.[9] 상대가 어떻게 느낄지 공감한다면 불공정에 대한 분노 역시 커질 것이다.

이러한 다양한 경로를 거쳐 원시사회의 인간은 다른 동물, 특히 유인원과 달리 정의감, 분노 등 감정 체제의 복잡화를 통해 더욱 복잡하고 정교한 협력을 가능하게 하는 상호 응징의 메커니즘을 만들었던 것이다. 그리고 이 기반 위에서 인간은 동물에 비해 한 차원 높은 협력을 발전시킬 수 있게 되었다.

원시사회의 성격은, 현대사회를 어떻게 볼 것인가 하는 문제와 관련하여 이념적으로 민감한 이슈이다. 사회주의의 원초적 모습으로서 인류가 추구해야 할 이상적 모델이라는 견해에서부터 미개한 반시장주의의 원형이라는 견해까지 다양한 스펙트럼을 보인다. 결론적으로, 극단적 견해는 모두 과도한 단순화의 오류를 범하고 있으며 원시사회에 대한 이해를 조금 더 구체적으로 할 필요가 있다. 원시사회는 결코 '원시'라는 말의 부정적 느낌처럼 보잘것없고 미숙한 출발점이 아니며, 그렇다고 해서 인류가 상실한 에덴동산도 아니다. 원시사회를 미개한 반시장주의의 원형으로 보는 사람들은 다음과 같이 주장한다.

—— 인류의 문명이 개화하기 전에는 나눌 만한 부도 없었고, 따라서 부로 인한 갈등의 소지도 없었다. 그러나 사유재산제도가 확립되고 과학 기술의 발전에 힘입어 빠른 속도로 부가 축적되면서 그에 대한 반감도 커졌다. 부의 축적 속도를 따라가지 못하는 사람들의 원시 감정은 지속적인 교육 프로그램으로 완화될 수 있지만, 그 효과가 나타나기까지는 긴 시간이 걸릴 것이다.[10]

인류 초기에 이른바 '원시공산제'라고 하는 평등사회가 수립된 것은 사실이지만 그것이 인간의 미성숙함, 즉 유인원과 큰 차이가 없는 상태 때문이라고 생각하는 것은 속단이다. 인간은 유인원 집단 특유의 서열질서를 억제하고 최대한 공평한 사회를 만들어 불과 석기, 토기의 제작, 집단 사냥, 식물 및 어류 채취 기술뿐 아니라 주변 환경에 대한 체계적 이해 등 이전과는 비교할 수 없는 혁신을 이룩했다.

그러나 원시사회의 수평적 협력만으로는 문명사회로 도약하기가 불가능했던 것도 사실이다. 수평적 협력과 문명의 진화는 일정 정도 갈등 양상을 보인다. 원시사회의 혁신성을 무시하는 것도 잘못이지만 원시사회의 천진한 협력의 모습만 보고 현대사회가 추구해야 할 이상으로 생각하는 것도 너무 단순한 사고방식이다. 최근에는 보노보가 침팬지 등 다른 유인원과 달리 수평적 관계를 맺고 있다는 사실이 밝혀지면서 이상적 모델로 제시되기도 했다.

___ 여러 침팬지 연구는 침팬지가 수컷 중심의 수직적 서열 구조를 가지고 있고, 폭력을 수반하는 내부 권력투쟁, 다른 침팬지 집단과 잔혹한 전쟁 등의 행태를 보임을 알려준다. 그런데 보노보라는 인간의 다른 '사촌'은 침팬지와 전혀 다른 삶을 꾸리며 살아간다. 보노보는 암컷끼리의 연대가 매우 강하며, 수컷이 암컷을 지배하지 못한다. 보노보는 세밀한 수직적 서열을 만들지 않으며, 무리 내 병자나 약자를 소외시키거나 구박하지 않고 보살피고 끌어안는다. [⋯] 우리 자신과 사회 속에는 이미 침팬지가 너무도 많다. 이제 우리 자신 속과 사회 각 영역에서 움츠러 있는 보노보를 찾고 키울 시간이다.[11]

※ 버펄로 점프 : 대규모 집단 사냥[12]

버펄로 점프를 묘사한 디오라마

문명 이전 단계 협력의 고도화로서 인상적인 예가 인디언들의 들소 사냥, 그중에서도 "버펄로 점프(buffalo jump)"이다. 이것은 게임이론에서 다룬 사슴 사냥 게임처럼 포위망을 치고 대기하는 방식이 아니다. 아메리카 인디언들은 1만 2,000년 전쯤 들소떼를 낭떠러지로 몰아 떨어뜨려 잡는 사냥, 이른바 버펄로 점프를 시작했다. 이것은 소규모 협력의 한계를 극복하려는 극적인 시도 중의 하나다. 낭떠러지를 이용한 사냥은 분명히 새롭고 혁신적인 아이디어이지만, 당시로서는 보통 어려운 일이 아니었을 것이다.

— 집단 사냥을 위해서는 일시적이나마 전체를 끌고 갈 권위가 필요했다. 적당한 규모의 들소떼 위치를 파악하고 적당한 위치로 몰아서 죽이기 위해서는 다수 구성원 간 역할의 세심한 조율이 필요했던 것이다. 사냥의 모든 단계에 항상 실패할 가능성이 도사리고 있었다.[13]

상호 호혜적 협력은 고도의 팀워크를 요구하는 경우보다는 이미 확립된 안정적 게임에 더 적합하다. 버펄로 점프와 같은 고도의 불확실성하에서는 다른 방식, 즉 리더십과 권위가 요구되었다. 모두에게 역할을 부여하고 역할을 제대로 수행하지 못하면 즉각적 처벌로 일사불란한 행동 통일을 이끌어낼 필요가 있었다. 물론 들소 사냥은 수렵·채집 단계 사회의 일로, 후대의 위계 조직과는 거리가 있다. 하지만 과거의 수평적 협력이 한계에 부딪히는 과도기적 모습이라는 추측도 가능하다.

버펄로 점프로 유명한 블랙풋(Blackfoot)족 인디언은 전사(戰士)의 전통을 가지고 있고, 적을 한 명 살해해야 성인으로 대접해주는, 전형적 고대국가 스파르타의 성인식 문화를 가지고 있었다.

인간의 협력 본성을 강조하고 여기에 희망을 거는 것은 오류라고 할 수 없다. 분명히 우리의 내면에는 장구한 기간 동안 상호 협력의 유전자가 각인되었다. 그러나 문명 단계에 들어오면서 인간사회는 엄청나게 복잡하고 역동적으로 바뀌었다. 상호 협력하는 본성은 우리 내부 깊은 곳에 분명히 살아 있다. 그러나 현대사회의 다양한 관계와 복잡한 상호작용의 구조 속에서 이것을 어떻게 구현할 것인가에 대해서는 앞으로 더 많은 연구가 필요하다.

이방인과의 협력:
이로쿼이 연맹의 추억

올슨의 주장대로 상호 호혜적 협력은 규모의 한계를 갖는다. 한 집단이 서로 인지 가능한 수준을 넘어설 경우, 익명성으로 인해 수평적 협력 메커니즘의 작동에 문제가 생긴다. 규모 확대에 따라 기존의 공동체가 더욱 결속력을 강화하면서 이방인에 대한 적개심 역시 강화되기도 한다. 사자나 늑대에게서 보이는 무리와 무리 사이의 적대 행동은 아마 초기 인류에게도 마찬가지였을 것이며, 이를 극복하기 위해서는 새로운 방식이 필요했다.

문명의 문턱에 서 있던 인류는 친밀 관계와 평판 효과 외에 마땅한 협력의 대안을 가지고 있지 못했다. 올슨의 이론은 익명 단계에 들어선 대규모 집단에서 공동선의 추구를 위한 자발적 조정은 어렵다는 것을 단언한다. 인류는 막다른 골목에 도달한 것일까. 공동체적 협력 연구의 권위자 엘리너 오스트롬(Elinor Ostrom)은 올슨의 명제가 원칙적으로 타당하다고 해도 올슨이 "수평적 협력은 확장될 수 없다"라고 단언한 것은 아니라고 말한다.

—— 사실 올슨의 책은 후에 이 유명한 구절("구성원의 수가 아주 적거나, 강제적 제동 장치가 없는 한 개인은 공익을 위한 행동을 하지 않을 것"이라는)을 인용했던 많은 학자들의 주장보다는 덜 비관적이었다. 올슨은 중간 규모 집단이 자발적으로 집합적 편익을 마련할 수 있는가는 일률적으로 답할 수 없는 문제라고 보았다.[14]

오스트롬은 집단의 규모가 크다고 해서 사회적 협력을 바로 포기해야 한다고는 생각하지 않는다. 물론 그는 자신이 다룬 사례 연구들에 대해, '소규모 자원체계'를 대상으로 했다고 말하고 있지만, 실제 사례를 보면 참가자가 가장 많을 때는 1만 5,000명에 달한다. 요즘의 국가 규모에는 크게 모자라나, 그래도 서로 얼굴을 알아볼 수 있는 인지 공동체의 한계를 넘어선 것은 분명하다. 중간 규모의 집단에서도 공동체적 접근이 성과를 거둘 수 있음을 오스트롬은 보여주고자 한 것이다. 더욱 중요한 것은 '중간 규모'에 대한 오스트롬의 해석이다.

— 여기서 중간 규모의 집단은 행위자의 숫자가 아니라 각자의 행동이 얼마나 가시적인가에 의해서 정의된다.[15]

한 사람 한 사람의 얼굴을 알아보는 인지로는 100명만 넘어도 '가시성'에 한계가 온다. 그러나 각자의 행동을 가시화하는 다른 방법이 있다. 그것은 위계화의 원리를 통해 집단의 대표를 정하고 이 대표들이 모이는 상위의 공동체, 즉 일종의 대표 기구를 설립하는 것이다. 대표들의 모임에서 어떤 결정이 내려지고 하위 공동체들이 이를 따르면 많은 수의 사람들을 상호 인식의 틀 안에서 관리할 수 있게 된다.

예를 들어 스페인 남동부 무르시아 지역에는 관개용수 공급 지역 내에 1만 3,300개의 농장이 있고 이들은 30개의 관개 공동체로 조직되어 있다. 이 공동체에는 대표 역할을 맡는 책임 행정관과 조사관이 있고 이들은 3년마다 총회를 개최하여 행정장관과 법무관, 그리고 '선량한 사람의 협의회'라는 분쟁조정기구를 선출 및 구성한다. 이러한 상위 조직들이 회의와 조정을 통해 1만 명이 훨씬 넘는 사람들의 행동을 감시하고 조정한다.[16] 다소 느슨한 형태의 대표 기구를 통하여 수많은 사람의 행동을 감시하면서 상호 호혜적 협력의 원리를 구현하고 있는 것이다.

이런 방식의 대규모 사회 조직이 있었다는 증거가 있다. 원시 시대의 공동체는 폐쇄성이 강해 인근 지역의 다른 공동체와 갈등을 일으키기 쉬운데, 이를 방지하기 위해 지역사회 대표들이 모이는 상위 조직, 즉 연맹이 형성되었던 것이다. 연맹(confederacy)이란 공동체의 연합으로서 중앙집권적 형태가 아닌 수평적 형태의 연대를 가리킨다. 그렇다면 어떤 공동체들의 연맹인가? 통상 정치 집단의 출발은 친족 집단이지만 이들이 씨족을 넘어 부족, 그리고 부족 연맹 수준의 공동체가 되면 혈연은 희석되고 오스트롬의 기준으로 중규모 정도의 공동체가 된다. 이것을 통상 역사학에서는 군장사회(chiefdom)라고 부르며 원시사회와 고대국가의 중간 단계로 본다.[17]

군장(chieftain)이란 낯선 용어는 계층화가 거의 없는 '무두(無頭)사회(acephalous societies)'의 우두머리를 뜻하며, 이는 두려움의 대상이 되는 압제적 지배자와는 거리가 멀다. 원시사회의 리더들이 권위적이지 않다는 것은 이미 앞에서 얘기한 바 있다. 그는 전체를 대표하는 상징적 리더이며 군림하지 않고 지원하며 봉사한다.

이러한 군장사회들이 모여 연맹을 형성하게 되는 것이다. 아메리카 인디언 사회에서는 이러한 연맹들이 상당한 규모로까지 성장했는데 대표적인 것이 '이로쿼이 연맹(Iroquois Confederacy)'이다. 이로쿼이 연맹은 그 자체 평등주의적 성향이 강한 추장사회의 모임인 동시에 연맹 자체도 각 추장 간의 수평적 협력 관계를 중시하였다. 즉 평등사회의 평등한 연맹으로, 규모의 한계를 가진 상호 호혜적 협력을 위계적으로 중첩함으로써 대규모 사회를 구성한 예라고 할 것이다. 이 이로쿼이 연맹은 미국 건국 초기까지 건재했으며, 심지어 미합중국 헌법을 기초할 때 참고 사례가 되었다고 전해진다. 미국 건국의 아버지 벤저민 프랭클린은 이로쿼이 연맹을 방문하여 그들의 모습에서 강한 인상을 받았다. 그는 다음과 같이 말한다.

— 만약 무식한 6개의 야만인 부족이 연방을 위해 그와 같은 계획을 구상할 수 있는 능력을 가지고 있다면 […] 연방과 같은 것이 10개 혹은 12개쯤 되는 영국 식민지에서 실행 불가능하다는 것은 매우 이상한 것이다.[18]

물론 이렇게 사회적 연대를 중첩하는 이로쿼이 연맹식의 발전은 새로이 형성된 국가라는 집중된 조직의 상대가 되지 못했다. 지금까지 전해지는 아름다운 인디언의 기도문과 함께 목가적이고 평화로운 역사의 한 에피소드로 남아 있을 뿐이다. 오스트롬은 공동체주의의 전도사로서 공동체 원리를 통해 현대사회의 많은 문제를 해결할 수 있다고 역설하지만, 문명의 출발선상에서 농업혁명과 함께 등장한 원시사회의 역사적 계승자는 강력한 권력으로 무장한 관료제 국가였다. 이제 국가의 이야기를 시작하기로 한다.

※ 간접적 상호 호혜 원리와 인간 집단의 확대

앞서 상호 호혜적 협력 원리를 다룰 때, 우리는 명시적으로 또 하나의 방법, 즉 간접적인 상호 호혜 원리를 다루지 않았다(이름을 통한 평판 효과에 대해서만 언급한 바 있다). 마틴 노왁은 평판 효과를 통해서 소규모 친밀 집단에만 적용되던 상호 호혜가 넓은 범위로 확장되고 심지어 로마, 페르시아, 전한 제국과 같은 거대규모 집단에서도 유력한 협력 촉진의 수단이 되었다고 주장한다.[19] 평판 효과는 중요하다. 그것은 이름을 만들고 그와 관련한 제반 언어의 발달, 그리고 지성의 발달을 가져왔을 것이다. 진화생물학자 데이비드 헤이그(David Haig)는 이를 다음과 같이 간명하게 표현했다. "직접적 상호작용을 위해서는 얼굴이 필요하고, 간접적 상호작용을 위해서는 이름이 필요하다." 그러나 평판 효과로도 수만 명, 수십만 명 규모를 넘어서는 대규모 협력을 설명하기에는 한계가 있다.

로마 제국을 만들어낸 것은 평판이 아니라 처음에는 공화정, 이후 제정이라는 권력의 집중이었다. 물론 강력한 권력이 지배하는 사회에도 협력적 원리는 중요하며 간접적 상호작용이 이를 위해 큰 역할을 했다는 사실은 부인할 수 없다. 그러나 만약 정치권력 없이도 평판 효과만으로 대규모 사회의 운영이 가능했다면, 상호 호혜 협력으로만 작동되는, 로마와 비등한 규모의 또 다른 사회 집단이 존속해야 했을 것이다. 이로쿼이 연맹과 같은 시도가 없었던 것은 아니지만, 이들은 국가라는 집단과 조우했을 때 자신의 원리를 지탱하지 못하고 무너졌다. 대결에서의 승패로 체제의 우위를 판정하는 것이 근본적으로 옳다고는 말할 수 없을 것이다. 그러나 사회주의 진영이 자본주의 진영과의 경쟁에서 결국 역사 속으로 퇴장했듯이, 이로쿼이 연맹과 같은 형태의 사회가 중앙집권 국가와의 충돌로 인해 사라져갔다는 역사적 사실은 엄연하다. 즉, 인간 상호작용의 규모를 확대하고 관계를 고도화하는, 보다 강력하고 지속가능한 수단은 수평적 협력이 아니라 권력의 수직적 차등화를 통한 강제적 통제라고 결론 내리는 것이 온당할 것이다.

고대국가의 성립:
정복자에서 보편군주[20]로

신석기 시대, 농경과 정착생활의 시작은 인간에게 엄청난 변화를 가져다주었다. 농업은 당시 인류의 많은 문제를 해결해줌과 동시에 그보다 더 차원 높은 수많은 문제점을 야기했고 그 자체로 하나의 거대한 도전이었다. 이 도전에 응전하는 사명을 떠맡은 주체가 바로 고대국가였다. 산업혁명이 기업이라는 주역을 낳았던 것처럼, 농업혁명은 국가를 낳았다고 해야 할 것이다.

소규모의 공동체를 위해서는 상호 호혜적 협력으로도 충분했다. 그러나 국가라는 새로운 체제는 과거의 부분적 수정이 아닌 체계적이면서 비약적인 혁신이었다. 기존의 공동체적 질서와 충돌이 일어날 수밖에 없다. 2개의 체제가 충돌했을 때 반발력을 밀쳐내고 계속해서 자신의 운동 방향을 유지하려면 운동에너지가 압도적이어야 한다. 국가 권력은 바로 이러한 힘을 동원하기 위한 것이었다. 농업의 지속적 혁신 및 사회 전반

의 변혁을 불러일으킨 원동력은, 사상 최초로 등장한 강력한 정치적 권력이라는 데 큰 이견이 없다.[21]

국가 권력이 도대체 어디에서 왔는가 하는 것은 홉스 이래 사회과학자들의 근본 질문 중 하나였다. 베버가 권력을 '폭력의 독점'으로 본 이후, 권력 원천에 대한 보다 실증적인 이론들이 나타났다. 그것은 농경이 가져온 갈등, 즉 더 좋은 경작지와 수자원 등 핵심적 생산요소를 둘러싼 다툼에 주목한다. 다툼은 결국 전쟁으로 비화하고 전쟁의 승자와 패자의 비대칭이 권력에 필요한 에너지를 만들어낸다. 마치 고기압과 저기압의 차이가 태풍을 만들어내는 것과 같다. 이 태풍은 기존의 저항들을 극복하고 국가체제를 건설하게 된다.

국가 형성의 원동력,
전쟁

앞서, 집단의 규모가 커질수록 상호 호혜적 협력만으로는 부족하며 강제적 통제가 필요하게 된다는 올슨의 집단행위론을 살펴본 바 있다. 올슨은 협력이 더 큰 규모에서 달성되려면 상호 호혜적 협력으로는 한계가 있으므로 명령과 통제가 필요하다는 것까지 얘기했다. 그러나 이를 실행하려면 권력이 필요하며, 권력은 저절로 생기는 자유재(free good)가 아니다. 인간 외의 종에서 대규모 권력을 창출한 사례는 없다. 인간이 소규모 협력 단계를 벗어나 오늘날 인구 10억 명을 넘는 거대 국가까지 협력의 단위를 확대할 수 있었던 요인은 무엇일까? 미국의 정치인류학 분야

권위자인 로버트 카네이로(Robert L. Carneiro)의 이론은 이 질문에 대한 유력한 대답이 될 만하다.[22] 그는 '장벽 이론(circumscription theory)'을 통해 국가의 형성 과정을 해명하고자 하였다.

장벽 이론의 골자는 단순하다. 인류가 농업을 시작한 이후 대지는 빠르게 경작지로 바뀌어갔는데, 그 출발점은 당연하게도 가장 비옥한 땅이었을 것이다. 농경이 확대되면서 비옥한 토지의 공급이 한계에 도달하고 덜 비옥한 지역으로 경작지가 확산된다. 농산물의 증대로 인구가 증가하고 땅이 부족해짐에 따라 띄엄띄엄 살던 소규모 집단들이 밀집하면서 상호 갈등이 생기고 결국 전쟁이 일어난다. 전쟁은 승자와 패자를 낳는다. 이 이론의 명칭인 '장벽'이 의미하는 바와 같이, 비옥한 토지가 끝없이 열려 있는 개활지가 아니라, 사막이나 바다, 큰 강, 정글과 같은 경작 불가능 지역으로 둘러싸여 있을 때 변화가 일어나기 시작한다.

만약 토지가 광대하게 열려 있다면 패자는 땅을 내어주고 이주하면 된다. 그러나 주변이 막혀 있음으로 인해 패자는 갈 곳이 없고, 승자의 복속민이 된다.[23] 평등의 원리에 따라 협력을 심화시켜오던 원시사회는 처음으로 힘의 비대칭에 의한 새로운 방식의 관계를 구축하기 시작한다. 인구 증대로 인한 사회의 익명화는 상호 호혜적 협력 시스템의 가동을 어렵게 만든다. 이때 권력을 지닌 통치자가 등장하고 구성원을 통제할 수 있는 기반이 형성된 것이다.

권력이 도대체 어디에서 오는가라는 질문에 대해서 장벽 이론은 하나의 실증적 가설을 제시한다. 전쟁에서 이긴 승자가 권력을 쥔 것이다. 패자는 승자의 복속민이 되어 그의 지배를 수용할 수밖에 없다. 전쟁의 승자와 갈 곳 없는 패자로 인한 권력의 비대칭, 이것이 국가를 빚어낸 동력

※ 물의 전쟁 : 두 도시 이야기[24]

기원전 2500년경 유프라테스와 티그리스, 두 강의 하류 사이에 라가시와 움마라는 도시국가가 있었다. 이 두 도시국가는 물길을 공유하고 있어 분쟁이 그칠 날이 없었다. 라가시보다 상류 쪽에 있던 움마는 물의 흐름을 조절해서 라가시의 경제에 타격을 줄 수 있었다. 물 사용에 대한 비용을 지급하는 조건으로 평화협정이 맺어지기도 했으나 오래가지 못했고, 결국 제3의 권력인 키시의 왕 에안나툼 1세가 이 둘을 정복할 때까지 분쟁은 계속되었다.

엔메테나는 정복자 에안나툼 1세의 손자로, 수원 확보를 위한 침공과 반격 이야기를 원뿔형 비석에 조각하였다. '엔메테나의 뿔(Cone of Enmetena)'이라고 불리는 이 비석에는 몇 세대에 걸쳐 되풀이된 전쟁의 역사가 장중한 운문 형태로 새겨져 있다. 이러한 까닭에 엔메테나는 '수메르의 셰익스피어'라고 불리기도 한다.

농경이 발달하고 대규모화할수록 분산된 정치권력은 강 유역 전체를 시스템적으로 관리하는 데 한계로 작용한다. 더 광범위한 관개시설이 가능하다는 잠재성 때문에 메소포타미아 유역의 도시들은 공존하기가 어려워진다. 지역 전체를 일관성 있게 통제하려는 욕구가 점점 더 자라나는 것이다.

대하천은 문명의 요람이자 동시에 인류 최초의 '화약고'였다. 지속적인 분쟁은 사르곤의 아카드, 함무라비의 바빌론 등 인류 최초의 '제국'이 탄생한 뒤에야 안정된다.

의 근원이다. 장벽에 의해 '갈 곳이 없다'는 것, 즉 대안의 부재가 권력 형성의 토대가 된 것이다.

잡식동물인 인간은 수렵·채집 시절에는 자연이 주는 것은 무엇이든 잘 먹었고[25] 수렵 대상 동물이 이동하면 인간 또한 쉽게 서식 영역을 바꾸었다. 하지만 농경이 등장함으로써 인간은 대지에 묶이게 되었고, 동시에 대지는 경작 가능성에 따라 차별화되었다. 즉, 공기나 물 같았던 대지가 희소자원이 된 것이다. 토지의 비옥도, 기후, 물에 대한 접근성 등등 수많은 조건에 의해 토지는 일급지에서 황무지까지 질서정연하게 구분되었다. 그리고 희소자원을 둘러싼 갈등이 심화되고 이는 결국 전쟁으로 이어졌다.

전쟁이 승자와 패자를 가르고 패자가 승자의 노예가 되는 새로운 게임 규칙은 집단 간 군비 경쟁을 촉발시켰다. 원시사회가 100만 년 이상 강하게 억제해왔던 수직적 질서는 훨씬 더 크고 복합적인 형태로 부활하였다. 여기서 국가를 건설할 수 있는 에너지가 축적되었다.[26]

관개 농업 :
정복자가 공공재의 관리자가 되다

전쟁의 승자는 전체 하천을 관리하는 권력을 구축하고 하천을 더 효율적으로 사용하기 위한 인프라를 건설한다. 이 과정에서 권력은 혁신적인 농경 시스템의 아이디어를 얻었을 것이다. 전쟁으로 인해 생긴 권력을 사용할 곳이 생긴 것이다. 고대국가가 포착한 혁신의 가능성은 관개 농업이었다. 신석기 시대에 시작된 최초의 농경, 최초의 정주생활은 호미 등의 도구를 통한 '얕은 경작' 단계에 머물렀다. 이후 관개시설을 갖추고 축력(畜力)과 쟁기를 이용한 '깊은 경작'이 혁신을 가속했다. 프랑스 역사학자이자 아날 학파의 거두인 페르낭 브로델(Fernand Braudel)은 경작의 정도에 따라 '문화'와 '문명'을 구분하는데, 이에 따르면 진정한 농업은 '깊은 경작'을 하는 문명 단계에 와서야 시작된다.[27]

이집트는 나일 강의 수위를 측정하고 태양력을 만드는 등 기상 예측의 기술을 발달시킨다. 그리고 이에 따라 관개와 농경 인프라 전반을 개조하는 대토목 공사를 일으킨다.[28] 이 모든 일은 원시사회 추장의 리더십이나 구성원들 간의 협력으로는 불가능한 일이다.

___ 천문학에 대한 이집트의 가장 중요한 공헌은 1년을 365일로 정한 "이집트 역법"이었다. 이것은 합리적인 시간 측정 단위의 요건을 유일하게 충족시킨 시간 스케일이었다. 고대의 다른 모든 역법은 종교적 또는 정치적 고려와 얽혀 있거나, 또는 음력처럼 예측할 수 없는 복잡한 시스템이었다.[29]

사회에서 국가로의 도약은 당시 사람들에게는 충격적이고 단절적인 것으로 비쳤다. 알을 깨고 나온 왕, 하늘에서 내려온 왕, 괴물의 배를 가르고 나온 왕, 햇빛의 잉태를 받아 아버지 없이 태어난 왕, 늑대의 젖을 먹고 자란 왕 등등…… 신화와 전설로 포장된 개국 성왕의 카리스마는 실제 왕들이 달성한 혁신의 업적에 대한 고대인의 반응이라고 보아도 좋을 것이다. 고대국가가 달성한 업적은 평범한 소규모 공동체 백성들에게는 신의 기적으로 보였을 것이다. 심지어 오늘날에도 고대 문명이 달성

※ 비트포겔의 수력가설

동양 전제정치의 기원에 대해 카를 비트포겔(Karl August Wittfogel)의 수력가설을 검토해볼 필요가 있다.[30] 수력가설이란 대규모의 관개시설이 필요한 지역에서 고대국가가 형성된다는 명제이다. 그 이유는 관개라는 것이 소규모 공동체가 해낼 수 없는, 수많은 인력을 요하고 또 넓은 범위에 걸친 거대 공공사업이었기 때문이다. 비트포겔에 따르면, 거대한 관개 인프라가 가능한 대하천 유역에서 대량의 권력을 집적한 전제정치 체제가 형성된다고 한다. 그러한 조건이 성립되지 않았던 유럽에서는 강력한 전제 국가가 형성되지 못했다.

그러나 비트포겔의 이론은 많은 측면에서 비판을 받았다. 중국 과학사 연구로 유명한 조지프 니덤(Joseph Needham)은 비트포겔이 수력가설의 전형적 예로 제시했던 중국의 정치는 근본적으로 비트포겔식 전제정치가 아니며 수많은 농민반란에 시달릴 정도로 취약한 것이었다고 주장했다. 국가 형성에 관한 이론을 전개했던 카네이로 역시 실증적 자료에 근거하여, 세계 주요 지역에서 대규모 관개시설이 형성되기 훨씬 전에 완전한 국가가 형성되었음을 지적했다.[31]

비트포겔의 이론은 앞에서 이미 언급한 바 있는 "공공재가 필요해서 공권력이 생겼다."라는 기능주의적 논법을 내포한다. 필요하다고 해서 이를 충족시킬 수 있는 실체까지 필연적으로 생겨나는 것은 아니다. 큰 하천 유역에서 대규모 관개 인프라가 성과를 거둘 수 있다는 사실만으로 전제 국가라는 시스템이 저절로 생성되지는 않는다.

그러나 공권력이 공공재의 관리를 맡을 수 있다는 점에서 카네이로의 장벽 이론은 비트포겔의 수력가설을 반증한다기보다는 보완하는 것으로 해석할 수 있다. 장벽에 둘러싸인 지역에서 전쟁이 일어나고 패자가 복속민이 되면서 이들은 승자에게 권력을 헌납한다. 그리고 이때의 정복자는 자신의 힘을 바탕으로 전체에 필요한 공공사업을 강력하게 밀고 나갈 수 있다. 이 사업은 서로 비등한 힘을 지닌 주체 간의 상호 호혜적 협력으로는 기대하기 어려웠을 것이다.[32]

최초의 국가, 그리고 국가를 이끌어간 군주는 관개 인프라를 위시한 대규모 인프라 건설을 통해 '공공'의 영역을 만들었다. 이것은 혁신적 아이디어의 산물이었다. 고대국가는 토목, 측량, 역법, 관료 및 군대 조직의 운영 등 인류사회의 뼈대를 이루는 혁신을 통해 농업혁명의 성과를 비약적으로 끌어올린 주역의 자리를 차지했다.

한 업적을 외계인의 관여라고 진지하게 주장하는 사람들이 있다.[33]

이집트를 여행한 그리스의 역사가 헤로도토스(Herodotos)는 "이집트는 나일 강의 선물"이라고 했지만, 이것은 결코 거저 주어진 선물이 아니었다. 유프라테스·티그리스 강 유역은 펄로 이뤄진 엄청난 진흙 구덩이였고 습지 특유의 벌레, 파충류, 질병 등으로 인해 인간이 거주할 수 없는 곳이었다고 한다. 이런 곳을 문명의 요람으로 만들기 위해서는 창의적인 리더십과 강인한 조직력의 발휘가 요구되었다. 중국 고대 문명도 상황은 비슷했으며 맹자는 우임금의 치수 작업에 대한 에피소드를 다음과 같이 생생하게 전하고 있다.

— 우 임금은 9개의 강을 소통시키고 […] 그런 후에야 나라가 이루어져 만족할
수 있었으며 백성을 먹일 수 있었다. 이런 때를 당하여 우 임금은 밖에 있으면
서 8년간 자신의 집 문을 세 번이나 지나쳤지만 들어가지 않았으니, 아무리 농
사짓기를 좋아한들 이해하겠는가.[34]

하버드 대학교의 철학 교수 뚜웨이밍(杜維明)은 막스 베버의《프로테스
탄트 윤리와 자본주의 정신》과 유사하게 유교 정신과 동아시아 자본주
의가 서로 밀접한 관계를 맺고 있다는 주장을 펼쳤는데, 주장의 옳고 그
름을 떠나 유교적 성군인 우 임금의 행태가 이후 고도성장기 이후 동아
시아, 특히 한국 기업의 워커홀릭들과 비슷해 보인다는 점만은 부인하기
어려울 듯하다.

고대국가는 기술적 혁신을 단행하기 위한 기반으로서 관료제와 군대
조직을 구축하는 등 다양한 제도적 혁신을 병행하지 않으면 안 되었다.
그러나 이러한 조직은 해결책이라기보다는 새로운 문제의 시작이기도
했다. 군대를 먹여야 했고 동기부여를 해야 했으며 이를 위해 점점 더 많
은 자원이 필요해졌다. 고대의 왕들이 문명의 진보를 고민했는지는 확실
치 않으나, 관료와 군대를 유지하기 위해 골치를 앓았음은 분명하다. 더
나아가 불만 세력을 억누르고 국민적 지지를 유지하기 위해 위세와 영화
를 과시할 만한 이벤트나 상징물에도 신경을 써야 했다.

인간사회의 권력도 최초의 동기로만 보면, 영역 다툼을 하는 호랑이
나 사자의 경우와 크게 다르지 않았을 것이다. 그러나 인간 집단 간의 경
쟁 상황은 물리적 힘을 기르는 것 이상의 무언가를 요구했다. 단순히 주
변 정착지를 약탈하는 데 만족한다면 수렵 채취의 대상을 동물에서 인간

※ 필리핀의 코르딜레라스: 공동체형 농업 혁신의 사례

농업 혁신이 반드시 고대국가의 필요충분조건은 아니다.[35] 수많은 농업적 기적이 고립된, 비교적 평등한 집단, 즉 국가가 아닌 '연맹'에 의해 일어났다. 필리핀 코르딜레라스의 계단식 논, 페루 모라이 계단식 논, 제주 밭담 등등의 농경지 유적은 국가가 아닌 공동체적 농업 혁신의 사례를 보여준다.

코르딜레라스의 논은 필리핀 루손 섬 고지대에 형성되었는데, 말레이계 이푸가오족이 전쟁에 밀려서 아무도 거들떠보지 않는 깊은 산골에 계단식 논을 만들어 굶주림을 극복한 결과라고 한다.[36] 즉, 장벽 이론에 따르면 복속민이 돼야 했을 상호 호혜적 공동체가 유일한 비상구로 탈출하여 만든 원시사회의 살아 있는 화석인 셈이다. "세대를 거듭하여 전해 내려온 지식의 결과물이자 신성한 전통과 섬세한 사회적 균형의 표출로 인간과 자연환경의 조화를 보여주는 절경"[37]이라는 표현이 조금도 과장이 아니다.

이곳은 험한 지형으로 인해 외부로부터 단절되어 있으며 가옥들이 모여 작은 마을을 형성했다. 마을은 물과 같은 공유자원을 매개로 연결되어 있었지만, 마을 전체를 총괄하는 국가 형태로의 중앙집권화된 조직은 발달하지 않았다. 자연환경

필리핀의 계단식 논의 모습(© Nonoyborbun)

과의 조화를 중시한 공동체답게, 대규모의 잉여 생산물을 통한 권력기구의 운영, 특히 캄보디아나 인도네시아에서 발견되는 거대 신전, 궁전과 같은 건축물은 없다. 대부분 나무로 만들어진 사당이 있을 뿐이며 최대의 볼거리는 하늘을 향한 거인의 계단 같은 논 그 자체다.

으로 바꾼 것에 불과하며, 지속가능성이 없다. 화전농 단계를 벗어난 농경이 고정된 토지에서 안정적 수확을 매년 거두는 것처럼, 권력은 정복이나 약탈에 의존하지 않고 승자와 패자가 공존할 수 있는 지속가능 체제를 만들어내야 했다.[38]

고대의 왕들은 동물 세계의 우두머리와는 달리, 생산 시설뿐 아니라 정치제도, 조직, 예술 등에서 감탄할 만한 업적을 보여주었다. 고대의 공공재는 자원 낭비적인 측면도 분명 있지만, 대부분은 공동체의 관점에서 합리적인 이유가 있었다. 예를 들어 피라미드나 만리장성 같은 거대 건조물은 당시의 건축 기술, 인력 및 자원의 풍부함을 한눈에 과시하는 것으로서, 상대국을 제압하는 의미를 갖는다. 이러한 사정은 현대에 이르기까지 크게 달라진 점이 없다. 냉전 시대 미국과 소련의 우주개발 경쟁 역시 3세계에 대해 자국의 미사일 발사 능력을 증명하려는 시도였다는 해석이 공감대를 얻고 있다.

── 우주 경쟁은 군사적 의미가 있다. 착륙선을 탑재할 수 있는 미사일은 핵탄두 역시 탑재할 수 있다. 그러나 1960년대에 들어서의 우주 경쟁은 군사적 의미

보다는 국가적 이미지를 선양하려는 강대국의 열망이 더욱 중요하게 작용했다. 미소 양 진영의 지도자들은 모두 우주에서의 성공이, 로켓, 전자, 원거리 통신, 즉 미래를 결정할 첨단 기술의 정복을 의미하는 것으로 받아들였다.[39]

실제 역사의 진행 과정에서 공공재를 조달하기 위해 공권력이 형성되었다고는 말할 수 없으나, 공권력은 공공재를 조달하고 운영하는 능력을 보임으로써 자신의 정당성을 증명했다고 볼 수 있다. 조직폭력단이나 국가 권력이나 그 근원은 폭력의 집중일 뿐이라고 해서 국가와 조직폭력단을 똑같다고 말할 수는 없다. 단순히 편파적으로 분배 질서를 조정한 것인가, 아니면 공공의 이익을 위해 혁신을 단행했는가에 따라 공권력과 조직폭력단은 분명하게 구별될 수 있다.

물론 국가가 저지른 많은 잘못된 폭력과 억압의 사례들이 엄연히 존재하지만, 국가의 출현은 올슨이 지적한 공공재 조달의 문제에 인류가 대응한 하나의 전략이라고 볼 수 있으며, 이는 다양한 부작용을 끼치면서도 인류의 협력을 훨씬 더 큰 규모로 확장할 수 있는 계기를 만들었다.

※ 기존 협력 사회가 최초로 권력을 대했을 때:
고대 문학에 나타난 왕의 모습

고대국가의 등장은 기존 공동체적 사회에는 커다란 충격이었다. 전례 없는 강력한 리더십과 권력은 전통적인 수평적 협력 체제와 충돌을 일으킬 수밖에 없었다. 이러한 갈등의 자취가 고대 문학이나 종교 문헌에 일부 나타나 있다. 이솝 우화에 다음과 같은 이야기가 있다.

— 자신들을 통치할 지도자가 없다는 이유로 개구리들이 불만에 차 있던 시대가 있었다. 그리하여 그들은 제우스에게 대표단을 보내어 왕을 달라고 요청했다. 개구리들의 우둔한 요청을 멸시한 제우스는 개구리들이 사는 연못 속으로 통나무 하나를 던져주고 그것이 너희들의 왕이 될 것이라고 말했다. 개구리들은 처음에 그 요란한 물탕 소리에 소스라치게 놀라 연못의 가장 깊은 곳으로 황급히 달아났지만 얼마 지나지 않아 그 통나무가 꼼짝 않고 있는 것을 보고는 하나씩 하나씩 대담하게 물 표면으로 고개를 내밀었다.
오래지 않아 더 대담해진 개구리들은 그 통나무를 얕잡아보고 심지어 그 위에 올라앉기 시작했다. 이 같은 왕은 자기들의 위신에 대한 모독이라고 생각하여 개구리들은 제우스에게 두 번째 대표단을 보내어 제우스가 그들에게 보낸 그 나태한 왕은 치워버리고 다른 더 훌륭한 왕을 보내달라고 요청했다. 이렇게 시달리게 된 데에 화가 난 제우스는 그들을 통치할 황새를 보냈다. 황새는 개구리 사이에 도착하자마자 가능한 빠른 속도로 개구리들을 잡아먹기 시작했다.[40]

《이솝 우화》 중 "왕을 바라는 개구리들"의 삽화(Milo Winter, 1919)

이 이야기는 초기의 무력하고 상징적이었던 왕의 권한이 강화된 역사적 과정을 요약하고 있는 것 같아 흥미롭다. 《이솝 우화》에는 왕정의 기원을 은유한 듯한 이야기들이 많이 나온다. 그중에는 왕이라고 표현하지는 않고 장군이라고 했지만 "쥐와 족제비의 전쟁"이라는 이야기도 있다. 쥐들이 족제비에게 계속 패하자 쥐들은 패전의 원인이 지도자가 없기 때문이라는 결론을 내린다. 그래서 힘센 쥐를 장군으로 추대하고 눈에 띄도록 뿔 달린 투구를 씌운다. 다시 전투를 벌였으나 또 패하였고, 모두 쥐구멍으로 도망갈 때 뿔 달린 장군은 뿔이 걸려 족제비에게 잡히고 만다. 리더십 만능주의에 대한 이솝의 야유가 느껴진다.

한편, 제우스 못지않게 여호와 역시 왕을 바라는 인간에게 짜증을 낸다. 구약성서에서 이스라엘이 여호와에게 왕을 요구하자 여호와의 대변자 사무엘은 이스라엘 백성에게 다음과 같이 말한다.

— 그가 너희 아들들을 데려다가 그의 병거와 말을 어거하게 하리니 그들이 그 병거 앞에서 달릴 것이며 […] 자기 밭을 갈게 하고 자기 추수를 하게 할 것이며 자기 무기와 병거의 장비도 만들게 할 것이며 그가 또 너희의 딸들을 데려다가 향료 만드는 자와 요리하는 자와 떡 굽는 자로 삼을 것이며 그가 또 너희의 밭과 포도원과 감람원에서 제일 좋은 것을 가져다가 자기의 신하들에게 줄 것이며 […] 너희의 양떼의 십 분의 일을 거두어가리니 너희가 그의 종이 될 것이라 그날에 너희는 너희가 택한 왕으로 말미암아 부르짖되 그날에 여호와께서 너희에게 응답하지 아니하시리라 하니……[41]

이 문장의 고조된 말투는 왕이라는 제도를 도입할 당시의 사회적 반감을 생생하게 보여준다.

3

시장경제의 확산:
국지적 접점에서 글로벌 네트워크로

고대국가는 원시사회의 기반 위에서, 위계 조직에 의한 리더십 체제, 즉 명령—통제에 의한 조정 메커니즘의 시대로 들어섰다. 이러한 체제 혁신을 통해 국가가 주도하는 고대 문명이 형성되었다. 그로부터 수천 년의 시간이 흐른 뒤[42] 인간의 상호작용 체제는 또다시 새로운 단계에 들어설 분기점에 도달하게 된다. 곧 시장경제의 출현이다.

국가는 공공재의 관리를 통해서 농업 생산성을 크게 향상시켰다. 그러나 고대 농경이 어느 정도 경지에 이른 뒤에는 다시 한계가 찾아왔다. 고대 이래 근대에 이르기까지는, 물론 구석기 시대 100만 년만큼은 아니더라도, 또 한 번 정체에 가까운 느린 성장이 지속되었다.[43]

이 시기의 소비 세계는 극단적으로 양분되었다. 서민들의 소비는 매우 조촐한 필수재에 국한되어 있는 반면, 국왕과 귀족, 그리고 고위 성직자들은 다양한 사치품의 소비를 만끽하고 있었다. 또한 이러한 상류층의 사치품 부문 외 서민들의 일상적 소비 영역은 시장체제의 바깥에 머물러 있었다. 근대에 들어서기까지 대다수 사람은 일상 재화를 시장에서 사서 쓴다는 생각을 하지 못했다. 자급자족과 물물교환에 갇혀 있는 이 비활성화된 경제는 단단한 암벽처럼 시장의 파도에 수천 년 동안 끄떡도 하지 않았다.

이후 서양의 상인들은 '지리상의 발견'을 통해 해외시장을 개척하기 시작했다. 중국의 차와 비단, 아시아의 후추 등 향신료, 남미의 담배 등 이국적 상품의 도입이 당시 상인경제의 돌파구였다. 즉, 시장은 내수로 파고들지 못하고 상류층의 사치품 교역으로 전 세계를 얇게 연결했던 셈이다.[44] 그러나 이것도 곧 한계에 부딪혔다. 그때를 전후하여 영국 섬유공업에서 방직과 방적 공정을 획기적으로 개선할 수 있는 기계가 발명되었고 이로써 소비재 생산 혁신의 단서가 마련되었다.

전통사회의 주력 산업이었던 농업은 생산 프로세스가 자연적 과정에 속박되어 있다. 그것은 시간상으로 종자가 발아하고 열매가 열리기까지, 오늘날의 유전공학으로도 변경시키기 어려운 생명의 사이클에 지배될 뿐더러, 공간적으로도 각 부분을 마음대로 재배치하거나 집중화할 여지가 거의 없다.[45] 이에 비해 제조업은 자연의 제약을 덜 받기 때문에 기술발전에 의해 혁신될 수 있는 여지가 컸다. 시장 정보를 가지고 있던 상인들이 점차 생산 과정에 개입하고 생산 과정의 변화를 추진하면서 근대적 기업이 탄생하게 된다. 기업이라는 조직이 생긴 이후에야 일상 소비재 영역은 시장을 향해 문을 열었다.

국가가 하천과 같은 전국적 규모의 환경을 통제하는 인프라를 통해 농업을 지원한 것과 달리, 수많은 기업은 각각의 산업과 시장에 자리 잡고 현장에서 혁신을 주도하였다. 기업은 애덤 스미스가 말한 분업의 원리를 통해 제조 과정을 파격적으로 혁신했다. 이러한 제조업의 혁신 덕분에 잠자고 있던 거대한 일상 영역이 시장에 눈을 뜨게 된 것이다. 시장으로 나온 민중은 이제까지 왕후장상만이 향유하던 소비재들을 역사상 처음으로 누릴 수 있게 되었다. 소비의 민주화야말로 근대 시장경제의 출발점이었으며, 이제 인류는 돌이킬 수 없는 길로 들어서게 되었다.

역사상 상업혁명, 산업혁명을 선도한 선진국들은 사적 영역의 혁신을 주도할 기업에 그 역할을 위임했다. 애덤 스미스의 '보이지 않는 손(invisible hand)', '자유방임적 경제정책' 등의 메시지는 미래의 복음과도 같은 것이었다. 기업은 친분에 의존하는 사회적 협력의 한계와 국가의 명령-통제 체제로 인한 인센티브의 한계를 극복하고, 시장원리를 구현하기 위해 투입된 신무기였다.

시장의 성장:
점, 선, 면 그리고 입체

시장이란 이방인, 다시 말해 익명 개인 간의 상호작용이다. 익명 간의 교환 거래에서는 서로 상대의 선호를 알지 못할 뿐 아니라 교역을 무사히 마칠 수 있을지 안전보장조차 되지 않는 상황인 경우가 많았다. 헤로도토스는 '침묵교역(mute trade)'이라는 관습을 통해 고대에 이방인과 어떻게 거래를 했는지를 보여준다.

— 카르타고인의 이야기에는 다음과 같은 것도 있다. 그들은…… 한 리비아 종족과 교역을 하고 있는데 이 나라에 도착하면 짐을 부려 해안가에 말끔하게 정돈해놓고 배로 돌아와 봉화를 올린다. 그곳 주민들은 봉화를 보면 해안으로 내려와 상품 대금으로 황금을 두고 다시 멀찍이 물러선다. 그러면 카르타고인은 하선하여 그것을 살피고 그 액수가 맞아떨어지면 황금을 들고 떠난다.[46]

침묵교역은 이방인에 대한 두려움 속에서 얼마나 조심스럽게 거래가 이루어졌는지를 보여준다. 거래의 어려움은 이렇게 컸지만 교역의 내용이나 수량은 공동체 내부에 형성된 국지적 시장에도 미치지 못하는 미미한 수준인 경우가 많았다.

시장에는 다양한 유형이 존재한다. 일상재를 거래하는 작은 시장에서부터 엄청난 거리를 횡단하는 원격지 무역에 이르기까지 다양한 시장이 아득한 고대부터 존재했다. 고대인들은 바다와 초원을 누비며 지역에 따라 물산과 선호에 큰 차이가 있음을 알아챘다. 교통, 통신 수단의 제약으로 대부분 지역 공동체에 묶인 생활을 하면서도 전 세계를 잇는 혈관이 조금씩 자라나기 시작했다. 초보적인 재래시장이 차츰 고도의 교환기구로 탈바꿈하고 수많은 시장이 서로 연계되어 시장경제로까지 가는 과정을 브로델은 점-선-면이라는 은유로 표현하였다. 이제부터 경제생활의 소수파에 불과했던 시장이 모든 경제를 집어삼키게 되는 과정을 간략하게 따라가보기로 하자.

점: 공동체 내의
국지적 시장

___ 초보적인 시장들……은 먼 과거의 유산으로서…… 몇 개의 좌판, 비를 막기
위한 방수포, ……한 떼의 구매자들과 수많은 소상인들―상습적으로 험담을
해대는 것으로 유명한 콩깍지 까는 여자들, 개구리 껍질 벗기는 사람, 짐꾼, 청
소부, 마차꾼―을 볼 수 있었다.[47]

초보적 시장이란 지역 공동체 내에서 벌어지며, 거래 당사자들 간의
거리가 멀지 않고 거래되는 상품도 자급자족의 잔여물에 국한된다. 이러
한 시장은 인류 초기부터 있었다. 원시사회 유적지에서는 다수의 조개껍
데기가 발견되는데, 가공된 흔적이 있는 것들은 화폐로 추정된다. 즉, 일
찍부터 상당한 수준의 교환이 있었던 것으로 생각된다.

익명 간 거래, 즉 낯선 이방인과의 거래가 얼마나 어려운가를 이미 얘
기했지만, 재산권을 보호하는 근대적 법체계가 구축되기 전까지 시장 거
래는 항상 어려운 일이었다. 그래서 시장은 우연히 조건이 맞아떨어지
는 부분에 국지적으로 자리를 잡았다. 예를 들어, 지역 공동체의 5일장
은 거래 품목의 가치가 그다지 크지 않다는 점이 시장 성립의 조건이 되
었다. 여기서 거래되는 것은 소소한 물건들이며, 가치가 매우 적거나 대
량으로 탈취해봤자 청과물이나 채소와 같이 보관, 처리가 힘든 물품이었
다. 즉, 재산권을 침해하는 비용이 기대 수익에 못 미쳤던 것이다. 또 친
분이 있는 사이에서 계약을 파기하거나 품질이 나쁜 물건을 팔거나 하면
사회적인 압력과 제재를 받게 되었고, 이것이 법적인 보호를 대체할

수 있었다.[48]

이러한 국지적 시장의 대부분은 지역 공동체에 국한된 것이었지만 전국적인 규모로 왕실이나 사원의 수요를 충족하기 위한 각종 산물의 유통 시장이 존재했다. 물론 이것을 왕실이나 사원이 직영할 수도 있으나, 거래의 효율성을 위해서 특허 상인에 의한 어용 시장으로 운영되는 경우가 많았다. 조선 시대에도 도중(都中)이라는 상업조직이 육의전을 운영했다. 이러한 어용 시장이 가능했던 것은 국왕의 보증이 재산권 보호의 역할을 했기 때문이다.

그러나 국왕의 보증은 여러 가지로 불안한 것이었다. 국왕의 변덕도 문제였으나 왕실의 재정이 갈수록 어려워지는 문제도 생길 수 있었다. 상인이 이런저런 대비를 한다고 해도, 왕의 절대적 권력은 언제든지 채무불이행 선언과 더 나아가 재산몰수 등의 극단적 조치를 감행할 위험을 품고 있었다. 어용 시장이 겉으로는 화려하게 보여도 '점'의 단계에 불과한 이유가 바로 이 때문이다.

역사를 돌이켜보면 시장은 역사 시기에 대부분 이러한 정체 또는 저성장 단계에 머물러 있었다. 인간의 협력은 주로 공동체 내부의 상호부조와 국가의 명령으로 유지되었다. 더욱이 국가는 틈새에서 생겨나는 사적 영역인 시장과 상인을 번거롭거나 심지어 해로운 것으로 생각했다. 이로 인한 억압과 통제가 시장의 성숙과 개화를 더욱 늦추었다.

한 가지 더 언급할 것은 제조업에 관한 이야기다. 일부 금속제 도구를 제외한 대부분의 소비재는 자급자족이었다. 이 시기의 제조업은 왕실의 수요가 이끌어나갔다. 존 힉스(John R. Hicks)는 전통사회의 제조업에서도 분업이 발달했는데 이것은 애덤 스미스가 말한 시장의 확대와는 다른 원인, 즉 왕이 자신의 위세를 과시하려는 목적과 결부되어 있었다고 말한다.

─ 군주가 주변에 차별화되지 않은 시종들을 많이 거느리는 상태에서는 크게 호화로워질 수 없다. 그들의 재능이 특정 작업에 특화되면 될수록 그들의 숙련도는 높아지기 마련이다. 군주의 영광은 장인정신의 기적으로 꾸며질 때 더욱 빛나기 때문이다. […] 우리들은 애덤 스미스 이래 노동의 분업을 시장 발전에 관련시키는 데에 익숙해져 있어서 시장의 발전이 분업의 기원이 아니라는 사실을 깨달으면 어떤 충격을 받는다. 숙련의 최초 발전은 시장과 관계없는 것이다. 그것은 특화를 의미하지만 위로부터 주어진 특화였다.[49]

선: 이국적 산물을 향한 탐험,
원격지 무역

소소한 물건들의 국지적 거래와는 규모가 다른 또 하나의 거래가 발전하고 있었는데, 바로 원격지 무역이다. 고대 원격지 무역의 내용을 살펴보면 당시의 교통수단 등을 감안할 때 경이롭다는 말이 아깝지 않다. 인더스 문명의 장식품, 인장 등이 메소포타미아, 크레타, 이집트에서 발견되고 중국의 역사책인 《후한서》에 로마 황제 마르쿠스 아우렐리우스가 사신을 보냈다는 기록이 '대진국 왕 안돈'의 이름으로 남아 있다.

물론 이러한 교역 역시 대부분 국가가 개입된 이벤트, 즉 일종의 외교 행위로서 이루어졌다. 교역품 대부분은 일상재가 아니라 사치품이었다.

이것이 세계 경제 전체에서 차지하는 비중이 어느 정도였는가는 추측하기 어렵지만, 아마도 경제적 비중은 미미했을 것이다. 하지만 실제 경제 생활에서 사치품 교역의 비중이 극히 작고 그것이 평범한 사람들과 무관했다고 해도, 정지해 있는 무거운 일상재의 세계에 비하여 이러한 사치품 교역은 역동적이었으며, 계속해서 신선한 자극을 주고 있었다.

— 이렇게 부피가 크고 묵중한 상품과 달리 사치품은 가볍고 빛나는 존재이며 많은 소란을 불러일으키는 존재이다. 돈은 사치품을 향해 달려가고 그 명령에 따르려고 한다…… 그것은 쉽게 변화하지만 결코 그냥 사라져버리는 적이 없으며 단지 또 다른 근거 없는 열정에 자리를 양보할 따름이다.[50]

이러한 원격지 무역은 외교적 목적 또는 상류층의 호사와 결부되어 있어서, 국지적 교환 수준에 머물러 있는 지역 시장과는 서로 연결되지 않았다.[51] 당시의 국가는 두 시장의 단절을 크게 안타까워하지 않았다.

근대 이전의 전형적인 국가는 평범한 백성의 일상생활이 시장에 의해 영향받기를 원하지 않았다. 심지어 건국 초기의 미국에서조차, 미국을 건전한 농업국가로 정착시키려는 사상이 공화주의자들을 중심으로 강하게 자리하고 있었다. 미국의 4대 대통령 제임스 매디슨(James Madison)은 사적 편지에서 다음과 같이 쓰고 있다.

— 상업이 지배하는 곳이면 어디든 부의 불평등이 존재하고 (부의 불평등이 지배하는 곳이면) 어디든 생활양식의 소박함이 줄어든다.[52]

원격지 상업의 가느다란 선은 전체 경제 영역을 아우르기에는 부족했다. 그러나 2가지 방향에서 시장의 확산을 위한 노력이 전개되기 시작한다. 첫 번째 방향은 상인 집단의 지속적인 성장이다. 상업이 전 사회적으로 환영받지 못하는 상황에서 상인들은 결속하지 않을 수 없었다. 앞에서도 말한 것처럼 재산권과 계약의 보호가 법제에 의존할 수 없는 상황에서 동족 집단의 상업 네트워크가 형성되고 이들은 디아스포라(diaspora)를 오히려 확장의 계기로 활용했다.

그런데 이 상인 네트워크는 지속적 이윤 창출을 위해 현대의 기업과 마찬가지로 성장하지 않으면 안 되었다. 경제학의 완전경쟁 이론이 유통에서는 더욱 철저하게 적용되기 때문이다. 어떤 상인 집단이 특정 유통망에서 이윤을 올리고 있으면 결국 다른 집단이 이 영역으로 진출하게 된다. 독점되던 시장은 경쟁자들로 채워지고 이윤율은 떨어진다. 물론 상인 네트워크는 국가 권력을 통해 이를 제지하고 독점권을 유지하려고 하며, 실제로 많은 중앙집권 국가에서 그러한 보호정책이 시행되었다. 그러나 권력이 집중되지 못했던 유럽 봉건국가에서는 이러한 보호를 기대하기 힘들었다.

이윤을 추구하는 한 그 이윤이 점차 소멸해가는 한계 체감의 압력으로 인해 상인들은 지속해서 새로운 이윤 원천을 찾아 나서지 않을 수 없었다. 시장경제가 내수의 영역으로 뚫고 들어가지 못하고 있었기 때문에 돌파구로서 새로운 거래처와 신상품을 찾아내야 했다.[53] 상인들은 아직 제조 영역을 포섭하지 못했으며, 따라서 성장의 무대를 유통에서 찾아야만 했다. 그래서 상인은 점점 더 먼 곳을 가거나, 아니면 대체 유통로를 개척했다.[54] 이것이 상업 발전의 두 번째 방향이다.

그러나 지구는 제한되어 있다. 원격지로의 확장, 그리고 신기한 물품을 소개하여 중독시키는 이 모든 노력에도 불구하고 상인경제는 이윤율 저하 경향에 여전히 속박되었다. 상인경제를 잘 이해하지 못하는 권력이 등장하면 어렵게 구축된 상업제도는 파괴되었다. 유럽 외의 많은 국가에서도 상업이 발달하고 독자적인 상업조직이 번성했다.[55] 그러나 이윤율의 저하 또는 국가 권력과의 갈등 등으로 결국에는 황폐해지는 현상이 반복되었다. 원격지 상업의 가느다란 끈은 지속가능한 성장을 하기에는 충분히 강하지 않았다.

근본적인 원인은 상업은 비시장 영역에 의존하고 있지만 (유통할 물건은 모두 비시장 영역에서 나온다), 비시장 영역은 상업에 의존하지 않는다는 비대칭성 때문이었다. 상업은 편리하긴 하지만, 여차하면 포기할 수 있는 그 자체 사치품의 속성을 지니고 있었다. 상업이 지속가능하게 되려면 비시장 영역이 시장 영역에 절대적으로 의존하도록 만들어야 했으며, 이 문제는 제조업 혁명이 시작될 때까지는 근본적으로 해결되지 않았다.

중세 유럽의 경우, 국가 권력은 취약했으나 그로 인한 공백 상태에서 상인 네트워크, 특히 '네트워크의 거점'으로서 도시가 크게 발전했다. 유럽의 도시는 관료제 국가의 행정 도시와는 근본적으로 다르다. 이탈리아와 북유럽 도시국가들은 스스로 상업적 질서, 특히 법 규범과 금융 시스템을 창출했다. 이는 이후 절대왕정에 의한 국가가 출현했을 때, 시장경제와 공존할 수 있는 근대국가의 기반을 구축하는 데 크게 기여하게 된다.

훨씬 두터워진 상업의 거점과 더 굵어진 상업의 선들이 세계를 향한 외연적 성장 일변도에서 벗어나 내수를 향한 내포적 성장의 길을 모색하게 된다. '면(面)'으로서의 시대가 임박한 것이다.

면: 비시장 세계로의 진출,
제조업의 출현

사람이 살아가는 데 얼마나 많은 것이 필요할까? 아주 오랫동안 사람들은 생활에서 그렇게 많은 것을 필요로 하지 않았다.[56] 실제로 현대인이 누리는 많은 일상재들이 한때는 왕후장상만이 누리는 특별한 사치품들이었다. 민주화란 정치권력의 민주화인 동시에 소비의 민주화이기도 하다. 시장경제가 형성될 무렵, 사람들의 소비 세계가 확대되는 장면에 대한 목격담을 19세기 프랑스 역사학자 쥘 미슐레(Jules Michelet)는 다음과 같이 기록한다.

--- 편직물 가격이 6수우까지 내려갔다. 이 6수우가 기폭제였다. 이제까지 직물을 사본 적이 없던 가난한 사람들이 구매자로 움직이기 시작했다. 사람들은 민중이 한번 그런 일에 개입하자 그들이 얼마나 거대하고 강력한 소비자가 되는지를 보게 되었다. 상점이 순식간에 비워졌다. 기계가 미친 듯이 돌아갔다. […] 속옷, 침대보, 식탁보, 커튼, 이 세상이 시작된 때부터 이런 것들을 한 번도 가져본 적이 없는 모든 계급들이 이제 그것을 구비하게 되었다.[57]

일상 세계로 시장이 그렇게 오랫동안 침투할 수 없었던 것은 일반 대중의 취약한 구매력 때문이었다. 이들은 누군가에게 내다 팔 잉여 생산물이 부족했으며 그 결과 누군가로부터 무엇을 구매할 여력도 없었다. 앞에서 동물들이 서로 교환할 것이 없는 것은 생존의 마지노선에서 서로의 선호 구조가 같아지기 때문이라고 말한 바 있다. 유감스럽게도 전근

대사회 일반 민중의 처지도 그와 비슷했다.

　이러한 낮은 구매력은 시장경제의 침투에 커다란 장애물이 되고 있었다. 영국에서 최초로 산업혁명이 시작된 이유 중 하나가 영국의 소득 불평등이 다른 유럽 국가들에 비해 심하지 않아서 일반 서민의 구매력이 상대적으로 가장 양호했던 점이라는 지적도 있다.[58] 여기에 산업혁명의 방아쇠가 된 기계의 발명과 기계를 도입한 공장의 등장이 제조 혁신의 물꼬를 텄다.[59] 기계의 도입뿐 아니라 이를 통한 혁신이 안트러프러너들에 의해 활발하게 추진되었다. 비로소 비시장 영역의 견고한 장벽이 허물어지고 시장의 거래망이 일상생활에 연결되기 시작했다. 이것은 내수 시장이 형성되는 역사적 순간이었으며 선을 따라 움직이던 상업망이 면

※ 산업혁명 당시의 생활 수준

노벨 경제학상 수상자 폴 크루그먼(Paul Krugman)에 의하면 19세기 말부터 제2차 세계대전까지 약 40년마다 생활수준이 2배 정도 뛰었다고 한다. 그리고 제2차 세계대전부터 1973년까지는 25년마다 2배가 되었다.[60] 산업혁명이 시작된 1780년부터 1820년까지는 평균 약 2%의 성장률[61]이 추정된다. 이것을 종합해보면 산업혁명 이후 서구 선진국의 생활수준은 100배가량 개선되었다고 볼 수 있다. 이를 통해 역산해보면 산업혁명 전야 유럽의 생활수준은 600~700달러 수준으로 현재 개발도상국 그룹의 최하위권과 비슷하다.[62]

을 포섭하는 전국 시장(national market)으로 나아가는 기점이기도 했다. 제조 혁신은 수요의 창출과 선순환을 이루면서 앞에서 언급한 소비의 민주화, 더 나아가 근대적인 삶과 그에 걸맞은 라이프 스타일을 창조하였다. 단순히 과거보다 더 잘사는 삶이 아니라, 어제보다 오늘, 오늘보다 내일 삶의 질이 나날이 개선되는 일상생활의 혁신이 시작된 것이다.

입체: '시장경제',
그리고 그 너머

여기서 잠깐 용어에 대해 언급해두어야 할 것 같다. '시장'과 '시장경제'는 다른 개념이다. 시장경제는 경제 내의 투자, 생산, 분배 등 주요 자원의 활용이 수요와 공급에 의해 결정되는 경제이다.[63] "제비 한 마리가 날아왔다고 봄은 아니다."라는 아리스토텔레스의 말처럼 시장이 몇 개 존재한다고 해서 시장경제가 되는 것은 아니다.

점점이 찍힌 시장이 장거리 교역의 선과 연계되고 마침내는 제조 영역으로까지 침투하여 시장 거래의 흐름이 경제 전반을 순환하는 전면적 시스템에 이르러야만 '시장경제'가 되는 것이다. 상업혁명이 전 세계 시장을 연결하는 글로벌 네트워크를 이루고 산업혁명이 일상 소비의 영역을 시장으로 포섭하기 이전에는 시장경제라는 표현을 적용하기에 무리가 있다.

또한 현대적 시장경제라고 해서 모든 경제활동이 시장에서 일어나는 것은 아니다. 가정경제는 물론 정부를 위시한 방대한 공공 부문, NGO

※ 고대 경제는 시장경제였는가?: 칼 폴라니의 견해

시장은 도로, 수로, 성곽, 사원과 같은 하드 인프라가 아니라 제도라는 소프트 인프라이다. 따라서 고고학의 발굴로 밝혀내기가 매우 어렵다. 고대 경제가 시장경제였는가 아닌가를 판정하기는 대단히 어렵지만, 이 점에 대해서 경제인류학자 칼 폴라니(Karl Polanyi)는 다음과 같이 언급하고 있다.

— 시장이란 거래 형태의 결정, 화폐 이용, 가격, 상업상의 거래, 이윤과 손해, 지불불능, 파트너 관계, 간단히 말해 상업활동의 제반 필수요소들이 자명하게 의존하는 초석이었던 것이다. (이렇게 볼 때) 실제로 바빌로니아에는 시장터도 또 어떤 식으로건 설명할 수 있는 기능적 시장체계란 없었던 것이다. [64]

폴라니는 근대에 나타난 시장 중심 거래, 즉 시장경제를 인류사에서 최초로 나타난 특별한 일, 즉 유일무이한 사건이라고 본다. 시장은 오래 전부터 항상 있었으나 시장경제는 산업혁명과 마찬가지로 근대적인 현상이다.

등 비영리 조직, 여기에 더하여 기업의 내부 조직이라는 비시장 영역이 있다. 그런데 이들은 과거 전근대사회의 비시장 영역과는 근본적으로 다르다. 즉 현대의 비시장 영역은 시장과 분리된 실체가 아니라, 시장 옆에 존재하면서 다양한 경로로 시장의 파트너로서 기능한다. 현대 기업의 내부 조직은 거대한 비시장 영역이지만 동시에 현대 시장의 가장 중요한 공급자로서 상품과 서비스를 생산한다. 과거 비시장 영역으로부터 에워싸여 점과 선으로 존재하던 시장은 이제 물고기를 감싸고 있는 물처럼 비시장 영역을 포위하고, 이를 자신의 적극적 가담자로 전향시켰다.

더구나 시장은 이제 입체적으로 변하고 있다. 시장은 농촌의 재래시장에서부터 도시의 거대 시장, 그리고 소매시장부터 도매시장까지 다양한 의미에서 위계적 질서를 형성한다. 더욱 중요한 것은 이제까지 시장에서 거래되지 않던 상품, 노동력, 토지, 화폐가 모두 거래되는 파생적 시장이 나타났다는 점이다.[65] 또한 주식 시장이 발달하면서 기업의 지배권 자체가 거래의 대상이 되는 등 한 차원 높은 존재들이 거래 상품이 된다. 외환, 금융, 보험 시장의 발달은 이러한 경향을 더욱 심화시킨다.

시장의 복잡성은 다양한 부작용을 초래한다는 비판에 직면했고, 그러한 비판의 대표자라고 할 수 있는 폴라니는 한계가 없는 시장화의 움직임을 두고 '악마의 맷돌'이라고 표현하기도 했다. 최근에는 금융위기 등으로 인해 과도한 시장화에 대한 비판 그리고 규제 필요성에 관한 주장이 고조되고 있는 실정이다.

시장경제의 두 주역,
기업과 국가

시장경제라는 생태계의
'건설종', 기업

생태계를 구성하는 종들에 대해 역할을 부여하는 다양한 명칭이 있다. 그중 생태계의 건축가라고 불릴 만한 종이 있다. 아프리카 생태계에서 코끼리의 위상을 설명하는 내용을 보자.

—— 코끼리는 서식지에 적지 않은 변화를 일으킬 수 있는 동물이다. 코끼리 무리가 덤불을 지나가면 주변의 풀이나 나뭇가지가 밟히고 꺾이게 된다. 그 자리는 다른 동물들의 이동 통로가 되는가 하면 빗물이 흐르는 길이 되기도 한다. […] 코끼리나 코뿔소 같은 대형 초식동물을 일컬어 생태계의 건축가 또는 기술자라고 말하는 학자들이 있다. 그만큼 이들의 활동이 환경을 새롭게 만들어

내고 생물 다양성을 좌지우지하기 때문이다. 코끼리의 사생활은 사바나의 다른 생물들에게 큰 영향을 미치는 공생활이기도 하다.[66]

시장경제를 하나의 생태계로 볼 때 여기서 건축가에 해당하는 것은 누구일까? 기업이 유력한 후보임에 틀림없다. 시장경제 내에서 기업의 역할은 무엇인가?

여기서 자본주의의 신랄한 비판자 칼 마르크스(Karl Heinrich Marx)가 시장 거래를 분석한 내용을 살펴보기로 하자. 그는 시장의 성립을 위해서는 '화폐소유자'의 역할이 꼭 필요하다고 했는데, 이때의 화폐소유자란 상인 또는 기업이라고 볼 수 있다.

마르크스에 따르면 시장에서는 주연과 조연이 명백하게 나뉜다. 시장에 오는 손님(guest)이 있고 시장을 본거지로 삼는 일종의 주최자(host)가 있는 것이다. 지나가는 손님이 '상품소유자'라면 주최자는 '화폐소유자'[67]이다. 마르크스는 상품소유자가 거래하는 경우와 화폐소유자가 거래하는 경우를 엄격하게 구분한다.[68] 이 화폐소유자를 마르크스는 자본가라고 불렀고 그것은 기업의 개념과 부합한다. 마르크스는 화폐소유자가 시장에 등장함으로써 화폐는, 끝없이 활동하는 자동적인 주체가 된다고 말한다.

── 이 운동 속에서 가치는 소멸하지 않고 끊임없이 한쪽 형태로부터 다른 쪽 형태로 이행하여 하나의 자동적인 주체로 전화한다.[69]

상품소유자들은 시장에 상품을 가지고 등장한다. 운이 좋아 자신이 보유한 물건을 원하는 구매자를 만나면, 그는 상품을 화폐로 바꿀 것이다. 그리고 그는 그 화폐로 자기에게 필요한 다른 상품을 살 것이다. 그런데 이처럼 거래가 한 번 일어날 때마다 상품은 시장으로부터 퇴장하여 소비되고 사라진다. 그러나 계속 시장에 남아 있는, 주인과 같은 존재가 있다. 바로 화폐다. 화폐는 계속 돌고 돌지만 시장에서 사라지지 않고 지속적으로 상품들을 유통시킨다. 화폐를 운용하는 자가 바로 화폐소유자, 즉 기업이다.

상품소유자는 필요 없는 상품을 내놓고 필요한 상품을 취득한 후 시장을 떠난다. 그러나 시장에 돈을 가지고 등장하는 화폐소유자는 화폐로 무엇인가를 사고 그것을 팔아서 다시 화폐로 만든다. 처음에도 화폐였고 마지막에도 화폐. 질적으로 똑같은 화폐의 순환이 의미가 있으려면 처음과 나중의 금액이 달라야 한다. 즉, 화폐소유자는 100원으로 물건을 산 후 그것을 120원에 팔아야 한다. 그는 거래를 계속해야 할 뿐만 아니라 돈을 불려야 한다.

이윤은 마술사의 모자에서 튀어나온 토끼나 비둘기와 같다. 어떻게 비어 있는 모자에서 토끼나 비둘기를 꺼낼 수 있는가? 처음에는 후추나 담배와 같이 신기하고 낯선 상품을 소개하거나 갑작스러운 소낙비에 우산을 파는 것과 같이 꼭 필요할 때 물건을 공급하는 유통의 재주를 부릴 수밖에 없다. 화폐소유자, 즉 상인은 돈이 될 만한 아이템을 찾아 헤맨다. 브로델은 '사거래'라는 항목에서 일상 소비재의 영역을 개척해간 초기 상인에 관해 이렇게 이야기한다.

—— 사거래 시장에 종사하는 사람들은 흔히 돌아다니는 대상인들로서 행상인이거

나 세일즈맨이었다. 이들은 남의 집 부엌에까지 들어가서 밀, 보리, 양, 양모, 가금류, 토끼가죽 혹은 양가죽과 같은 것들을 선매했다. 말하자면 시장이 경계를 넘어서 마을로 넘어 들어가게 된 것이다. […] 이 사람들은 한 지역에서 다른 지역으로 한 도시에서 다른 도시로 돌아다니면서 여기에서는 가게 주인과 저기에서는 행상인이나 도매상인과 거래했다.[70]

마르크스는 이윤을 창출하는 화폐를 '자동적인 주체'라고 표현했지만, 화폐가 자동으로 움직이는 것처럼 보인 것은 그 배후에서 필사적으로 달리는 상인들이 있었기 때문이다. 브로델은 바젤 상인 리프의 말을 다음과 같이 전한다.

—— 나는 거의 쉴 틈이 없어서 말안장이 끊임없이 내 엉덩이를 뜨겁게 만들어놓는다.[71]

시장의 바깥, 즉 자급자족 영역에서 상품소유자들이 시장을 찾아온 것이 아니라 화폐소유자들, 즉 초기의 상인들이 비시장 영역을 뚫고 들어갔다. 최초의 화폐보다 나중의 화폐가 더 많아야 한다는, 이윤에 대한 의지가 그 추진력의 원천이었다. 그러나 유통만으로는 한계가 있었다. 정보는 점점 확산되고 이국적 물건을 소개하거나 쌀 때 사서 비쌀 때 파는 것과 같은 기술만으로는 이윤을 남기기가 점차 어려워졌다.

이에 대한 근본적인 해결책은 제조업 혁신을 통한 생산성의 비약적 향상이다. 유통의 영역에서 제조의 영역으로 이행해야 한다. 이제 화폐소유자는 제조업자가 되어, 원료를 사고 완제품을 판다. 이를 위해서는 과거의 자급자족 방식과는 비교도 할 수 없는 생산성의 향상을 달성해야 한다. 그렇지 않으면 수천 년 동안 닫혀 있던 일상 재화의 영역이 순순히 문을 열어줄 리가 없다. 일상 경제는 동양의 제국들 못지않게 끈질긴 쇄국정책을 고집하고 있었다.

상업혁명 시기의 개척자들이 인도양과 대서양을 건넌 것처럼, 산업혁명 시기의 안트러프러너들은 시장 영역과 비시장 영역 사이에 가로놓여 있던 심연을 건너갔다.

물론 마르크스는 화폐소유자들을 역사의 개척자나 영웅으로 묘사하려는 의도가 전혀 없었다. 그는 이들에 대해 사용가치보다는 오직 돈에만 집착하는, 화폐의 증식만을 추구하는 자동 기계처럼 표현하였다. 마르크스는 존 램지 매컬럭(John Ramsay McCulloch)을 인용하여 다음과 같이 말한다.

── 금에 대한 저주받은 갈망은 늘 자본가를 규정한다.[72]

초기 안트러프러너의 열정과 혁신이 이윤 동기에서 비롯된 것일 뿐이었는지, 아니면 인류에 기여하고자 하는 바람에서 나왔는지 따지는 것은 의미 없는 일일 것이다. 분명한 사실은 산업혁명 이후의 발명가들인 안트러프러너 거의 모두가 기업을 설립하고 이를 통해 이윤을 추구했다는 것이다. 다시 말해, 그들은 국가나 인류의 이익이라는 막연한 가치보다는 시장의 반응에 더욱 민감했다. 그러나 그들은 단순히 이윤을 추구한 것이 아니라 이윤이 가리키는 것, 즉 시장을 목표로 삼았다. 시장은 인간 사회의 욕구를 반영하는 창문이었고, 인류에 대한 기여는 바로 시장의

※ 동족 간 단합에 호소한 동양의 상인들

중세 유럽은 봉건제로서 왕권이 강하지 않았기 때문에 도시의 지위가 유지될 수 있었다. 동양의 전제 국가에서는 도시가 시장이 아니라 행정의 거점으로서 관료제의 연장선에 불과했기 때문에 상업 거점이 존재하기란 애초 불가능했다.

중세 유럽 도시와 같은 보호막 대신 동양의 상인들은 피를 나눈 동족 간의 단합에 호소했다. 유대인, 파르시인, 아르메니아인, 화교와 같은 동족 네트워크는 혈연의 공유와 상호 간 친분을 통해 적대적인 비시장 세계 속에서 자기들만의 네트워크를 유지해갔다.

동족 네트워크의 강력한 유산은 현대에도 전해졌다. 인도 최대의 기업 타

타그룹을 창업한 잠셋지 나사르완지 타타(Jamsetji Nasarwanji Tata)는 조로아스터교 사제 가문 출신으로, 파르시족이다. 파르시족은 이란에서 살았으나 종교적 이유로 탄압을 받아 뭄바이 등 인도 서해안 지역으로 이주한 '인도의 유대인'이라고 할 수 있다.[73] 타타는 파르시족의 사고방식, 사상 등을 깊이 받아들여 경영에 적용한 것으로 알려져 있다.

잠셋지 타타

반응을 통해 측정되는 것이었다.

그런데 시장의 창조는 기존 시장으로부터의 연속적인 성장이 아니라 파격적이고 비약적인 수요 폭발이었으며, 이것은 상상을 초월한 막대한 이윤과 연결될 가능성이 컸다. 초신성 폭발이 그 빛과 에너지로 우주를 진동시키듯이 신시장의 폭발적 출현은 전근대사회에서는 꿈도 꿀 수 없었던 일확천금을 약속했다. 시장을 남보다 먼저 읽는 자가 세계를 이끌고 가는 시대, 즉 서구 근대가 시작된 것이다.

생태계 환경 조성자,
국가

앞에서 국가는 산업별로 분산화된 혁신의 일선에 나서는 데 한계가 있다고 말한 바 있다. 국가는 공공재 관리가 그 본업이다. 국가는 세금을 징수하고 모든 이에게 혜택을 주는 공공 인프라를 공급하기 위한 조직이다. 이런 방식이 전 국민의 비시장 경제활동을 규율하는 데 적합했다는 것은 역사가 입증한다.

이러한 공적 영역을 주도하는 국가의 입장에서 사적 영역은 늘 요주의 대상이었다. 그러다 보니 국가는 항상 시장을 감시하고 상인을 의심한다. '사농공상(士農工商)'이라는 말에서도 나타나지만, 역사적으로 반(反)상업, 반(反)시장의 경향이 국가의 기본적 정책 기조였다. 한비자(韓非子)는 "나라를 좀먹는 5가지 해충"이라는 글에서 이렇게 말하고 있다.

___ 간악한 장사와 편법적인 이득 챙기기가 시장에서 통용되므로 상인의 수는 줄어들지 않는다. 수익을 얻는 것은 농부의 배가 되고 농사를 짓거나 전쟁을 하는 사람보다 사회적 존경을 더 많이 받으면, 바로 도를 지키는 사람은 적어지고 상업을 하는 백성이 많아질 것이다. […] 상공업에 종사하는 백성은 거친 그릇을 만들고 값싼 물건을 모으고 쌓았다가 때를 노려서 농부의 이익을 가로챈다.[74]

중국 한(漢)나라 때 소금과 철과 술의 전매 제도를 둘러싸고 벌어진 염철(鹽鐵) 논쟁에서도 "농업은 본업이고 상업은 말업"이라고 하여, 본말을 거꾸로 하면 나라가 망한다는 주장이 제기되었다. 우리 역사에서 상업이 국부에 중요하다는 논의가 나타난 것은 청나라를 통해 서양의 영향을 받은 실학파가 대두한 근세 이후의 일이다.

국가는 상업에 대해 대체로 비우호적이었으나 가장 치명적인 것은 유화적이었다가 갑자기 억압하는 정책의 불확실성이었다. 중세부터 근대 초까지 국왕은 상업 및 금융 가문에 국채를 발행했다가 떼어먹기 일쑤였다. 정부의 정책은 물론이고 비시장 영역을 근간으로 형성된 사회 제도와 법 규범은 시장을 제대로 이해하지 못했다. 재산권의 보호에서도, 농민이 수확한 곡물에 대한 보호와 상인이 판매 목적으로 보관하는 재고의 보호가 당시 사회에서는 동등한 것으로 여겨지지 않았다. 스스로 필요하지도 않으면서 대량의 물건을 보유하는 것은 '사재기'와 같은, 시장에 대한 교란 행위로 오해되곤 했다.[75]

상인들도 상업을 잘 이해하지 못하는 정부가 불편했고, 그 때문에 가급적이면 정부와는 거리를 두고 스스로 보호하려 하였다. 중세 유럽의 상업 거점은 국왕과 봉건 영주로부터 간섭을 당하지 않으면서 별도의 정부와 통제력을 갖춘 지역, 즉 도시였다. 중세 도시는 많은 어려움을 겪은 끝에 자치권과 자위권을 확립하는 데 성공했으며, 국왕도 이들의 존재를 묵인했다.

근대에 들어와 국가는 비로소 상업과 결합하면서 재산권과 계약의 보호자로 나서게 된다. 인류 역사 대부분의 기간 동안 상업에 대해 적대적이었던 정부가 상업의 수호자로 변신한 것이다. 그리고 이 시기는 산업혁명이라고 불리는 공업화 및 시장경제의 성립과 때를 같이한다. 상업과 제조업의 혁신이 국가의 경쟁력에 결정적이라는 사실을 유럽의 국가들이 한발 앞서 깨달았던 것이다. 동양의 전제 국가는 서구의 압력에 의해 개방될 때까지 이 사실을 이해하지 못했다.

시장경제의 지원을 두고 벌어진 국가 간의 경쟁은 비효율적 왕정을 벗어나 민주정으로 이행하는 중대한 압력으로 작용하기도 했다. 국가가 재산권 확립을 통해 효율적 시장을 형성하는 것이 국가 간 경쟁을 좌우하는 요인으로 부상했다.

오늘날 국가는 '국가경쟁력'이라는 표현을 입에 달고 살 정도로 산업경쟁력을 정부의 책임으로 자임하고 있다. 국가와 기업의 적절한 협력체제는 근대국가 간의 경쟁에서 핵심적 승부처였으며 지금도 여전히 그렇다.

※ 민주적 정부와 시장경제

국가는 재산권을 침해하는 행동을 감시하고 계약을 보호한다. 그러나 여기에는 큰 문제가 도사리고 있다. 국가가 자신의 의무를 성실하게 수행할 것이라는 보장은 어디에서 나오는가?

근대 이전 동서에 걸쳐 등장한 대제국의 군주들은 높은 수준의 교양과 리더십, 더 나아가 초인적인 성실성까지 보여주었다. 일일만기(一日萬機), 만기친람(萬機親覽) 등은 세세한 업무 보고를 왕이 직접 챙긴다는 의미로, 청나라의 옹정제가 거의 문자 그대로 실천했다고 하며 조선의 정조도 그러했다고 한다.[76] 그러나 이러한 고도의 성실성은 시스템적으로 보장되지 않았고 왕의 개인적 덕성에 의존할 수밖에 없었다. 이처럼 절대 왕정은 심각한 인적 불확실성을 안고 있다. 왕이 정사를 게을리하면 어떻게 할 것인가?

시장은 재산권과 계약의 보호가 필수적이다. 중세 이래 유럽에서는 실권 없는 국왕의 무력함이 오히려 도시라는 상업 거점을 발전시키는 효과를 거두었지만, 상업이 한 차원 더 높이 도약하기 위해서는 '식물 국왕'으로는 불가능했다. 재산권을 근본적으로 보장하는 권위가 필요했으며 당시로서는 왕권만이 이 요구에 부응할 수 있었다.

그런데 무소불위의 왕은 항상 바라는 방향으로 움직이는 것이 아니었다. 왕의 권력은 키워주되, 산업과 시장이 원하는 규율을 따르도록 하는 것은 맹수를 길들이는 것만큼이나 어려운 일이었다. 영국의 대헌장(Magna Carta), 권리청원, 권리장전 등은 모두 왕에게 행동의 한도를 지키게 하기 위한 노력이었다. 그러한 충돌은 결국 혁명으로 귀결되고, 민주주의를 향한 도정이 시작되었다.

민주주의적 권력이 필요한 이유는 정치사회적으로도 설명할 수 있겠지만, 경제사적으로는 재산권 확립과 깊은 관계가 있다. 왕정은 국왕의 자의성을 근본적으로 차단하는 데 한계가 있었고, 이 자의성이 재산권 침해로 인한 불확실성을 초래한다. 이러한 불확실성을 근본적으로 막는 길은 민주적 정부를 수립하여 민의를 반영하도록 하는 것이었다.

시장경제는 그 이전에 존재하던 상인경제가 한 단계 더 진전된 것으로, 국가 권력과 시장의 협력이 필수적이었다. 국가는 시장경제의 기초 없이 국력을 키울 수 없었고, 시장은 국가의 제도적 보호 없이는 깊고 넓은 시장 순환 체계를 구축할 수 없었다. 이런 상황에서 국왕 개인의 변덕이나 자의성으로 인해 초래되는 리스크는 역사 발전을 가로막는 결정적 장애물이었다.

그러므로 민주주의와 시장경제 간에 필연적 관계가 없다는 주장은 인정하기 어렵다. 시장경제가 성장하기 위해서는 시장을 이해하는 안정적인 정부가 필요했으며, 이러한 요구에 가장 잘 부응할 수 있는 정부는 민주주의 정부이다. 홍콩이나 파시즘 정부가 반례로 제시되기도 하지만, 홍콩은 중국 치하에서도 사회주의 정부로부터 일정 부분 자율성을 인정받고 있으며, 파시즘 정부는 일시적으로 경기를 회복시키는 등 친시장적 행보를 보였으나 그 존립 자체가 지속 불가능한 무리한 체제였음이 명백하게 밝혀진 바다. 시장경제의 건전한 발전을 위해 민주적 정부가 필요하다는 것은 역사적으로 검증된 사실이다.

제 3 부

기업의 탄생:
기업은 어떻게
협력의 역사를 가속하였는가?

사회, 국가, 시장의 DNA 융합

기업을 생물에 비유하자면 기존 유기체의 DNA를 재조합하여 만들어진 유전자변형 생물이라고 해야 할 것이다. 이것은 신화에 등장하는 키메라, 즉 머리는 사자, 몸통은 염소, 꼬리는 뱀으로 된 복합괴수를 연상시킨다.[1] 이러한 복합괴수의 이미지는 실제 역사 속에서 등장한 시스템을 비유하는 데 사용되기도 했다. 대표적인 것이 키메라의 제국, 청나라다. 청나라의 강력한 힘의 원천은 여러 민족의 유전자, 즉 그들의 체제와 역량의 복합에 있었다. 머리는 만주족의 팔기군, 몸통은 한족의 중국 본토, 사지는 주로 몽골족의 번에 해당된다.

The Chimera of Arezzo

기업이라는
수수께끼

지금까지 인류 최초의 수평적 협력부터, 국가, 시장에 이르기까지 인간의 협력이 제도화, 조직화하는 과정을 살펴보았다. 그리고 앞장에서 이미 시장질서의 핵심적 중추로서 기업의 등장을 목격했다.

이제 실제 기업의 발전 과정을 추적할 차례이지만, 잠시 시간의 흐름을 정지시키고 기업의 구성 원리를 먼저 분석해보고자 한다. "이윤을 추구하기 위해 재화와 서비스를 고객에게 판매하는 조직"이라는 사전적 정의로 기업을 단순하게 이해할 수도 있다. 그러나 앞에서도 일부 살펴보았듯이, 기업의 유래와 그 메커니즘을 깊이 생각할수록 기업은 복잡한 내면을 드러낸다. 도쿄 대학의 경제학 교수 이와이 가쓰히토(岩井克人)는 기업이란 엄청난 수수께끼의 원천이라고 말한다.

___ 가령 내가 슈퍼마켓 체인의 주주라고 해보자. 배가 고픈 채로 길을 걷다가 마

침 자신이 주주로 있는 슈퍼마켓 점포 앞을 지나치게 되었다. 그래서 분식점
의 점주나 청과상의 부부와 같은 기분으로 슈퍼마켓 안으로 들어가서 진열된
사과를 하나 집어서 먹었다고 해보자. 그러면 어떻게 될 것인가? 나는 절도죄
로 체포될 것이다! […] 회사의 주주는 회사 자산의 소유자가 아닌 것이다.[2]

또한 기업은 대외적으로 시장경제를 옹호하지만, 그 스스로는 시장
거래가 아닌 명령─통제의 메커니즘으로 운영된다. 이러한 기업의 복잡
성, 다면성은 기업이 단일한 원리가 아닌 여러 원리의 중첩으로 만들어
졌다는 것을 암시한다. 따라서 기업을 단순하게 이해하려고 하면 앞뒤가
맞지 않는 측면이 드러난다. 입체적인 사물을 2차원의 캔버스에 표현하
려고 하면 뒷면이 사라져 보이지 않거나 먼 곳이 작아 보이는 등 왜곡이
발생하는 것과 같다.

기업은 평면적이었던 수평적 협력을 명령─통제 원리에 의해 입체화
하고 다시 시장을 통해 다른 경제 주체들과 연결한다. 뼈를 교환하는 개
를 본 적이 없다는 애덤 스미스의 고백처럼, 시장 거래만으로도 인간은
자연으로부터 멀리 떨어져 나온 것이 사실이다. 그러나 기업이라는 조직
체에 이르면 그 거리는 더욱 멀어지고, 인간의 상호작용 기술은 극히 정
교한 수준에 도달한다. 상당한 수준의 분석을 통해서만 그 구조를 파악
할 수 있는 복합적 메커니즘이 되는 것이다.

기업뿐 아니라 현대사회의 다른 제도 및 조직도 기업처럼 복합적인 성
격을 띠는 경우가 있다. 대표적인 것 중의 하나가 '정당'이다. 정당이란
이념을 함께하는 사람들의 '자발적 결사'의 성격과 함께, 당을 이념에 맞
도록 운영하고 선출직 정치인 후보를 내세우기 위해서는 명령─통제적

조직의 성격을 겸비하지 않으면 안 된다.

전통적으로 존재해왔던 조직 중 다수가 현대사회에 적응하면서 보다 복합적으로 바뀌기도 한다. 모병제로 운영되는 군대, 사단법인으로 운영되는 교회는 과거의 전통적인 군대, 교회와는 많은 면에서 다른 양상을 띤다. 현대사회가 복잡해질수록 모든 제도와 조직은, 처음 탄생했을 때의 단순성 대신에, 환경 변화 및 내부적 문제에 대한 대응을 위해 점점 더 다층적이고 복합화되는 경향이 있다.

인류는 상호작용을 고도화해감에 따라 단순한 물건부터 복잡한 관계, 지식, 계획까지 공유하게 되었다. 그로 인해 발생하는 소통과 조정의 문제도 복잡한 메커니즘에 의해서 해결되지 않으면 안 된다. 기업은 그러한 고도화 양상의 한 측면일 뿐이며, 사회 다른 부문의 제도나 조직에서도 이런 경향은 현재진행형이다.

노자는 "대저 예(禮)라고 하는 것은 인간의 참다운 마음이 엷어진 것이며 세상이 어지럽게 되는 시초"[3]라고 말하여, 단순함을 떠나 복잡해지는 것을 경계하였다. 그러나 그렇다고 해서 예가 없던 시절의 단순함으로 되돌아갈 수는 없다. 우리는 복잡함 속에서 원래의 단순함을 구현할 방법을 찾아내야 하며, 그 과정은 어떻게 보면 더욱 복잡해 보이기도 한다.

시장의 간극'에서
조직이 출현하다

지금까지 인간의 협력 및 상호작용을 가능하게 하는 3가지 조정 메커니즘이 역사 속에서 구현되는 과정을 추적해보았다. 이러한 메커니즘들은 인류의 협력이 진화하는 주요 단계마다 결정적인 역할을 했다. 그런데 산업혁명과 시장경제로 특징지어지는 근대의 혁신은 과거보다 더욱 정교하고 입체적인 해법을 발휘해야 했다. 바로 수평적 협력과 명령 체제, 그리고 시장 거래의 장점을 겸비해야 했던 것이다.

시장의 간극,
협력의 함정

시장이라는 메커니즘은 익명의 타인과 경제적 교류를 할 수 있게 하는 개방성, 즉 친밀 집단의 폐쇄성을 극복할 수 있게 해주는 강점이 있다. 그러나 앞에서 본 바와 같이 시장은 재산권이 확립되지 않으면 정착하기 어려운 제도이다. 동물은 인간의 원시사회와 유사한 친밀 공동체, 그리고 우두머리를 정점으로 하는 서열 체제까지는 도달했으나, 낯선 상대방과 재화를 교환하는 단계에는 이르지 못했다. 즉, 시장과 시장경제는 인간이 최초로 구현한 것이며 결코 자연스러운 것이 아니었다.

여기서 더 나아가 시장 규모가 커질수록 생산 과정이 점차 분화되고 여러 사람의 긴밀한 협력이 요구되는, 애덤 스미스가 말한 대로 분업 체계가 고도화되기 시작했다. 그런데 분업의 정교성이 어느 수준을 넘어서자 이제는 시장 거래로도 이것을 다루기에 어려움이 생겼다.

정교하게 역할이 나누어진 분업은 '호흡을 맞춰본' 구성원 간에 이루어질 때 효력을 발휘한다. 즉, 신뢰와 동료애가 뿌리를 내린 친밀 공동체에 적합한 것이다. 그러나 시장 메커니즘은 '익명의 거래'를 전제하므로 복잡한 과업보다는, 각자의 역할이 명확하고 상호 간 기대가 표준화되어 있는 일에 적합하다. '침묵교역'에서도 살펴보았듯이 서로의 이름조차 알 필요 없이 필요한 것만 교환하면 그만인 것이 시장이다. 시장은 상호작용이 최소화될 때 가장 잘 돌아간다.

그러나 산업 기술의 발달로 가치사슬의 단계가 늘어나고 이 단계들이 독립적인 업종으로 특화되어 시장 거래를 통해 상호작용하게 되면, 문제가 어려워진다. 익명의 타인과 의존성 강한 거래를 하는 것은 '죄수의 딜레마' 상황이 될 가능성이 크다. 공동체는 상호작용이 강한 부문에서, 시장은 그것이 약한 부문에서 강점을 발휘하는데, 분업의 정교화와 시장의 발달은 이러한 역할 분담을 어렵게 만들었다.

경제학자 올리버 하트(Oliver Hart)가 제시한 사례를 생각해보자. 어떤 자동차 회사가 신차의 승차감을 개선하기 위한 프로젝트를 수행하는데, 성공을 위해서는 협력업체가 그에 맞는 특수 부품을 공급해주어야 한다.[5] 문제는 이 부품이 새로 개발되는 신차에만 쓸 수 있고 다른 차에는 쓸 수 없다는 것이다. 이렇게 되면 협력업체는 프로젝트에 선뜻 참여하기를 주저하게 된다. 오직 한 회사에서만 받아줄 수 있는 부품 생산에 전념하는 것은 협력업체로서는 모회사에 '속박되는' 상태에 빠지는 것이다. 납품 시기에 자동차 회사가 무리한 부품가 인하를 요구해도 협력업체는 달리 대응할 카드가 없다. 이것을 '사후적 위협(hold-up)'이라고 한다. 이것은 상대에게 협조했으나 배신을 당하는, 즉 상대방의 기회주의적 행동에 희생되는 위험과 일맥상통한다.

이런 상황이 발생한 것은 이 프로젝트가 시간의 진행 속에서 일어나고, 시간에 따라서 서로의 입장이 바뀌는 역동적 구조로 되어 있기 때문이다.[6] 이것은 분업이 심화하면서 상호의존성이 고도화된 결과다.[7] 이렇게 서로 얽혀 있는 상황에서 신뢰가 보장되지 않을 경우, 협력회사는 모회사가 사후적 위협, 이른바 '갑질'을 하지 않을까 하는 두려움을 떨쳐버릴 수 없다. 이러한 사태가 예견되면 협력업체는 처음부터 특수 부품의 생산을 거절하게 되고, 그 자체로는 유망했던 프로젝트가 무산될 수 있다. 바로 이러한 문제를 해소하기 위해서 기업조직, 즉 프로젝트를 추진하는 주체가 관련 참가자들을 하나의 조직에 포함해 지배하는 형태가 나타난다.[8]

사후적 위협, 즉 상황 변화를 기화로 한 돌연한 태도 변화는 그것에 걸려든 자에게는 함정과 같다. 시장은 그것이 침묵교역과 같은 단순 교환

수준에 머문다면 별 문제가 없으나 거래가 복잡해지고 입체적이 될수록 도처에 위협이 도사리는 함정이 된다. 이것은 상호의존성이 심화된 모든 관계의 문제이다. 《아라비안 나이트》에 등장하는, 램프를 들고 나온 알라딘과 동굴 입구에서 그를 기다리는 마법사의 관계는 이 상황을 극적으로 보여준다.

—— 알라딘은 마법사에게 말했다. "아, 숙부님, 손을 좀 내밀어서 저를 끌어올려 주세요." 그러나 무어인(마법사)은 대답했다. "오, 조카야, 램프를 먼저 주고 짐을 좀 버려라, 무거워서 못 올라오는 것 같으니……" 소년은 다시 말했다. "아저씨, 램프 때문에 못 올라가는 게 아니어요, 손 좀 잡아주세요. 올라가자마자 램프를 드릴게요."[9]

영리한 소년은 의심스러운 '자칭' 숙부에게 램프를 먼저 내밀지 않는다. 동굴에서 벗어나게 해주면 램프를 돌려주겠다는 것이다. 그러나 마법사는 자기 힘으로 동굴을 벗어날 수 없는 알라딘을 도와주려 하지 않는다. 이 싸움은 램프가 중한지, 목숨이 중한지 사이의 막다른 협상이다. 결국은 마법사가 램프를 포기하고 동굴 입구를 막아버림으로써 협력은 끝난다.[10]

세상은 근본적으로 불완전하고 불확실성으로 가득 차 있다. 하지만 그러한 세상이라도 위험한 곳은 가지 않고 낯선 이들과 어울리지 않으며 믿을 수 있는 상대와만 거래하면 안전한 세상에서 살아갈 수 있을지 모른다. 알라딘이 위태로운 동굴 입구에서 위기에 빠진 것은 숙부를 자칭하는 낯선 사람을 따라갔기 때문이다. 근대사회가 성립하고 시장과 교역이 성장하면서 이방인과의 거래는 불가피하게 되었다. 정보, 통신, 교통이 모두 현대보다 극도로 열악했던 전통사회에서 사람들은 통제 가능한 영역 안에 자신을 가두는 것을 지혜로 여겼다. 그런데 시장경제의 확산은 익명 간 거래를 교환의 통로로 만들었고 따라서 안전하던 세상은 이제 위험한 곳이 되었다.

시장이 활성화되어 있지 않은 북한을 떠나 한국으로 온 탈북자들은 그들을 노리는 사기범들에게 손쉬운 표적이 된다. 비시장에 안주했던 사람들에게 처음 만나는 시장이란 거대한 함정처럼 보일 것이다. 근대 시장경제가 성장하던 시대의 초기 시장은 수많은 간극이 생겨나 이를 처음 접하는 다수의 순박한 사람들을 실족하게 하는 함정이기도 했다.

전 세계가 시장경제 네트워크로 묶인 현대에도 이러한 간극은 사라지지 않았다. 복잡한 거래 기법, 금융 상품의 출현 등 시스템의 끊임없는 변화는 시장 영역을 확장하면서 다시 간극을 만들어낸다. 그 결과 시장이 가져다주는 사해동포적 연결의 기회보다는 두려움이 더 크게 다가온다. 자연재해, 그것과 연결된 풍흉(豊凶)이 가장 큰 리스크였던 과거 전통사회와 달리 시장을 통해 유기적으로 연결된 세계는 불투명하고 복잡한 관계의 그물로 경제 주체들을 위협한다.

코스는 이러한 시장의 간극이 초래하는 비용을 '거래비용'이라고 불렀으며, 이는 곧 '시장을 사용하는 비용'이라고 했다. 이 비용이 과도하게 증가하면 시장은 오히려 존립의 근거를 잃을 수도 있다.

낯선 사람들에게 핵심적인 원료나 핵심적인 판로를 의지하게 된 초기의 시장 참가자들은, 공동체로부터 시장이라는 이질적 세계로 옮겨가면서 새로운 대책이 필요했다. 이 문제를 해결하는 한 가지 방법은 분화된

※ 조직 내 분업과 조직 간 분업: 애덤 스미스의 침묵

'보이지 않는 손'과 '분업'이라는 애덤 스미스의 가장 대표적인 양대 개념 간에는 긴장 관계가 존재한다. 애덤 스미스는 시장에 대해서는 '보이지 않는 손'이라는 명확한 이상을 제시했지만, 분업에 대해서는 모호한 입장을 취한다. 보이지 않는 손은 시장 교환의 균형을 자동으로 맞춘다. 그러나 분업은 어떠한가? 적정한 분업의 방향을 시장이 제시하는가? 또는 분업으로 분화된 과업들은 시장을 통해서 상호작용하는가? 아니면 경영자의 명령에 따라서 조직화하는가?

애덤 스미스가 분업의 사례로 든 핀 공정 이야기는 한 공장 내, 즉 기업 내부의 이야기다. 제시된 18개 공정은 한 작업장에서 같이 일하는 18명의 작업팀이 담당하는 것이 분명하다. 18개의 독립된 업체에 관한 이야기가 아닌 것이다. 이처럼 《국부론》 제1장에서 소개된 분업은 한 공장, 다시 말해서 한 기업의 내부 이야기였다.[11] 그런데 왜 이와 같은 고도의 분업이 발생하게 되었는가를 설명하는 과정에서 스미스는 인간의 교환 본성, 즉 "사람들이 교환하고자 하는 본능적 성향을 가지고 있으므로 분업이 발달해온 것 같다."라는 의견을 피력한다. 여기서 우리는 벌써 논점이 궤도를 이탈한 것을 볼 수 있는데, 그것은 핀 공장의 직공들은 결코 교환을 하지 않기 때문이다. 18개 공정에서 예를 들어 첫 번째 공정, 철사를 잡아 늘이는 직공은 이를 철사를 곧게 펴는 두 번째 공정 담당자에게 주었다. 그리고 그는 두 번째 공정 담당자로부터 무엇을 받았는가? 아무것도 받지 않았다. 이것은 교환이 아니다. 그는 작업팀 그 누구로부터 아무것도 받지 않고 그에게 제공되는 최초 원료 철사를 계속 받아서 다음 공정에 넘길 뿐이며, 그 보상으로 회사로부터 주기적으로 급여를 받는다.

애덤 스미스가 제시한 분업의 사례는 교환이 아닌 것이 분명하나, 그는 분업의 원인을 설명할 때 시장에서 일어나는 교환의 이야기로 넘어갔다. 애덤 스미스는 동물의 세계에는 교환이 없다고 하면서, 토끼를 쫓는 두 마리의 개는 있지만, 뼈를 교환하는 개는 없다고 말한다. 그러나 그가 핀 제조 공장의 직공들을 설명하려고 했다면 이 설명은 부적절하다. 직접적인 교환이 없다는 점에서 핀 제조 직공들은 차라리 토끼를 쫓는 개들에 더 가깝다.

인간에게 존재하는 교환의 본성을 언급한 후 애덤 스미스는 유명한 원리, "분업은 시장의 크기에 의해 제한된다."라는 원리를 제3장 타이틀로 제시한다. 그런데 이 부분에서 그가 제시하는 예들은 대부분 업종 자체의 분할이다. 짐꾼, 대장장이, 벽돌공, 목수는 독립적으로 활동하는 이른바 프리랜서이다. 이들은 조직의 구성원으로서 일하지 않는다. 시장이 두텁지 못한 상태에서 한 개인이 특정 직무에 전업하기란 어렵다. 그러나 대도시처럼 시장이 커지고 짐을 나르는 일 하나에만 몰두하는 이들이 나타나면서 전업 짐꾼이 생겨난다. 이들은 어떤 회사의 직원이 아니다. 이렇게 벽돌공, 도배공, 타일공, 페인트공, 미장공 등의 직업이 생겨나고 이들이 모두 프리랜서로서 활동하게 된다. 이것이 바로 애덤 스미스가 말한 '특화'의 한 양상이다.

애덤 스미스는 시장 규모의 증대가 회사 내부의 분업을 일으킬지, 다양한 독립 업체들에 의한 업종별 분화를 일으킬지 명시적으로 말하지 않는다. 그는 업종 분화를 염두에 두고 있는 것처럼 보이지만, 그렇다면 왜 핀 공장의 예를 들었을까? 그는 산업혁명과 함께 등장한 공장에 대해 강렬한 인상을 받고 공장 내 분업의 이야기로 《국부론》의 막을 열었다. 그러나 그는 시장경제로 관심을 쏟으면서 조직에 대해서는 논의를 진전시키지 않았다.

물론 애덤 스미스의 시대는 대기업이라는 존재 자체가 없었으므로 그가 학자로서 태만했다고는 말할 수 없다. 그러나 애덤 스미스가 핀 제조 공장이라는 조직 내 분업의 예를 들었고 그것을 교환의 본성으로 설명한 것은 시대적 한계라는 핑계만으로는 빠져나갈 수 없을 것 같다. 거장의 업적에 작은 흠집 내기를 하는 것 같지만, 바로 이 작은 흠이 오늘날 우리에겐 심각하고 도전적인 문제다. 애덤 스미스는 이것을 자신이 대답할 문제라고는 여기지 않았는지도 모른다.

협력의 과정 전체를 하나의 조직으로 묶는 것이었다. 이것은 상호 호혜적 협력에 의존한 공동체를 만드는 것과는 다르다. 협력적 공동체는 반영구적 집단으로 특정 목적보다는 관계를 우선하는 집단이다. 그러나 기업조직은 목적이 우선이고 관계는 두 번째다. 고용 계약도 평생 지속되는 구속성을 띠는 것이 아니라 단지 계약에 불과하다. 기업의 원리는 근본적으로 시장 계약에 근거한다.

그런데 일단 계약을 맺으면 그 관계는 수평적인 협력이 아니라 수직적인 위계, 즉 지도부와 구성원 간의 차별적 권위를 인정하고 명령과 통제에 의존하는 기업조직의 형태를 취한다. 이것은 이미 고대국가에서 적용된 메커니즘이었다. 즉, 국가 형성에 사용되었던 조직 원리가 민간의 생산 조직에 적용된 것이다. 국가 권력은 전쟁과 정복이라는 물리적 억압으로부터 나왔지만, 기업은 시장의 계약이라는 기반 위에서 명령—통제의 원리를 구현했다.[12] 이것은 하나의 묘기에 가까운, 메커니즘의 입체적 결합이었다.

지배구조의 구성:
수평적 협력의 입체화

자급자족 경제, 더 나아가 가내수공업 수준의 전통적 생산과 현대적 공장 사이에는 많은 중간 단계가 있는데, 그중 하나가 선대제(先貸制)이다. 선대제는 상인이 제조혁명 이전의 전통적 제조 시스템을 이용하기 위한 전략이었다. 상인은 원재료와 기구를 수공업자에게 제공하고 이들은 정해진 기간 내에 정해진 양의 제품—주로 직물이었다—을 생산한다. 그러면 다시 상인이 물건을 가지러 와서 해당하는 공임, 즉 삯을 지급하는 것이다. 이들은 명령—통제가 아니라 시장 계약으로 이 모든 일을 해냈다. 안정적인 상황에서는 이러한 거래의 반복으로 신용이나 평판이 자연스럽게 형성되고 불성실한 계약자는 도태되는 등 어느 정도 자정 작용이 가능했다. 즉, 시장이라는 기반 위에 수평적 협력 원리가 가미된 형태라고 할 수 있을 것이다. 그러나 시장경제의 확산과 분업의 심화는 이러한 목가적 풍경에 심각한 영향을 끼치기 시작하였다.

　일단 시장의 급속한 증대로 공급이 부족하게 되자 가내수공업자들의 발언권이 강해졌고, 이들을 계약 조건에 의해 원하는 방향으로 유도하기가 힘들어졌다. 갑작스러운 수요 증가에 대응하기 위해 납기를 단축하거나 생산량을 늘릴 필요가 생겼을 때 독립적 주체인 가내수공업자는 자기 삶의 리듬을 깨뜨리는 변화를 따르려 하지 않았다. 그 결과 시장의 독립적 계약자였던 상인과 수공업자가, 공장이라는 새로운 공간에서 고용주와 종업원으로서 명령—통제의 관계로 재조직된다. 바로 공장제 수공업 '매뉴팩처'의 출현이며 이것이 근대적 기업의 모태가 되었다고 말할 수 있다.

기존의 선대제 계약 아래 물량 공급의 갑작스러운 증대, 납기 단축 등 관행을 깨뜨리려는 시도는 수공업자들로부터 거부반응을 불러일으켰다. 그러나 당시의 견실한 내수 성장, 그리고 신세계 지역의 면직물 수요 증가는 섬유산업 전체에 절호의 기회인 것이 사실이었다. 그러나 이것을 내다본 선대제 상인과 단지 생산에만 전념하던 수공업자 사이에는 시각의 차이가 존재할 수밖에 없었다. 정보의 비대칭성은 생산적인 협력을 가로막는다. 이러한 문제를 극복하는 한 가지 방법은, 정보 우위를 가진 자가 기업가가 되어 의사결정권을 확보한 뒤 참여 희망자를 조직 구성원으로서 통제하는, 즉 고용주와 피고용자를 차등하는 고용 계약을 맺는 것이다.

계약에서 당사자 간 대등한 지위가 보장되는 것과 달리, 고용 계약에서는 고용자가 피고용자에 대해 업무 배치, 지시 등에서 명령—통제를 할 수 있다. 이것은 국가가 공공재를 관리할 때 감시와 제재를 통해 비협력을 통제했던 원리를 민간 부문에 적용한 것이라고 볼 수 있다. 다만 차이가 있다면 국가의 멤버십은 태어나면서부터 부여되는 귀속적인 것인 데 반해 기업의 고용은 자발적 선택의 결과라는 것이다. 즉, 계약이라는 근본적 제도 위에서 잠정적으로 허용된 명령 체제라고 볼 수 있다. 기업에 대한 소유로부터 얻어지는 이러한 명령의 권한은 물건에 대한 재산권으로부터 파생된 형태라고 볼 수 있다.

자금을 제공하는 투자자, 노동을 제공하는 근로자는 기업과 계약을 맺지만, 이들은 확정 보상을 받을 뿐 기업에 대한 재산권을 취득하지는 않는다. 이에 반해 기업의 소유자는 기업이 성공하면 성공에 비례하는 보상을 받지만 실패하면 아무것도 보장받지 못한다. 불확실성을 감수한 대가로 성공 보수를 약속받는 것이 곧 기업 소유의 원리이다.

이에 따라 재산권은 보상의 변동성으로 설명되어왔다. 즉, 고정 보상을 받는 것은 채권자이고 변동 보상을 받는 것은 소유자라는 것이다. 그러나 올리버 하트는 이러한 개념이 부정확하다는 판단 아래 재산권에 대한 새로운 정의를 제시하였다. 재산권에서 말하는 '권리'란 재산에 대해서 능동적으로 무엇인가를 할 수 있음을 뜻한다. 즉, 재산과 관련된 의사 결정 상황에서 최종적인 권한을 갖는 것이다.

불확실한 세상에서 기업이 맺는 계약은 대부분 '불완전 계약'의 형태가 된다. 예를 들어, 종업원을 채용할 때 그의 업무 범위와 역할을 정교하게 기술하고 또 반드시 지킬 것이라는 약속을 할 수 없다. 물론 가능한 한 상황을 예측하고 그에 따라 상세하게 계약 조항을 기재한다고 해도, 예상하지 못한 상황은 발생하게 마련이다. 이러한 돌발 상황이 생겼을 때 다시 당사자들이 모여서 재협상을 해야 한다면 엄청난 거래비용이 초래될 것이다. 이때 재협상이 아니라 누군가에게 결정 권한을 위임한다면 거래비용을 획기적으로 감소시킬 수 있다. 재산권이란 바로 계약서에 명시되지 않은 예기치 않은 상황에서의 결정 권한을 의미한다.[13]

올리버 하트는 다음과 같은 예를 들고 있다. 휴가를 위해 친구에게 차를 빌렸을 때 운전 중에 기계 세차를 하거나 고급 휘발유를 넣거나 차 위에 자전거를 탑재하는 것 등은 자유롭게 할 수 있을 것이다. 그러나 운전 중 음악을 들으려 찾아보니 차에 CD플레이어가 없다. 여기서 내가 과연 이 차에 CD플레이어를 장착할 수 있을까? 누구나 상식적으로 이 정도의 변경이라면 소유권자의 허락을 얻어야 한다는 데 동의할 것이다. 자동차를 빌려주는 계약에서 휘발유를 넣거나 휴가 장비를 싣는 등의 일은 통념적으로 인정되지만 CD플레이어 장착까지 차량 대여의 일부분이라고 보기에는 사회적 공감대를 얻기 어렵다. 차를 빌릴 때 이 문제를 사전에 협의하지 않았으므로 이는 계약서에 명기하지 않은, 예기치 않은 상황이 발생한 경우다. 이런 상황에서 결정권을 갖는 것이 재산권자이다.

이런 면에서 재산권이란 '잔여통제권(residual control rights)'이라고 정의된다. '잔여'란 말은 계약서에 조항이 명시되어 있지 않다는 사실을 의미한다. 이것은 통상 소유권을 '잔여소득 청구권(residual income)'으로 보는 견해와 차이가 있다. 고정된 소득을 얻는 것이 채권자, 변동분을 얻는 것이 소유자라고 흔히 구별되어왔고 그런 면에서 화폐를 대여한 채권자와 노동을 대여한 노동자는 고정 보수를 얻고, 주주는 잔여소득, 즉 이익을 얻는 것으로 본다. 그러나 최근에는 근로자에게도 성과급이라는 형태로 변동적 임금의 비중이 커지고 있어서 변동성만으로 채권자와 소유자를 나누는 것은 불충분하다.

재산권의 인정, 즉 잔여통제권을 소유자에게 위임하는 것은 그렇게 하는 것이 모두에게 이익이 되기 때문이다. 앞의 자동차 회사의 예나 선대제 상인의 예를 생각해보자. 자동차 회사는 승차감을 향상시키는 기술을 개발했고 이것이 고객에게 호응을 얻을 것이라고 믿는다. 선대제 상인도 신세계 시장에서 면직물 수요가 급증할 것이라는 믿을 만한 정보를 가지고 있다. 그러나 상대적으로 새로운 정보에서 한발 떨어져 있는 협력회사나 가내수공업자는 회의적이거나 비협조적인 태도를 취할 가능성이 크다.

이것은 정보 비대칭성 탓이다. 세상에 확실한 것은 없으므로 정보 우위 주체라고 해서 미래를 확실하게 아는 것은 아니다. 위험 감수가 필요한데 협력업체와 수공업자가 모회사와 선대제 상인의 비전에 공감할 것인가는 불투명하다. 만약 의기투합한다면 서로 독립적인 상태에서 제휴해도 될 것이다. 프로젝트가 성공한다면 협력업체는 성공의 과실을 균등하게 모기업과 나누면 되고 이때의 인센티브 효과, 즉 각자의 의욕은 최고조가 될 것이다.

그러나 정보 비대칭 상황에서 정보가 부족한 쪽이 의심을 품을 경우, 둘의 협력 관계는 결렬된다. 수요가 폭증할 때 밀려드는 수요를 감당하기 위해 모회사는 협력업체가 초과 근무를 해주기를 바라지만 협력업체는 이를 거절하거나 과도한 부품가격 인상을 요구할 수 있다. 이런 상황을 고려할 때 모기업은 협력업체를 인수하여 통합하고 싶어진다. 업무상의 명령을 통해서 자기 뜻대로 생산을 통제할 수 있기 때문이다. 그런데 하나의 회사가 되면, 협력업체의 임직원은 독립적 파트너일 때보다는 인센티브 효과, 즉 주인의식이 저하될 수 있다.[14] 하지만 협력이 깨져 모처럼 다가온 기회를 아예 놓치는 것에 비하면 이 정도는 감당할 수 있는 양보이다.

기업 소유주에게 '잔여통제권'을 부여함으로써 의사결정의 일관성을 기하고 단일 목표를 향해 구성원 인센티브를 조율하고, 과정상 발생하는 어려움에도 불구하고 목표 달성을 위해 끝까지 책임을 다하도록 하는 것이 근대 기업이라는 제도의 본질이라고 할 수 있다.

근대 시장경제의 출현을 재산권으로 파악한 더글러스 노스는 먼저 유통에서의 재산권, 즉 상인의 재산에 대한 보호(물품을 유통하는 과정에서 산적이나 해적으로부터 보호하는 것), 계약 이행의 강제(납품한 상품의 인수 거부 또는 지불 거절 등에 대한 규제) 등이 실현되고, 그 이후 생산 과정에서의 재산권 보호, 즉 혁신에 대한 지적 재산권 보호가 이루어짐으로써 재산권이 확립되었다고 본다. 그러나 이것이 재산권 보호 대상의 전부는 아니다. 기업이라는 조직에서 경영자가 잔여통제권을 갖는다는 사실에 대한 인정과 법적 보호, 즉 경영권의 보호가 그에 못지않게 중요했다.

영역 행동에서 경영권까지,
재산권의 확장

영국의 생물학자 존 메이너드 스미스(John Maynard Smith)는 동물 세계에도 재산권으로 볼 만한 단초가 있다고 했다. 동물들의 '영역 행동', 즉 주인은 영역을 방어하고 이방인은 그것을 존중하는 행동을 재산권의 원조로 해석할 수 있다고 본 것이다.

물론 인간은 동물들의 영역 행동과는 비교할 수 없을 만큼 다양한 수단을 동원하여 소유권, 즉 동산에 대한 재산권을 발전시켜왔다. 또한 점차 인간에게 가치가 있는 모든 유형무형의 것들에 재산권이 적용되면서 인간의 관계로부터 발생하는 가치, 혹은 아직 구현되지 않은 미래가치에까지 그 개념을 확장시켜왔다. 그렇게 해서 나타난 보다 추상적인 형태의 권리가 채권, 즉 현재가치와 미래가치의 교환에 관한 것이다. 지금 내게는 쓸모가 없지만 당장 필요로 하는 사람에게 주고 나중에 내게 그것이 필요해질 때 다시 찾아 쓴다는 개념의 거래는 전체의 효용을 증가시킬 수 있다.[15]

문제는 차입자로부터 미래에 돌려받을 권리인 채권을 어떻게 보호할 것이냐이다. 눈앞에 있는 물건의 재산권도 지키기가 힘든데 당장의 점유를 포기하고 이를 미래에 다시 회수하는 것이 얼마나 어려운 일이겠는가.

그럼에도 불구하고 채권은 이른 시기인 고대부터 꽤 활성화되었다. 물론 로마제국과 같은 강력한 공권력이 존재했기 때문이기도 하지만, 한 가지 중요한 조건이 더 있었다. 가장 확실한 담보, 즉 채무 노예가 합법이었던 것이다. 고대에는 빚을 갚지 못하면 채권자의 노예가 되어야 했고 이것이 채권을 보호하는, 잔인하지만 강력한 제도적 장치가 되었다. 그러나 채무 노예가 불가능한 현대사회에서는 채권 거래가 갖는 잠재적 효용에도 불구하고 채권이 보호받지 못할 가능성이 항상 골칫거리로 남아 있다.[16]

채무불이행의 부담을 감수하더라도 채권이 가져오는 가능성은 엄청난 것이었다. 채권이 확산되면서 재산권은 부동산, 동산이라는 물건을 넘어 시간의 가치 및 인간과 인간 간의 관계로까지 영역을 넓혔다. 이후 재산권은 지적 재산권과 경영권으로 더욱 고도화된다. 인간이 머릿속으로 생각해낸 추상적 지식에 대해 재산권을 인정함으로써 아이디어에 대한 권리가 보호되기 시작했다. 이것은 혁신을 자극하고 창의성을 발휘하

※ 기업의 재산권 확립과 근대국가의 역할

산업혁명이 진행되면서 전통경제의 생산 주역들, 길드나 숙련공들은 그에 대해 강력하게 저항했다. 고대국가가 관개혁명을 달성하기 위해 권력이 필요했듯이 이러한 저항을 돌파하고 혁신을 이룩하기 위해서는 힘이 필요했다. 그런데 고대와는 달리 국가가 제조업 혁신을 주도할 수는 없었다. 국가는 공공재를 관리하는 기구로서 상업, 즉 민간 교역을 억압하거나(동양) 거리를 두고 방치하는(서양) 정도에 머물러 있었기 때문이다.

우여곡절 끝에 각 산업의 혁신은 해당 업종에 종사하는 기업이 담당하고 국가는 경영권을 포함한 재산권을 보호해주는 것으로 역할 분담이 이루어졌다. 그런데 상인의 재산권을 보호한다는 것이 전통적 국가로서는 낯설고 또 도덕적으로 정당화하기도 어려운 일이었다. 존 힉스는 다음과 같이 말한다.

> 관습적 사회가 볼 때에 상인 자신이 그다지 사용할 용도가 없는 물건에 대해 무슨 권리를 가진다고 말할 수 있겠는가? ……상인이 주장하는 권리는, 농민이 토지에 대해 혹은 가족이 그 집 안의 가구에 대해서 가지는 권리와 같이 직접적으로 필요한 경우와는 뚜렷이 다르다.[17]

자신이 소비하지 않을 물건을 판매 목적으로 대량 보유하는 것은, 당시의 시각으로는 이윤을 노린 사재기 행동에 다름 아니었다. 농업적 세계관과 상업적 세계관의 이러한 소통의 어려움에도 불구하고 서구 사회는 결국 재산권을 인정하는 방향으로 옮겨갔다. 국가는 과거 농업혁명 시대와는 다른 방식으로 경제에 개입해야 한다는 사실을 깨달았다. 더 글러스 노스는 다음과 같이 말한다.

— 교역이 확대됨에 따라 재산권을 정의하고 보호하고 강제하기 위한 보다 광범 위한 정치적 단위에 대한 요구가 생겨났다.[18]

바로 이 광범위한 정치적 단위가 근대 국민국가로서 중세 영주들에 의해 분할된 무기력한 봉건국가를 대체하게 되는 것이다. 그리고 이 국가는 동양의 관료제 국가와는 달리 상업을 이해하고 상업적 이익을 국익에 활용할 줄 아는 국가였다. 고대국가가 이룩한 공공재가 관개 인프라였다면, 근대국가가 이룩한 공공재는 바로 재산권 체제라고 할 수 있다. 고대국가는 관개 시스템을 직접 설계하고 관리했다. 반면, 근대국가는 재산권을 부여했고 정부와 직결되지 않은 상인에 대한, 곧 훗날에는 기업에 대한 인센티브 제공자에 머물렀다.

도록 촉진하는 강력한 인센티브가 되었다. 또 하나가 바로 기업조직, 즉 경영자의 명령—통제에 의해 조직을 운영하고 의사결정할 수 있는 권리, 곧 경영권이다.[19]

지적 재산권이 인정되면서 지식이 시장에서 팔릴 수 있는 상품이 되었기 때문에 지식은 거래를 통해 필요한 곳에 재빨리 전달되고, 사회적으로 요구하는 지식이 원활하게 창출되는 효과가 나타났다. 또 경영권은 경영자의 의사결정의 일관성과 효율성을 높이는 동시에 경영권 자체가

재산권 개념의 확장

시장에서 거래됨으로써 비효율적 경영진을 도태시키고 유능한 경영자에게 기회를 주는 효과를 낳았다.

결국 재산권은 부동산에서 출발하여 동산, 인간관계를 넘어 인간의 지식과 상호작용 체계인 조직에까지 그 영역을 넓혀왔다고 할 수 있다. 이것은 보다 추상적인 것의 시장 교환을 가능하게 함으로써 생산성을 비약적으로 높이는 효과를 가져왔다.

조직이 혁신을 통해
시장을 창조하다

근대에 들어와 시장이 빠르게 확산되면서 이제까지 안정적이던 비시장 영역이 시장에 포섭되어갔지만, 곳곳에 끊어진 자리, 즉 간극이 도사리고 있는 위험한 그물처럼 보였다. 그러나 이러한 간극은 오히려 기업들이 등장할 수 있는 환경이 되어주었다. 시장 거래가 불안할수록 기업의 역할이 더욱 돋보였던 것이다.

만약 기업이 일상적 영업에만 전념하는 조직이라면, 시장이 발전하고 간극이 메워짐에 따라 기업의 역할은 시장에 의해 대체되었을 것이다. 시장이 발달하면 명령—통제에 의한 조정의 필요성이 줄어들기 때문이다. 그러나 기업은 소멸하지 않았다. 기업은 명령 체제가 강점을 발휘할 수 있는 자신의 영역을 계속해서 확장했는데, 그 주된 원천은 혁신이었다. 기업은 점차 안정화되는 시장을 벗어나 혁신을 통해 미지의 영역을 포섭하면서, 결국에는 시장경제의 영역을 더욱 확장시키는 역할을 한다. 기업이 생태계의 건설종으로서 시장의 중심을 차지하게 된 것이다.

혁신을 위한 제도적 장치,
기업

시장의 전제 조건은 재산권이 명확하게 설정되는 것이다. 따라서 근대 정부는 개인의 재산권을 보호함으로써 시장경제가 번성할 수 있는 제도적 기반을 마련한다. 재산권에 대한 중요한 위협 요인들은 당시로서는 심각했던 산적이나 해적과 같은 문자 그대로의 도둑으로부터 시작해서, 계약 의무 준수에 대한 의식 미성숙까지 다양했다. 그런데 또 하나의 결정적인 위협이 있었다. 그것이 바로 혁신이었다.

시장경제가 전통경제를 대체하게 된 근본적 동력은 신시장과 신상품의 도입으로서 이는 모두 혁신을 통해 가능해진 성과였다. 혁신은 계획에 의해 일어나는 일이 아니라 그 자체 반전을 내포하고 있는 스토리로서, 미시경제학이 가정하는 '완전정보'와는 대조적인 정보 비대칭의 세계이다. 미시경제학이 상정하는 균형의 세계에서는 모든 것이 알려져 있고 모든 것이 루틴으로 정착된, 안정적인 균형만이 있을 뿐이다. 그러나 실제 인간사회가 시장경제를 향해 나아가던 산업화 시대는 가장 소란스럽고 모든 것이 뒤바뀌며, 정지된 것은 하나도 없는 격동기였다.

혁신이 아이디어 단계에 있을 때 이것의 미래가치는 합리적으로 측정하기 어렵다. 그것은 작은 단서로부터 점점 펼쳐지는 하나의 이야기이며, 논리적으로 분석될 수 없는 '예기치 않은 전개' 그 자체다. 혁신은 "될

성부른 나무는 떡잎부터 알아본다."라는 격언보다는 '재투성이가 왕자비가 되는' 신데렐라 스토리에 가깝다.

또한 혁신은 1회부터 9회까지 모두가 최선을 다해야 하는 야구와 같아서 1회에 대량 득점을 했다고 안심할 수 없다. 혁신은 다양한 참가자의 긴밀한 협력은 물론, 출발부터 성과 단계까지 전 과정에서 적절한 판단과 노력을 지속해야 한다. 좋은 아이디어라도 후속되는 노력 또는 주변의 상황에 의해 성공과 실패의 운명이 계속 뒤바뀐다. 이 모든 것은 한 가지 결론으로 집약된다. 혁신은 불확실성의 원천이며 기존 시장의 균형을 동요시킨다.

조지프 슘페터(Joseph Alois Schumpeter)는 혁신을 '창조적 파괴'라고 했으며, 파괴란 기존의 안정적 질서가 사라진다는 것을 의미한다. 창조의 빛나는 업적 뒤에는 파괴의 아픔이 있다. 비행기가 등장하기 전 비행선에 막대한 투자를 한 사람은 비행기라는 혁신이 성공하면 몰락을 피할 수 없다.[20] 그 이유를 태만이나 역량 부족으로만 볼 수는 없다. 비행기의 성공이 가져온 '외부효과'가 결정적 요인이었다.

혁신은 세계를 평탄한 곳에서 굴곡진 곳, 예측할 수 없는 곳으로 만든다. 규칙이 무너지고 새로운 규칙이 형성되는 과정에서 안정적인 평가 기준, 안정적인 예측 방법이 무용지물이 된다. 기술적 가치를 평가하기도 어렵지만, 설령 평가한다고 해도 우월한 아이디어가 반드시 채택된다는 보장이 없다. 열등한 기술이, 약간 먼저 도입되었다는 이유로 더 우월한 후발 기술의 기회를 박탈하는 경우도 생긴다. 시장이 존립하는 데 반드시 필요한 가치의 객관적 측정과 평가가 어려워지는 것이다.[21]

혁신은 다양한 '외부효과'의 진원지로서, 안정적 시장을 위협한다.[22]

시장 참가자들은 선택을 강요당한다. 새로이 등장한 혁신을 받아들일 것인가, 거부할 것인가. 여기에는 1종 오류와 2종 오류가 있다. 혁신의 성공을 낙관하고 모든 것을 걸었다가 실패로 인해 몰락하거나(1종 오류) 혁신의 성공을 비관적으로 보고 기존 기술을 고수했다가 혁신의 성공으로 노후화되거나(2종 오류), 둘 중 하나다. 어느 쪽이든 이 위협의 결과가 너무나 심각하다면, 사람들은 차라리 변화가 없는 쪽을 선호할 수도 있다. 혁신적인 기술을 개발한 사람을 처벌했던 전통사회가 반드시 비합리적이었다고 매도할 수만은 없는 것이다. 그러나 가끔 나타나는 괴짜 발명가를 추방하며 버티던 전통적 해결책은 근대의 우후죽순 같은 혁신의 물결을 막아내기에 역부족이었다. 그러므로 혁신의 파괴적 측면을 합리적으로 관리할 수 있는 제도적 틀이 필요했다.

우선 혁신을 하나의 공공재로 생각하고 공권력을 통해 관리하는 방안을 생각할 수 있다. 공권력이 혁신 아이템을 선정하고 변화의 로드맵을 명확하게 해서 불확실성을 줄이는 것이다. 그러나 모든 산업 분야에서 벌어지는 개개의 혁신에 대해 공권력이 파악하고 관리하기란 불가능하다. 산업화 시대의 국가가 과거 아시아 관료국가처럼 사고전서(四庫全書)나 규장각(奎章閣)과 같은 지식의 독점적 관리 시스템을 만든다면 엄청난 노력에도 불구하고 최신 동향에 뒤처진 쓸모없는 것이 되고 말 것이다. 결국 정부는 안트러프러너의 제안을 검토하고 이를 지원할 것인가 말 것인가를 결정하는 스폰서 역할 외에 할 일이 별로 많지 않다.

산업혁명 이후 혁신은 세분된 산업 현장으로 그 거점이 이동하였으며, 근대 산업의 지도자들은 자기 분야의 전문가들이었다. 현장에 정보가 있었고 기업의 성공은 전문적 정보의 유무로 결정되었다. 정보를 가장 많이 가지고 있는 주체에게 의사결정의 권한과 책임을 부여하는 것은 혁신이 야기하는 정보 비대칭 상황에 대응하기 위한 가장 유효한 전략이다.[23]

하나의 기업이 탄생하는 과정의 최초 씨앗은 안트러프러너, 즉 기업가와 그에게 공감하는 초기 동료들이다. 이들이 최초의 소유주 집단을 형성한다. 윌리엄 휴렛(William Hewlett)은 데이비드 패커드(David Packard)를 만나고 빌 게이츠(Bill Gates)는 폴 앨런(Paul Allen)을 만난다. 이들은 어려운 시절을 함께 견디면서 꿈을 공유한다. 이것은 상하 관계가 아닌, 우정과 열정으로 뭉친 사회적 연대로 결합한 모임이다.

그러나 이러한 비전의 공동체가 현대적 기업 시스템까지 도달하기에는 아직 갈 길이 멀다. 이들은 자신의 꿈을 설득력 있는 비전으로 포장하여 시장에 공개하고 이를 통해 다양한 참가자를 포섭하여 생산요소, 즉 인력과 자금을 동원한다. 생산요소의 조달은 계약, 즉 시장 거래를 통해서 이루어진다. 이 계약은 사업의 성격이 혁신적일수록 불확실하며, 따라서 불완전 계약이다. 투자자는 자신의 자금이 어떻게 사용될지, 노동자는 자신에게 어떤 역할이 부여될지에 대해서 상세한 사전 정보를 얻을 수 없다. 단지 비전을 공유하기 때문에 잔여통제권을 경영자에게 위임하는 것이다. 예측 가능한 부분에서는 계약에 따라 진행되지만, 계약서에 명기되지 않은 불확실한 상황에서는 경영자의 의사결정 권한을 인정하는 수직적 위계 조직, 즉 관료제나 군대와 일맥상통하는 조직 형태가 형성되는 것이다.[24]

이들의 노력을 통하여 혁신의 결과가 특정 제품이나 서비스로 결실을 보면, 이는 다시 외부 시장을 통해 고객과 만나게 된다. 이처럼 기업은

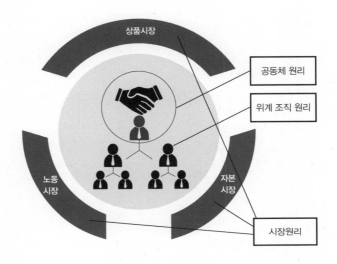

기업과 3가지 조정 메커니즘의 관계

투입과 산출, 양 측면에서 요소 시장과 상품 시장이라는 시장 거래 메커니즘에 의존한다. 그러나 기업 내부로 들어오면 요소 시장을 통해 계약을 맺은 인력과 자금에 대한 명령 체제가 존재하고, 그 내부 핵심에는 기업의 비전, 미션을 공유하는 안트러프러너 공동체, 즉 창업자와 그의 동료들로 구성된 경영진이 존재한다. 결국 안쪽 핵에는 사회적 연대, 중간에는 위계 조직, 바깥 경계에 시장이 존재하는, 3가지 조정 메커니즘의 겹쳐진 모습이 드러난다.

기업의 중핵에는 비전을 공유하는 자발적 결사체가 있다. 이들은 상호 호혜적 협력으로 다져진, 역사와 비전을 공유하는 신념 공동체다. 이들의 외곽에 시장이 있어 고객과 요소 공급자와의 계약이 이루어진다. 그러나 고객과 달리 공급자, 특히 노동력 공급자와는 불완전 계약이 맺

※ 주류 경제학과 기업 혁신

현대 주류 경제학은, 합리적 경제 주체들이 서로 최선을 다하여 균형에 이른다는 패러다임을 가지고 있다. 따라서 경제학은 모든 현상을 균형으로 이해하려고 한다. 기업은 균형 상태에서는 한계비용이 한계수익과 같아질 때까지 제품 및 서비스를 공급하면 이익이 최적화되는데, 그 결과가 "0의 이윤"이다. 그런데 이 패러다임으로는 장기간 지속하는 플러스 값의 이윤과 신제품, 신시장, 신사업을 발굴하고 성장시키는 기업의 다양한 활동들을 설명할 수 없다.

또한 경제학은 항상 '제약조건하의 최적화'라는 방법론을 전가의 보도처럼 내세운다. 환경은 불변의 제약조건일 뿐이고 기업은 스스로 통제할 수 있는 변수만 조절하여 대응한다는 것이다. 이러한 시각에서 보면 기업은 환경에 수동적으로 적응하는 실체일 뿐이며, 혁신을 통해 환경 자체에 변화를 주는 것은 바람직하지 않은 "불완전경쟁" 행위로 해석되기도 한다.

> 일반적인 경제이론에서는…… 기업이, 스스로 활동할 경제 환경을 만들어낼 수 있다는 것, 그리고 이것이 경제 전체에 좋은 결과를 가져온다는 것을 받아들이기 꺼리는 경향이 있다. 오히려 주류 이론은 기업조직이 경제 환경을 만들어내는 능력을 '불완전경쟁 시장'을 초래하는 것으로, 즉 경제적 후생을 감소시키는 요인으로 본다.[25]

그러나 이러한 시각은 '균형'이라는 색안경을 통해 경제 현상을 바라보기 때문에 생긴 '착시'라고 볼 수 있다. 시장 균형과 기업 혁신을 하나의 이론 틀에서 파악하려고 하면 무리가 따른다. 이것은 입체인 지구 표면을 평면에 투영하려고 할 때 발생하는 문제와 비슷하다. 구면의 지형을 평면에 옮겨놓으려고 하면 왜곡이 생기는 것은 어쩔 수 없다. 단지 어떤 측면을 정확하게 하고 어떤 측면을 왜곡시킬 것인가를 선택할 수 있을 뿐이다.

세계 전도에 활용되는 메르카토르 도법은 경도와 위도의 직교, 즉 지표면에서의 각도 유지를 우선으로 한 도법이다. 항해에서 항로를 계산하는 데 편리하다는 점이 이 도법의 가치였다. 그러나 각도를 유지하기 위해서 면적의 왜곡은 감수해야 했다. 면적은 적도에서 멀어질수록 점점 더 커져서 극지방에 이르면 무한대가 된다. 그린란드가 아프리카만큼 크게 보인다.

주류 경제학 이론은 마치 각도를 중시하는 메르카토르 도법처럼 균형을 강조했고, 이러한 시각에서는 기업의 혁신을 정확하게 볼 수 없다. 따라서 기업을 보다 정확하게 묘사하기 위한 새로운 이론적 프레임들이 제안되었다. 본 책에서는 이러한 연구 성과들을 반영하여 기업의 현실적인 모습을 최대한 정합적으로 이해하고자 시도한다.

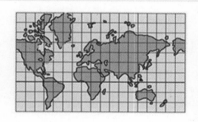

메르카토르 도법의 지도

어지며, 이들은 조직 내에서 명령−통제에 의해 조정된다.

이렇게 시장 거래, 명령−통제, 상호 호혜적 협력이라는 3대 조정 메커니즘이 입체적으로 재구성된 것이 기업조직이라고 할 수 있다.

존재하지 않던 시장을 창조하고
획기적 이윤을 얻다

혁신을 위한 프로젝트에 역량과 자원이 동원되는 것은 이윤이 이들을 끌어당기는 구심점 역할을 하기 때문이다. 너무도 당연한 얘기지만, 이윤은 원가보다 산출물의 가격이 높을 때 나타난다. 애덤 스미스가 분업을 중시한 것은 분업이 생산단위당 원가를 획기적으로 저하시킬 수 있기 때문이다. 그런데 원가가 낮아진 원인보다 더 중요한 것은 원가 저하가 가져온 결과이다. 앞에서 상업혁명은 범위상으로는 지구를 한 바퀴 돌았지만 자국의 내수시장, 일반 서민의 가정으로는 뚫고 들어가지 못했다고 말한 바 있다. 현재 저개발 지역의 최빈곤층에 해당하던 당시 유럽 서민의 구매력으로는 살 수 있는 것이 거의 없었다. 그러나 면직 등 소비재 산업에서 일어난 혁신이 가격을 낮춤으로써 구매력과 만나자마자, 마치 불어난 물이 제방을 넘어 대지에 범람하듯 소비 시장이 열렸다.

이러한 대규모 시장 수요는 막대한 매출의 가능성을 열었으며 이것은 기계화와 분업의 고도화를 더욱 촉진해 원가 하락과 시장 확대의 선순환이 상호 증폭할 수 있는 계기를 만들었다. 기업 이윤이 조금 더 늘어났거나 수요가 조금 더 확대된 것이 아니라, 비시장경제에 시장이 태어나고, 이것이 다양한 업종으로 확대되면서 근대 시장경제로 나아가는 방아쇠가 당겨진 것이다.

원가 절감은 시장 창조의 기폭제이다. 중요한 것은 원가를 절감하면 수요가 폭증할 것이라는 직관이다. 아무 상품이나 원가를 낮춘다고 시장이 폭발적으로 생겨나지는 않는다. 엄청난 효율 향상을 가져온 발명품이 사장된 예는 대단히 많다. 이런 면에서 의류 시장은 산업혁명의 역사 전체를 촉발시킨 시장경제의 뇌관이었다. 값싸고 위생적인 의류에 대한 수요는 지표면 바로 밑까지 도달하여 꿈틀대는 용암이었던 것이다. 문제는 그 진동을 느낄 수 있는가였다. 지금에 와서 보면 너무나 자명한 트렌드이지만 당시에는 감지하기 쉬운 일이 아니었다.[26] 모직과 견직이 지배하고 있던 영국 의류 시장은 면직물을 절실하게 요구하고 있었고, 그 조짐은 동양으로부터의 수입 증가에 의해 드러나고 있었다.

—— 인도 사라사는 하나의 산업으로 발전하기도 전에 유행 패션과 수입 물량, 그리고 맨체스터 지역에서 처음으로 출현한 모방제품만으로 모직과 견직 사업에 심각한 타격을 주었다. 그와 같은 부작용은 1700년에 이르러 인도, 페르시아, 중국산 채색 편직물의 수입 자체를 금지하는 보호주의 법률이 나올 정도로 큰 것이었다. […] 1719년에는 계속된 실업에 격분한 모직 공장 직공들이 길거리로 뛰쳐나와, 인도 사라사 드레스를 입고 지나가던 여인네들을 공격한 사건까지 발생했다.[27]

산업혁명기 이후의 모든 발명품은, 전통사회에서는 아예 상상도 못했거나 귀족들의 사치품으로 간주하던 것들이다. 대부분 서민은 오랫동안 그것 없이 잘 살아왔다. 전통적 삶으로부터 사람들을 시장으로 불러내는 데 성공한 요인은 무엇일까? 그것은 사람들의 잠재적 수요를 꿰뚫어 보는 직관이다. 없을 때는 상상조차 못했지만, 한번 써보고 나니 그것 없이 살 수 없게 되는 "킬러" 아이템을 찾아야 한다. 신상품은 잠재적 수요를 끌어내고, 그에 기반하여 새로운 라이프 스타일을 창조한다. 이 새로운 라이프 스타일 위에서 신상품은 새로운 필수품이 된다. 시장의 창조는 바로 이러한 수요의 발굴이다.

획기적인 원가 절감, 신항로와 같은 시장 접근성의 확보, 알려지지 않았던 신상품의 도입, 이 모든 것은 잠재적 니즈의 현실화이며, 이러한 혁신은 사람의 기호와 주변 환경 등에 대한 깊은 이해를 요구한다. 물론 콜럼버스가 남미에서 담배를 가져올 때 이것이 역사상 최대의 히트 상품이 될 것을 예견하기는 어려웠을 것이다.[28] 합리적으로 설명할 수 없는 직관, 거기에 더하여 운도 따라야 한다.

존 메이너드 케인스(John Maynard Keynes)는 이미 《고용, 이자 및 화폐의 일반이론》에서 과감하고 모험적인 투자를 위해서는 합리적 계산보다는 동물적 감각(animal spirit)이 필요하다고 언급한 바 있다.

—— 장래의 긴 세월에 걸쳐 그 완전한 결과가 나오는 어떤 적극적인 일을 행하고자 하는 우리의 결의의 대부분은, 추측건대, 오직 야성적 혈기(animal spirit)— 불활동보다는 오히려 활동을 하려는 자생적인 충동—의 결과로 이루어질 수 있을 뿐이며, 수량적인 이익에 확률을 곱하여 얻은 가중평균의 소산으로 이루어지는 것은 아니다.[29]

이윤은 투자한 돈 대비 벌어들인 돈과의 양적 관계를 나타내는 표현에 불과하다. 그러나 이윤을 창출하기 위해서는 인간과 세상을 이해하고 그 내면을 통찰해야 한다. 즉, 이윤은 사람들의 희망과 꿈이라는 정성적인 것들의 기호이기도 한 것이다. 이 기호를 알아보고 시장을 균형 상태로 복원하도록 뛰는 존재가 바로 안트러프러너이다. 안트러프러너가 숨어 있는 사람들의 잠재 니즈를 적중시키면 새로운 시장이 출현한다. 이는 오직 시도함으로써만 확인할 수 있으며 사전적으로 아무리 정교한 계산을 해도 정확한 예측을 할 수는 없다.

시장이 기존의 상품, 기존의 참여자들에 의해서 고정된 세계라면, 아무런 불확실성도, 아무런 이야기도 없는 매일 반복되는 일상 세계가 될 것이며, 여기서는 기업이라는 조직이 존재할 필요가 없다. 이윤은 시장을 창조한 것에 대한 보상이며, 기존 시장에서의 일상적 영업이 은행 이자 이상을 벌어들일 수 없는 것은 당연하다.

시장 생태계의
역동적 균형 유지

기업과 시장은 복잡 미묘한 관계를 맺고 있다. 기업은 시장을 견인하는 측면이 있는가 하면 대체하는 측면도 있다. 기업의 근본적 혁신을 통해 새로운 시장이 급성장하면, 이 과정에서 다양한 거래 관계가 나타나고 시장의 간극이 발생한다. 시장의 범위가 급격히 팽창하므로 끊어지는 부분이 나타나는 것이다. 이 경우 기업은 모든 부문에서 시장이 성숙하기를 기다릴 수는 없으므로 간극 부위를 조직화한다. 기업은 시장의 취약한 부분을 대체함으로써 시장을 보완한 셈이다.

오스트리아 학파의 경제학자 이즈리얼 커즈너(Israel Kirzner)는 시장에서 안트러프러너십이 혁신을 추구하는 역할 외에 시장 균형 조정의 역할을 담당한다고 한다. 그에 따르면 안트러프러너란 이익 기회에 기민하게 반응하는 존재인데, 이익 기회란 바로 시장의 불균형에서 나온다. 즉, 시장이 완벽하게 작동하여 모든 것이 균형 상태에 있다면 안트러프러너란 존재할 수 없다는 것이다. 시장의 도처에서 일어나는 불균형의 조짐, 안트러프러너는 그것을 감지하는 주체이다. 그것을 커즈너는 '민감함' 또는 '깨어 있음(alertness)'이라고 표현한다. 무엇에 대해서 민감하다는 것인가? 그것은 차익 거래(arbitrage)의 기회이다.[30]

시장이 불완전할 때 수급의 불일치로 인해 가격은 균형 상태를 이탈한다. 예를 들어, 지리상 발견 당시 후추와 같은 향신료는 아시아에서는 저가였지만 유럽에서는 그야말로 금값이었다. 당시의 유통 환경을 감안하더라도 너무 높은 가격이었다.[31] 그 원인은 향신료가 이동해오는 경로에 오스만 제국이 있었기 때문이다. 아시아에서 유럽으로 오는 새로운 경로를 찾아내기 위해 바스코 다 가마(Vasco da Gama)는 희망봉을 우회하는 신항로를 만들어냈다. 기업가정신이란, 바로 오스만이란 장애물로 인한 불균형을, 새로운 항로를 개척하기 위한 기회로 인식하는 것이다. 너무 높아서 부당하다고 여겨진 오스만의 통행료가 오히려 신항로 개척을 경제성 있는 프로젝트로 만들었던 것이다.

차익 거래를 중시하는 커즈너의 혁신 이론은 우리에게 잘 알려진 슘페터적 혁신 개념과는 다소 차이가 있다. 슘페터의 혁신은 '창조적 파괴'

라는 말에서 드러나듯이 기존의 질서, 균형을 깨뜨리는 측면을 강조했다. 그러나 커즈너는 안트러프러너의 출발점이 균형이 아니라 불균형이라고 말한다. 기존의 시장경제는 완전정보, 완전경쟁이 구현된 교과서적 모델이 아니라, 오히려 수많은 지리적, 제도적, 심리적 장벽으로 끊어지고 막혀 있는 불균형 상태에 놓여 있다. 이러한 불균형으로부터 차익 거래의 기회를 발견하고 신시장 창출을 통해 균형으로 이전시키는 주역이 기업이라고 할 수 있다. 혁신이 하나의 균형에서 다른 균형으로의 이행이라고 할 때, 슘페터는 이전 체제의 균형을, 커즈너는 변동한 이후 체제의 균형을 강조한 것으로 볼 수 있을 것이다.

구체적 지식의 승리:
혁신을 삶의 현장 곳곳으로 전파하다

지금까지 시장경제의 주역, 즉 개척자이자 건축가로서 기업의 등장을 살펴보았다. 비버가 댐을 만들고 거미가 거미줄을 치듯 기업은 시장경제를 만들어간다. 기업은 그 스스로는 시장 거래를 대체하는 위계적 조직이면서 어떻게 외부로는 시장을 창출하는 모순된 역할을 수행할 수 있을까? 기업이라는 메커니즘 내부에 어떠한 화학적 변용이 일어나고 있는 것일까?

이미 여러 번 이야기했지만, 원활하게 기능하고 있는 기존의 협력 체제는 사실 혁신의 장애물이다. 혁신을 구상하고 계획하는 것은 소수라도 할 수 있지만, 구상을 현실로 옮기려면 기존의 협력 체제를 파괴할 수 있

※ 맥스웰의 도깨비, 왈라스의 경매인 그리고 기업

열역학 제2법칙을 조롱하는 맥스웰의 도깨비

물리학에 따르면 세상은 점점 더 무질서하고 혼잡해진다. 이것을 열역학 제2법칙이라고 한다. 무질서한 평형 상태에서 질서 있는 조직으로 가는 것은 이 법칙을 거스르는 것으로 외부에서 에너지가 공급되어야만 한다.

스코틀랜드의 물리학자 제임스 클러크 맥스웰(James Clerk Maxwell)은 1867년 열역학 법칙이 위배되는 경우를 상상 속에서 구현해보았다. 유리 상자 안에 들어 있는 물의 온도는 항상 똑같다. 즉, 찬물과 더운물을 섞어도 물은 곧 같은 온도가 될 것이다(이는 상식에도 부합하고 열역학 법칙에도 맞다). 그런데 어떤 존재, 예를 들어 맥스웰의 도깨비(Maxwell's Demon)가 있어서 모든 분자의 움직임을 전부 보고 있다고 하자. 도깨비는 물을 칸막이로 나누고, 칸막이 가운데 문을 달아 분자들의 운동을 통제한다. 분자 중 느린 것은 A로, 빠른 것은 B로 보낼 수 있다면 한쪽은 끓으면서 다른 쪽은 차가운 물을 만들 수 있을 것이다. 즉 열역학 법

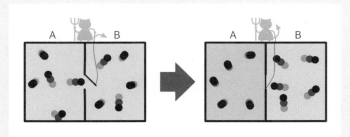

맥스웰의 도깨비

칙이 깨지는 경우를 적어도 머릿속으로 상상할 수 있다. 이것은 완전한 무질서에서 어떤 질서 유지 역할을 하는 존재의 활약으로 질서가 생겨 날 가능성을 보여준다.

그러나 이 도깨비는 무얼 먹고 사는가? 이후의 학자들이 도깨비가 활동하는 데 에너지가 소요되고 이것이 결국 무질서를 증가시킨다는 점을 지적하였다. 속도에 따라 분자들을 구분해야 하는데 그러기 위해서는 속도를 측정하는 수단이 필요하고, 측정 과정에서 에너지가 소모되는 것이다.[32]

시장의 균형 관리자, 왈라스의 경매인

이것을 시장 모델에도 적용할 수 있다. 아무런 간섭도 받지 않는 시장은 균형 상태에 도달할 수 없다. 미시경제학의 균형 이론은 맥스웰의 도깨비를 연상시키는 '왈라스(Walras)의 경매인'의 존재를 전제한다. 경매인은 엄청난 일을 한다. 그가 일하는 방식은 다음과 같다. 그는 경제 전체에 존재하는 모든 상품의 가격을 일단 고시하고 전체 시장 거래자의 의사를 취합한다. 즉, 제시된 가격에 대해서 얼마만큼 구매 또는 판매할 것인지 그 양을 취합한다. 그렇게 해서 모든 시장의 수급이 일치한다면 1회로 종료가 되겠지만, 어긋날 경우 경매인은 초과 수요 상품의 가격은 내리고 초과 공급 상품의 가격은 올리는 방식으로 가격을 수정하여 재고시한다. 그리고 그는 다시 수급 의사를 취합한다. 이렇게 진행해서 모든 시장의 수급이 일치할 때까지 반복하는 것이다. 이때 중요한 것은 최종 균형 가격이 고시될 때까지는 아무도 불균형 가격 상태에서 거래를 체결해서는 안 된다는 것이다. 왈라스의 경매인은 분자들을 속도별로 분류하는 맥스웰의 도깨비 이상의 능력자임이 분명하다. 모든 수급 데이터를 취합할뿐더러(이것은 오늘날의 IT 기술이라면 어려울 것이 없는 일일지도 모른다) 사람들의 거래를 정지시킬 수 있기 때문이다.[33] 맥스웰의 도깨비가 에너지 문제로 비판을 받았듯이 왈라스의 경매인 역시 경매인은 어떤 이익을 위해서 이러한 일을 하는가, 그리고 이런 일을 하기 위한 비용을 어디서 조달하는가 하는 반문에 부딪혔다. 주류 경제학은 이런 비판에 대해서는 크게 개의치 않는 듯하다. 이론이 성립하려면 어느 정도의 가정은 불가피하다는 것이다.

현실 속의 균형 관리자, 기업

그러나 경매인의 가정에 불만을 품고 대안을 모색하는 시도가 없지는 않았다. 특히 경매인이 없지만, 본인의 이익을 추구하는 중간상이 존재할 때 시장 균형이 형성될 수 있음을 보여주는 연구가 나오기도 했다.[34] 커즈너 등 오스트리아 학파의 기업 이론은 중간상보다 기업이 균형 관리자의 역할을 한다고 본다. 기업은 시장의 불균형이 존재할 때 차익 거래의 기회를 포착하고 불균형을 지속시키는 장애물을 하나의 사업기회로 인식한다. 기업의 신사업이 출범하면서 기존의 불균형은 새로운 균형을 향해 이동한다.

보이지도 않고, 먹지도 입지도 않으면서 무보수로 시장의 원활한 작동을 위해 그야말로 도깨비처럼 활약하는 균형 관리자는 현실 속에 존재하지 않는다. 그렇다면 시장경제는 어떻게 유지되는가? 차익 거래를 추구하는 기업이 바로 그 역할을 하고 있을 가능성이 있다. 기업은 시장을 창조할 뿐만 아니라 균형 유지를 위한 역할까지 수행한다는 해석이 가능하다. 기업의 동기는 명확하고 기업이 동원하는 자원은 모두 경제성 있는 수익 모델에 입각하고 있다. 과연 시장 균형 모델에 기업의 역할이 명시적으로 반영될 수 있을 것인가에 대해서는 조금 더 이론적인 분석이 필요하겠지만, 직관적으로 충분히 의미 있는 해석이라고 생각된다.

을 정도의 추진력, 즉 에너지가 필요하다.

고대국가는 전쟁을 통해 권력을 확보하고, 복속민들에게 역할을 강제하는 방식으로 혁신을 달성했다. 이것이 물리적 폭력이라 해도, 앞서 언급했듯이 국가 권력은 조직폭력배의 힘과는 근본적으로 다르다. 국가는 공공재를 운영함으로써 국민에게 주는 부담 이상의 혜택을 전 국민에게 베푼다. 파라오는 태양력과 나일 강 관개시설을 통해 농업 생산성을 좌우할 수 있는 실제적 지식을 가지고 있었으며, 권력의 근원은 사원이나 군대 못지않게 이러한 지식의 집중에 있었다. 즉, 고대의 농업 혁신에서는 혁신의 대상, 그리고 혁신을 하기 위한 결정적 정보의 원천이 실제 농업 현장 개개의 특성보다는 이들을 둘러싼 보편적 환경에 있었다고 볼 수 있다.[35] 그러나 산업혁명기의 개별 산업과 시장 혁신을 위한 정보는 제각기 달랐으며, 그 정보는 현장에 몰입하지 않는 한 획득하기 어려운 것이었다. 이제 혁신은 분산화될 필요가 있었다.

고대국가의 엘리트는 보편적 인프라를 통해 모든 농민에게 혜택을 줄 방법을 고민했다. 굳이 농민 간 경쟁을 조장하여 생산성을 올릴 필요가 없었다.[36] 반면, 산업혁명기에는 공공재 혁신보다 개별 산업, 현장의 정보가 더욱 큰 의미를 띠게 되어, 국가가 방적기, 방직기, 증기기관, 염색

공법, 야금술 등 산업마다 다른 수많은 혁신에 대한 정보를 총괄 관리할 능력이 없었으며 그럴 필요도 없었다.[37]

혁신의 규모가 작아지고 그 무대가 현장으로 하향 이동했다고 해서, 혁신이 가져오는 혼란과 불확실성까지 축소된 것은 아니었다. 산업혁명 제1세대라고 할 수 있는 면직공업의 선구적 안트러프러너 중에 기존 산업 종사자로부터 협박, 린치, 법적 소송 등으로 괴로움을 당하지 않은 사람은 없었다고 해도 좋을 정도이다. 물론 후일 산업이 발전하면서 어려움을 이기고 사업에 성공한 사람도 있고, 발명에 대한 기여 인정으로 국가로부터 보상을 받기도 했지만,[38] 사업상의 실패나 주변의 압력으로 어려움을 겪은 경우가 더 많았다.

드물기는 해도, 근대 이전에는 생산 과정의 혁신에조차 공권력이 개입했다.[39] 사적으로 시도한 혁신을 공익에 대한 침해, 즉 범죄로 여겨 처단하기도 했다. 기계의 발명자가 일자리를 잃은 분노한 군중의 사적 테러가 아니라 공권력에 의해 처단되었다는 것은 지금으로서는 놀라운 일이다.[40]

산업혁명기 초기에 초보적 기계를 사용하는 몇십 또는 몇백 명 규모의 공장을 운영한 것이 피라미드나 만리장성을 건설하는 프로젝트와 비교하면 왜소해 보일지 모르나, 개인으로서는 상당한 자원과 리스크를 감당해야 하는 일이었다. 국가는 군대 등 물리력을 동원해 기존 공동체를 국가에 편입시켰다. 초기 안트러프러너들은 이러한 공권력 없이 자신의 계획에 동참하도록 참여를 유인할 방법이 필요했다. 그것이 바로 이윤, 즉 사적 이익이었다.

시장경제가 형성되면서 일반 소비재가 시장 영역으로 흡수되고 혁신의 대상이 인간의 삶 전체로 확대되면서, 무제한이라고 해도 좋을 정도로 수많은 혁신의 성과들이 나타나기 시작했다. 내연기관, 전신, 강철 케이블, 현수교, 고무, 공기 타이어, 낙하산, 냉장법, 다이너마이트, 마이크로폰, 마천루, 마취제, 볼 베어링, 석유 시추, 성냥, 아스팔트 포장, 알루미늄, 엘리베이터, 연발 권총, 은판사진법, 자동차, 자전거, 재봉틀, 발전기, 전등, 전화, 점자, 증기기관차, 축음기, 축전지, 타자기, 통조림, 저온 살균법, 하다못해 식용 얼음, 연유 등등……[41] 열거하자면 끝이 없을 것이다. 이 모두는 안트러프러너의 상상력이 실현된 것들로서 대부분 기업을 통해 상품화되고 새로운 시장의 창출로 이어졌다. 안트러프러너가 된 발명가들이 인류에 기여한다는 고상한 목적을 생각했는지는 확실하지 않으나, 이익을 1차적 목표로 삼았던 것은 분명하다. 그리고 사업에 필요한 자금, 기술, 인력 등 필요한 자원을 공급한 사람들도 마찬가지였다.

혁신은 불확실성을 조장하는 행위이며, 모두에게 환영받는 일은 아니다. 이러한 관성과 반발을 극복하려면 힘이 필요한데 기업은 공권력을 동원할 수 없다. 소련 등의 사회주의 국가는 과거 국가의 전례를 따라 산업화를 정부 주도로 추진하려 하였다. 사회주의 정부는 파라오나 중국의 황제가 농업 인프라를 지도하듯 제조업과 시장을 지도하려 했으나 지속 불가능한 도전이었다. 수요와 공급은 나일 강의 수위처럼 자연법칙에 의해 예측할 수 있는 대상이 아니었고 조세와 부역에 의한 동원으로는 혁신의 열정을 이끌어낼 수 없었다. 가장 효율적인 대안은 이윤 기회를 찾아 곳곳에서 각개전투로 혁신을 시도하는 안트러프러너들을 동원하는 자본주의 시스템이었다. 혁신은 이제 공적 영역만이 아니라 민간 주체들의 사적 경제활동의 영역으로 확장된 것이다.[42]

일상 세계의 시장화란 인간에게 필요한 모든 소비 영역 하나하나, 더 나아가 생산의 기술 영역까지 혁신의 물결이 밀어닥치는 것을 의미한다. 보편적 지식이 모든 것을 설명하는 시대가 아니라, 각각의 영역에서 따로따로 힘들게 지식이 축적되고 체계화되어야 했다. 이런 상황은 꽃마다 미량의 꿀을 채취해야 하는 꿀벌 사회의 모습과 유사하다. 국가가 주도하는 혁신 체제를 한 마리 고등동물의 활동이라고 한다면, 근대 시장경제 기업들이 주도하는 체제는 꿀벌 사회의 채밀 활동에 비유할 수 있을 것이다. 여왕벌은 일벌들의 작업에 간섭하지 않는다.

이렇게 혁신이 구체적인 현장의 문제가 됨에 따라 지식을 다루는 태도가 전반적으로 바뀌게 되었다. 하나의 근본 원리로부터 논리적으로 모든 개별 지식을 도출하는 연역적 방법에서, 구체적인 지식을 축적하여 보편 원리를 도출하는 귀납적 방법이 더 의미 있는 것으로 인정되기 시작했다. 프랜시스 베이컨(Francis Bacon)은 스스로 아리스토텔레스의 저술과 대조되는 《새로운 기관(Novum Organum)》이라는 책을 통해 귀납의 원리를 새 시대의 지식 방법론으로 선언하였다.

이러한 귀납의 강조는 신이나 윤리와 같은 보편적 지식보다 국지적 지식을 강조하는 분위기와 병행하였으며, 특히 생산 현장의 목소리, 즉 장인이나 상인의 발언권을 강화하는 결과를 초래했다. 이것은 유럽에서 인쇄술의 발달과 함께 일어났던, 즉 라틴어가 아닌 각국의 민족어 곧 속어로 책을 쓰고 사상을 발표하는 경향과도 연결된다. 당시의 지식인들은 라틴어 저술을 고집했지만, 현실적 산업에 종사하던 사람들은 민중이 바로 읽을 수 있는 각 나라의 말로 현장에서 얻은 지식을 책으로 펴냈다.

더욱 중요한 것은 '과학혁명'을 주도한 세력이 성직자, 철학자와 같은

※ 분산된 혁신과 꿀벌 사회의 비유

앞에서 꿀벌 사회를 유기체, 즉 한 마리의 포유류 동물과 비교한 바 있다. 꿀벌이 하나의 고등동물로 합체하지 않은 것은, 꿀이 꽃잎마다 미량으로 분산되어 있기 때문이다. 이 상황은 산업혁명기의 혁신에 비유할 수 있다. 큰 하천에 대규모 관개시설을 건설하는 국가는 한 마리의 동물과도 같다. 마치 사자가 대형동물을 사냥하여 대량의 고기를 얻듯이, 조직된 국가는 대규모의 혁신으로 일시에 획기적으로 생산성을 높인다.

그러나 모든 산업 분야마다 각자 나름대로 혁신해야 하는 산업혁명 시대에, 국가가 이를 주도하는 것은 대형동물, 예를 들면 들소가 꽃잎 하나하나를 찾아다니며 몇 밀리그램의 꿀을 핥아 먹는 것과 같다. 혁신 주체는 이제 국가가 아니라, 수많은 안트러프러너로 해체하여 업종별로 흩어질 수밖에 없다. 꽃들을 찾아 흩어지는 꿀벌과 같은 모습이다.

그런데 혁신 주체들이 뿔뿔이 흩어져 독립 개체가 되어버린다면 그 또한 의미가 없다. 꿀벌은 공동거주, 공동육아, 먹이 저장 등으로 기반이 되는 플랫폼에서 규모의 경제를 구현한다. 이와 마찬가지로 흩어진 혁신 기업들도 혁신의 성과를 하나의 국민경제 단위로 모아야 한다. 각각 혁신하여 자급자족할 수는 없다. 혁신의 결과 이들은 특정 품목에 전념함으로써 자신들이 필요로 하는 다른 많은 생필품의 생산능력은 상실했기 때문이다. 혁신의 성과들이 다시 모이고 배분되어 온전한 삶이 가능해지는 연결의 통로, 플랫폼이 바로 전체 경제를 포괄하는 시장 네트워크이다. 상호 교환을 통해서만 가치를 실현할 수 있는 시장은 뿔뿔이 흩어진 혁신 기업을 회귀하게 만들 둥지의 역할을 수행한다.

전통적 지식인이 아니고 바로 이 실무적 직업에 종사하는, 속어로 된 글을 쓰고 읽는 사람들이었다는 사실이다.

___ 엘리자베스 1세 시대의 과학은 학자들의 일이 아니라 오로지 상인과 장인의 일이었다. 그것도 옥스퍼드나 케임브리지에서가 아니라 런던의 저잣거리에서, 게다가 라틴어도 아닌 속어를 사용해 행해졌다.[43]

이러한 현장 지식에 바탕을 둔 귀납의 방법론은 향후 점점 더 심화하면서 현재의 과학 시대로 이어지게 된다. 그리고 그 과정 중에는 과학적 발견의 결과를 현실의 변화, 그리고 더 나아가 시장의 창출로 연결하려는 기업이 중요한 매개 역할을 하게 된다. 과학이 산업을 창조했다든지, 기업이 과학을 창조했다든지 하는 단순한 판단은 사실과 부합하지 않는다. 그러나 개개 대상에 대한 지식을 통해서 세상을 이해하려는 노력이 인간의 정신을 일깨웠을 때, 마침 비슷한 시기에 세상을 바꾸려는 혁신의 주역이 국가나 공적인 주체에서, 이윤을 추구하는 사적인 주체로 바뀌고 있었다. 이것이 우연한 결과일 수 있으나 결국에는 서로를 강화하는 2가지 움직임으로 점점 더 강하게 연결된다.

이윤 추구의 사회적 영향 :
사리와 공익

기업은 사적 이익을 추구하면서 결과적으로 시장경제라는 생태계에서 건설자 그리고 조정자 역할까지 하게 된다. 그러나 이것은 기업이 의도한 바가 아니라 어디까지나 이윤 추구 과정에서 파생된 효과이다. 비버가 건설한 댐이 습지를 만들어 영양분을 숲에 머물게 하는 것이 비버의 이타심 때문이 아닌 것과 같다.[44] 그러므로 그 행동은 솔직한 동기이자, 지속가능하고 신뢰할 수 있는 인센티브이다.

현대사회에서 기업은 경쟁의 아이콘이라고 해도 좋을 정도로, 경쟁의 주역이다. 기업은 같은 업종은 물론 타 업종 기업 간에, 심지어 협력업체와, 어떤 의미에서는 고객과도 경쟁하고 있다. 더 높은 가격으로 팔려고 하고 더 낮은 가격으로 사려고 한다는 점에서 기업은 모든 이해관계자와 힘겨루기를 한다.[45] 기업의 이익과 공공의 복리가 긴장 관계에 있다는 것은 부인할 수 없는 사실이다.

기업이 공공의 복리를 훼손하는 경우로서 비판의 대상이 되는 가장 중요한 행위는 독점이다. 그런데 독점은 기업이 이윤을 확보할 수 있는 가장 유력한 수단이다. 기업의 경쟁은 어떻게 보면 시장에서 독점적 지위를 얻고자 하는 것이다. 그렇다면 이러한 이윤 추구가 어떻게 전체 생태계의 이익에 도움이 되는가.

여기서도 시간과 변화라는 관점에서 상황을 보는 것이 중요하다. 만약 일반 균형이 상정하는 것과 같은 불확실성과 변화가 없는 시장에서라면 기업의 성장은 독점과 시장지배력의 강화로 이어지고 이는 공공의 복리를 훼손한다.

이에 반해 혁신적 기업이 창의적 구상을 통해 새롭게 창출한 시장에서는 신대륙을 발견한 경우와 마찬가지로 경쟁자가 없으며, 따라서 당분간 독점 상태가 유지된다. 스스로 장벽을 열고 나가 선점 효과로 신시장에서 얻는 이윤은 형식적으로는 독점의 결과이지만 경제적으로 효율적일 수 있다. 이즈리얼 커즈너의 해석에 따르면 오히려 이것은 더욱 심한 불균형의 존재로부터 얻어진 것이며 여기서 혁신 기업은 시장을 균형에 가깝게 이전시키는 역할을 한다.

또한 이러한 일시적 독점은 이후 추종자들을 불러들임으로써 점차 독점이 완화되고 혁신의 성과가 사회로 확산되는 계기를 마련한다. 최초의 근본적 혁신이 소수 선구적 소비자(early adopter)들에게 비싼 가격으로 마니아적 기쁨을 제공한다면, 점차 후발자들이 시장에 진입하면서(급성장하는 시장이기 때문에 장벽이 없다.) 가격이 인하되고 소비자의 저변이 확대되어가는 것이다. 즉, 비효율적 독점이 시장 균형을 가로막고 독점 기업에 편파적인 이익을 가져다주지만, 혁신에 의해 창조된 일시적 독점은 장기적으로 모두에게 이익을 주며, 과거에 고착된 불균형을 깨뜨리고 역시 장기적으로 시장의 균형을 회복하는 역할을 한다.

기업의 이윤 추구는 특정 상품이나 서비스를 제공한 결과로서 그 상품이 미치는 장기적 효과에 대한 책임을 수반한다. 그러나 처음 시도하는 단계에서 궁극적인 이로움과 해로움을 판단하라고 요구하기는 어렵다. 단기적 이익의 기회가 보이면 기업가는 단행하며, 그것이 진행되는 추이에 따라 문제점을 개선해가는 것이 불가피하다. 200년 뒤 폐암 등 인류 건강의 문제를 고려하여 담배를 유럽에 가져올 것인가를 결정했어야 한다고 콜럼버스에게 요구하는 것은 무리다.

이와 비슷한 이슈가 근대화 시절 고용 시장에서도 일어났다. 근대화가 본격화되면서 기업은 가장 두드러진 고용자로서 부상한다. 산업 발전 초기에 지역 노동 시장 간에는 커다란 불균형이 발생하며 기업은 적극적인 인력 고용을 통해 농촌 인력을 도시로 이주시켰다. 산업화가 진전되는 시기, 도시에는 구매력, 자금 및 정보가 풍부한 반면 시골에는 농업 생산성 증대로 유휴 인력이 늘어난다. 기업은 투자를 통해 고용기회를 창출함으로써 도시의 유휴 자금과 농촌의 유휴 인력 간의 가교 역할을 한 것이다. 지역 간 불균형을 해소한다는 점에서 이것은 바람직한 일이지만, 도시로 이주한 노동자의 삶이 산업화 이전의 전원적 농촌생활에 비해 크게 악화되었다는 비난이 일어났다.

산업혁명기 노동자들의 비참한 삶에 대해서는 프리드리히 엥겔스(Friedrich Engels)의 유명한《영국 노동자계급의 상태》나 칼 마르크스의《자본론》등 수많은 저작이 역사에 남을 신랄한 고발을 남기고 있다. 이들은 단순히 위생, 영양, 건강 등의 주거 환경만의 문제가 아니라 일 자체가 전통적 직업보다 더 고통스러워졌을 뿐 아니라 더욱 단조롭고 무의미해졌다는 본질적인 이슈를 제기하고 있다.[66] 이들의 고발이 당시로서는 준엄하였다고 해도, 자본주의의 발달과 함께 전반적으로 노동자들의 삶도 향상되었다는 것을 많은 연구자들이 지적하고 있다. 또한 근대적 공장이 기존 길드나 매뉴팩처에 존재하던 숙련을 파괴하였다는 데 대해서도 여러 가지 논의들이 있어 간단하게 단정짓기는 쉽지 않다.

기업이 고용을 통해서 근로자들의 삶에 어떤 변화를 가져올 수 있는가를 살펴볼 수 있는 좋은 사례가 있다. 미국 산업혁명 초기 프랜시스 로웰(Francis C. Lowell)은 영국의 방적기술을 미국에 가져와 매사추세츠 주에 공장을 세웠다. 당시로서는 파격적인 신기술을 적용한 직물 공장으로서 여기서 일할 적절한 노동력이 필요했다. 때마침 가부장적인 아버지 또는 남편으로부터 독립을 원하는 젊은 미국 여성들이 대거 채용되었다. 물론

※ 로웰 걸스

동경의 대상으로 그려진 로웰 걸스에 대해서는 일부 논란이 있다. 당시의 지식인이었던 오레스테스 브라운슨(Orestes Brownson)은 널리 알려진 이미지와 달리 그들의 삶이 비참했다고 다음과 같이 고발하였다.

"로웰에 정착한 여성들의 평균적인 생활은 3년가량에 불과했다. 그리고 그녀들은 어떻게 되었는가? 그들 중 거의 대부분이 결혼하지 못했으며 고향에 돌아간 수는 더욱 적었다. 한 여성이 공장에서 일했다는 것은, 덕을 지닌 존경받을 만한 여성에게는 오명이 될 뿐이다."

로웰에서의 작업이 단조롭고 혹독한 노동이었다는 비판 역시 존재하며, 공장 여성들이 미국 노동운동에 적극적으로 참여한 것도 사실이다. 그러나 당시의 평균 수준에 비해 이곳의 노동 강도가 더 가혹했거나 노동운동 참여가 더 높았던 것은 아니다.

1840년, 최초의 회사 정기간행물이라고 할 《로웰 오퍼링(*Lowell Offering*)》이 발간되었는데, 이는 로웰 여직원들이 직접 시와 수필을 써

《로웰 오퍼링》 표지

루시 라콤

서 월간지로 묶어낸 것이었다.

로웰 걸스 출신으로 후일 저명한 시인이 된 루시 라콤(Lucy Larcom)은 시인다운 기품을 가지고 다음과 같이 말하고 있다.

"공장 여직공이라는 것이 구세계에서 결코 높은 지위를 가리키지 않는다는 것을 모두 알았지만, 로웰의 여성들은 스스로 '공장의 숙녀'로 알려지는 것을 꺼리지 않았다. 그들은 스스로 구세계를 버리고 새로운 세계에 소속되기를 원했고 자신만의 전통을 만들어갔다."[47]

이들은 남성 노동자보다 훨씬 저렴한 임금을 받았으나 로웰은 이 여성들이 진정으로 원하는 것이 경제적·사회적 독립이라는 점을 깨닫고 "젊은 여성을 보호함과 동시에 그들이 농촌의 완고한 부모의 권위로부터 지적으로 독립하는 데 도움이 되는 사교적 환경"을 작업장에 조성하고자 하였다. 직업을 갖게 되고 뚜렷한 정체성도 지니게 된 이 여직원들은 "로웰 걸스(Lowell girls)"라고 불렸다.[48]

로웰 공장의 젊은 여성 중에서는 이후 추가적 학업의 기회를 누린 경우가 많았다. 이들은 활기차고 지적인 노동계급 문화를 만들어갔다. 회사 내에서도 많은 교육의 기회가 제공되었으며 지역사회에서도 대중 강의 등 다양한 프로그램이 제공되었다. 회사는 이들을 "지성미 넘치는 공장 숙녀(literary mill girls)"로 대외적으로 홍보하였으며 이는 로웰의 방문객들에게 강한 인상을 주었다.

로웰 공장의 생활이 노동자 천국과는 거리가 멀었고, 여기서도 대규모의 파업과 노동운동이 일어났다는 것은 엄연한 사실이지만, 이곳에서의 근로가 미국 여성의 사회적 자각, 그리고 내면적 성찰에 중요한 계기가 되었다는 것은 부인할 수 없는 사실이다. 로웰이 이윤추구를 위한 값싼 노동력의 원천으로서 여성을 채용했다고 비난할 수는 있겠지만, 그 사실과 함께 그 이후의 현대사에서 여성의 발전에 미친 역사적 영향을 함께 고려해야 할 필요성마저 부정할 수는 없을 것이다.

조직과 시장의 경계선 긋기:
밀물과 썰물

기업의 경계는 곧 조직과 시장의 영역을 가르는 '투과막(filtering membrane)'과 같다. 기업의 내부에는 명령—통제 체제인 위계 조직이 있고 밖에는 시장이 있다. 이 투과막을 통해 조직과 시장은 끊임없이 정보, 자원, 역량을 교환한다. 동시에 이 경계선의 위치 역시 끊임없이 변화한다. 앞에서도 일부 설명했지만, 이 장에서 기업과 시장의 경계선이 어디에서 결정되는지 그 요인을 보다 상세하게 생각해보기로 하자.

로널드 코스는 일찌감치 조직과 시장의 경계를 정하는 원리를 설파한바 있다. 그 기준은 거래비용으로, 거래비용이 많이 들면 조직이, 적게들면 시장이 사용된다는 것이다. 조직과 시장을 동일한 목적을 위한 2가지 경쟁적 대안으로 보는 관점이다. 그러나 시장경제의 형성 과정을 살펴보면서 우리는 시장과 조직이 의외로 상당히 보완적이라는 사실도 확인하였다.

이러한 보완성과 대체성을 동시에 보아야만 조직과 시장의 경계가 어떻게 변동해왔는지를 이해할 수 있다. 이 내용은 다음 장에서 더욱 세부적으로 다룰 기업의 역사를 개관하는 의미도 갖는다.

시장을 이용할까? 조직을 이용할까?:
시장과 조직의 상대적 비용

가령, 비용은 고려하지 않고 완벽한 조직과 완벽한 시장을 만들 수 있다고 해보자. 가장 이상적인 시장과 가장 이상적인 조직, 둘 중 어느 것이 우월할까? 일단 완벽한 시장과 완벽한 조직은 효과 면에서 우열이 없다고 생각할 수 있다. 미시경제학이 상정하는 완전정보, 완전경쟁 시장의 균형은 가장 효율적이고 또한 후생적으로도 최적임이 증명되어 있다. 이것은 후생경제학의 핵심 정리로서, 시장 균형은 그 자체가 사회적 후생의 최적을 이룬다는 것이다. 이 정리는 그 역도 증명되어 있는데, 이는 사회 후생을 최대화하는 최적 배분은 언제든지 시장 메커니즘을 통해서도 달성할 수 있음을 의미한다.[49] 그러나 완벽한 계획경제 정부가 있다면 이들 역시 최적화 프로그램을 통해 최적 배분을 달성할 수 있다. 즉, 시장과 조직은 각자 완벽하다면 동일한 결과에 도달한다.[50]

완전한 시장과 완전한 조직은 모두 최선의 결과를 가져오지만, 현실은 이러한 이상 세계가 아니다. 그러므로 현실에서는 조직을 사용하는 비용과 시장을 사용하는 비용을 감안하여 선택을 하게 된다. 이것은 아리스토텔레스의 정부 비교를 연상하게 한다. 아리스토텔레스는 군주정은 가장 뛰어난 정치 체제이지만 현실은 그러한 최선의 상황이 되기 어려우므로 차선책인 민주정을 택해야 한다고 말한 바 있다.[51] 최선이나 최악이라는 극단적 상황보다는 현실적으로 비용의 경중을 따져야 하는 것이다.

시장비용에 대하여

현실의 시장은 완벽할 수 없으며, 현실적으로 다음과 같은 상황에서 심각한 비용을 초래한다.

① 시장의 규모와 상품의 다양성 미흡

영화 〈집으로〉에서 할머니 집에 맡겨진 소년은 게임기 배터리가 방전되자 새 배터리를 사려고 하지만 살 곳이 없다. 시장의 규모가 너무 작으면 상품을 구할 수 없고 구색이 부족하면 선호에 맞는 물건을 발견할 수 없다. 시장의 부재는 가장 중요한 시장비용의 하나다. 번듯한 구색을 갖추고 원활하게 기능하는 시장을 조성하는 데는 상상 이상의 비용이 요구된다.

② 정보/물류 인프라의 부족

시장의 지리적 위치, 거래되는 상품의 품질, 그리고 경쟁업자의 가격(즉, 바가지를 쓰지 않는지)에 대한 정보 부족은 시장의 이용을 어렵게 만든다. 운송의 불편은 시장비용을 높인다. 항구에서 교역이 번성한 것은 육상 교통의 높은 비용 때문이다.

③ 제도/신뢰 기반 미흡

표준계약 관행의 정착, 계약 관련 분쟁 처리 절차의 확립 등은 매우 중요하다. 이에 못지않게 사회 전반적 신뢰, 그리고 사람들의 의식, 행태도 큰 영향을 미친다. 제도가 미비하고 신뢰 기반이 취약하면, 시장은 위축되거나 심할 경우 소멸된다.

이러한 비용은 사회가 성장하고 성숙함에 따라 전반적으로 하락한다. 어떻게 보면 시장 이용이 얼마나 편리한가가 바로 문명 발전의 척도라고 해도 과언은 아닐 것이다.

한 가지 생각해야 할 것은 전반적으로 사회가 성숙하고 발전하면 시장 비용이 줄어드는 추세는 인정되나 국지적으로는 언제든지 시장비용이 다시 치솟는 부문이 발생할 수 있다. 전체적으로는 거래 관행이 성숙해도 늘 새로운 거래 형태가 등장하기 때문이다. 예컨대, 최근 온라인과 오프라인이 연계되는 O2O라는 새로운 루트가 생기면서 여기에 적합한 규범이 정착되지 못하고 있다는 보도가 나온다. '노쇼'와 같은 바람직하지 못한 행동이 급증할 경우 O2O 시장 자체가 정착하는 데 어려움을 겪을 수 있다.

좀 더 극단적인 예로 대리모나 줄기세포 실험을 위한 난자 거래의 경우 등에서 과연 이러한 거래 자체가 사회적으로 용인될 수 있는가의 논란, 법적 시비의 소지 등으로 거래비용이 급등한다. 그리고 논란 끝에 최종적으로 이러한 거래가 불법으로 결정되어 시장이 아예 사라져버릴 수도 있다. 어떤 것이 시장에서 거래될 수 있느냐 없느냐 하는 논란은 사회가 복잡해지고 기술이 고도화될수록 점점 더 늘어날 것이며, 이것은 시장을 이용하는 비용을 급등시킬 것이다.

시장은 오랜 관행으로 정착되었을 때는 모든 것이 안정된 경로로 흘러가지만 새로운 영역으로 확장되면 촘촘함과 두터움을 잃고 무리하게 잡아당긴 그물처럼 '간극'을 드러낸다.

조직비용에 대하여

① 조직을 운영해본 경험

사업을 처음 시작하는 모든 창업주가 통과의례처럼 겪게 되는 탄생의 아픔이 있다. 현대의 기업가는 과거 사례로부터 배울 수 있지만, 기업의 태동기에 활약한 창업가들에게 이 비용은 매우 높았다. 이것은 역사적으로는 고대국가의 국왕과 황제들이 겪었던 문제이고, 권력을 쟁취한 모든 혁명 리더들이 겪었던 문제이기도 하다. 그리고 산업혁명기에 등장한 안트러프러너 기업의 창업주들이 기업을 운영하면서 이 문제에 직면하였다. 조직의 운영은 일반적인 인간 집단의 운영과 다른 점이 많아서 경험이 부족한 경우 여러 가지 시행착오를 겪게 된다. 그러나 근대 기업이 등장한 이후 기업들의 경험 축적과 테일러(Frederick Winslow Taylor), 패욜(Henri Fayol) 등을 원조로 하는 경영학적 지식의 축적으로 이 비용은 점차 저하되는 경향을 보여왔다.

② 큰 조직의 운영 경비…… 대기업병, 비효율

조직을 처음 운영해보는 서투름에서 오는 비용과 대조적인 것으로 조직이 장기간 지속되고 거대화됨에 따라, 어떻게 보면 구성원들이 너무 노련해져서 발생하는 비용이 있다. 관료제의 폐해라고 하는, 흔히 대기업병이라고 불리는 조직 비대화의 부작용이다. 조직이 성숙하는 과정에서 생기는 번문욕례(繁文縟禮), 부서 간 갈등 및 부분 최적화로 인한 효율의 저하 등 다양한 문제가 발생한다.

③ 인센티브의 저하

인센티브의 저하는 사실 대기업병의 하나라고도 볼 수 있지만, 중요하기 때문에 따로 언급한다. 독립적 운영 주체가 더 큰 조직의 일원이 될 때 근본적으로 인센티브가 저하하며, 이를 치유하기 위한 다양한 방안이 모색되지만 완전할 수는 없다. 조직 구성원이 리더와 같은 열정과 적극성을 발휘하는 데 한계가 있을 수밖에 없다.

이상과 같이 현실에서는 시장이든 조직이든 비용이 초래될 수밖에 없으며, 결국 시장비용과 조직비용의 크고 작음에 따라 조직과 시장의 영역, 그리고 경계선이 형성되는 것이다. 이 2가지 비용에 따라서 조직과 시장 간의 경계는 밀물과 썰물처럼 밀고 당기기를 반복한다.

조직 경계의 적정선은
어디까지인가?

기업 구성의 원리는 개인들이 모여서 조직을 형성하되, 그중 특정 주체가 소유자로서 의사결정 권한을 갖는 것이다. 이것은 창업 초기의 월트와 로이 디즈니처럼 작게는 두 사람이 모여서 만든 동업자 조합일 수도 있고, 크게는 몇백조 원 규모에 달하는, 보다폰과 만네스만, 또는 AOL과 타임워너 간의 합병일 수도 있다. 그 원리는 근본적으로 같다. 둘 이상의 독립적 주체가 의사결정권을 하나로 집중시키는 것이 곧 '조직화'이다.

그렇다면 과연 기업조직에 적정한 규모라는 것이 존재할까? 논자에 따라 백가쟁명의 주제가 될 수밖에 없지만, 흥미로운 논의가 있어 소개한다. 거래비용 경제학의 대가 올리버 윌리엄슨(Oliver Williamson)은 "선택적 개입의 수수께끼"라는 화두를 학계에 던졌다. 이 수수께끼는 다음과 같은 질문으로 요약될 수 있다. "왜 온 세상의 기업은 합병에 의해 단 하나의 기업으로 합쳐지지 않는가?" 얼핏 보기에 이것은 어리석은 질문처럼 보인다. 그러나 엄밀히 따져보면 이 질문에 대한 만족할 만한 대답을 찾기란 만만치 않다.

이 수수께끼의 논리는 다음과 같다. 어떤 기업이 다른 기업을 인수할 경우 시너지가 있거나 없거나 둘 중의 하나다. 시너지가 있다면 통합 운영하고, 만약 시너지가 없다면 피인수회사를 별도 사업부로 둔 채 독립 채산제로 운영하면 된다. 즉, 시너지가 없는 경우에도 적어도 손실이 발생하지는 않으므로 모든 회사는 계속 통합되는 경향이 지속되어야 한다는 것이다. 이는 뉴턴을 당혹하게 만들었던 '벤틀리(Bentley)의 역설'을 떠오르게 한다. 신학자였던 벤틀리는 뉴턴에게 편지를 보내 "우주가 유한하다면 당기기만 하고 미는 힘이 없는 중력에 의해 모든 별이 한데 뭉쳐질 것이며, 우주가 무한하다면 모든 방향으로 흩어져버릴 것이다. 그런데 왜 우주는 멀쩡한가?"라며 중력 이론을 우주에 적용할 때 나타나는 역설적인 결과를 지적하였다.

윌리엄슨이 던진 화두는 사실상 기업 이론과 관련된 가장 난해한 이론적 이슈를 내포하고 있는 것으로, 본 책 부록 "3. 기업의 수직적 통합에 대한 이론"에서 좀 더 심층적으로 다룬다. 그것은 결코 가벼운 농담이 아니며, 마치 제논의 역설이 피타고라스 수 철학의 한계를 드러낸 것 못지 않은 파괴력을 가지고 있다.

미시경제학의 기업 이론, 그리고 대리인 이론과 거래비용 이론 등이 이 문제를 설명하려고 시도했으나 모두 성공적이지 못했다. 미시경제학은 기술적 요인으로 접근한다. 기업이 확장을 하려면 생산요소를 계속 추가 공급해야 하는데, 규모가 커지다 보면 이에 발맞추어 확보할 수 없는 희소 자원이 생긴다. 예를 들면, 전문 기술 인력이나 탁월한 경영자를 추가 확보하지 못한 채 사업을 확장하면 핵심 인력에 과부하가 걸리고 생산성이 저하된다는 것이다. 그러나 이것은 한 기업이 자력으로 성장하는 경우만을 고려한 것이다. 다른 기업을 인수 합병하는 방식으로 확장하면 이러한 문제는 회피할 수 있다. 대리인 이론, 거래비용 이론 역시 설득력 있는 이유를 제시하지 못했다.

현재까지 가장 유력한 설명은 재산권 이론에 의해서 주어진다. 즉, 두 기업의 합병으로 인해 탄생되는 통합 기업은 인수 기업 경영자에게 '잔여통제권'을 부여하며, 이 권한은 계약서에 명기되지 않은 예기치 않은 상황에서 힘을 발휘한다. 인수 기업은 통제권으로서의 재산권을 확보하고 경영의 향방을 결정하며, 그에 따르지 않을 수 없는 피인수 기업은 결국 명령을 따르는 한 부분이 됨으로써 인센티브가 저하될 수밖에 없다. 스스로 자기 운명을 결정하고 그로 인한 결과를 감수하는 것과 달리, 다른 조직의 구성원이 됨으로써 자신의 모든 것을 쏟아 부을 인센티브는 불가피하게 저하된다. 바로 앞에서 언급한 근본적인 '조직비용'이다. 이러한 조직비용은 기업이 커질수록 더욱 심화되는 경향이 있어서 어느 크기 이상이 되면 성장이 위축되고 마침내는 멈추게 된다.

조직은 계약으로 모든 것을 처리하기 어려운 시장의 간극에서 자라난다. 이 간극의 근본 원인은 불확실성이다. 그러나 조직화가 진행됨에 따라 한 조직의 구성원이 된다는 사실이 인센티브를 저하시킨다. 한마디로 "조직은 불확실성이라는 양분을 먹고 자라고 인센티브의 저하라는 서리를 맞고 위축된다."

기업의 적정 규모를 경제학이 어떻게 설명하는가를 간단한 사례를 통해 이해해보자. 예를 들어 도심에 소문난 맛집이 있는데, 뛰어난 음식 솜씨와 좋은 서비스로 급성장 중이지만 매장 면적에 한계가 있다고 하자. 역 근처 가장 좋은 입지에 있기 때문에 면적을 무한정 늘릴 수 없다. 따라서 이 식당의 성장은 한계에 부딪히게 된다는 것이다. 얼핏 그럴듯하다. 그러나 조금 더 파고들면 그렇게 간단하지 않다. 목 좋은 식당 한 곳에서는 이러한 한계가 있지만, 다른 지역에 체인점을 열거나 경쟁 식당을 인수하는 방안을 고려할 수 있다. 브랜드 명성으로 얻은 고객 유인력을 더 활용할 수 있고, 식자재나 기타 레시피 등 공유 자원을 활용해서 시너지를 낼 수도 있다. 만약 시너지가 나지 않는다면, 이미 윌리엄슨의 수수께끼에서 배웠듯이, 독립적으로 운영하면 된다. 인수할 때 정상가로 했다면 자산수익률(ROA)은 유지된다.

결국 기존 경제학의 설명은 성공적이지 못하다. 그렇다면 재산권 이론은 어떻게 설명하는가? 대규모의 체인 레스토랑이 되면 자원들 간의 보완성이 줄어든다. 변두리의 숨은 맛집으로 떠오를 때는, 식당의 위치, 이름, 셰프의 요리 솜씨가 긴밀하게 연결되어 있었다. 이런 상황에서는 어느 하나라도, 즉 위치나 이름이나 셰프가 바뀌기만 해도 기세가 갑자기 꺾일 수 있다. 자원 간의 보완성이 높아서 어느 하나라도 없어지면, 비틀스에서 존 레논이 탈퇴하는 것과 유사한 충격이 오는 것이다. 이 상황에서는 무기한 계약을 통해 자원을 관리하고 조직화하는 것이 유리하다. 임대계약 종료로 자리를 옮기게 된다거나 셰프를 다른 식당에 뺏겨서는 안 된다. 중요 자원의 안정적 공급을 시장에서 기대하기 어렵기 때문에 시장비용이 극히 높은 상황인 것이다.

그러나 체인이 커지고 브랜드도 알려진 후에는 자원들 간의 보완성이 낮아진다. 점포 중 일부가 위치를 옮기거나, 레시피가 안정된 상태에서 몇몇 셰프가 옮기는 것은 큰 문제가 되지 않는다. 듀크 엘링턴(Duke Ellington)의 빅밴드에서 색소폰 주자 한 명이 나가는 것과 같은 것이다. 오히려 직영 점포의 점장들과 셰프들이 "열심히 일해봐야 본사가 다 가져간다."든가, "조금 못해도 브랜드가 버텨주겠지……" 하는 마인드를 가지게 된다. 즉, 조직비용이 증대하는 것이다. 이 경우에는 독립채산제, 셰프의 아웃소싱 등 시장의 압력을 통해 인센티브를 강화하는 것이 더 유리하다. 즉 기업 규모의 확장에 제동이 걸리고 차츰 분화되는 경향을 띠게 되는 것이다. 이것이 더욱 심화되면, 회사는 프랜차이즈 등 더욱 느슨한 결합으로 가고 결국 성장을 멈추게 된다.

자원이 희소해서 생산성이 저하하는 것이 아니라, 자원들 간의 보완성이 약화되면서 굳이 하나의 기업으로 조직화할 필요성이 줄어드는 것이다. 즉 시장비용은 낮아지고 반대로 '큰 배를 탄 안도감으로 인한 긴장 이완, 내부 관리 등' 조직비용이 증가하기 때문이다.

기업의 역사
개관

시장비용과 조직비용의 변화를 통해 기업의 역사를 개략적으로 스케치할 수 있다. 최초에 시장도 미성숙하고 기업조직도 없었을 당시는 시장비용과 조직비용이 모두 높았다. 이때는 전근대사회, 즉 비시장−비기업 시대라고 할 수 있다.

근대에 들어와 상업혁명이 시작되면서 시장경제가 빠르게 확산되었다. 어느 정도 시장비용이 감소했으나 기업을 조직하는 비용은 크게 낮아지지 않았다. 생산 체제를 대규모 조직으로 운영해본 경험이 부족한 것이 큰 원인이었고, 기계화로 자본 규모는 증대했지만 유한책임 등 제도적 발전이 후속되지 않았기 때문이다. 따라서 소규모 기업들이 활동하는 고전적 시장체제가 형성된다.

20세기를 전후하여 2차 산업혁명이 본격화되면서 체계적이고 과학적인 기계화가 진행되고 체계적 협력이 요구되는 가운데 시장비용이 급격히 증가하였다. 반면, 기업은 운영 경험이 축적되고 아직 규모로 인한 부작용은 나타나지 않는, 조직비용의 저하 국면이 전개되면서 대기업의 시대가 도래한다. 대기업은 생산 시스템의 파격적 혁신을 달성하며 정교한 경영체제를 구축한다.

영국과 같은 선진경제의 자생적 성장과 달리, 후발국가의 추격 상황에서는 시장 규모가 성장하면서 간극이 증폭되어 시장비용이 치솟게 되고 또 이 상태가 상당 기간 지속된다. 이 와중에 성공한 기업들이 조직의 영역을 확장하여 시장의 간극을 메우게 된다. 즉, 시장 스스로 망을 두텁게 만들지 못하고 조직이 이를 대체하게 되는 것이다.

그러나 경제 사회의 성숙에 따라 사회적 신뢰, 시장질서, 소통 기술이 동반 발전하고 이로 인해 시장비용이 하락세로 돌아선다. 이때 과도하게 성장한 조직은 관료제 등 조직비용을 증가시키는 경향이 있다. 따라서

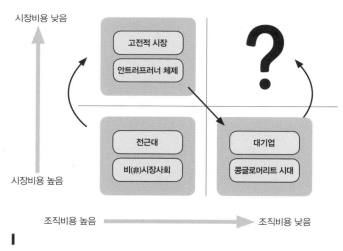

시장비용과 조직비용의 변화를 통해 보는 기업의 역사

다시 조직에서 시장으로의 반전이 예상된다. 그러나 선진경제의 경우 기업들은 과감한 구조조정, 조직 간소화 노력으로 이러한 조직비용을 내부 혁신으로 감소시켜왔다. 그 결과 앞으로의 국면은 시장비용과 조직비용이 동시에 감소하는 양상을 보일 것이다. 이때의 기업과 시장의 경계는 어디서 어떤 모습으로 설정될 것인가? 이것이야말로 우리 시대가 쓰고 있는 기업 역사에서 핵심적인 관전 포인트가 될 것이다.

※ 기업과 시장의 관계에 대한 2가지 관점: 코스의 거래비용 경제학과 뎀세츠의 "경제이론과 기업"[52]

거래비용 경제학 대 신고전경제학

기업과 시장은 특정 시점에서는 경제 문제를 처리하는 서로 대체 관계에 있는 2가지 채널이지만, 장기적으로는 보완 관계를 갖는다. 이 문제에 대해서 보다 엄밀하게 고찰한 UCLA의 경제학 교수 해럴드 뎀세츠(Harold Demsetz)의 연구를 살펴보자.

거래비용 경제학에서는 거래비용이 높을 때는 기업이라는 조직이 시장보다 선호된다고 한다. 그러나 시장을 사용하는 비용이 언제 비싼가? 그것은 시장이 덜 발달했을 때, 그래서 시장의 규모가 작고 규모의 경제를 구현하기 어려울 때이다. 이런 상태에서의 시장은 상품의 구색도 별로 없을뿐더러 가격도 높은 수준에서 결정된다. 그렇다면 사람들은 불편한 시장을 외면하고 자급자족 세계에 머무를 것이다. 이것은 시장이 충분히 발달하지 못하면 특화할 수 없다는 애덤 스미스의 명제와도 일맥상통한다.

사람들이 자급자족에 머물게 되면 시장을 무대로 활동하는 기업도 발달할 수가 없다. 즉, 높은 시장비용은 시장과 기업의 동반 침체를 의미하는 것이다. 반대로 시장비용이 낮아지면 사람들은 시장을 사용하게 되고 업종별 특화가 이루어지며 규모의 경제를 달성하기 위해 특정 산업에 매진하는 기업도 생겨난다. 즉, 시장비용과 기업을 역의 관계로 이해한 코스와는 정반대의 결론이 나오게 된다.

시장을 사용하는 비용(거래비용)의 개념

시장을 사용하는 비용에서 시장의 성숙도, 시장의 규모는 가장 중요한 변수이다. 이 부분을 심각하게 반영하지 않았다는 점에서 코스의 이론은 한계가 있다고 뎀세츠는 지적한다. 실제로 거래비용 경제학이 강조하는 비용은 이미 상당한 시장 규모가 확보되어 있다는 전제에서, 혁신이나 기타 거래의 복잡화, 지식의 일반성이나 상황특수성 등으로 인한 항목들이다.

이처럼 시장을 사용하는 비용에 대한 두 학파의 생각에 다소 차이가 있다. 신고전경제학의 시장비용은 상당히 장기적 수준의 이야기라고 할 수 있는 반면, 코스의 거래비용은 상황에 따라, 사회의 제도 특성에 따라 달라지는 것으로 특정 시대 여러 기업 간의 차이를 설명하는 데 더 유용하다. 단순하게 말하면, 코스의 이론은 시장과 기업조직 간의 대체 관계를 설명하는 데 더 적합하고, 뎀세츠의 신고전경제학은 시장과 기업의 보완 관계를 설명하는 데 더 적합하다는 것이다.

이러한 장기적 영향에 따른 두 학파의 해석을 종합할 경우 기업의 역사를 이해하는 데 유용한 분석 틀을 만들어낼 수 있다. 이 부분은 본 책의 제4부 "기업의 진화"에서 더 자세히 다룰 수 있을 것이다.

기업이 시장을 만들어내다

시장이 성장하면서 규모의 경제가 성취되고 그 결과 시장 사용 비용이 감소하는 것을 받아들일 수 있다면 시장과 기업의 보완 관계를 이해할 수 있다. 이것이 본 책이 기본적으로 취하는 입장이기도 하다. 더 나아가 기업이 시장을 창조한다는 사실을 받아들이면 이 보완 관계는 더욱 강화된다. 기업은 잠재 수요를 감지하고 원가경쟁력 있는 제조 혁신을 통해 이것을 시장으로 만든다. 이러한 혁신을 위해서는 조직이 필요하며, 이 경우 조직과 시장은 동반 발전을 하는 셈이다. 조직비용과 시장비용은 2개의 독립변수가 아니라 함께 낮아질 수 있는 상관관계를 갖는다. 최초의 조직비용을 감수함으로써 잠재 수요를 시장으로 끌어내어 시장비용을 획기적으로 줄일 수 있으며, 이렇게 되면 후속적인 기업 성장도 당분간은 순조롭게 진행되므로 조직비용도 창업 시기보다는 더 낮아질 것이다. 단, 이러한 선순환은 자연법칙처럼 돌아가는 것이 아니라 최초의 혁신, 즉 최초의 조직비용 부담을 통해 잠재 수요에 적중해야만 가능하다. 따라서 많은 혁신 시도가 필요하며, 이것은 그 자체로 조직비용에 해당한다. 시장이 탄생하기 전까지는 여러 시도와 실패가 뒤따르므로 이때는 조직비용과 시장비용이 함께 높은 상태이다. 이러한 암중모색기의 고통이 지나가고 혁신이 수요와 조우하게 되면, 그때부터 조직비용과 시장비용은 함께 급격하게 떨어지는 모습을 보인다.

시장과 조직을 대체 가능한 경쟁적 채널로만 본다면 기업의 역사를 부정확하게 볼 우려가 있다. 시장의 규모는 신고전경제학의 주장대로, 가장 중요한 거래비용을 저하시키는 요인이다. 일단 시장은 커져야 한다. 그러나 시장이, 특히 후발 추격 국가에서처럼 인위적으로 압축 성장을 하게 되면, 시장의 간극이 곳곳에 생겨나 협력의 함정이 만들어진다. 거래비용 경제학은 이 점을 강조한다.

근대 이후 지속적 성장으로 시장 영역이 확대되어왔다는 점, 더욱이 통신, 운수의 발달 등으로 정보비용이 낮아져왔다는 점은 시장비용이 장기 하락 추세에 있었다는 명제를 뒷받침한다. 마찬가지로 최초의 안트러프러너 기업이 성립한 이래 기업조직에 관한 경험과 이론적 연구의 축적은 조직비용을 전반적으로 저하시켰다고 말할 수 있다. 이것이 커다란 흐름이다. 물론 시장 간극이 특수한 상황에서 시장비용을 높이고, 과도하게 비대해진 대기업에서 관료제의 부작용이 발생하는 역류 현상이 있었음은 부인할 수 없다. 그러나 장기 트렌드로 보면, 정상적 발전 궤도에 오른 국가에서는 시장 간극이 여러 수단을 통해 보완되어왔고 경쟁에서 단련된 기업들도 대기업병을 치유하는 조직 혁신을 실행해왔다. 그러므로 두 비용은 전반적으로 낮아지는 추세이며, 그 결과 시장도 발전하고 조직도 최적의 규모를 찾아가는 모습을 보인다.

신고전경제학의 세계관은 장기적인 관점에서 기업과 시장의 보완 관계를 설명하고 있다. 물론 단기적으로 기업과 시장은 선택 가능한 대안으로서 대체 관계를 가지며, 거래비용 경제학은 이 부분을 설명해준다. 이같이 서로 다른 두 세계관을 가진 두 경제학은 상정하는 시간 스케일이 다르다. 이 점을 감안한다면 두 이론을 보완적으로 활용할 수 있을 것이다.

제4부

기업의 진화:
안트러프러너에서
플랫폼까지

3부에서는 기업이 시장경제의 주도적 참여자라는 맥락에서 기업의 일반론을 다루었다. 이제는 기업과 시장의 논리가 근대 이후 역사 속에서 어떻게 전개되었는지 살펴보고 조정 메커니즘의 결합으로 구성된 기업 모델이 역사와 얼마나 부합하는지 알아보자. 이는 역사적 사실과의 세밀한 비교를 통해 모델을 '검증'하려는 것이 아니라, 두드러진 역사적 경향성과의 일치 여부를 조망하려는 것이다.

작고 기민했던 안트러프러너 체제로 출발한 기업은 20세기에 접어들면서 거대한 글로벌 다국적 조직으로 성장하였고, 20세기 후반에 들어와서는 조직의 축소 경향과 함께 벤처에서부터 네트워크, 플랫폼 등으로 변화무쌍하고 복잡다단하게 전개되고 있다. 혁신의 역사와 함께 진화되어온 기업에 대해, 통제 불가능한 힘의 원천이라는 의심과 불안, 동시에 산업과 경제의 새로운 혁신 주역이라는 기대와 희망이 교차하고 있다.

생산의 역사:
자급자족에서 기업까지

인류는 원시사회 이래 협력을 통해 필요 물자를 생산해왔다. 인간은 도구를 만든다는 점에서 자연계에서 특별한 존재로 여겨져왔지만, 동물들에 대한 세심한 관찰의 결과 "도구는 인간만의 것"이라는 생각은 편견임이 밝혀졌다.[1] 그럼에도 불구하고 인간의 도구 사용에는 다른 동물들과 차별화된 특징이 있다. 그중 하나는 '도구를 만드는 도구'를 만든다는 점으로, 우회생산의 원리를 터득했다는 것을 의미한다. 이것은 중대한 전환점이었다.

동물도 훌륭한 도구와 나쁜 도구를 예민하게 구별한다. 새들이 둥지를 지을 때 재료를 선별하는 것은 잘 알려져 있다. 특히 "겉은 나뭇가지, 나무껍질, 나뭇잎, 나무줄기 그리고 이끼류를 이용해서 위장하고 안쪽은 알이나 새끼들이 상처를 입지 않도록 가는 뿌리, 부드러운 나뭇잎, 동물의 털이나 깃털, 실 등을 깔아서 보온하고 습도를 유지한다."[2] 그러나 아무리 예민하고 정교하다고 해도, 동물들은 자연계에 존재하는 재료 그대로를 사용하고, 최상의 재료를 찾지 못하면 차선책으로 질이 떨어지는 다른 재료를 가져올 뿐이다. 인간은 도구를 만드는 도구를 만들고 이를 통해 도구에 요구되는 속성 자체를 조작한다. 즉, '도구를 위한 도구'는 '도구의 인위적 개량'으로 이어진다.

또 하나 중요한 사실은, 특정 목적을 위해 만들어진 도구가 전혀 다른 용도를 지닌 새로운 도구의 발명을 초래한다는 것이다. 톱은 나무를 썰기 위한 일반적 도구로 만들어졌으나 이로부터 의외의 물건인 바퀴가 만들어졌다.[3]

생산 과정 자체를 기획하고 개량할 수 있다는 점은 인간을 특별하게 만들었다. 생산 방법을 '더 좋게' 디자인하려는 노력이 지속적인 혁신의 역사를 만들어냈고, 그 역사의 부산물로 기업이 나타난다.

최초 자연으로부터 얻은 원료에서 마지막 소비까지 가공으로 가치가

가치사슬의 모습

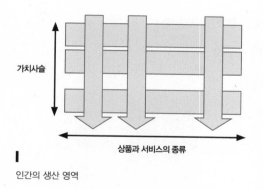

가치사슬

상품과 서비스의 종류

인간의 생산 영역

증가하는 일련의 단계를 '가치사슬(value chain)'이라고 부른다. 농부가 밀을 수확하고 제빵업자가 그것을 가공하여 빵을 만들고 이것이 다시 빵집에서 판매되어 소비되기까지의 과정이다. 여러 단계가 사슬처럼 연결되어 있다는 의미에서 가치사슬이라고 부르지만, 이것이 마치 물의 흐름과도 같아서 원료 부분을 상류(upstream) 그리고 유통과 소비 부분을 하류(downstream)라고 부르기도 한다.

상류, 하류라는 표현에 걸맞게 가치사슬을 수직 축으로 설정하고 다양한 상품과 서비스의 종류를 수평 축으로 배치하면 모든 생산 영역을 포괄할 수 있는 2차원의 격자가 생긴다.[4] 생산의 역사는 이 격자 위의 요소들을 어떻게 결합하고 운영할 것인가 하는 관점에서 이해할 수 있다.

전근대: 반자급적 가업의 전승,
수평/수직적 미분화

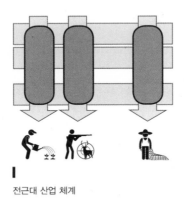

전근대 산업 체계

전통 사회에서는 독립 생산자들이 대대로 내려온 가업을 이어서 생업에 종사하는 것이 보편적이었다. 농부는 낫이나 쟁기 같은 도구는 마을 대장장이에게서 구했겠지만, 밭갈이 소를 키우고, 수확을 통해 종자를 확보하며, 거름도 마련하는 등 상류에서부터 시장에 수확물을 내다 파는 하류에 이르기까지 전 과정을 직접 수행하는 '수직적으로 미분화된' 체제에서 벗어나지 못했다. 사냥꾼이나 어부도 비슷한 상황이었다.

지역 특성과 환경에 따라 농업, 어업, 기타 수렵/채취, 해안 지방의 반농반어, 또는 산간지방에서 수렵과 농업 병행 등 다양한 생산이 함께 이루어졌다. 곡물, 채소, 과일 등등 식생활 전반에 해당하는 다양한 작물이 재배되었으며 전문화된 농경은 찾아볼 수 없었다. 한마디로 미분화의 단계였다.

근대 전야: 선대제,
수직적 분화(제판 분리)

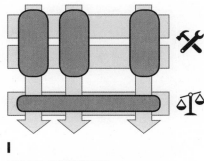

근대 초기 선대제 산업 체계

　전통경제는 근대에 가까워지면서 변화하기 시작한다. 특히 지리상 발견 등으로 시장이 확대되면서 시장 정보를 보유한 상인들이 각 지역의 가내수공업자를 외주처로 활용하는 선대제가 등장한 것이다. 수공업자들은 생산에만 전념하고, 유통과 판매는 전적으로 상인이 책임지는 '제판 분리'가 이루어졌다. 선대제 상인이 시장 수요를 대변하여 주문 물량을 확보해주었기 때문에, 수공업자들은 더 전문화되었다. 반면, 상인들은 여러 가지 품목을 생산하는 수공업자들을 아웃소싱함으로써 다양한 제품 라인을 운영하게 되었다.

근대: 공장제,
수직적 통합/수평적 전문화

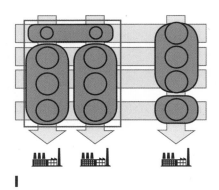

산업화 시대의 산업 체계

선대제 생산 방식이 한계에 부딪히면서 상인이 수공업자들을 공장에 집합시켜 운영하는 공장제 수공업이 등장한다. 제판 분리에서 생산과 유통의 통합으로 변화된 것이다. 이것이 기업의 출발점이었으며, 공장에서는 기계를 도입하게 된다.

이렇게 해서 등장한 제조업은 과거와 같이 다양한 품목에 걸쳐 있지 않고 수평적으로는 특정 업종에 전문화하면서, 수직적으로는 선대제 상인의 제판 분리를 벗어나 생산과 유통을 통합한다. 즉 업종별 전문화 기업이 등장한 것이다. 동시에 기계화의 진전을 통해 에너지, 기계 및 부품 생산 등 생산재 B2B 영역이 산업으로 발전하면서, 상류 부문의 수직적 분화가 시작된다. 바로 이 시점이 산업혁명으로 등장한 근대적 산업의 모습이며, 앞으로 다루게 될 기업의 역사는 여기서 출발한다.

고전적
안트러프러너의 시대

이 시대는 우리에게 잘 알려진 저명한 기업들이 활약하는 시대가 아니다. 산업혁명 시대에 활약한 기업들은 오늘날의 관점에서 보면 중소기업 이하의 규모로서, 역사에 이름을 남긴 기업 사례가 드물다. 오히려 기업명보다는 기업의 창업자 또는 관련자였던 발명가들의 이름이 더 많이 알려져 있다.[5] 리처드 아크라이트(Richard Arkwright), 제임스 와트(James Watt), 조지 스티븐슨(George Stephenson), 로버트 풀턴(Robert Fulton) 등등 초기 산업혁명의 영웅들은 대부분 기술자였으나 상당수가 스스로 사업 수완을 통해, 또는 적합한 파트너를 만나 근대적 기업조직을 이끌었다.

바로 이들이 최초의 안트러프러너 세대이며 이들이 만든 기업은 오늘날의 벤처, 스타트업에 해당된다. 이들은 수많은 대–중–소 기업이 공존하는 오늘날 기업 생태계의 소규모 신규 진입자(new–comer)와 달리, 최

※ 안트러프러너의 의미

안트러프러너라는 단어가 처음 쓰이기 시작한 것은 1700년대 초이다. '혁신한다.'라는 의미도 가지고 있었지만, '주도적으로 일을 벌인다.'라는 의미가 더 강했다고 한다. 이 말을 최초로 사용한 이로 알려진, 프랑스의 경제학자 장 바티스트 세이(Jean Baptiste Say)는 안트러프러너를 '기획하는 사람(planner)'으로서의 기업 경영자로 보았고, 리샤르 캉티용(Richard Cantillon)은 '위험 감수자'라고 정의하였다. 캉티용은 임금 노동자나 지주가 고정소득을 수취하는 것과 대조하여 안트러프러너가 불확실한 소득을 감수한다는 점에 주목한 것이다.

이후 슘페터는 '창조적 파괴'라는 단어를 써서 기존의 알려진 기술, 시장에서 균형을 추구하는 존재가 아니라, 알려지지 않은 정보를 발굴, 도입하여 신제품, 신사업을 창조하는 존재로서 정의하였다. 모든 정보가 다 알려져 있다는 미시경제학의 일반 균형 이론의 세계관에서는 안트러프러너가 존재할 수 없다.[6]

초의 기업으로서 시장경제의 초기에 나타난 안트러프러너라는 의미에서 '고전적 안트러프러너'라고 불릴 수 있다. 이 시기 안트러프러너는 곧 기업 생태계의 마이너리티가 아니라 주력이었다.

산업혁명 후반기 발명가에 의해 창업된 회사들은 오늘날 굴지의 대기업으로 성장하거나 그 전신으로서 초석이 되었다. GE는 1878년 토머스 에디슨이 설립한 전기조명회사에 기원을 두고 있다. 알렉산더 그레이엄 벨(Alexander Graham Bell)은 1877년 미국전기전신(American Telephone & Telegraph)을 설립했으며 이것이 바로 오늘날의 AT&T이다. 1858년 포경선 선장 출신의 롤런드 메이시(Rowland Hussey Macy)는 뉴욕에 메이시 백화점을 창업해 현대적 백화점 모델을 최초로 제시하였다.

혁신의 도미노가 시작되다:
기업가정신의 개화

산업혁명은 1만 년 전 농업혁명 이후 처음으로 경제가 성장의 기지개를 켠 거대한 전환점이었다.[7] 이 전환의 계기나 원인이 무엇인가에는 쉽게 답변할 수 없지만, 적어도 과학혁명과 기술혁신 때문이라는 주장은 설득력을 잃어가고 있다. 논의의 여지는 있으나 산업혁명의 초기에는 과학보다 다른 원인이 더 우세했다는 주장이 강하게 피력되고 있다.[8] 과학 기술의 발전보다 더 중요한 변화는 지리상의 발견 이후 시장이 세계로 확대되고, 영국의 경제 발전으로 내수시장이 성장하였으며, 유통 영역에만 국한되어 있던 혁신의 기풍이 제조업 분야로 번져나갔다는 사실이다.

일상적 소비의 영역이 그렇게 오랫동안 비시장 영역에 갇혀 있었던 것은 전통적 제조 부문의 낮은 생산성에 따른 높은 원가와 일반 서민의 낮은 구매력 간의 격차 때문이었다. 하지만 산업혁명 이전부터 천천히 소득이 향상되면서[9] 근대 영국에서 처음으로 공급과 수요가 손을 뻗으면 닿을 정도의 거리에 놓이게 되었다.

최초의 기계인 방적기, 방직기는 상상을 초월하는 천재의 작품이 아니었다. 이것은 오래전부터 원리가 알려져 있던 것으로 유사한 발명품들이 이미 존재하고 있었다.[10] 그러나 과거의 혁신이 현실화되지 못했던 것과 달리, 이번에는 잠재적 시장이 혁신을 매력적인 것으로 만들 가능성이 고조되고 있었다. 다시 말해, 혁신으로 인한 피해자보다 수혜자가 압도적으로 많으리라는 전망이 나온 것이다.[11]

그러나 산업혁명에 진입하기 위한 조건이 얼마 이상의 생산성이라거나 얼마 이상의 소득과 같은 수치를 통해 주어지는 것은 아니었다. 역사 인류학자 잭 구디(Jack Goody)는 근대 전야 동서양의 경제 격차가 생각보다 크지 않았다는 것을 확인했다. 18세기 영국과 양쯔 강 하류 지역을 비교한 결과 인구밀도, 기대수명, 생활수준, 소비 방식, 농업의 상업화, 원산업화(proto-industrialization) 활동 등에 거의 차이가 없었다.[12] 물적 조건만으로 산업혁명의 필요충분조건을 형성할 수는 없다. 많은 우연도 무시할 수 없으며, 사회적 분위기 등 심리적 요인과 경제 주체들의 인센티브를 좌우하는 제도적 요인들이 결정적 방아쇠 역할을 했을 것이다.

산업혁명의 원인에 대해 하버드 대학의 경제사학자 데이비드 랜즈(David Landes)는 한 가지 단서로 "도전과 응전의 연쇄(a sequence of challenge and response)"라는 화두를 던져준다. 즉, 한 단계에서 발생한 혁신이 다음 단계에 영향을 주어 후속적 혁신이 도미노식으로 일어났다는 것이다.

존 케이(John Kay)가 플라잉셔틀(flying shuttle)을 발명하여 방직, 즉 옷감을 짜는 속도가 빨라지자 실의 수요가 달리게 되었다. 이에 따라 제임스 하그리브스(James Hargreaves)의 제니 방적기, 리처드 아크라이트의 수력방적기와 같은, 실을 뽑아내는 방적기술의 혁신이 일어났다. 핑퐁식으로 실 공급이 활발해지자 이번에는 다시 방직에서 생산이 부족해져 이에 부응하기 위한 추가적 혁신이 일어났다.

근대 이전에도 많은 기술적 혁신이 있었으나 혁신은 고립적으로 일어났고, 그 혁신의 물결이 다음 단계로 밀려가다가 한계에 부딪히면서 추진력이 고갈되는 일이 많았다. 그러나 산업혁명기에는 혁신이 서로서로 자극을 주고받으면서 점차 증폭되었다. "도전과 응전의 연쇄"라는 개념은 아널드 토인비(Arnold Joseph Toynbee)가 《역사의 연구》에서 먼저 제시한 바 있다. 토인비는 도전과 응전이 딱 한 번 일어나고 멈추면 그 사회는 그 단계에서 경직되어버리지만, 역사의 진보는 최초의 응전이 다시 새로운 도전이 되어서 한층 고도화된 응전으로 이어지는 도미노 현상으로 이루어진다고 보았다. 토인비가 예로 든 것은 자동차에 의한 교통혁명이었다. 짐승의 힘에 의존한 육상 교통이 자동차라는 기계에 의해 1차로 혁신되었지만, 교통사고의 위험성이 높아지면서 속도를 제한하는 사회적 견제가 자동차의 발목을 잡았다. 고속의 쇳덩어리가 가져온 사고의 위험은 예기치 않은 제2의 도전이었으며, 이에 대해 사람들은 교통규칙을 제정하는 것으로 새롭게 응전하였다.[13]

산업혁명기의 혁신이 어떻게 단막극으로 그치지 않고 계속해서 속편으로 이어지게 되었을까? 한 가지 분명한 것은 혁신이 정책적으로 어떤 주체에 의해 구상되고 계획되지 않았다는 것이다. 산업혁명은 사회 각 부문에서 혁신의 기회를 놓치지 않고 이를 자신들의 성공으로 만들고자 한 다수의 개척자에 의해 각본 없는 드라마로 진행되었다.

모두가 이윤을 추구함으로써 여기저기에서 혁신 의지가 자극되었다고 설명할 수 있는데, 한 가지 고려할 것은 당시에 '이윤 추구'는 비윤리적이거나 반사회적인 것으로 간주되었다는 점이다. 발명가나 사업가의 이윤 추구에 대해서 기독교적 윤리와 공동체를 중시하던 중세 사회의 잔재가 여기저기서 발목을 잡았다. 플라잉셔틀을 발명한 존 케이는 노력에 대한 대가를 얻고자 했으나 당시 그의 발명품을 사용하던 매뉴팩처 업자들은 '셔틀 클럽'이라는 연대를 조직하면서까지 그의 특허권을 인정하려 하지 않았다. 셔틀 클럽이란 존 케이와의 소송비용을 지급하기 위한 일종의 신디케이트였는데, 오늘날의 시각으로 보면 '발명가 죽이기 클럽'이었다고 할 수 있다. 존 케이는 플라잉셔틀 발명을 통해 약간의 돈을 벌었으나 셔틀 클럽의 집요한 소송에 따른 재판비용 때문에 큰 곤경을 겪었다.

농업 공동체 또는 길드 방식의 생산에 익숙한 전통 사회는 이윤 추구에 대한 적대적 태도를 노골적으로 드러냈다. 적절한 균형의 유지가 옳은 것이었으며, 삶의 기본적인 효용 이상의 욕심은 사악한 것으로, 도덕에 대한 도전이었다. 이러한 사회적 견제로부터 이윤 추구를 정당화하는 것은 기술혁신을 달성하거나 대중 시장의 구매력을 높이는 것 이상으로 어려운 일이었다.

이윤 추구의 정신은 사회 주류가 아닌, 전통 사회로부터 억압받고 견제당해온 상인 집단, 즉 소수파의 문화에 뿌리를 두고 있었다. 애덤 스미스의 주장과는 달리, 시장을 위한 행동의 특성은 인간의 본성이 아니라, 필요악으로서 허용되었지만 사회적으로 인정받지 못한 채 억제되었던 상인 네트워크의 내부 결속으로부터 자라났다. 억압받는 소수 집단의 사상은 강인하고 쉽게 소멸하지 않는다. 이 정신이 결국 시장의 확산과 더불어 사회의 주류로 전환된 것이다.

상인정신이 안트러프러너십이 되고, 이것이 자본주의의 패러다임이 되는 과정의 한 단면은 랜즈의 연구에서도 드러난다. 랜즈는 영국에서 산업혁명이 일어난 이유 중의 하나로 안트러프러너의 출신 배경을 언급한다.[14] 당시 전통산업이 대부분 가족 간 협업인 가내수공업 형태로 이루어진 반면 영국에서는 가족이 아닌 타인과의 동업이 많았는데, 이때 연결의 계기가 된 것이 바로 비국교도(dissenters)라는 종교적 소수 집단의 정체성이었다.[15] 비국교도란 영국 정부가 강력한 국교회 정책을 펼칠 때 신앙을 지키기 위해 국가의 종교 개입에 저항한 집단을 말한다. 아메리카 대륙으로 건너가 오늘날 앵글로−색슨 사회를 구성한 것도 이들이다. 이들은 국가 시책에 저항했기 때문에 혹독한 탄압을 받았는데, 그로 인해 내부의 결속력은 더욱 강화되었고, 이는 상호 신뢰의 원천이 되었다. 이러한 결속력은 유대인, 파르시인, 화교, 아르메니아인들이 세계 각 지역에서 자신들만의 신뢰를 바탕으로 상업 공동체를 꾸려나갈 때도 비슷하게 나타난다.

학대받는 소수파였던 이들이 패러다임을 전환할 수 있었던 것은 그만큼 당시의 사회 경제적 조건과 부합했기 때문일 것이다. 상인경제는 이윤 추구를 위해 지속해서 교역망을 확대한 결과, 주로 해외를 무대로 하고 국내 경제와는 거리를 유지했다. 그러나 당시의 운송 및 교통의 한계, 17세기경 일본 및 중국의 쇄국정책 등으로 인해 지속적인 성장을 도모하기가 어려웠다. 오리엔트와의 교역이 위축되고 삼각무역 등의 여지가 더욱 줄어듦에 따라 유럽은 교역 일변도의 상업활동 외에 스스로 기술혁신을 통해 수출품을 창출하고 내수 기반을 닦지 않으면 안 되는 상황으로 몰리게 되었다. 제조 혁신의 필요성이 무르익어가고 있었다.[16]

이 모든 상황이 맞물려, 우연히 일어났다가 거품처럼 꺼질 수도 있었을 혁신의 계기들이 서로 힘을 증폭시키면서 도미노처럼 연쇄 반응을 불러일으키기 시작했다. 기업가정신이 역사적 변화를 일으킨 근본 원인이라고 말하는 것은 이 시대에 대한 정확한 묘사라고 할 수 없다. 다만 상인정신의 줄기를 따라 연면히 이어지고 있던 이윤 동기는 억압받는 환경 속에서 오히려 결속을 다졌고 이것이 경제적 조건이 성숙했을 때 점화되면서 기술혁신과 같은 물리적 힘과 격렬한 시너지 효과를 일으켰다고는 말할 수 있을 것이다.

혁신의 실행 체계 :
선대제에서 공장제로

정신만으로는 아무것도 실행할 수 없다. 산업혁명을 추진할 실행체제, 즉 혁신을 주도할 경제 주체가 필요했으며, 안트러프러너들은 이를 위한 조직의 혁신에서도 기계 발명에 못지않은 탁월한 솜씨를 보였다. 핵심적 과제는 앞에서 살펴보았던 선대제 시스템을 기계제 공장으로 전환하는 것이었다.

선대제란 상인이 제조 영역을 가내수공업자에게 아웃소싱한 체제이다. 독립 수공업자는 자신의 노동력과 초보적인 생산도구를 가지고 주로 집 안에서 생산을 담당한다. 시장 수요에 대한 정보와 판로를 가지고 있는 선대제 상인이 원료를 선구매하여 이들에게 공급하면 수공업자는 일정한 공임을 받고 기한 내에 제품을 만들어내고 상인이 이를 회수해가는 방식이다. 이것은 상인과 수공업자가 독립적 파트너로서 계약의 형식으로 거래하는 것이다. 상인은 기업가와 달리 수공업자의 작업 과정에 개입하거나 명령할 권한이 없다.

이에 반해 공장제는 하루 대부분 시간을 공장에서 근무하는 방식이다. 일하는 입장에서는 당연히 집에서 스스로 페이스를 조절하면서 재택근무를 하는 것이 더 좋으리라고 상상할 수 있다. 집을 떠나 낯설고 환경도 열악한 도시의 숙소에서 지내면서 고용주로부터 일거수일투족을 통제당하는 것은 고역이었을 것이다.

한편, 선대제 상인의 입장에서는 수공업자의 노동 과정을 통제할 수 없는 것이 불만이었을 것이다. 상인은 원료를 제공하고 납기일을 정하면 당일 물건이 다 완성되어 있기를 바라는 수밖에 없었다. 물건이 완성되어 있지 않거나 품질이 낮아도, 그리고 당시 흔하게 일어났던 일로 공급받은 원료를 빼돌리는 등의 술수를 부려도 상인으로서는 이를 근절하기가 어려웠고, 납품 차질로 인해 손실을 입을 수밖에 없었다.

벨트 구동 방식의 18세기 섬유 공장

18세기 영국의 가내수공업 모습

경기가 좋지 않을 경우에 상인의 발언권이 강한 수요자 시장(buyer's market)이라면 계약 종료를 무기로 휘두를 수 있다. 재료를 빼돌리거나 납기를 자주 어기는 수공업자와의 계약을 철회함으로써 옥석을 가리는 것이다.

산업혁명 이전에는 선대제에 대해 생산자와 상인의 이해관계가 어느 정도 절충되어 있었다. 생산자인 수공업자는 재택근무를 통해 일과 삶의 균형을 누렸고, 상인은 원재료라는 유동자본만 부담하면 되었기 때문에 자본 규모와 리스크를 낮은 수준으로 유지할 수 있었다. 이때에도 공장제 수공업, 즉 수공업자를 집 안이 아닌 공장에 집합시키는 방식이 있었으나, 이는 공장 건설 등 부담스러운 수준의 고정투자가 필요했다. 상당 규모의 자본이 묶이는 만큼 리스크가 컸으며, 효율적인 금융 제도와 유한책임 제도가 정착되어 있지도 않았다.

하지만 산업혁명기를 거치고 유럽과 글로벌 시장의 수요가 급증하면서 상인과 생산자의 절충은 동요하기 시작한다. 만들면 팔리는 상황, 즉 공급자 시장이 되면서 생산자의 협상력이 강화되고 상인의 힘은 줄어들었다. 그 결과 수공업자를 독려할 만한 당근도, 바람직하지 못한 행동을 할 때의 채찍도 부족했다. 동기부여를 위해 공임을 인상하면, 수공업자는 오히려 노동시간을 줄였다. 시장 수요의 예상치 못한 증가라는 변동성에 대해서 상인들은 생산능력을 확장할 방법이 없었던 것이다. 당시는 대규모의 자본이 묶이는 리스크보다 성장하는 시장을 상실하는 기회손실의 리스크가 더 큰 상황이었다. 이러한 수요의 급격한 증대를 포함한 다양한 불확실성에 대응하기 위해 리더십과 조직의 필요성이 절실해졌고, 그 결과 생산자들을 한곳에 집합시키는 생산 방식, 즉 공장 조직이

제조업의 유력한 모델로 등장했다.

—— 사람들을 한데 모아서 주의 깊은 감독자 휘하에 배치한 노동력과 여기에 기계를 결합시킨 공장이야말로 사람들의 무성의 그리고 부정직을 억제하면서 인력 부족 문제를 해결하는 방법이었다.[17]

공장제의 출현은 민간 부문에도 명령과 통제에 의한 조직 형태가 등장했음을 알리는 서막이었다. 이제까지 명령—통제는 국가, 그리고 국가의 핵심 기구인 관료제 정부나 군대에 적용되던 원리였다. 농업을 주로 하던 당시의 농촌 공동체는 국가의 지방행정 체제에 편입되기는 했으나 국가의 개입이 느슨한 편이었고 농촌 사회의 실질적 질서는 여전히 상호 호혜적 협력에 의해 유지되고 있었다. 농촌 사회에서 도시로 이주한 최초의 산업 노동자에게 공장 조직의 엄격한 관리는 견디기 힘든 고역이었을 것이다.

이러한 사정을 보여주는 인상적인 증거가 있다. 선대제 시절 수공업자들은 오늘날의 "불금"처럼 주말을 음주와 향락으로 지새우는 풍습이 있었는데 이 때문에 월요일 근무를 빼먹기 일쑤였다. (이것을 성 월요일이라고 불렀다고 한다.) 성 월요일은 산업혁명이 보편화된 19세기 전반까지도 잔존했다고 한다.

—— 산업혁명 전까지 인류는 자연과 조화된 불규칙한 생활리듬에 오래 익숙해 있던 터라 경영자가 해결해야 할 가장 큰 문제는 노동자에게 시간 엄수와 능률적인 작업 수행에 대한 인식을 주입시키는 것이었다.[18]

※ 올리버 하트의 재산권 이론과 선대제 – 공장 전환의 역사: 이론과 현실의 접점

선대제가 호황기에 수공업자와의 관계에서 어려움을 겪은 것은 역사적 사실이다. 그런데 이 사례는 앞서 설명한 올리버 하트의 이론과 내용이 거의 일치한다. 하트의 이론의 핵심은, 불완전 계약을 효과적으로 처리하기 위해 기업조직이 출현하게 된다는 것이다. 그는 불완전 계약의 사례로서 모기업과 협력업체 간 납품 물량의 변동을 제시한다. 예를 들어, 완성차 업체 GM과 차체를 납품하는 피셔바디(Fischerbody)의 협력 관계가 바로 그것이다.[19] 여기서 불완전 계약 상황은 다음과 같다. 갑작스러운 수요 증대로 GM이 계약 이상의 추가 납품을 피셔바디에 요구하고 이러한 상황에 관한 조항은 계약서에 명기되어 있지 않다. 이것은 수요 증가에 직면한 선대제 상인의 상황과 똑같다.

랜즈는 수요 증가가 발생했을 때 수공업자를 동기부여하는 유일한 해결책이 공장제라고 말한 바 있다. 이것은 재산권 이론이 이러한 불완전 계약 문제 때문에 기업조직이 발생한다고 예측한 것과 완전히 일치하는 주장이다. 이는 이론적으로 구성된 모델이 역사적 현실과 공교롭게 부합된 경우라고 말할 수 있을 것이다. 물론 산업혁명기 공장제의 성립이 기업의 재산권 이론을 확증한다고까지 말할 수는 없을지도 모른다. 그러나 이러한 이론과 역사의 닮은꼴은 재산권 이론을 옹호하는 입장에서는 매우 인상적인 일임이 분명하다.

고대의 노예제, 중세의 농노제와 같은 인신 구속적인 제도가 존재하지 않는 근대사회에 어떻게 확실한 위계 조직을 민간 부문에 세울 수 있었을까? 재산권 이론은 불확실한 사업 환경에서 잔여통제권을 경영자에게 위임한 결과라고 말한다. 반면 마르크스는 인클로저(enclosure) 운동 등 농촌 공유지 수탈 과정에서 발생한 대규모 농촌 실업의 압력이 노동자의 협상력을 극적으로 떨어뜨렸기 때문이라고 주장한다.[20] 두 주장 모두 시대와 상황에 따라 일리가 있을 것이다. 초기 공장 조직이 정착하는 과정에서는 당시 노동 시장 상황에 따른 협상력의 비대칭이 중요했을 것으로 추측할 수 있다. 그러나 이러한 경영 위계 조직과 경영자에게 전권이 주어지는 체제가 산업혁명 이후 200년 동안 지속한 데에는, 기업조직이 혁신을 달성하는 데 유효하다는 암묵적 합의가 작용한 것일 수 있다.

민간 부문에 수립된 대규모 위계 조직은 당대인들에게도 놀라운 일로 받아들여졌다. 당시 공장을 하나의 전제 국가로 비유하는 비판적 시각이 적지 않았다. 부정적 시각과 함께 기업조직이 사적 재화만이 아니라 공공 분야에서도 역할을 할 수 있다는 긍정적 시각도 존재했다. '민간 기업(private enterprise)'이라는 당시로서는 신조어였던 단어가 미국 건국 영웅들의 말과 글에서 자주 등장하며, 이들은 대규모의 공공 프로젝트가 비정부 기구에 의해 추진될 수 있다고 믿었다. 미국의 3대 대통령 토머스 제퍼슨(Thomas Jefferson)은 다음과 같이 말하기도 했다.

— 교육은 공공적으로 관심을 기울여야 할 주요 사안이지만 민간 기업의 역할을 배제해야 한다고만 생각할 수 없을 것입니다. 교육에 상응할 만한 모든 다른 문제들을 민간 기업이 탁월하게 관리하고 있기 때문입니다.[21]

※ 새로운 라이프 스타일의 창조

빵장수가 빵을 공급하는 것은 이기심의 결과라고 애덤 스미스가 말했다. 그러나 빵의 공급은 관습적인 일상의 반복이다. 빵장수가 생계를 유지하기 위해 전통적인 상품인 빵을 공급하는 것이 '이기적'이라면, 기업가의 이윤 추구는 이러한 '이기심'과는 차원이 다르다고 해야 할 것이다. 기업은 이제까지 없는 혁신적 제품을 제공함으로써 세상을 바꾸었는데, 그것은 이를 통해서 관습화된 낮은 이윤을 벗어날 수 있었기 때문이다. 몇 가지 예를 생각해보자.

① 섬유 공업의 혁신으로 면제품이 등장하면서 유럽 사회의 위생과 사람들의 건강은 놀라울 정도로 개선되었다. 그 전까지 모직물 옷을 입던 시절에는 세탁이 어려워서 이(虱)와 같은 벌레가 방치되었고 이는 심각한 전염병의 원인이 되었다. 물빨래가 가능한 면직물의 보급이 일반 서민들의 건강생활에 미친 영향은 엄청난 것이었다.[22]

② '얼음왕' 프레더릭 튜더(Frederic Tudor)는 사람들에게 대량으로 얼음을 파는 아이디어를 구상했다. 얼음은 현대의 식생활에서는 필수 불가결하지만, 냉장고도 없던 당시에 (튜더는 19세기 전반기에 활동했으며 냉장고는 1862년에 최초로 개발되었다.) 얼음을 일상적으로 소비한다는 것은 상상도 할 수 없었다. 그럼에도 튜더는 얼음을 채취해 팔기로 마음먹었다. 냉동 시설 없이 얼음을 운송하는 것은 쉬운 일이 아니었고, 그는 쿠바로 얼음을 운송하다가 재고품이 녹아 4,000달러의 손실을 입기도 했다. 게다가 어려운 점은 또 있었다.

식생활에서 얼음을 사용한 적이 없는 사람들에게 어떻게 사용하고 어떻게 보관할지 교육하는 것은 더 큰 일이었다. 하지만 기업이 소비자를 꾸준히 교육한 결과, 차갑게 식혀서 먹는 샴페인과 맥주, 아이스크림과 아이스드링크 등의 제품이 현대인의 삶의 일부가 되었다.[23]

③ 기차의 출현 또한 세상을 뒤바꿔놓았다. 기차가 가져온 온갖 변화를 일일이 언급할 필요는 없을 것이다. 그러나 흔히 거론되지 않던 다음과 같은 일도 있다.

"1860년대에 이르러서는 러시아에서 서유럽까지 기차를 갈아타며 여행하는 일이 가능해졌다. […] 이런 여행의 혁신은 여러 나라 예술가들 사이에 새로운 교류의 기회를 제공했다. […] 이제 유럽의 예술가들은 전 유럽, 나아가 신대륙과 전 세계의 새로운 예술 조류에 훨씬 더 신경 쓰게 되었다. […] 독일 통일 이후 큰 격변 없이 안정을 누리던 유럽에서는 특히 음악계 신사조와 프런티어십의 첨병이었던 작곡가들이 활발한 교류를 나누었다. 독일-오스트리아권을 대표하던 요하네스 브람스, 러시아 음악의 대표자이자 '서구파'로 불린 표트르 일리치 차이콥스키, 스메타나의 뒤를 이은 체코 음악의 대변자 안토닌 드보르자크, 북유럽 노르웨이에서 희귀하게 탄생한 준재 에드바르드 그리그는 각각 자신의 나라를 대표하면서 국가 간 교류의 중심에 있었다."[24]

장거리 이동이 거의 불가능하던 시절에 각국의 예술가들이 상대의 음악을 생생하게 듣고 심지어 그와 직접 대화를 나눈 것은 예술의 발전에 지대한 영향을 미쳤을 것이다. 물론 에디슨의 축음기 발명 이후 인간과 음악의 관계는 상상도 할 수 없을 정도로 달라졌다.

이 역시 안트러프러너 혁신의 결과였다.

④ 19세기 후반 에디슨이 축음기를 발명한 이후 이제 음악은 복제 가능한 것이 되었고, 마치 구텐베르크의 인쇄술을 통해 지식이 대중에게 개방되었던 것처럼 라디오와 전축을 통해 아름다운 선율과 화음이 대중에게 개방되었다. 그 원동력이 바로 이윤을 추구한 기업이라고 말해도 무방할 것이다. 1878년에 에디슨이 축음기의 특허권을 취득했는데, 그 이후 음반회사가 우후죽순처럼 생겨나 1914년에는 78개에 이르렀고, 20세기 초에는 수백만 장의 음반이 생산되고 있었다.[25] 문화에 관심이 있던 위대한 메세나 군주와 관료 조직이 주도적으로 추진한 일이 아니었다. 이것은 현대사회의 삶에서 기업이 차지하는 존재감을 잘 보여준다.

실제로 20세기 초에 이르렀을 때 펜실베이니아 철도나 AT&T와 같은 민간 기업의 행정력에 견줄 만한 정부 기구는 존재하지 않았다.[26] 이들은 철도, 전화, 전신 등 오늘날 공공 부문으로 알려진 분야에서 혁신을 거듭하였다. 이것은 시장이라는 환경 속에서, 인간의 니즈와 생산 시스템 간에 존재하는 갭에 본능적으로 반응하고 이윤을 추구하는 기업들에 의해 주도되었다.

산업혁명기의 시장 :
'보이지 않는 손'의 시대

기업 역사 최초의 시기인 안트러프러너의 시대를 마치기 전에, 산업혁명 시기의 기업과 시장의 관계를 살펴보자. 이 시기는 기업과 시장이 함께 성장하던 시기였다. 기업조직도 아직 왜소하고 시장경제도 여러 측면에서 미성숙한 시기였으나, 양자의 비중을 따진다면 과연 어떤 메커니즘이 우위에 있었을까?

이 시대의 기업은 소유주에 의해 직접 경영되고 있었고 유한책임 제도는 상당 기간 정착되지 못했다. 그리고 이들은 단일 업종 경계 내에 머물렀으며, 경영 기능에서도 제조 영역에 집중하고 있었다. 종업원이 많아야 수백 명 이하의 규모에 그쳤고, 현대의 글로벌 대기업과 같이 전체 경제에 영향을 끼칠 만한 비중을 지닌 기업도 없었다. 당시 중소 규모의 기업들은 각자의 이윤 최대화에 전념했으며, 이것은 경제학 교과서가 상정하는 완전경쟁 시장에 비교적 가까운 것이었다. 즉, 시장 전체의 수요를 좌지우지하거나 가격에 영향을 미칠 정도의 시장지배력을 갖춘 기업은 상상하기 어려웠고 시장에서 주어진 가격에 따라 조업량을 결정하는 '가격 수용자(price-taker)'에 부합하는 기업이 대부분이었다.

그런데 경제학 이론에 등장하는 완전경쟁 시장이란 독점 기업이 없다는 것만으로는 부족하고, 몇 가지 추가적인 조건이 필요하다. 그 하나는 '완전정보'라고 불리는 시장 정보의 원활한 소통이다. 당시 정보 통신이나 운송, 교통 인프라가 미흡한 상황에서 정보의 획득과 유통에 관련된 거래비용이 높았다는 점을 감안하면 과연 당시의 시장이 적절하게 작동했을까 하는 의문이 든다.

당시의 시장은 열악한 인프라 환경에도 의외라고 할 만큼 효율적으로 작동했던 것으로 보인다. 전신, 전화 등 근대적 통신은 없었지만, 태고부터 사용되어오던 봉화, 수기(手旗) 등의 원시적 방법을 통해 상당히 긴밀한 정보 교환과 시장 거래가 이루어졌던 것이다. 물론 팩스, 텔렉스, 위성통신, 인터넷으로 중무장한 현대 시장경제에 비할 바는 아니지만, 고색창연한 이 시기는 '고전적 시장경제'라고 불려도 전혀 손색없는 정보력을 발휘했다.

또 하나는 산업의 전문화 수준이다. 애덤 스미스가 말한 것처럼 시장의 규모가 클수록 분업이 심화되고 이로써 한 업종에 특화된 생산 주체가 출현하면서 자급자족 경제가 시장경제로 전환되는 것이다. 고전적 안트러프러너 시대는 근대적 산업이 최초로 출현한 시기로서 산업의 구분 자체가 생겨나는 시기, 특히 주요 제조업—섬유 공업과 화학 공업이 대표적이다—이 탄생하는 시기라고 보아야 할 것이다. 지금과는 비교할 수 없지만, 당시로서는 나름대로 분화된 업종별로 새로 출현한 기업들이 산업의 영토를 나누고 있었다. 그리고 업종별로 수많은 안트러프러너 기업들이 치열한 경쟁을 벌이는 엄연한 시장경제체제였다. 특히 이때 형성된 업종 구분은 이후 진행될 업종 세분화의 기반이 되었다. 최초의 산업 구분은 이후 산업의 엄청난 발전에도 희미해지지 않고 오늘날까지도 여전히 산업의 대분류 기준으로서 뚜렷하게 남아 있다.[27]

수직 축에 해당하는 가치사슬상으로도 분화가 어느 정도 성숙하고 있었다. 그런데 가치사슬이 미분화된 경우, 생산 활동의 대부분이 자급자족적 가계 또는 단일 기업 내부로 흡수되고 그 결과 부가가치 중 시장의

※ 고전적 시장경제 시대의 정보 교환: 수동식 텔레그래프 이야기

19세기 프랑스의 소설가 알렉상드르 뒤마(Alexandre Dumas)의 《몬테크리스토 백작》에는, 백작이 된 에드몽 당테스가 원수 당글라르에게 복수를 하기 위해 원거리 통신소에 가서 신호수를 매수하는 장면이 나온다. 백작은 스페인 정정이 불안하다는 오보를 흘려 당글라르가 스페인 채권을 헐값에 팔도록 유도하였다.[28] 이 통신소는 1792년 프랑스의 클로드 샤프(Claude Chappe)가 고안한 수기신호 장치를 갖추고 있었으며 탑에서 망원경을 통해 인근 통신소의 신호를 읽고 전달하는 방식이었다. 19세기 초에 이 장치는 국가 행정은 물론

Télégraphe Chappe(Illustration parue dans 《*Les merveilles de la science*》, Louis Figuier, 1868)

뒤마의 소설에서처럼 정치·경제 정보를 전달하는 미디어 채널로도 활용되었다. 백작이 이처럼 쉽게 정보를 조작할 수 있다는 점에서 당시 통신 시스템이 취약했다는 것을 부인할 수 없지만 다른 관점에서 보면 전화, 전신 등의 장치가 없는 상황에서도 인간의 시력을 이용한 원시적 장치를 통해 글로벌 정치 상황을 일 단위로 반영하는 경제 시스템이 작동하고 있었다는 점은 놀라운 일이다.[29]

비중은 미미한 수준에 정체된다. 빵장수가 밀을 재배하고 제분하며 제빵까지 담당한다면 시장의 비중은 위축될 수밖에 없다. 시장이 덜 발전할수록 시장에서 구입할 수 있는 것이 없기에 수직적 분화를 하고 싶어도 할 수가 없다. 이렇게 시장이 미성숙한 곳, 이를테면 신흥국에서 신흥 기업이 빠르게 성장하다 보면 가계나 공동체에 속해 있는 생산 기능을 기업 내부로 끌어들이는 수직계열화 경향이 나타난다. 시장비용이 너무 높기에 기업이 직접 계열사나 자회사를 통해 생산요소를 조달하는 것이다.

성장 단계에 막 들어선 신흥국 기업에서 콩글로머리트(conglomerates)형 대규모 기업집단이 흔히 발견되는 이유도 여기에 있다. 원료 및 부품 생산, 광범위한 유통 채널 등이 잘 갖추어져 있지 않은 신흥국에서는 기업이 다양한 사업 영역으로 진출함은 물론 전후방의 가치사슬까지 계열화를 추진하는 것이다. 이 원리는 신흥국의 토종 기업뿐 아니라 서구 선진기업이 신흥국에 진출하는 경우에도 적용된다. 실례로, 맥도날드는 미국에서는 공급망의 대부분을 외주 조달에 의존했지만 러시아에 진출하면서 이러한 방식을 적용할 수 없음을 깨달았다. 맥도날드는 모스크바 시청과의 협력 아래 쇠고기, 제빵, 감자, 유제품, 케첩, 겨자 일체를 생산하는 10만 평방피트의 맥컴플렉스를 건설했다.[30]

그렇다면 산업혁명기 고전적 안트러프러너 시대의 시장 환경은 어땠을까? 오늘날의 신흥국처럼 '얇은' 상태가 아니었을까? 소득 수준으로 보았을 때 당시는 영국을 위시한 유럽 경제가 신흥 시장의 성격을 띠고 있을 때였다. 그러므로 이 시기 기업들이 현대 신흥국 기업들과 같은 수직통합 전략에 의존하지 않고 시장경제에 편입되었다는 것은 얼핏 보면 의외라고 느껴질 수 있다. 하지만 이 점을 이해하기 위해서는 그때와 지금의 기술 수준 차이를 고려해야 한다.

산업혁명 직후의 기업은 기계화 등 핵심적 기술혁신은 달성했지만, 생산 시스템 전체를 뒤바꾸는 데까지는 나아가지 않았기 때문에, 이미 자리 잡은 기존의 생산 시스템—그것이 가내수공업이든 자영업이든 길드이든 간에—으로부터 필요한 요소를 받아들일 수 있었다. 아직 기계화가 정교한 수준까지 진전되지 못했기 때문에 정확한 규격에 맞지 않아도 기존 생산자로부터 다양한 투입 요소들을 받아들일 수 있는 융통성 혹은 '허술함'이 있었던 것이다.

이것이 고전적 산업화 시대가 현대의 신흥국 시장과 큰 차이를 보이는 이유이다. 현대의 생산 시스템은 엄청난 규모의 설비와 고도화된 기계로 이루어져 있어, 기존의 낡은 시스템을 통한 산출물의 경우 이러한 시스템의 요구를 충족시킬 수 없다. 따라서 현대화된 기업이 아예 부품과 원료의 생산 시스템을 근본적으로 새롭게 만들어내지 않으면 안 되었다. 마치 러시아에 진출한 맥도날드가 완결된 생산 시스템을 기존 산업 기반을 외면하고 새롭게 이식해야 했던 것처럼, 20세기 이후 대기업들도 기존 시장이 근본적으로 재구축되기까지는 필요 부품과 원료를 자체 생산해야 했다.

이에 반해 19세기 고전적 안트러프러너는 몇몇 핵심 제조 분야에서 기계화를 달성했을 뿐 이미 존재하는 낡은 생산 시스템들을 계속 이용해도 문제될 것이 없었다. 산업혁명기 안트러프러너들은 당시의 공급자들과의 시장 거래를 통해 혁신적 성과를 달성했고, 그 결과 경제학 교과서의 표준 모델에 가까운 시장경제가 훌륭하게 작동되었던 것이다.

오늘날 주류 경제학 균형 이론의 기초는, 첨단 기술과 수많은 전문

기업이 번성하는 현대가 아니라, 고색창연한 19세기 시장에 대한 관찰을 통해 만들어진 것이다. 일반 균형 이론의 원조인 레옹 왈라스(Marie Esprit Léon Walras), 앨프리드 마셜(Alfred Marshall), 스탠리 제번스(William Stanley Jevons), 칼 멩거(Carl Menger)는 모두 이 시기에 자신들의 주요 저서를 발표했다.[31] 당시의 사회과학자들이 시장 균형에 집중한 것은 경제 시스템의 작동이 실제로 시장 메커니즘에 의해 이루어졌지만, 기업은 소규모로서 아직 기업 내부의 조직화는 성숙하기 전이었기 때문이다. 그러나 20세기 들어 2차 산업혁명이라고 할 수 있는 기술의 대약진, 그리고 이로 인한 조직의 변화가 일어나면서 이러한 고전적 풍경은 근본적으로 뒤바뀌게 된다.

※ 공장의 두뇌, 기계

공장이란 무엇인가? 단순히 많은 노동자를 한곳에 모아놓고 집단 작업을 수행하는 것만으로는 공장이라고 할 수 없다. 진정한 공장의 본질은 기계다. 공장은 기계라는 존재에 의해 이제까지의 모든 생산 조직과 다른 것이 되었다. 그렇다면 기계란 무엇인가? 기계라는 것 자체가 역사적으로 엄청난 발전을 이루어왔기에, 산업혁명 당시의 제니 방적기와 현대의 첨단 기계 모두에 보편적으로 적용되는 정의를 내리기란 쉽지 않다. 당대의 기계와 이를 둘러싼 현상을 예리하게 지켜본 마르크스의 논의를 살펴보기로 한다.

마르크스는 기계에 대해 역사적이고 입체적인 이해가 필요하다고 주장했다. "도구란 단순한 기계이고, 기계는 복잡한 도구"라고 봐서는 안

된다는 것이다. 활, 톱, 대패, 도끼 등 소박하더라도 그 의미를 생각하면 엄청난 발명이었던 이러한 도구들과 산업혁명 이후 보편화된 기계의 근본적 차이는 무엇인가? 상식적으로 생각할 수 있는 대답은 동력이다. 인간의 신체적 힘으로 움직이면 도구이고, 인간 이외의 동력원을 사용하면 기계라는 것이다. 마르크스는 그렇다면 "소의 힘으로 끄는 쟁기는 기계이고, 인간이 구동하는 제니 방적기와 같은 기계는 도구란 말인가?"라고 반문한다. 도구와 기계의 차이점을 파악하기 위해서는 우선 기계를 구성하는 3가지 요소를 구분해야 한다.

① 원동기: 기계가 움직이는 동력을 발생시키는 것이다. 사람, 소, 수력, 풍력, 전기, 원자력 등이 될 수 있다.

② 전달기: 최초 발생한 동력을 최종적인 작업기로 이동시키는 것이다. 기계가 복잡할수록 이 부분이 복잡해진다. 나무꾼과 도끼는 나무꾼의 허리와 팔에서부터 나온 동력이 도끼 손잡이를 통해 전달되는 것으로 전달의 과정이 대단히 직접적이다. 보다 기계다워질수록 동력에서 작업기까지의 전달 과정이 길어지고 복잡해진다. 이해하기 쉬운 예가 물레방아일 것이다. 물의 흐름에서 발생한 힘이 물레를 돌리고, 이 힘을 방아나 맷돌까지 전달해주는 굴대, 눌림대, 방아채 등이 전달기를 이룬다.[32]

③ 작업기: 작업 대상과 접촉하여 실제로 의도된 변형을 가하는 부분이다. 물레방아의 경우 곡식을 갈아주는 부분, 즉 방아나 맷돌이 작업기가 된다. 굴착기의 경우는 바닥을 뚫어주는 송곳같이 생긴 부

분, 선반에서는 실제 쇠를 깎아내는 절삭 부분이 될 것이다.

기계의 특징이 동력이라고 생각하는 것은 원동기를 기계의 본질이라고 생각하는 것이다. 그러나 마르크스는 동력이 아니라 작업기가 기계의 핵심이라고 말한다.

> ─ 도구 또는 작업기(working machine)는 기계의 한 부분으로서, 바로 이 부위에서 18세기 산업혁명이 시작되었다. 지금 이 순간에도 수공업 또는 공장제 수공업이 기계에 의존하는 산업으로 변화할 때마다, 바로 이 부위의 발전이 출발점으로 작용하고 있다.[33]

즉, 산업혁명의 출발은 증기기관과 같은 동력의 변화가 아니라 작업기의 변화에서 비롯되었다는 것이다. 기계화 이전 작업기에 해당되는 도구, 즉 '손도구'들은 인간의 신체가 사용하기 위한 신체의 연장이었다. 그러나 근대적 기계의 작업기는 신체의 연장이 아니라 기계의 연장으로 바뀐다. 그것은 처음에는 인간에게 적합한 형태와 크기였으나, 기계에 적합한 것으로 모양을 바꾸어간다. 작업기 부분이 기계화되면서 핵심 작업 프로세스에서 인간이 배제되고, 이로 인해 기계가 인간 신체의 한계를 극복할 수 있는 여지가 발생한다.

방적이란 '실을 잣는' 것으로 수만 년 동안 인간의 수작업을 통해 이루어졌다. 동물의 털이나 식물, 면이나 아마의 섬유질과 같은 최초의 섬유질은 길이가 짧았다. 이것이 실이 되려면, 토막 나 있는 섬유질을 뽑아 꼬아서 끊어지지 않는 실을 만들어야 한다. 그런데 뽑고 꼬면서, 전체 두께가 일정하고도 튼튼한 실을 잣는 일은 인간의 손만이 할 수 있었다. 물레(spinning wheel)는 실을 만들어낼 때 인간의 손을 도와주는 보조적 도구로, 모든 물레는 인간의 손에 의존하는 한, 한 줄씩 실을 자을 수밖에 없다. 그런데 제니 방적기는 뽑고 꼬는 동작을 기계화했다. 방추(spindle)와 물레바퀴를 이용하여 손의 작업을 대신하게 만든 것이다.[34] 이것은 오늘날의 '인공지능'에는 견줄 수 없다고 해도 '인공 손', '인공 솜씨'라고는 할 수 있는 것으로, 인공지능과 궤를 같이하는 성취라고 할 수 있다.

기계는 인체에 비유하자면 두뇌의 시뮬레이션에 가까우며 결코 단순한 동작의 반복 장치에 머물지 않는다. 기계가 만들어지자 인간은 기계의 부속품 역할을 하게 되었다. 기계가 두뇌가 되고 인간이 수족이 된 것이다. 이것이 가능하게 되자 하그리브스는 한 사람이 8개의 실을 동시에 자을 수 있도록 만들었고, 이 숫자는 곧 급격히 늘어났다. 이는 인간이 단순 부품으로 취급될 수 있음을 뜻하는 것이다.

작업기가 인간 신체와 지성의 한계를 극복함에 따라, 이제 동력을 발전시킬 이유가 생겼다. 한 명이 실 하나를 잣는 한 물레를 아무리 빨리 돌려도 생산성이 크게 늘지 않는다. 그러나 방추의 개수가 8, 10, 30, 100……으로 점점 늘어나면서 강력한 동력이 붙으면 이것은 생산성의 비약적 증가로 연결된다. 병목이 해결된 것이다. 기계의 본질이 동력의 혁신이라고 생각하게 된 것은 이 때문이다. 그러나 동력은 작업기가 인간의 손을 대체하기 전에는 의미가 없었다. 사람의 머리와 손이 없으면 불가능한 작업들이 기계장치에 의해 대체된 것, 그것이 핵심이다. 하그리브스가 손의 미묘한 동작을 재현할 기계장치를 고안한 것, 이 지점이야말로 산업혁명이 탄생한 순간이라 불러도 무방할 것이다.[35]

경영자와
대기업의 시대

최초로 등장한 안트러프러너 기업은 기술 발전에 의한 규모의 경제 효과, 그리고 유한책임의 주식회사 등 제도적 정비에 힘입어 점점 더 규모를 키워가기 시작했다. 과거에도 알렉산더, 로마, 몽골, 합스부르크 등 정치군사력에 의한 대제국이 형성된 적이 있지만, 이젠 민간 부문에서 제국에 필적하거나 제국을 능가하는 중앙 통제 시스템이 형성되기 시작한 것이다.

_____ 애덤 스미스 시대 사람들로서는 1800년 당시 80만 미만이던 런던 인구의 2배에 달하는 노동자를 고용하고 약 20개이던 당시 대영제국 식민지의 6배에 해당하는 120개국에 지점을 두고 영업하는 맥도날드 같은 지금의 거대 기업은 상상조차 할 수 없었을 것이다.[36]

이제부터 미국의 경영사학자 앨프리드 챈들러(Alfred Chandler)가 '보이는 손' 또는 '경영자 자본주의'의 시대라고 부른, 20세기 대부분을 풍미한 '기업의 세기'를 살펴보자.

대규모 설비투자를 통한 경쟁력의 창출 :
'보이는 손'의 출현

고전적 안트러프러너의 시대에는 자본의 진입 장벽이 그다지 높지 않았다. 당시 영국의 기업들이 규모를 키우기 어려웠던 것에는 많은 이유가 있으나 무한책임 시스템이 일부 원인으로 지목되기도 한다. 즉, 동인도회사 같은 국가로부터 보호되는 특권회사를 제외하고는 유한책임 제도가 결여되어, 당시의 기업은 일정 규모 이상으로 성장하기가 어려웠다는 것이다.[37] 그러나 주식회사 제도가 정비됨에 따라 기업의 규모가 점점 커지더니 마침내 전대미문의 수준까지 도달하게 된다. 이러한 움직임이 최초로 일어난 무대는 철도산업이었다.[38]

주목할 점은 점진적 성장에 의해 자연스럽게 대기업이 등장한 것이 아니라, 비교적 짧은 시간에 비약적인 성장이 이루어졌다는 것이다. 이것은 기업의 소유주와 경영자들이 다분히 주도적으로 조직 혁신과 이에 적합한 기업 생태계를 조성한 측면이 강하다. 이 시기에 대기업 조직의 대대적 개편은 물론 이를 지원하기 위한 하위 시스템, 전략경영, 사업부제, 생산 시스템, 경영자 교육 체계 등도 갖추어졌다.

근대 이전 지리상 발견을 주도한 상인정신은 산업혁명 이후 제조 혁신

※ 경영자 자본주의와 경영자 혁명

산업혁명의 뒤를 잇는 대기업의 시대, 앨프리드 챈들러가 '보이는 손' 의 시대라고 지칭한 이 시대를 표현하는 다른 말로, '경영자 자본주의 (managerial capitalism)', 그리고 '경영자 혁명(managerial revolution)'이 라는 표현이 사용된다. 경영자 자본주의라는 개념은 로빈 매리스(Robin Marris)가 1964년 《경영자 자본주의의 경제학적 이론(*The Economic Theory of Managerial Capitalism*)》을 출간한 이후 본격적으로 사용 된 것으로 보인다. 이것은 그 이전의 소유주 중심 체제를 가리키는 소유 자본주의(proprietary capitalism), 또는 개인 자본주의(personal capitalism) 등과 대조를 이룬다. 이 말은 또한 1980년대 이후의 주주중 심 자본주의(shareholder capitalism)와도 대비된다. (주주중심 자본주의 가 원활하게 작동하는 주식 시장과 소액주주, 기관투자가까지 포괄하는 개념이라 면, 소유 및 개인 자본주의는 소유와 경영이 미분화된 시대의 용어이다.)

'경영자 혁명'이라는 말은 '산업혁명'을 염두에 둔 조어로서, 챈들러가 주저 《보이는 손(*The Visible Hand*)》의 부제로 "미국 기업의 경영자 혁명 (The Managerial Revolution in America Business)"을 사용한 이후 '보이 는 손', '경영자 자본주의'와 거의 동의어가 되었다. 그러나 이 표현을 처 음 사용한 사람은 한때 트로츠키주의자였던 미국의 정치사상가 제임스 버넘(James Burnham)으로, 그는 1941년 《경영자 혁명(*The Managerial Revolution: What Is Happening in the World*)》이라는 책을 발표했다. 버 넘은 전문경영자를 새로운 시대의 주역으로 간주하고, 자본주의 사회 의 대안으로서 전문가 사회, 특히 경영자가 지배하는 사회를 꿈꾸었다. 즉 '경영자 혁명'이라는 표현에서 사용된 '혁명'은 산업혁명처럼 단순히

을 주도한 기업가정신으로 계승되고, 뒤이어 경영자 자본주의 시대를 맞이하여 '경영자 혁명'이라고 불리는 또 다른 변화의 모습을 보여준다.

경영자 혁명은 기업 규모, 기술 시스템 등 기업 속성의 변화만을 의미하는 것이 아니었다. 당시에 기업 주도권이 산업혁명의 맏형 격인 영국에서 신흥국 미국으로 옮겨가는 변화가 일어났다. 경영자 자본주의라는 새로운 체제[39]로 전환되는 과정에서 영국이 적응에 어려움을 겪는 동안 미국은 빠르게 추격했던 것이다. 변화는 단순히 기업의 규모를 키우고 설비를 대형화하는 것에 그치지 않고, 그 배후에 놓여 있는 구조 및 전략의 근본적 변화까지 함께 이루어졌다.[40]

이 시기의 전략은 설비투자를 통해 막대한 고정비를 부담하되 이를 통해 변동비용을 파격적으로 감소시키는 것으로, 고정비는 규모가 확대될수록 분산되므로 원가 하락이 가속화되는 효과가 있다. 그러나 기업 경제학자 윌리엄 라조닉(William Lazonick)은 과연 고정자본을 투입하기만 하면 지속적인 원가 절감이 보장되는가를 묻는다. 그에 따르면 잘못된 고정투자는 낭비를 초래할 뿐이다. 고정투자는 단순히 비용의 문제가 아니라 경영 시스템, 비즈니스 모델을 바꾸는 문제이며, 바로 전략적 의사결정의 문제다.

—— 한 기업의 고정비 수준을 결정하는 요인은 무엇인가? 그것이 바로 그 기업의 전략이다.[41]

아래 그림에는 2개의 평균비용 곡선이 나온다. 평균비용은 규모가 작을 때는 규모의 경제 효과로 하락하지만, 일정 규모를 넘어서면 효과가 반감되면서 비용이 다시 상승하기 시작한다. 그림 속의 2개의 U자형 곡선이 그것인데, 그중 아래 곡선(HV)이 영국의 고전적 안트러프러너의 상황에 해당된다. 초기 안트러프러너들은 최초의 기계를 통해 어느 정도 비용 절감에 성공했지만, 규모가 늘어감에 따라 다시 비용이 증가하는 국면에 이르렀다. 그러나 앞에서 말한 대로 더욱 큰 규모의 설비투자를 단행하는 데는 주저하였다. 그러면서 영국 기업은 경영전략 자체의 궤도

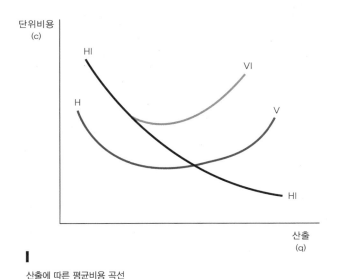

산출에 따른 평균비용 곡선

수정에 부담을 느끼고 타이밍을 놓치고 만다. 기존 생산 시스템에 익숙한 경영자는 물론이고 현장 리더십을 발휘하던 베테랑 숙련공들까지 새로운 시스템 도입에 저항한 것이다.

그 결과 영국 기업은 평균비용 곡선의 상승 국면에 진입하게 되었으며 이는 후발 주자들에게 추격의 기회를 준 셈이 되었다. 기존 생산 시스템에 속박되지 않았던 미국 기업은 과감한 설비투자를 단행하고 생산 시스템을 대대적으로 혁신했다. 이것은 훨씬 더 큰 고정비를 요구하기 때문에 미국 기업의 평균비용 곡선은 영국보다 높은 지점에서 시작했다. 이때 관건은 평균비용이 일정 규모 이상이 되어도 다시 반등하지 않고 하락 기조를 지속할 수 있는가이다. 만약 그렇게 된다면 비용 상승 국면에 있는 영국 기업을 추월할 수 있지만(HIHI), 단순히 기존 U자형 곡선을 위로 이동시킨 것에 그친다면(HIVI) 추격에 실패할 가능성도 있었다. 미국의 대기업은 개별 설비의 개량만이 아니라 전체 시스템을 개선하고, 숙련공 위주의 작업 조직을 혁신하는 등, 인간의 재량을 최소화하는 시스템 고도화를 추진했다. 이러한 노력의 결과로 설비투자의 효과가 지속적인 비용 절감으로 이어졌다(HIHI).

표면적으로는 산업화 이전, 즉 가내수공업, 길드, 공장제 수공업(매뉴팩처) 수준의 생산 방식에서 고전적 안트러프러너로 넘어온 것도 고정비의 증가이고, 고전적 안트러프러너에서 대기업으로 넘어온 것도 큰 규모의 고정비 증가로, 같은 경향이 좀 더 심화된 것으로 보이기도 한다.[42] 그러나 이 두 시기는 단순히 투입된 고정비의 금액 차이로 규정할 수 없다. 그 때문에 라조닉은 "고정비의 수준 그 자체가 바로 전략"이라고 단언한 것이다.

※ 밸브 손잡이를 묶은 소년: 애덤 스미스 시대의 기계설비 혁신

애덤 스미스의 시대, 즉 고전적 안트러프러너 시대의 기계와 노동의 관계를 엿볼 수 있는 사례가 《국부론》에 나온다. 애덤 스미스는 분업의 장점 중 하나로 분할된 단순한 작업을 반복해서 수행하다 보면 기계 발명의 착상을 얻게 된다는 것을 지적하고 그 실례를 제시하고 있다.

— 최초의 증기기관의 경우, 피스톤이 올라가고 내려가는 것에 따라 보일러와 실린더 사이의 문을 열었다 닫았다 하기 위해 한 소년이 계속 붙어 있어야 했다. 이 소년들 중 친구와 놀기를 좋아하는 한 소년이, 이 문을 여는 밸브 손잡이와 기계의 다른 부분을 끈으로 묶음으로써 그 밸브가 자기의 도움 없이 열리고 닫히며, 자기는 친구들과 마음놓고 놀 수 있다는 것을 발견한 것이다. 증기기관이 최초로 발명된 이래 달성된 가장 큰 개량들 중의 하나는 이처럼 자기 자신의 일을 줄이고 싶어한 한 소년의 발명이었다.[43]

이 이야기는 이 시대에 작업자와 기계설비가 밀접하게 상호작용했음을 보여준다. 스미스는 '기계 분야의 천재 소년'을 소개한 것이 아니라, 분업 체제에서는 어린 소년조차도 기계적 개량을 달성할 수 있다는 이야기를 통해 분업의 위력을 강조한 것이다. 근대 기업의 시발점이었던 산업혁명 직후에는 기계의 발명으로 인해 분업이 재편되었던 측면도 있지만, 애덤 스미스가 말한 대로 분업의 결과 현장의 노동자가 기계화를 촉진하는 현상도 있었을 것이다. 그때까지는 숙련공이 주역으로 활동하던 시대였다.

미국이 주도한 20세기 초반 설비투자의 증대는 기계화를 새로운 단계로 도약시킨다. 고전적 안트러프러너 시대에서 기계가 숙련공의 작업 프로세스 근간을 유지한 채 '보완적' 역할을 수행했던 것과는 달리, 이제 기계가 주도하는 새로운 생산 시스템으로의 재편이 일어나고 인간이 기계를 보완하는 형태가 되면서, 인간과 기계 사이의 주도권이 역전된다. 데이비드 랜즈는 진정한 공장과 이전의 대규모 작업장과의 차이점에 대해서 이렇게 설명한다.

___ 거대한 규모, 엄청난 노동력 동원 등은 공장의 진정한 특징이 아니다. (당시까지는 근대적 공장 수준에 도달하지 못했던) 대규모 제철소와 조선소에서는 노동이 아무리 철저히 감시된다 하더라도 작업 속도는 기계가 아닌 인간들이 결정했었다. 작업 속도를 이제 인간이 아니라 기계가 정한다는 것이 결정적 차이였다.[44]

기계와 작업자 간 상호작용 방식의 변화가 고전적 안트러프러너와 대기업의 시대를 나누는 본질적인 차이다. 시장에서 거래되던 생산요소들이 기업 내부, 즉 자체 제조 영역으로 끌려 들어오는 과정에서 기업의 경영과 조직은 근본적인 변화를 겪게 된다.

그 변화란 기업이 정교한 위계 조직으로 편성된 것이었다. 민간에서 구현된 위계 조직은 기업이 그 시초였음은 이미 설명한 바 있으나, 대기업은 여기에서 한발 더 나아갔다. 대기업은 기계화된 현대적 공장을 중심으로 과거 제국의 정부와 군대를 능가하는 위계 조직을 구축하였다. 챈들러는 1975년 미국 대기업의 경영관리 계층이 최소한 6단계였다고 보고하고 있다.[45]

국가의 관료제는 역사적으로 놀라운 업적을 이루었다. 우리가 흔히 7대 불가사의라고 일컫는 피라미드, 공중정원, 알렉산드리아 등대, 아르테미스 신전, 올림피아의 제우스상, 로도스의 거상은 모두 당시의 국가 권력이 이룩한 것이었다. 국가는 극히 열악한 수준의 기술을 가지고 놀라운 능력을 발휘했다. 피터 드러커는 이런 말을 했다고 한다.

— 모든 시대를 통틀어 가장 위대한 경영자의 직무 수행은 피라미드의 건설이었다. 우리는 이제 막 처음으로 그 수준에 도달하려 하고 있다.[46]

※ 가장 위대한 경영자 후보, 파라오

피라미드와 파라오에 관한 드러커의 언급은 여러 가지 버전으로 많은 곳에서 인용되지만 정확한 출처를 기재한 경우는 드물다. 1985년 4월 14일 《L.A.타임스》에 게재된 드러커의 인터뷰 기사에서 나온 말로 여겨지는데, 기사 원문에 제시된 드러커의 발언은 다음과 같다.

— 모든 시대를 통틀어 가장 위대한 경영자 후보는 약 4,500년 전 최초의 피라미드를 건설한 사람이다. 3,000명 또는 4,000명에 달하는 노동자를 부리면서 나일 강 범람원 사이에서 적당한 바위를 운반하는 것이 어땠을지 상상하기조차 어렵다. 그들은 거의 눈 깜짝할 사이에 그 일을 해냈다. 그들은 시간이 많지 않았다. 무엇보다 파라오 중 거의 대부분이 오래 살지 못했으며, 피라미드는 파라오가 죽기 전에 완성되어야만 했다.[47]

※ 산업혁명과 경영자 혁명: 랜즈와 랭글로이스의 연구

영국의 고전적 산업혁명을 탐구한 데이비드 랜즈와 한 세기 뒤에 벌어진 미국의 경영자 혁명을 연구한 리처드 랭글로이스(Richard N. Langlois)의 서술을 비교해보면 매우 흥미로운 점을 발견할 수 있다. 랜즈는 산업혁명기 일련의 혁신이 과거 매뉴팩처를 근본적으로 대체하면서 새로운 생산양식인 공장 시스템을 만들었다고 말하는데, 이 명제는 사실 랭글로이스(그리고 그가 대변하고 있는 챈들러)의 명제와 비슷하다.

랭글로이스는 미국 산업 역사에서 고전적 안트러프러너의 시대를 '앤티벨럼(antebellum, 戰前) 시대'라고 부른다. 이 시기는 미국 건국부터 남북전쟁까지인 1781년부터 1860년까지로, 영국의 산업혁명기(1760~1840년)와 20년 정도의 차이밖에 안 나는 거의 같은 시대이다.

이 시기 미국은 영국과 달리 영토가 넓어 시장이 지역별로 분할되어 있었고 제조업자들의 시장 정보가 극히 제한적이었다. 그 결과 다목적 중간상이 시장 수요 정보를 가지고 안트러프러너 제조업자들의 공급을 시장에 연계하는 역할을 했다. 이것은 랜즈가 말하는 산업혁명 전야의 선대제 상인을 연상시킨다. 유럽의 선대제 상인이 공장제 수공업 또는 가내수공업을 대상으로 원료 제공과 제품 인수 및 판매를 담당했다면 미국의 다목적 중간상은 미국의 안트러프러너들, 즉 이미 공장 단계에 올라와 있는 기업들을 상대로 같은 일을 했던 것이다.

— 랭글로이스의 미국: 내륙 운송의 고비용으로 인해 지역 시장들은 서로 분리되었고 그 결과 생산과 유통 시스템은 파편화되었다. 수요를 결집하는 임무는 독립적인 중간상의 역할이 되었다. 전전 시기 경제의 핵심은 여전히 시골 장인 생

산(local crafts production) 수준에 머물던, 제조가 아니라 상업활동이었다.[48]

- 랜즈의 영국: ……시골 장인들(local artisan)은 멀리 있는 소비자의 니즈를 알
수도 이용할 수도 없는 상황이었다. 오직 상인만이 수요의 상승과 하강에 대응
할 수 있었고, 소비자 취향에 적응할 제품의 특성 변화를 요청하고 필요하면 추
가적인 노동을 고용하고 잠재적 제조업자에게 도구와 재료를 공급할 수 있었다.[49]

그런데 이 체제는 왜 변화되었는가? 이 과정에 대한 설명 역시 거의 유
사하다. 우선 시장이 통합되면서 수요가 폭발적으로 증가했다. 이것은
영국과 미국 모두에 효율과 비용을 강조하는 새로운 생산 방식의 도입
을 요구했다.

- 랜즈의 영국: 제조업에 대한 국내 수요는 개선된 운송/통신, 인구 증가, 소득 증
가, 견조한 구매 성향 등의 덕분으로 지속적으로 성장했다. 수출 또한 1660년
에서 1770년까지 거의 3~4배 증가했다…… 증가된 수출의 효과는 차별화보다
는 표준화, 질보다는 양을 지향하는 압력을 강화했다…… 이는 견고함이나 외관
을 다소 포기하는 대신 비용을 절감하는 새로운 생산 방식을 도입하는 것을 뜻
한다. 유리 제조나 양조에서 나무 대신 석탄을 사용하는 것이 좋은 예이다.[50]

- 랭글로이스의 미국: 남북전쟁 시기를 전후하여 철도와 전신이 발전하면서
수송비용이 지속적으로 감소했다…… 운송과 통신비용의 절감은 지역적 장
벽을 허물고 국내 시장을 하나로 통합했다…… 이것은 미국판 '글로벌화'를
초래했다. 더 커다란 시장은 규모의 경제의 이점을 누리기 위한 생산과 유통
의 단계에 새로운 기술을 적용할 수 있는 환경을 조성했다.[51]

그렇다면 이 변화의 핵심은 무엇인가? 여기서도 어김없이 유사성이 드러나는데, 핵심은 높은 수준의 고정비용을 투자하는 생산 시스템을 도입하는 것이고, 생산설비로부터 생산자를 분리하는 과정이 동반되었다는 점이다.

— 랜즈의 영국: (산업혁명) 이전까지는 거의 모든 제조비용이 변동비—재료비와 노무비—였으나 점점 더 높은 비중의 비용이 공장의 고정비용으로 매몰되었다.[52]

— 랭글로이스의 미국: 보다 더 확대된 시장은 더 높은 고정비용을 갖는 대신 극적으로 단위당 변동비용을 낮추는 생산 방법으로의 이행을 촉진했다.[53]

사실 이러한 유사성은 약간 당황스럽다. 비슷한 성격의 생산양식 변화가 랜즈에 의해서는 영국의 고전적 산업혁명의 원동력으로 제시되고, 랭글로이스에 의해서는 고전적 안트러프러너 시대로부터 경영자 자본주의 시대로의 이행 동력으로 제시되고 있기 때문이다. 다시 말해, 똑같은 논리가 하나는 고전적 안트러프러너 시대의 발생 계기로, 다른 하나는 이 시대를 종결시키고 대기업의 시대로 이행하는 계기로 제시되고 있는 것이다. 어떻게 비슷한 원인이 대조적인 두 시대의 원인이 될 수 있는가?

이에 대한 해답을 찾기 위해서는 평행이론처럼 보이는 두 시대를 조금 더 깊게 들여다볼 필요가 있다. 유사성의 배후에 중요한 차이점이 숨어 있기 때문이다. 첫 번째 차이는 금융으로 자본을 외부 투자자로부터 조달해야 할 필요성이다. 산업혁명 이후 100년이라는 시간이 흐르면서 공장 및 설비를 건설하는 규모가 엄청나게 증가했다. 수공업 단계에서 기계제 공장으로 변하는 과정과, 영국에서 최초로 등장한 기계제 공장이 현대적인 공장으로 변하는 과정은 소요 자본의 규모가 다르다. 산업혁명기 영국에서는 사업을 위해 필요한 자본이 거액이 아니었기 때문에 금융 시스템이나 기업 지배구조의 질적 변화를 요구할 정도에는 이르지 못했다. 랜즈는 이에 관해 다음과 같이 언급하고 있다.

> 초기의 기계는 동시대 관점에서 보면 복잡할지 몰라도, 소박하고 엉성한 목제 장치로서 깜짝 놀랄 만큼 적은 비용으로 제작할 수 있었다. 40개의 추를 가진 제니 방적기는 1792년에 아마 6파운드 정도 비용이었을 것이다.[54]

금융과 관련된 더 깊은 차이는 산업 시스템 자체의 변화이다. 한마디로 가치사슬 내에서 전방과 후방 간 관계의 긴밀함이 증가한 것이다. 시장 규모가 커지면 하나의 미분화된 생산 과정이 규모의 경제에 따라 각각 독립된 작업으로 분화되는데, 문제는 이 분화된 작업이 서로 다른 기업에 맡겨지는가, 아니면 한 기업 내부에 맡겨지는가 하는 것이다. 안트러프러너 시대에는 생산 단계 간의 연결이 느슨했다. 이런 상황은 영국의 산업혁명이 이식된 미국의 앤티벨럼 시대에도 마찬가지였다. 이 시기가 끝나갈 때쯤, 즉 19세기 후반에 들어와 이러한 느슨함이 사라지고 상호작용의 긴밀성이 급격하게 커졌다. 그 이유는 무엇인가?

기계화의 심화는 원재료로부터 완성품까지의 단계를 표준화·규격화하였다. 기계화가 덜 완벽할 때에는 과정 사이에 틈이 많았고 이 틈마다 사람이 개입하여 수정하고 다듬는 식의 조정이 필수적이었다. 하지만 기계화가 정교해지면서 그러한 여지가 크게 줄어들었다. 수많은 부품이 정확한 스펙을 지키도록 가공되어야 했다. 각 단계에서 생기는 실

수, 불량에 대한 내성이 급격하게 감소한 것이다.

반면, 기계화 시스템이 대형화·고비용화되면서 이 시스템은 표준화되기보다 각각의 기업마다 특성화되었다. 이것이 거래비용 이론에서 말하는 시스템 요소 간의 보완성 강화이다. 만약 부품을 독립된 협력업체에 의존할 경우 사후적 위협의 가능성과 손실이 더욱 커진다. 특정 부품의 공급 차질이 전체 공정을 중단시키는 막대한 손실을 야기할 수 있다. 이렇게 증가한 거래비용은, 세분된 분업 단계들을 한 기업 내부로 통합하고자 하는 동기를 강화한다. 이것이 경영자 자본주의 시대에 기업들이 수직적 통합에 나서게 된 한 가지 이유이다.

고전적 안트러프러너 시대에도 기계설비가 사용되었고 시장 확대로 인한 분업의 정교화가 진행되었다. 그러나 기존의 노동 과정 자체를 근본적으로 변화시킬 정도는 아니었다. 같은 공장제라고 하더라도 초보적인 기계, 특히 수공업, 매뉴팩처 단계에 머물러 있는 기계는 노동 과정을 심각하게 바꾸지 못한다. 이 경우에도 여러 분업 단계 작업의 조율은 느슨하게 이루어지고, 정교한 계획이나 엄격한 통제는 필요하지 않다. 이런 상태라면 각 생산 단계들은 독립 기업들에 아웃소싱될 수 있으며 대규모의 수직적 통합은 필요하지 않다. 산업혁명기에도 수직적 통합은 있었으나 그것은 제판 통합, 제조와 다운스트림의 통합이었고, 대기업 시대에 와서야 비로소 제조와 업스트림의 통합, 즉 체계적 생산 시스템 혁신이 진행되었다고 볼 수 있다.

평행이론으로 보일 정도로 비슷하게 보였던 유사성은, 첫째로 소유와 경영의 분리를 가져온 기업 금융의 변화와 둘째로 초기의 기계와 100년 뒤의 기계 사이에 존재하는 노동 과정과 생산양식의 근본적 변화를 감안하여 해석하지 않으면 안 된다.

실제로 고전적 안트러프러너 시대의 공장은 평균적으로 수백 명 단위의 근로자를 보유하고 있었던 것으로 추측된다.[55] 그런데 19세기 중반, 이른바 '경영자 혁명'이 시작되면서 기업은 철도를 필두로 거대 인프라와 그에 걸맞은 엄청난 규모의 산출을 이루어내기 시작한다. 철도 이전의 도로 인프라는 정부의 역할이었으나, 미국의 철도는 일부 주 및 지방 정부가 보조금 지원의 형태로 참여한 것을 제외하면 대부분 민간 소유였다. 그리고 철도 부설 사업을 통해 정교한 위계 구조를 갖춘 기업조직이 최초로 등장했다.

혁신의
조직화

산업혁명 시기 안트러프러너 기업은 인간과 기계가 느슨하게 결합된, 설비 또는 공정 간 연결이 숙련공들의 암묵지와 임기응변에 의존하는 체제였다. 생산 단계들을 접속시키는 영역에서 인간의 재량이 작용하기 때문에 각 단계는 어느 정도 자율성을 가질 수 있었다. 이것은 기술 단계간의 인터페이스가 정교하게 표준화될 필요를 줄였고, 따라서 독립기업 간의 시장 거래를 통해 전체 생산 프로세스를 운영할 수 있었다.

그러나 생산 시스템의 체계화가 본격적으로 진행되면서 상황이 크게 달라졌다. 기계화는 더욱 복잡하고 정교하게 되었고, 부품의 표준화로 인해 사람의 재량이 개입할 여지가 점점 줄어들었다. 이로 인해 생산 단계마다 투입되는 중간재들이 규격과 사양에서 엄격한 요건을 충족해야만 했으며, 문제가 발생하면 심각한 손실이 발생할 가능성이 커졌다. 외부 공급자로부터 초래되는 리스크가 점점 더 감내하기 어려운 것이 되어갔다.

더욱 중요한 것은 이때가 기존 기술이 안정화되었던 시기가 아니라, '오토메이션' 등 대대적인 기술혁신이 벌어지던 격변기였다는 사실이다. 임기응변식의 기존 생산 시스템을 완전히 새로운 시스템으로 변경시키는 과정에서 참여 파트의 일사불란한 협조가 필수적이었는데, 시장의 독립적인 거래자들을 상대로 이러한 협조를 구하는 것은 매우 어려웠다.[56]

미국에서 철도가 확산되면서 서부의 육류를 동부로 이송하는 시스템에서 일어난 혁신은 새로운 시스템의 좋은 예이다. 철도를 통해 동부의 소비 시장과 서부의 목장이 연결되면서 식육용 가축을 대량으로 사육하고 판매할 수 있는 엄청난 '규모의 경제' 효과가 목전에 다가왔다. 후에 육류포장업의 제국을 건설하게 되는 구스타보 스위프트(Gustavus Swift)는 고기를 포장하고 운송하고 배급하는 시스템을 전면적으로 재구축할 경우 막대한 이윤이 발생할 수 있다는 것을 깨달았다. 철도 시스템이 미비했을 때는 고기를 상하지 않도록 빠르게 운송하는 것이 불가능했으므로 가축을 산 채로(on the hoof) 소비지까지 보낸 후 도살하였다.

스위프트는 냉장 시설이 기술적으로 가능해지자 목장지에서 대량 도축하여 고기 상태로 운송하면 효율이 비약적으로 상승할 것을 알았다. 하지만 이것은 쉽지 않은 문제였다. 목장이나 도축장, 기타 운송업자 모두가 관여하여 함께 풀지 않으면 해결할 수 없는 문제로, 서부에 대규모 도축장을 만들 경우 동부의 시장 인근 소규모 도축장은 폐업할 수밖에 없는 상황이었다.

관련자들이 모여 새로운 시스템이 가져올 이익을 추산하고 분배 규칙을 협의하여 수평적으로 혁신을 추진할 수도 있었다. 만약 그동안 참여자들이 공동체를 형성하고 신뢰를 쌓아왔다면 이러한 시도가 가능했을 것이다. 그러나 동부와 서부로 나뉘어 시장 거래만으로 연결되어 있던 다수의 관련 업자들이 갑자기 의기투합하기를 기대하는 것은 무리였다. 더군다나 신기술에 대한 확신도 부족한 상황에서 이러한 급진적인 시도에 뜻을 모은다는 것은 더더욱 어려운 일이었다.

이에 대한 스위프트의 해결책은 시스템 구축에 필요한 요소들을 최대한 내재화하여 수직통합된 하나의 조직을 만드는 것이었다. 그는 도축장, 포장 공장, 냉장 철도, 마지막으로 정육점에 이르는 육류 유통의 제국을 건설하였다. 여기에는 냉장 철도 개발, 도축 프로세스 혁신 등 수많은 혁신 기법이 활용되었는데, 이는 스위프트가 시스템 전체에 대한 확고한 구상을 가지고 체계적으로 고안한 것들이었다. 스위프트는 대량생산, 기능적 분화, 관리의 전문화, 기술혁신에 대한 적응 등 현대 미국 기업 시스템의 역할 모델을 창출했다고 평가된다. 헨리 포드(Henry Ford)는 자서전에서 시카고에 있는 스위프트의 도축장을 방문했던 것이 컨베이어 시스템 효과에 눈을 뜨게 된 계기였다고 말하고 있다.[57]

시스템 전체에 걸친 혁신은 앞에서도 충분히 강조했듯이 수평적 협력 또는 시장을 통해서는 추진하기가 매우 어렵다. 슘페터가 말한 창조적 파괴라는 조어에 내포되어 있듯이 현재 존재하지 않는 상상된 가치를 실현하기 위해서는 현존하는 가치를 파괴해야 하며, 기존 시스템에 참여하고 있는 구성원들 모두의 동의를 얻기에는 미래가 너무 불확실하다.[58]

경영 혁신이 예술가나 이론가의 작업과 다른 것은 여러 명이 시스템적으로 해야 하는 일이라는 것이다. 혁신은 혼자 실험실에 파묻혀 터득하는 고독한 작업이 아니라, 고도의 조직화된 노력과 온갖 종류의 자원과 협력이 필요한 협업이다. 혁신이 근본적일수록 더 많은 사람에게 새로운 아이디어를 전파시켜 그들이 자신의 역할을 깨닫고 능동적이고 일사불란하게 협조하도록 만들어야 한다.

수도꼭지가 상수도 시스템을 요구하는 것처럼, 전구가 발명되었다고 해도 발전 시스템 등 각종 인프라가 없으면 쓸 수 없다. 에디슨은 괴짜 과학자가 아니라 시스템 혁신가이자 사업가였는데,[59] 전구를 발명할 때에도 전구 장치는 물론 발전기, 배전기, 계량기 등 전력 시스템에 필요한 거의 모든 기술적 요소들을 함께 고안하고 설계하였다. 또한 이를 위해 에디슨 전등회사, 뉴욕 에디슨 전기 조명회사, 에디슨 기계회사, 에디슨 전기 튜브 회사, 에디슨 전구 회사, 먼로파크연구소 등 수많은 기업을 창업하여 조직 기반까지 정비했다. 후일 이 회사들은 다양한 협력과 경쟁을 거치며 통합되어 오늘날의 GE로 이어지게 된다.[60]

이 시기 발명들이 대부분 이러한 속성을 지닌다. 전구가 발전 시스템을 요구하듯이 전화는 교환기와 케이블 시스템을, 자동차는 도로와 교통신호에서부터 주유 체계를 포함하는 교통 시스템을, 비행기는 항공관제, 공항 인프라 및 각종 지원 시설을 요구한다. 이 모든 것이 전통 사회에서는 존재하지 않던 것들이었다. 당시 사람들이 새로운 시스템을 얼마나 낯설어했는지, 또 기존 시스템에 얼마나 집착했는지를 보여주는 에피소드도 많다. 고색창연한 몽골의 역참을 연상시키는 '조랑말 속달 우편(pony express)'이라는 서비스가 1860년 미국에서 시작되어 철도와 만만찮은 경쟁을 벌였는데, 당시 사람들에게 친숙했던 조랑말은 기차에 곧 밀려날 과거의 유물로는 전혀 보이지 않았다.

　이처럼 근본적 혁신을 위해서는 아무것도 없는 상태에서 전체 프레임은 물론 구성요소들까지 모두 직접 설계하고 만들어낼 필요가 있다. 시장은 모든 것이 갖춰진 다음에야 올 수 있다. 이미 강조한 바 있지만 시장이라는 무대가 갖춰지고 배우가 등장하듯 기업이 온 것이 아니라, 기업은 자신이 등장할 무대를 처음부터 끝까지 제 손으로 만들어야 했다. 잠재적 시장에 대한 상상력이 혁신 기업을 만들어내고 기업은 상상을 현실화시킨다. '기업이 없는 시장경제'란 적어도 산업혁명 이후의 세계에서는 생각할 수 없는 허구다.

　혁신이 일회성 발명이 아니라 장기적인 시스템 프로젝트가 되면서 최초의 발명자라는 의미가 희석되는 일도 자주 발생했다. 전구의 발명자인 에디슨은 직류 방식을 고집하다가 교류 방식에 성공한 웨스팅하우스 사에 전구 산업의 주도권을 넘겨줄 수밖에 없었다. 산업의 역사에 관한 연구 결과를 보아도, 최초의 발명보다는 이후의 지속적 개량이 더 큰 경제적 효과와 의미가 있다고 한다.[61]

　산업혁명 이후의 혁신 과정에서 국가가 많은 역할을 했지만, 크게는 기업에 대한 후원 역할을 했다고 말할 수 있을 것이다. 국가가 수행한 가장 중요한 기여 중 하나는 혁신에 대한 재산권 보호, 즉 특허 등 지적 재산권 보호였다. 상업혁명 시기에 해적의 약탈 행위 억제와 같은 유통 영역에서 재산권 보호가 주효했다면, 산업화 시대에는 특허법, 기타 발명에 대한 포상금 제도 등이 생산성 향상에 직접적인 영향을 미쳤다.[62] 그러나 특허를 보호하기만 하면 곧바로 혁신이 이루어지고 산업화가 달성되는 것은 아니다. 특허를 얻은 발명가, 즉 에디슨, 벨, 라이트 형제, 모

※ 알렉산더 그레이엄 벨의 사기극?

시대의 혁신가이자 발명가이기도 했던 안트러프러너들은 과학자와 사업가라는 이중성을 가질 수밖에 없었다. 그로 인해 논란의 소지도 많을 수밖에 없었는데, 전화의 발명자로 알려진 알렉산더 그레이엄 벨 (Alexander Graham Bell)의 '사기극' 논란도 이러한 관점에서 해석할 수 있다.

미공개 자료를 연구한 결과, 이미 발명된 전화기 아이디어를 벨이 명백하게 의식적으로 도용했으며 또한 이를 의도적으로 부인했다는 사실이 밝혀졌다. 2002년 6월 미국 의회는 공식적으로 안토니오 무치(Antonio Meucci)를 역사상 최초의 전화기 발명가로 126년 만에 인정했다.[63] 그러나 논란은 그치지 않았다. 한편 캐나다 정부는 이에 반대해 미국 의회 결정 후 10일 만에 벨을 전화기의 발명자라고 공식 선언하였다. 참고로 스코틀랜드 출신인 벨은 북미로 이주했을 때 캐나다에서 살았는데, 그의 첫 번째 집은 캐나다의 국가 지정 사적지이다.[64]

이런 논란을 차치하고 벨이 이룬 성과를 보면, 그는 AT&T의 전신을 이루는 전화 회사를 창립했으며 불과 10년 만에 15만 명의 전화기 소유자, 즉 고객을 창출했다. 그의 최초 전화 통화 장면에서 등장한 "왓슨 이리 와보게(Mr. Watson– Come here– I want to see)."라는 메시지는 스티브 잡스의 청바지나 "one more thing~" 발언과 같은, 혁신적 제스처의 원조이다. 발명을 도용했다는 것이 부인할 수 없는 사실이라 해도, 하나의 발명만으로 산업이 형성되는 것은 아니라는 점에서 오늘날 전화의 최대 기여자로 '알렉산더 그레이엄 벨'이라는 이름을 지우고 그 자리에 '안토니오 무치'를 써넣을 필요까지는 없을 것이다.

스 등은 혁신이 가치를 발할 수 있는 시스템을 구축하기 위해 노력했으며, 그 방법은 바로 기업의 설립이었다. 기업의 경영권을 보장하고 혁신의 구상을 현실에 적용할 수 있도록 보장하는 것은 지적 재산권 못지않은 또 하나의 중요한 재산권 보호였다.

물론 정부가 스스로 혁신 프로젝트를 주도한 경우가 없었던 것은 아니다. 공공재의 대표적 영역인 방위 산업이 그 예이다. 제2차 세계대전 중에 시작된 미국 최초의 제트 엔진 개발은 전적으로 군의 재원으로 이루어졌다. 이후의 민간 항공기 개발은 실질적으로 군용기 개발과 생산으로부터 도움을 받아왔다.[65] 이처럼 국방과 깊게 결부된 산업—대표적인 것이 항공 산업이다—에서 혁신은 정부가 주도해왔다고 말할 수 있다. 새로운 항공기 개발에 대한 군의 지원은 중요한 기술과 지식뿐만 아니라 많은 혁신을 제공하였으며, 이들 혁신은 민간 항공기 제조업체들에 의해 활용될 수 있었다. 판매가 확실하게 보장되는 무기 수요의 특성은, 항공기 기술혁신이 어떻게 그렇게 빠르게 추진되었는가를 설명하는 핵심적 요인이다.[66]

엄청난 비용이 소요되는 혁신 프로젝트는 불확실성으로 인해 추진력을 잃기 쉽다. 하지만 방위 산업은 정부가 확실하게 수요를 보장해주었으므로, 기술적 타당성만 고려하고 경제적 타당성은 고려하지 않아도 되는 최적의 여건에서 진행되었다. 민간의 힘만으로는 시장이 아무리 이상적으로 작동한다고 해도 이러한 성과가 불가능했거나 지체되었을 것이다. 처음부터 정부가 이렇게 적극적인 혁신 후원자였던 것은 아니다. 라이트 형제의 비행기 납품을 받은 당시의 미군은, 혁신의 효과를 확신하지 못하는 까다롭고 신중한 시장 수요자의 모습을 보여준다.

※ 라이트 형제와 미 육군의 계약 과정: 험난한 개척자의 길

월버(Wilbur Wright)와 오빌(Orville Wright) 두 형제가 미국 육군과 처음 접촉했을 때 미군은 '엔진을 장착한 비행기'에 대해 거의 아무런 관심도 보여주지 않았다. 이후 군은 까다로운 시험 조건을 제시하고 이런저런 이유로 트집을 잡다가 결국 1909년에 형제의 비행기 '플라이어-A' 1대를 구매하였다. 이 계약은 이른바 '성과 기반 계약'의 모범적 사례로까지 거론되지만, 이와는 다른 견해도 있다.

예산 낭비를 막는다는 취지가 강하게 반영된 당시 계약 조건을 살펴보면, 군은 경쟁 방식으로 비행기 개발을 추진하되 정해진 기일까지 다양한 품질 조건을 충족하는 비행기를 지정된 장소에 납품하도록 했으며, 심지어 납품까지의 개발 비용은 전적으로 개발자가 조달하도록 했다.[67] 실제 개발 능력을 가진 팀은 라이트 형제뿐이었음에도 군은 경쟁 방식을 고집했고, 라이트 형제의 개발이 지연되자 다른 대안이 없었던 군은 기한을 연장해주었다. 실제 승객을 태우고 시험비행을 하는 도중, 기체 고장으로 추락 사고가 일어나 오빌은 부상을 입고 동승했던 군인[68]이 사망하는 사건이 벌어지기도 했다.[69]

육군의 구매 후 해군도 관심을 표명해, 1911년 모델 B를 구입하고 수상 이륙이 가능하도록 개조했다. 그러나 1912~1913년 라이트 형제의 모델 C는 6대가 추락하였고 11명의 사망자가 나왔다. 그로 인해 논란이 벌어졌으나, 월버는 끝까지 기체 결함이 아니라 조종 미숙 때문이라고 주장했다. 또한 이 시기에 라이트 형제는 경쟁 발명자들과의 기나긴 특허 분쟁으로 고통을 겪었다. 형인 월버는 1912년 티푸스(typhus)로 사망했는데, 연이어 닥친 시련이 영향을 끼쳤을 것으로 짐작된다.

이후 냉전 시대에 미국 정부가 항공 산업에 아낌없는 지원 정책을 펴부은 것을 생각하면 초기의 개척자에게 너무 엄격했다는 느낌을 지울 수 없다. 초기 혁신가들에 대한 이러한 엄격함과는 딴판으로, 20세기 후반의 연구개발 과정에서는 정부 수요가 미국 기술자들을 '스포일'시켰다고 할 정도의 후원이 이루어진다.

— 군사용 첨단무기 개발이나 우주개발 계획에서는 비용보다 성능 개선이 더 중요하다. 따라서 비용이 초과되는 것은 그다지 중요하지 않으며 […] 기꺼이 감수하게 된다. 비록 군사용 첨단무기 개발이나 우주개발 계획으로부터 민간 부문으로의 유익한 확산 효과가 종종 있기는 하였으나 그것들이 민간 부문에 미쳤던 부정적인 영향에 대해서는 주의가 기울여지지 않았다. […] 그것은 민간 연구개발 부문의 비용 증대를 가져왔다는 것과 상업 시장에서 결정적으로 중요한 요소의 하나인 비용 측면을 미국의 기술자들이 경시하게 만든 것이었다.[70]

아무 보장도 없이 개발 비용까지 부담해야 했던 라이트 형제의 시련의 결과로, 국가는 혁신의 위력을 점차 이해하게 되었다. 후대의 혁신 주역들이 좋은 환경을 향유한 것은, 선대 안트러프러너의 희생이 있었기 때문이다.

현대 기업조직과
전문경영자의 출현

현대 기업의 확장: 범위의 경제와 다각화

경영자 자본주의라고 불리는 자본주의의 두 번째 단계에서 기업은 대전환을 맞이하게 된다. 출발점인 고전적 산업혁명기 기업의 특징은 '수직적 전문화(vertical specialization), 수평적 세분화(horizantal fragmentation), 지역적 집중(regional concentration)'이었는데, 그에 비해 두 번째 단계에서는 '통합, 다각화, 확장'이라는 성장의 시대가 도래한다. 이전 시대의 움직임과는 확연하게 대조되는 움직임이 나타난 것이다.

① 수직적 전문화 → 수직계열화(통합)

② 수평적 세분화 → 사업다각화

③ 지역 집중 → 지역 확장(글로벌화)

가치사슬의 수직적 통합에 대해서는 기업 이론을 이야기할 때 이미 다룬 바 있다. 그런데 이 시기에 수직통합뿐 아니라 다각화 역시 본격화되는 추세가 나타난다. 기존 산업과 관련성이 높은 산업뿐 아니라 전혀 관련이 없는 이질적 산업으로도 기업들은 영역을 확장해갔다. 고전적 안트러프러너는 자신이 잘 아는 산업에만 집중했고 산업의 경계를 넘어가는 일을 좀처럼 시도하지 않았다. 대기업의 시대에 와서도 초기에는 역시 산업의 경계를 넘어가는 다각화 시도를 쉽게 찾아볼 수 없었다. 그 대신한 지역 또는 국가에서 성공한 모델을 다른 지역, 다른 국가로 확장하려

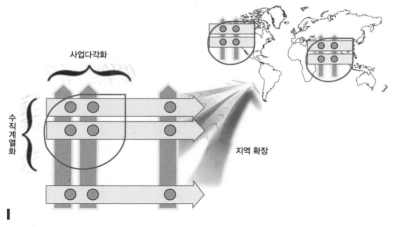

사업다각화

수직계열화

지역 확장

경영자 자본주의 시대 기업의 팽창

는 노력이 먼저 나타났다.

대기업의 시대는 막대한 고정투자를 특징으로 한다. 이러한 투자로부터 이익을 창출하기 위해서 규모는 클수록 좋다. 그러나 규모의 경제를 위해 경험이 없는 낯선 사업에 뛰어드는 것은 여러 가지 무리가 따르므로 사업 영역은 유지하되, 다른 지역으로 확장해가는 것이다.

제조업의 지역 확장은 과거 상인들이 지리상 발견을 통해 이국적 상품을 교역한 것과는 난이도가 다르다. 상업 자본에는 지역적 차이가 곧 이윤의 원천이었다. 자국의 제품을 낯선 이국에서 팔고 이국적 상품을 구해 본토에서 팔았으므로, '다르다'는 것이 바로 기회였다. 이와 달리 제조업이 지역적으로 확장하려면 자국의 생산 시스템을 생산요소의 부존과 각종 제도 환경이 다른 외국에서 재현해야 한다. 이것은 기업의 국제화 중에서도 가장 높은 수준에 해당하는 '생산의 현지화'이다.

미국 기업들은 자국의 영토가 넓기 때문에 국가 안에서 다른 지역, 즉 다른 주로 확장해갈 수 있었다. 물론 미국의 주들도 기후, 인구 특성, 역사의 차이를 보이지만, 그래도 외국에 비하면 한결 나은 환경이라고 할 수 있다. (이런 면에서 국토가 넓은 미국은 접근 가능한 프런티어를 제공했다는 점에서 국경의 장벽에 가로막힌 유럽보다 유리했다고 볼 수 있다.)

이러한 확장을 통해서 미국 기업들은 더욱 큰 규모의 기업 시스템을 관리 운영하는 역량을 발전시킬 수 있었다. 미국 전역으로 사업을 확대하면서 규모의 경제 효과는 전례 없는 수준에 도달했고, 경영은 더욱 체계화·합리화되었다. 지역적 확장을 통해 얻은 자신감은 이질적 업종으로까지 영역을 확장하려는 의지를 촉진시켰을 것이다.

다각화 전략이 등장한 시점을 정확히 확정할 수는 없지만, 대략 1900년에서 1930년 사이에 단일 생산라인(full-line) 전략에서 복합 생산라인(multi-line) 전략으로의 변화가 일어났다. 복합 생산라인 전략이란 소수의 주력 제품에 집중하는 단일 생산라인과 달리 여러 종류의 제품에 동등한 비중을 부여하는 방식이다. 예를 들어, 화학 회사에서 섬유, 필름, 페인트, 플라스틱 등의 제품을 생산하되, 그 모두를 동일하게 주력 상품으로 삼는 것이다.

과학과 기술 간 접목이 용이했던 산업 분야에서 먼저 수직적 통합에 이어 복합 생산라인 전략이 나타났다. 과학 기술에 기반을 둔 역량은 관련 제품으로의 응용, 변형이 용이했기 때문이다.[71] GE가 전기 기술을 기반으로 발전기, 변압기, 엔진, 기관차 등 다양한 동력 장치들로 제품 라인을 넓히거나, GM이 자동차 제조 역량을 바탕으로 다양한 모델로 확장한 것이 그 예이다. 당시 자동차 산업의 선두주자였던 포드가 단일 품목 집중 전략을 구사했던 것에 반해 GM이 다양한 차종을 생산한 것은 새로운 전략의 출발을 알리는 상징적 사건이었다.

이러한 흐름은 20세기 말까지 점점 더 가속화되어 공통 기술과 전혀 관련이 없는 이업종 사업까지 포함하는 비관련 다각화로 확대된다. 미국 포천 500대 기업을 대상으로 한 조사에서 하나의 산업에만 집중하는 단일 업종 기업(single business)의 비중이 1949년 42%에서 1974년 14.4%로 줄어들었다. 반면, 기술이나 업종에서 공통점이 없는 이업종을 향한 비관련 다각화를 실행하는 기업의 비중은 같은 기간에 4.1%에서 20.7%로 늘어났다.[72] 개념 정의에 차이가 있어 단순 비교는 어렵지만, 단일 업종 기업의 비중은 1980년대 이후로 다소 높아졌지만 1985년에서 1992년까지 18%대로 여전히 20% 이하 수준이다.[73]

경영전략의 권위자 마이클 포터(Michael Eugene Porter)가 조사했던 1950년부터 1986년까지 미국 33대 대기업의 다각화에 관한 연구를 살펴보면, 이 기간에 모든 기업이 평균 80개의 신산업〔표준산업분류(SIC; Standard Industrial Classification) 중분류 기준으로, 단 지리적 확장도 새로운 산업 진출로 보았다〕, 그리고 27개의 신분야(SIC 대분류 기준)에 진출했다. 평균적으로 미국 500대 기업은 1985년에 10개 정도의 업종에서 활동했으며, 포터가 연구한 33대 기업의 경우 20~30개의 업종을 보유하고 있었을 것으로 짐작된다(참고로 2011년을 기준으로 한국의 5대 기업집단이 영위하는 중분류 업종 수는 20개 정도였으며, 30대 기업으로 범위를 넓히면 평균 13~14개 정도였다). 그렇다면 20여 개 업종에서 활동하는 회사가 36년 동안 80개, 즉 1년에 2개 이상의 신사업에 진출했다는 것으로 분석되므로 다각화의 열기는 매우 높았던 것으로 볼 수 있다. 다각화 전략은 20세기 중반에 이르러 대부분의 기업이 추종하는 일종의 관행이 된 셈이다. 그러나 다각화의 성공 확률이 그렇게 높지 않았다는 것을 생각한다면, 이는 상당히 과감한(좋은 뜻이든 나쁜 뜻이든) 시도였다고 평가할 수 있다.

포터는 다각화 전략의 성공률에 의문을 가지고 이 연구를 했고, 실제 그의 연구 결과에 따르면 인수합병을 통해서 이루어진 다각화가 최종 결실을 볼 확률은 높지 않았다. 다각화 전략의 일환으로 인수한 회사 중 SCI 중분류 기준 절반 이상이, 그리고 대분류 기준 60% 이상이 최종적으로 중도 포기된 것으로 나타났다. 특히 신사업 진출 시 평균적인 철수 비율은 74%였다. 이업종 다각화의 성공률이 겨우 25% 정도에 머문 것이다.[74] 수직적 통합, 수평적 다각화, 그리고 지역 확장의 세 방향으로 팽창 일로에 들어서게 된 대기업은 과거 몽골이나 합스부르크 제국, 대영제국에 뒤지지 않는 거대한 조직인 콩글로머리트를 형성하였다. 그러나 한 시대를 풍미한 이러한 전 방위 성장은 20세기 후반 들어 여러 가지 도전에 직면하게 된다.

전문경영 체제와 사업부제의 등장

고전적 안트러프러너 시대의 주역이 안트러프러너, 즉 소유경영자라면 "보이는 손"의 시대, 즉 대기업 시대의 주역은 전문경영자라고 할 수 있다. 안트러프러너가 산업혁명을 주도한 지 100여 년이 지난 후 전문경영자는 기업 경영의 새로운 시대를 열고 자신의 역할을 근본적으로 재정의하게 된다.

변화의 핵심은 기업의 제조 현장이 인간 중심에서 기계 중심으로 바뀐 것이다. 산업혁명 당시 기업에서는 생산 현장을 숙련공이 주도하고 있었다. 숙련공은 특정 기술을 담당할 뿐 아니라 생산 시스템 전체를 이해하고 있었으며, 따라서 현장의 비숙련 작업자를 실질적으로 지휘하는 것은 경영자가 아니라 베테랑 숙련공이었다. 당시 경영자는 현장에서 한발 떨어져 있었는데, 영화에 비유하자면 숙련공은 '감독', 경영자는 '제작자'였다고 할 수 있다. 배우나 스태프와 긴밀한 상호작용을 하면서 직접 리더십을 발휘하는 것은 감독이다. 감독이 되려면 현장에서 상당 기간 스태프로 활동해야 하기 때문에 감독과 스태프는 동료의식을 공유하는 반면 제작자는 그 출신과 배경이 다르다.

—— 영국 기업에서 일반 경영자와 전문 기술자 사이에는 장벽이 있었다고 할 수 있다. 영국의 경영자는 현장과는 한 걸음 떨어져 있었고 작업 조직의 통제를 전문 기술자에게 위임했던 것이다. 최고경영자는 엘리트로서의 지위를 유지했고, 전문가는 경영자와의 관계가 아니라 현장 작업자와의 관계를 더 중시하는 방식으로 결정되었다.[75]

그런데 미국의 경우는 이러한 전통이 없어 신기술의 도입이 더욱 철저하게 이루어졌고, 기계가 생산 시스템을 주도하고 인간이 보조 역할을 맡는 방식으로 변경되었다. 현장 작업자의 역할이 영국의 숙련공과는 크게 달랐다. 그와 동시에 생산 시스템을 관리하는 방식이 이제는 더 이상 최전선 현장 작업자의 경험과 숙련으로부터, 즉 '아래에서 위로'의 방식으로는 형성될 수 없었다. 앞서 분업 체제의 위력을 강조하기 위해 애덤 스미스가 사례로 든 '소년 노동자의 지혜'는 미국의 기계화된 공장에서는 발휘되기 어려운 것이었다. 지혜로운 숙련공의 '낭만적 기계화'는, 전문적 엔지니어가 과학적 지식에 입각하여 설계한 '위로부터의 기계화'로 대체된다. 작업 일부의 기계화가 아니라, 원료에서부터 제품까지 전 과정에 영향을 미치는 체계적인 기계화가 작업 현장을 근본적으로 바꾸어놓기 시작한 것이다. 이 과정에서 공학적 지식을 갖춘 엔지니어가 설계의 주력을 담당하게 된다.

— 근대 엔지니어는 산업사회라는 인류사의 새로운 문명을 이끈 역사의 주역이었다. 그들은 생산 관계의 변혁을 가능케 한 기술혁신을 이끌어 근대 산업사회의 물질적 토대를 만들었다.[76]

엔지니어가 생산 시스템을 새롭게 설계하면서 경영은 생산 현장 자체를 더 철저하게 통제할 수 있게 된다. 동시에 모든 투입과 산출에 대한 정보를 즉각적으로 파악할 수 있는 측정 및 통제 수단이 더욱 정교화되었다. 엔지니어 역시 현장 작업자의 행동을 감독 지휘하는 것이 아니라, 생산 시스템을 유지, 관리 그리고 개선하는 업무를 담당하게 되면서 현장 작업자와의 거리는 멀어지고 경영자와 더 긴밀하게 협력하게 된다. 경영자와 엔지니어 간의 상호작용이 긴밀해질뿐더러 더 나아가 엔지니어가 한 회사 내에서 경력을 쌓아 경영자로 승격하는 일도 생기게 되면서 엔지니어가 경영관리 계층의 일원으로 편입된다. 이것이 그림에서 표현된 미국식 피라미드 구조의 특징이다. 이러한 변화는 산업혁명기 영국 기업보다 훨씬 큰 규모의 고정자본 투자를 한 미국 기업들이 월등한 경쟁력으로 변동비를 획기적으로 낮추는 효과를 발휘하였다.

이것은 단순히 경영전략의 변화가 아니라 더 근본적인, 일과 조직의 패러다임 전환이었다. 기계가 인간의 작업을 보완하는 도구의 위상에서 벗어나 일 자체를 합리화하고 조직화하는 새로운 원리로 천명된 것이다.

기계는 동일한 투입이 들어가면 동일한 산출이 나오는 신뢰성과 정확성을 지향하며, 이것은 근대 이전의 제조 현장에서는 상상조차 하기 어려운 것이었다. 전통적 제조 현장에서 제조란 인간의 정성과 인간이 통제할 수 없는 우연—이것은 신의 도움 또는 장인의 영감 등으로 여겨지기도 했다—의 결합물이었고, 최고의 품질은 마치 예술품처럼 도달하기 어려운 것이었다. 그러나 기계화 시스템은 모든 것이 계획된 프로그램에 의해 정확한 품질과 양의 산출이 나오도록 설계되어야 했다. 근대 이후 과학과 측정 기술의 발달 등에 힘입어 이것이 가능해졌다.

자동 시스템의 정확성은 투입 및 단계별 산출의 품질에 대한 정확한 관리를 요구한다. 수작업이라면 투입에 다소 어긋남이 있어도 그때그때

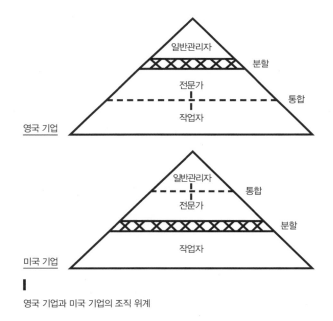

영국 기업과 미국 기업의 조직 위계

임기응변을 통해 과정을 진행할 수 있지만, 기계는 정해진 사양을 준수하지 않을 경우 시스템에 문제가 생긴다. 따라서 기계의 관리를 위해서는 기계 시스템이 환경과 만나는 접점(interface)과 단계별 연결 부위에서 규격에 어긋난 것들을 걸러주고 정제하는 기능이 요구된다. 바로 이러한 관리가 경영자의 직무인 것이다. 즉, 경영자는 무질서하고 혼란스러운 현실에 질서를 부여하고, 분석을 통해 최적화하고 측정 가능한 형태로 경영 성과를 창출한다.

생산 시스템이 분석 가능한 하나의 입·출력 장치가 되면서 경영은 이윤 극대화를 위한 정형화된 문제 해결 과정이 되었다. 공학적 생산 시스템과 이를 시장과 연결하는 경영 시스템은 이제 정교한 분석을 요구하는 수학 문제와 비슷해진다. 투입 요소의 필요량, 생산성, 예상 산출량, 비용, 판매가격 등이 주어지면, 의사결정은 최적화 문제를 푸는 것과 같다. 이제 기업 경영은 감이나 가치판단이 아닌 계량적 분석에 의존하게 된다.

이러한 최적화 문제의 해결을 위해서 공학과 경영학을 전공한 대졸 이상의 인력이 전대미문의 규모로 고용되어 기업 운영을 담당하게 되었다. 지식근로자의 출현을 알린 드러커는 미국 기업들이 백만 명에 달하는 대졸 이상의 지식인을 직원으로 고용하고 있음을 이야기한다.[77] 이들이 바로 앞에서 살펴본 광범위한 다각화와 수직계열화를 주도하고 관리해온 주역들이다. 분석적 경영관리는 다양한 사업들에 대해 정형화된 관리 프로세스를 적용한다. 이것이 경이로운 규모와 복잡성을 지닌 조직, 즉 앞에서 살펴본 3차원의 전 방위 성장을 가능하게 한 것이다.

경영자─스태프로 조직된 이러한 경영관리 체제는 사업부제라는 조직과 맞물려 한 세기를 지배했다. 사업부제는 GM이 소비자의 다양한 선호를 충족시키기 위해 고안하였는데,[78] 복수의 제품 라인을 지원하기 위한 조직 체제로서 복수 사업부 조직(M-form; Multi-divisional forms)을 구축함으로써 과거 단일 사업조직(U-form; Unitary form)을 대체한 것이다.

단일한 T모델의 대량생산으로 막강한 원가 경쟁력을 갖춘 포드를 상대하기 위해 GM은 제품 다변화에 나섰다. 그런데 제품 라인이 많아지자, 각 라인의 담당 조직들은 GM이라는 깃발은 공유하되 제각각 독립군처럼 행동했으며, 이것이 난맥상을 초래했다. 이 문제를 해결하기 위해 고안된 것이 바로 강력한 본사와 이를 구성하는 스태프 조직이었다.

피터 드러커가 "최초의 진정한 전문경영인"으로 평한 앨프리드 슬론(Alfred Sloan)은 독자적으로 조직을 연구하여 분권화되어 있는 각 사업단위의 자율성을 해치지 않으면서 회사 차원의 상호 조율을 달성하는 법을 찾아내고자 했다. 이를 위해서 그는 당시 군대 조직에서 활용되던 스태프-라인 체제를 도입하였다. 각 사업부가 전권을 위임받고 성과에 책임을 지지만, 연구개발, 재무, 영업과 같은 스태프 기능은 별도로 조직하고 모든 사업부가 공유할 수 있도록 하는 것이다. 슬론은 GM을 "엉성하게 결합된 사업부들의 집합체"에서 "일관되고 상호작용하는 하나의 경영 시스템"으로 만들었다.[79] 개별 사업부 내에도 자체적인 스태프 조직이 있었다. 그러나 스태프 기능의 진수는 여러 개의 사업부를 전사적으로 조율하는 것이었으며, 이러한 조율은 전사 스태프가 담당하였다. 그들은 사업부가 공유하는 역량, 즉 기업집단의 공공재를 관리하는 임무를 떠맡은 것이다. 거대 기업은 점점 더 국가라는 명령 체제와 비슷해져가고 있었다.

통합된 경영 기능이라는 기반 위에 하나의 기업같이 자율적으로 활동하는 GM의 사업부제는 단일 라인 구조를 고수했던 포드를 압도하게 된다. 1921년《포천》지는 이렇게 논평했다.

—— 많은 척추동물들이 몸집은 크지만 두뇌의 진화 수준이 그에 미치지 못해 멸종되었다. GM이 그런 운명을 피할 수 있었던 것은 슬론이 그 규모에 맞는 복합적인 두뇌를 창조한 덕분이다.[80]

경영자 혁명과 주주중시 경영

경영자 혁명은 사업과 기업조직뿐 아니라 주주와 경영자의 관계에도 심각한 영향을 미쳤다. 기업의 주인이자 실질적인 리더였던 소유주는 지배주주가 아닌 경우 대규모 집단 중 익명의 구성원으로서 왜소해졌고, 반면 대리인인 경영자는 신분상 여전히 피고용자이지만 그 권한과 영향력은 상상할 수 없을 정도로 커졌다. 주주 집단은 시장에서 주식을 샀을 뿐 주주총회 외에는 별개의 조직이나 체제를 갖추지 못한 익명의 대중에 불과했다. 여기에서 분명히 해둘 것은, 자본주의의 근본 동력은 자신의 자원을 투입하고 그 자원에 대해 투자 한도 내에서 위험을 감수하는 주주의 동기부여에 의존한다는 것이다.

현대의 거대 주식회사의 상황은 조너선 스위프트(Jonathan Swift)의 《걸리버 여행기》를 연상시킨다. 릴리퍼트의 소인 군대는 걸리버를 거대한 수레에 싣고 수많은 가느다란 끈으로 걸리버의 머리카락부터 사지에 이르기까지 온몸을 묶은 채 왕궁으로 끌고 왔다. 릴리퍼트인들의 가냘픈 끈과도 같은 소액 지분으로 어떻게 막강한 경영자를 통제할 수 있는가? 릴리퍼트인들은 걸리버를 포박하여 꼼짝 못하게 하기만 한 것이 아니다.

나중에는 걸리버를 풀어주어 바다를 통해 공격해오는 블레푸스크 왕국의 함대와 싸우도록 했으며, 이것은 오늘날 주주들이 거대 기업 경영자들에게 기대하는 것을 연상하게 한다.

민주적 정부는 국민의 선거를 통한 사후적 통제를 전제로 국가의 주권을 행사한다. 전문경영자 역시 주주에게 경영권을 부여받되, 감시 및 사후적 통제를 받는 구조로 되어 있다. 몇 가지 차이점은 있는데, 국민이란 귀속적 지위로서 참여 여부를 선택할 수 없지만, 기업은 자유롭게 참여하거나 참여하지 않을 수 있다는 것이다. 더불어 이른바 '1인1표'와 '1주1표'가 갖고 있는 중요한 차이점, 즉 참여의 강도에 대한 선택권의 유무도 발생한다.

국가라는 조직에의 참여는 개인이 임의로 결정할 수 없는 귀속지위로서, 강제적으로 부여되므로 개인 의사, 즉 참여 의지의 정도와는 무관하다. 따라서 정회원, 준회원 같은 구별이 불가능하다. (물론 사람마다 애국심의 차이는 있을지 모른다. 그러나 애국심의 정도에 따라 국민을 차별하고 인센티브가 부여된다면 이미 애국심이라는 말의 의미는 퇴색되고 말 것이다. '덕이 덕에 대한 보상'이듯, 애국심은 더 나은 대우를 바라고 갖는 것이 아니다.)

그러나 기업의 경우 어디까지나 모험적인 기획의 추진체로서 참여할지 안 할지가 전적으로 개인의 선택일 뿐만 아니라 취득하는 주식 수로 참여의 강도 역시 선택할 수 있다. 참여도에 따라 의사결정권을 비례적으로 변동시키는 것은 합리적이다. 최근 경제민주화 논의와 아울러 기업경영에도 1인1표제를 적용해야 한다는 극단적 주장을 볼 수 있으나 이는 유한책임의 작동 원리를 바르게 이해하지 못한 주장이다. 만약 단 한 주를 가진 사람이나 수십만 주를 가진 사람이나 같은 1표의 의결권을 갖는다면 많은 주식을 보유해야 할 필요성은 줄어들 것이다. 물론 주식이 많으면 주가 상승이나 배당으로 얻는 이익의 규모가 커지겠지만, 앞에서도 얘기했듯이 기업에 대한 재산권 이론은, 재산권을 소득에 대한 청구권으로 보지 않는다. 중요한 것은 잔여통제권, 즉 의사결정의 권리인 것이다.

주식 소유의 분산으로 인해 발생한 소액주주는 자신이 소유한 기업의 의사결정 문제에 깊이 관여하기가 현실적으로 어렵다. 소액주주는 재산 대부분을 특정 기업 주식에 투입하는 경우가 드물고 더구나 생업에 종사하느라 투자 기업에 대해 많은 시간과 관심을 기울이기가 어렵다. 이러한 다수의 소액주주가 오랜 경험과 지식을 보유한 경영자와 전문 스태프가 내리는 의사결정에 간섭할 수 있는 여지는 거의 없다고 보아야 한다.

── (주총에서) 의결권자들이 경영자에게 광범위하게 권한을 위임하고 경영자의 의
   사결정을 거의 언제나 지지하는 것은 놀라운 일이 아니다.[81]

국민이 국가 원수를 포함한 선출직 리더들에게 임기 중에는 주요 의사결정을 전적으로 일임하는 것도 비슷한 상황이다. 물론 공직과 달리 경영자는 성과 저조 등의 여러 이유로 주주총회에서 해임을 당할 수 있으며 이것이 경영자에 대한 강력한 제재 수단으로 작동한다.

글로벌 초거대 기업의 스타 경영자라도 계약상 대리인에 지나지 않는다. 대리인은 감독되지 않으면 소유주와의 이해관계 차이 때문에 언제든 대리인 비용을 초래할 가능성에서 벗어날 수 없다. 그러므로 감독자가 필요하다. 그렇다면 누가 감독할 것인가? 주주들이 직접 감독을 할 수는 없기에 다시 구원병이 필요한데, 그렇다고 사법부를 동원한다고 해서 과

연 더 철저한 감시가 가능할지는 미지수다. 현실에서는 그에 대한 답을 법원이 아니라 시장에서 찾아왔으며, 경영자에게는 '신인의무(fiduciary duty)'를 부여하는 조건 아래 '경영판단 존중의 원칙'이 구현되어 있다.

주주가 경영자를 통제하기 위한 정교한 방법들이 개발되어왔고, 기본적으로 사전적 신임(여기서는 시장이 아닌 상호 감시라는 사회적 원리이다)과 사후적 억제(여기서는 법원이 아닌 시장원리이다)를 결합한 '1주1표'의 대의 제도가 작동하고 있다. 이것은 결코 완전하거나 궁극적인 해답은 아니다. 그러나 현실적으로 수많은 대안 중에 상당 부분 유효성이 검증된 대

※ 경영판단 존중 원칙의 이론적 근거

왜 경영자의 의사결정은 법원의 엄격한 심사 대상에서 벗어나는가? 법관이 경영에 대한 전문성이 부족하다거나, 법적 간섭 때문에 유능한 인재들이 경영자의 역할을 회피할 것이라는 논리는 다른 전문가, 예를 들면 의사와 비교하여 타당하지 않다. 그렇다면 왜 경영판단을 법원이 아닌 시장이 평가하도록 해야 하는가? 그 근거는 상호 호혜적 협력이 발생하게 된 원인, 반복 게임의 논리이다.

— "상장회사의 경영자들은 여러 가지 측면에서 반복거래 당사자이다. 경영자들은 반복적으로 정밀 감사를 받고 […] 또한 노동 시장에서도 정밀한 감시에 직면한다. 만일 오늘 해고된다면 다른 직장에서 지금의 소득을 유지하는 것이 어려울 수 있다."[84]

경영자의 경영판단은 일생일대 단 한 번 승부를 내는 성격의 것이라기보다는 계속 반복되는 일이다. 경영판단이 어느 정도 정형화된 형식 안에서 반복되는 반면, 의사의 결정은 다르다. 질병과 치료는 (가벼운 질병이 아닌 한) 온전히 재연되지 않기에 반복으로 보기 어렵고 환자가 치료에 불만을 품는다 해도 소비자 정보지 같은 곳에 알려서 다른 환자에게 전파하기도 어려우며, 의사가 발행한 주식을 팔아서 주가라는 수단으로 불신을 전달할 수도 없다. 최근에는 의료 사고를 이슈화해서 여론에 알리는 방법을 생각할 수 있는데 사태가 여기까지 이르면 이미 법원으로 문제가 이송된 이후일 가능성이 크다.

안이기도 하다. 물론 대의민주주의조차도 기득권자의 통치 조작을 우려하는 극단적 비판론자가 있는 것을 생각하면, 기업 지배구조를 둘러싼 논란이 잠잠해지기는 어려울 것이다.

익명의 주주와 막강한 전문경영자라는 기이한 역전은 대기업 시대가 빚어낸 불가피한 현상이었고, 경영권이 소유권과 일치하던 '좋은 옛날'은 이제 되돌아오기 어렵다. 단기적인 수익 등락에 시달리는 경영자가 주주의 눈치를 보느라 기업가정신이 약화된다는 목소리가 있는가 하면, 경영자가 주주 이익을 무시하고 개인의 이익을 추구하는 대리인 문제를 걱정하는 목소리도 만만치 않다. 소유한다는 것의 의미는 이제 대단히 복잡해졌다. 그러나 앞에서도 얘기했듯이 이것은 우리가 인간사회의 협력과 상호작용을 고도화한 결과이며, 맞붙어 씨름해야 할 가장 중요한 문제이다. 파격적인 제도 전환으로 단번에 해결할 수 있는 문제가 아닌 것이다.

3

전환기 :
새로운 시대의 모색

20세기 후반부터 대기업 시대의 확장과 통합이라는 트렌드가 반전되면서 기업은 대내외적으로 커다란 변화에 직면하고 있다. 애덤 스미스의 보이지 않는 손의 시대, 이른바 '소유 자본주의 시대', 그리고 앨프리드 챈들러의 '보이는 손'의 시대, 즉 '경영자 자본주의 시대'를 거쳐 새로운 시대가 도래하고 있는 것일까? 경영자 자본주의는 20세기에 들어와서 시작된 것으로 보는 것이 통설인데, 제임스 버넘의 《경영자 혁명》이라는 책이 나온 것이 1941년, 챈들러의 《보이는 손》이 출간된 것이 1977년이었다. 기업 경영의 전환, 즉 세 번째 시대가 1980년대부터 시작되었다고 해도 지금으로부터 30여 년 전에 불과하다. 보이지 않는 손의 시대가 저물고 반세기를 훨씬 넘겨서야 경영자 혁명이 본격화되기 시작했음을 감안하면, 우리 시대의 전형적인 모습은 아직 드러나지 않았을지도 모른다. 어쩌면 새로운 시대를 정의하는 것이 시기상조일 수도 있다.

철학자 헤겔은 《법철학》 서문에서 "미네르바의 부엉이는 황혼이 되어서야 비로소 날기 시작한다."라고 했다. 하지만 그렇다고 해서 황혼이 될 때까지 판단을 정지하고 기다릴 수는 없다. 기업사의 세 번째 시기를 규정하는 수많은 조어가 나와 있는데, 인상적인 것 몇 가지만 들어보면 다음과 같다.

▶ **사라지는 손**(vanishing hand): '보이지 않는 손', '보이는 손' 등 손의 은유를 이어간 이름이다. 현재 진행형을 택한 것은 과정 중에 있음을 강조하는 것으로 보인다. 다 사라지고 나면 다시 애덤 스미스의 세계로 복귀하는 것일까?[85]

▶ **주주(가치) 자본주의**(shareholder-value capitalism): 관리 자본주의라는 용어에 대응하여 붙인 이름이다. '사라지는 손'과 마찬가지로 이 용어도 복고의 뉘앙스를 띤다. 주주 자본주의 역시 관리 자본주의의 전 단계인 소유 자본주의와 일맥상통하는 것으로 보인다. 물론 전 단계의 소유주와 현대의 소유주는 앞에서 살펴본 대로 완전히 달라졌다.[86]

▶ **해체의 시대**(disaggregation of corporations)[87]: 콩글로머리트 시대의 수직·수평으로 계속 집적되는 경향에 대한 반대로서 규모의 감소, 가치사슬의 분해, 시장원리에 가까운 인센티브 등으로의 움직임에 주목한다. 가상 기업, 클러스터 조직, 지역 네트워크, 혼성 조직, 수평적 협력 등이 키워드로 제시되었다.

▶ **모듈화 시대(age of modularity):** 기업이 특정 사업 및 가치사슬상으로도 특정 기능에 전문화하여 해체되는 것과 동시에, 이러한 단위 기업이 다른 기업들과 쉽게 협력할 수 있는 호환성을 갖추고 있음을 강조한다.[88]

▶ **비즈니스 생태계 시대(business ecosystem):** 특정 제품이나 기술을 공유하는 산업이라는 분류에 비해, 다양한 참여자들과 이들 간의 입체적인 상호작용에 주목하는 관점이다. 과거 네트워크 시대와 같은 조어에 비해, 자연생태학의 비유에서 오는 생동감 때문에 더 많이 사용되고 있는 듯하다. 비즈니스 생태계는 느슨한 것에서부터 강력한 것까지 정도의 차이가 있는데, 강력한 것은 '플랫폼'으로 지칭하기도 한다. 공유경제도 함께 거론되며 '공유경제 플랫폼'이 향후의 생태계 모델로 제시되기도 한다.[89]

이러한 표현 외에 협력, 네트워크, 플랫폼, 공유경제 등도 자주 사용되는 키워드이다. 규모의 축소, 업종에서의 선택과 집중, 가치사슬에서의 기능 집중 등의 경향이 강조되고 조직에 의한 해결보다는 시장에 의한 해결을 더 선호한다. 과연 새로운 시대가 열린 것일까? 최근에는 모바일, 유비쿼터스 등 디지털 기술의 심화에 따른 "인더스트리 4.0", "이랜스 경제(E-lance economy)" 등도 거론되고 있다.

기업 제국의
절정과 퇴조

콩글로머리트의 시대는 1900년대부터 가시화되어 1930년대 이후 본격화되고 이후 반세기 동안 일관되게 팽창 기조를 유지하여 종업원 수가 100만 명에 육박하는 글로벌 기업 제국을 형성하였다. 그러나 이런 흐름은 1980년대에 들어와서 변화하기 시작한다. 철강, 자동차, 컴퓨터, 통신 등 굴지의 산업에서 거대 기업이 침체하고—1984년 AT&T의 분할은 이런 흐름을 상징하는 사건이었다—신흥 강자가 등장하였다. 다각화와 수직계열화로 무장한 전통 대기업을 위협하며 등장한 신흥 강자들은 컴퓨터 업체 델과 같이 특정 기능에 집중한 '카테고리 킬러' 유형의 유연하고 빠른 업체들이 많았다. AT&T의 분할 외에도 GM의 몰락, IBM의 침체 등 강자가 극적으로 파탄을 보이는 사례가 이어졌다. 1990년 《이코노미스트》지는 "믿을 수 없을 정도로 수축된 기업"이라는 제목의 기사에서 다음과 같이 말하고 있다.

— 1958년에 수정 구슬을 들여다본 《하버드 비즈니스 리뷰》는, "컴퓨터가 미국 기업에 혁명을 일으킬 것"이라고 말했다. "1980년대 말에는 미국 기업이 전례 없는 수준으로 집중될 것이고 경제는 소수의 거대 기업이 지배하게 될 것이 분명하다. 이 지배적 기업의 내부에서 중요한 의사결정들이 한 줌의 경영자에 의해 내려지게 될 것이며 이를 돕는 것은 기업의 거대한 컴퓨터가 될 것이다." ……완전히 정반대의 일이 일어났다.[90]

실증적 분석을 통해서도 해체와 조정의 움직임을 확인할 수 있다. 제조업과 서비스업을 막론하고 주요 산업국가 기업의 평균 규모가 줄어들었다. 주요 산업국가를 대상으로 한 조사에서 1만 명이 넘는 종업원을 보유한 기업의 비중은 1977년 28.7%였으나 10년 뒤인 1987년에는 19.3%로 줄어들었다. 미국 내 인구 및 사업 조사에 따르면, 제조업에서 1,000명 이상 기업에 종사하는 근로자 비중도 1979년 60%에서 1991년 45.7%로 감소했으며, 기업의 평균 종업원 수는 1981년 16.3명에서 1987년 14.4명으로 줄어들었다.[91]

다각화 경향에도 변화가 일어났다. 앞에서 단일 업종에만 전념하는 전문화 기업의 비중이 1970년대에 14%까지 낮아졌다가(미국 500대 기업 기준) 2014년에는 다시 44%에 이르러 1950년대 수준으로 되돌아갔다는 조사 결과를 살펴본 바 있다.[92] 이러한 다각화 경향의 역전은 다각화가 무조건 경쟁력에 도움이 되지는 않는다는 것, 특히 비관련 다각화는 해로운 영향을 미칠 수도 있다는 공감대를 반영하고 있다. 챈들러도 1990년 발표한 논문에서 비관련 다각화의 문제점을 지적하였다.

— 미국 기업과 산업의 장기적 건전성에 가장 심각한 영향을 미친 것은 1960년대의 다각화 움직임, 그리고 그것이 촉발했던 일련의 사건들이었다. 고위 경영진이 다각화를 통한 성장을 선택했을 때, 즉 경쟁 우위를 창출할 만한 어떠한 조직적 역량도 갖지 못한 사업을 인수했을 때, 그들은 전문경영 기업의 논리를 무시한 것이었다.[93]

앞에서도 언급했지만 마이클 포터는 1950~1986년간 미국 33대 대기업의 다각화 과정을 분석하여 비관련 사업을 인수했을 때 이를 다시 매각한 비율이 75%에 이른다고 말한 바 있다. 다각화의 핵심은, 분리될 수 없는 공공재적인 역량이 기업 내에 있느냐이다. 경영자와 스태프의 역량은 상당 기간 다수의 사업을 조율하고 시너지를 창출하는 데 큰 도움을 주었다. 그러나 이제는 그러한 효과가 약해졌다. 비관련 다각화의 효과는 경영학에서도 이론적으로 설명하기 곤란한 난제였다.[94] 그것은 설명이 어려울뿐더러 효과를 발휘하기 위해서는 까다로운 조건이 구비되어야 하는 일이었다. 최근 전사적 조율의 전략적 가치가 저하되고 있다는 견해가 점차 우세해지고 있다.

가치사슬 역시 전반적으로 분화되고 전문화되는 움직임이 나타났다. 이것의 단적인 사례는 그동안 양도할 수 없는 핵심적 기능이라 여겨졌던 가치사슬의 단계를, 이를테면 제조업이 제조를 아웃소싱하는 것이다. 연구조사기관 게이브칼(GaveKal)의 총수 찰스 게이브(Charles Gave)는 이케아, 노키아, 애플, 나이키 등의 전형적인 제조업 제품을 다루는 기업들이 생산 시설을 전혀 가지고 있지 않은 점을 주목했다. 그는 이러한 기업을 '플랫폼 기업'이라고 부른다. 이들 기업은 가치사슬의 중심부에 놓인 기존의 핵심 기능까지 아웃소싱하고 디자인 등 보다 고부가가치 영역에 집중한 플랫폼을 창출했다. 이것은 이제까지 GM, GE 등의 전형적 제조 대기업과는 전혀 다른 형태의 전략을 지향하는 것으로, 새로운 시대의 주목할 만한 특징 중 하나라고 할 수 있다.[95]

또 하나의 변화는 지배구조에 대한 것이다. 이 장의 서두에서 새 시대의 키워드 중 하나로 '주주 자본주의'를 언급한 바 있는데 이는 경영자 혁명 시대 전문경영자 우위와 대조하여 주주의 중요성과 발언권이 강화되

고 있음을 가리킨다. 그런데 주주중시 흐름과는 다른 또 하나의 움직임
이 포착된다. 그것은 바로 가족경영의 재부상이다.

고전적 안트러프러너 시대에는 무한책임의 기업주와 그 가족이 경영
을 주도하는 경우가 드물지 않았으나 경영자 자본주의 시대에는 창업자
가족이 경영권을 유지하는 것이 오히려 예외적인 경우로 인식되었다. 이
제 다시 가족경영이 하나의 유력한 지배구조로서 주목받고 있다. 《이코
노미스트》지는 이와 관련해 "쇠락하기는커녕 가족기업은 향후 상당 기
간 글로벌 자본주의의 중요한 양상으로 남을 것"이라고 예언적으로 쓰
고 있다.[96] 또한 같은 호의 다른 기사에서 보스턴 컨설팅 그룹의 자료를
인용하여 미국 기업의 33%, 독일과 프랑스 기업의 40%(연간 매출 10억 달
러 이상 기준)가 가족경영 기업이며 신흥 경제에서는 이 비중이 더욱 높다
고 보도하였다.[97] 보스턴 컨설팅 그룹은 자체 보고서에서 가족기업이 강
인한 경쟁력과 성장 잠재력을 갖는 이유로 명확한 비전과 함께 후손까지
생각하는 장기적 시각을 꼽고 있다.[98]

전문경영자는 불안한 재임 기간[99] 탓에 장기적 시각을 갖지 못하는데,
이것은 대규모 익명 집단이 된 주주가 지나치게 단기적 시각을 갖기 때
문이다. 단기 차익을 추구하는 주주들이 과연 진정한 기업의 주인인가라
는 문제에 대해서는 논란이 있다. 만약 플랫폼화, 모듈화 등으로 거대 기
업이 더욱 작고 가벼워진다면 대량의 자본 동원 필요성이 줄어들고, 그
결과 대자본 유치를 위해 어쩔 수 없었던 주식공개를 회피하고 가족경영
으로 돌아갈 만한 유인이 충분히 있다.

이것은 협력의 진화라는 역사적 맥락에서 볼 때, 유전자 공유에 의한
최초의 협력 전략이 다시 부상하는 셈이다. 혈연은 지금까지 어떤 생물종

에서도 그 존재감이 소멸된 적 없는, 근원적이고 질긴 유대의 끈이다. 여러 가지 다른 메커니즘들의 발전에 따라 상대적 위상이 변화해오긴 했지만, 가족애의 잠재력은 계속 유지될 것이며 혁신을 위해 어떤 식으로든 활용될 가능성은 무시할 수 없다.

일본식 경영:
"짧은 간주곡"

전문경영자와 거대 기업의 영향력이 줄어들면 자연스럽게 기업조직보다는 시장원리를 통한 경제활동의 비중이 늘어날 것으로 생각할 수 있다. 그러나 기업조직도 아니면서 시장원리도 아닌, 중간적 성격의 기업 간 거래 현상이 1980년대에 나타나고 또 대단히 각광을 받았다. 바로 "일본식 기업 경영"이다. 1980년대 일본 기업은 글로벌 시장으로 대약진했으며, 미국 대기업 시대의 기세를 꺾는 중요한 계기가 되었다. 신흥국의 불량 싸구려 제품 취급을 받았던 일본 제품이 미국 대기업을 무너뜨리고 미국 시장을 정복했다고 할 정도로 일본 기업은 세계 경제에 충격을 주었다.

가전 산업, 특히 텔레비전의 경우 1950년대에는 27개에 달하던 미국의 텔레비전 생산업체 중 1980년까지 살아남은 업체는 GE, RCA, 제니스 3개뿐이었다.[100] 자동차 산업에서 도요타는 1957년 미국 시장을 두드렸으나 초기에는 초라한 실적으로 굴욕을 맛보았다. 하지만 1965년 모델 코로나로 미국 시장에 교두보를 마련하고, 이후 1989년 렉서스를 출시한 후 2007년까지 매년 30만 대 이상을 판매했으며, 매출액 기준으로 세계 4위의 브랜드가 되었다.[101]

일본 기업의 성공 스토리는 당시에는 경영 현장에서나 이론적으로나 뜨거운 이슈였으나, 일본이 1990년대부터 '잃어버린 20년'이라 불린 침체기로 접어듦에 따라 그때의 열광적 분위기는 기억조차 아련해졌다. 새로운 기업 지배구조이자 자본주의의 신모델로 일본 기업 모델을 추켜세웠던 당시를 떠올리면 격세지감을 금하기 어렵다.

일본이 승승장구하던 분위기에 편승하여 일본식 경영을 미래 기업의 모델로 추앙하거나 그와 반대로 일본의 세계 지배 시도를 과도하게 우려하던 시절, 객관성을 유지하면서 그 의미를 심사숙고한 경제학자가 있다. 바로 거래비용 경제학의 대가 올리버 윌리엄슨이다. 탁월한 이론적 업적을 이룬 학자라도 격동의 현장에서 역사적 의미를 잘못 파악하여 명성에 금이 가는 일이 있지만, 윌리엄슨은 신중한 태도로 균형을 잃지 않았다. 그의 분석은 분위기에 휩쓸리지 않고 중심을 지킨 학자의 신중함을 보여줄뿐더러, 지금도 기업의 미래를 전망하는 데 커다란 시사점을 던지고 있다.

당시 일본 기업들 사례에서 크게 부각된 요소 중의 하나는 협력 기업과의 관계였다. 경영자 자본주의 시대의 정점을 지나 쇠퇴기에 접어든 미국에서는 여전히 수직계열화 전략을 고수하고 있었고 이를 이론적으로 뒷받침한 것이 거래비용에 기초한 "기회주의 방지를 위한 조직화" 개념이었다. 서로 상대에게 의존하게 되어 대안을 찾기 어려울 때 상대방이 갑자기 거래를 거절하면 그로 인한 타격이 크기 때문에, 이를 방지하기 위해 독립 파트너들이 하나의 조직으로 통합된다는 것이 그 골자다.

그런데 일본 기업들, 특히 도요타는 수직계열화도, 그렇다고 다양한 부품업체들 간의 시장 거래도 아닌, 서로 잘 알고 지내는 소수의 협력 회사와 안정적인 장기계약을 통해 이 문제를 해결하고 있었다. 이것은 기존의 거래비용 경제학, 특히 '기회주의 방지'라는 윌리엄슨의 이론에서는 설명하기 까다로운 현상이었다.

___ 일본은 미국에 비해 하청에 훨씬 더 광범위하게 의존하고 있다. 도요타 자동차 사는 부품 공급업체들과 흔히 보기 힘든(unusual) 관계를 구축해왔는데, 이 회사의 사례는 이러한 맥락에서 자주 언급되고 있다. 하청 관계에서의 도요타의 성공을 어떻게 설명할 것인가?[102]

윌리엄슨은 일본 기업의 몇 가지 특성에서 이 질문에 대한 답을 찾고 있다. ① 이미 선진국 자동차 산업 생태계가 완성된 상태였으므로, 산업 자체의 모델, 즉 생산 기술뿐 아니라 모기업-협력 기업의 하청 관계까지 선진국 산업으로부터 수입할 수 있었고, 그 결과 자동차 산업에 대한 낯섦이나 시행착오가 적었다. ② 처음부터 모기업, 협력 기업 간 공동운명체적 관계를 강조하여, 이 관계가 특별한 결격이 없는 한 유지될 것이라는 믿음을 공유했다. ③ 그렇지만 결코 계약은 자동 갱신되는 것이 아니었다. 윌리엄슨은 도요타가 "2개의 공급업체 정책(two-vendor policy)"을 고수했다고 지적한다. 일은 나누어서 배정되었으며 정기적으로 입찰 경쟁도 벌어졌다. 이것은 특정 업체에 전적으로 의존하게 되는 상황을 어느 정도는 차단하기 위함이었다. ④ 평판을 통한 모기업 통제가 이루어졌다. 앞의 3가지 정책으로 협력업체의 기회주의가 어느 정도 제어되었다면, 이제는 단독 발주처인 모기업에 대한 제어가 필요했다. 그 핵심적 수단이 바로 평판이었다. 협력 관계가 특정 시한이 없이 매년 반복되었으므로 도요타가 만일 무리하게 납품 단가 인하 압력을 가하는 등 갑의 횡포를 부리면 협력업체 사이에서 도요타의 평판이 하락할 가능성이 높았다. 부품별로는 협력업체가 소수였지만, 넓은 범위에서 연관 부품 공급업체들이 자주 회합하고 거래 관련 정보를 공유했다. 도요타가 특정 협력업체에 부당하게 행동하면 이는 즉시 다른 업체에 전달되는 구조였다.

이러한 윌리엄슨의 설명은 바로 우리가 인류 최초의 협력 양식으로 살펴보았던 사회적 협력, 즉 상호 호혜적 협력의 모델과 상당 부분 일치한다. 공동운명체를 강조하여 계약의 장기 지속을 보장하는 점, 그리고 2개의 공급업체를 유지하는 것, 또 연합체를 형성해서 갑의 횡포에 대한 정보를 즉시 공유하는 것 등은 모두 반복 게임에서 상대가 협력하면 협력하지만 그렇게 하지 않으면 바로 반격한다는 '눈에는 눈' 전략의 구조를 제도화한 것이다. 즉, 하청 관계를 설계함에 있어 시장원리도 조직원리도 아닌 '사회적 원리'를 적용한 것이다.

도요타의 기세에 놀란 미국에서는 "일본의 하청 시스템이 그 비결이라면 이를 따라할 수는 없을까?" 하는 질문이 자연스럽게 제기되었으나, 윌리엄슨은 지혜롭게도 이에 대해 회의적 견해를 밝히고 있다. 그는 일본 법률 전문가의 언급을 빌려, 무엇이든 냉정하게 법대로 처리하는 미국 문화와, 개인적 관계를 먼저 맺고 될 수 있으면 법에 의존하지 않고 원만하게 일을 처리하려는 일본 문화와의 차이점을 지적한다. 이러한 문화적 격차로 인해 미국 기업이 일본 모델을 수용하기는 쉽지 않을 것이라고 전망한 것이다.

기업 간의 협력에서 조직화나 시장이 아닌 사회적 연대의 효과를 윌리엄슨이 언급했다는 사실 자체가 흥미롭다. 하늘을 찌를 듯하던 일본 기업의 기세는 다소 가라앉았지만, 윌리엄슨이 고민했던 시장과 조직의 혼합(hybrid) 모델은 사라지지 않고 남았다. 이 모델에 대해서는 이 장의 뒷부분에서 다시 생각해볼 기회가 있을 것이다.

해체와 재구성:
플랫폼과 네트워크

① 모듈화: 조직과 시장의 재구성

거대 기업의 시대를 거쳐, 이제 기업은 어디를 향하고 있는가? 팽창과 통합의 트렌드가 기업의 시대를 지배했다면, 이제 정반대의 방향, 축소와 해체의 시대가 오는 것일까? 그러나 역사에서는 복고처럼 보이는 것도 시계를 거꾸로 거슬러 올라가는 것은 아니다. 즉, 콩글로머리트의 분해가 곧바로 고전적 안트러프러너 시대로의 회귀는 아니라는 점에 유의해야 한다. 그렇다면 무엇이 같고 무엇이 다른가?

고전적 안트러프러너 시대에는 새롭게 등장한 제조 기업들이 시장 거래를 통해 자원과 역량을 동원했다. 대기업 시대에는 과학 기술에 기반한 고도로 체계화된 생산 시스템이 기업 내부에서 직접 설계되고 운영되었다. 지금 이 순간에도 생산 및 유통 인프라에서 근본적 혁신들이 숨 가쁘게 일어나고 기술 및 비즈니스 모델도 더욱 빠르게 교체되고 있다. 그렇다면 이러한 연쇄적 혁신을 감당하기 위해 과거와 마찬가지로 역시 통합된 거대 기업의 일관성 있는 리더십이 필요한 것이 아닐까? 그러나 그렇게 판단하기 전에 변화한 환경 변수들을 고려할 필요가 있으며, 그중 하나가 사업과 기술 부문에서의 변화, 즉 '모듈화'이다.

모듈화란 복잡한 제품이나 프로세스를 더 작은 하위 시스템을 통해 구축하는 것으로, 각각의 하위 시스템들은 독립적으로 디자인되지만 동시에 통합되어 기능할 수 있다.[103] 다시 말해 모듈화의 정도는 하위 시스템에서 일어난 변화가 전체 시스템의 다른 부분들에 파장(ripple effect)을 일으키지 않는 정도로 정의된다.[104]

국지적 사건들은 전국적 사건으로 확산되지 않는다. 대기업의 시대는 기계화로 인한 시스템의 정교화가 이루어짐에 따라 한 공정에서의 오차가 뒤의 공정에 큰 문제를 일으키는, 상대적으로 모듈화가 어려웠던 시대라고 말할 수 있다.[105] 그렇다면 시장이 경제적 조정의 주된 역할을 담당했던 산업혁명 시기를 모듈화 시기였다고 할 수 있을까? 산업혁명기는 비록 시장 시스템은 작동되고 있지만 부문 간 연결에서 발생하는 문제를 그때그때 숙련공의 임기응변으로 수습해야 하는 불완전한 시스템의 시대였다. 각 생산요소가 독립적으로 운영되기는 하였으나 결합 시의 호환을 위해 상당히 손이 가는 상태로서, 모듈화와는 거리가 있었다고 보아야 할 것이다.

모듈화란 '완결성'과 '연결성'이 동시에 충족되는 것이다. 약간의 실수를 하더라도 큰 문제가 없고, 또 파격적인 혁신을 이뤄도 다른 부분에 혼선을 초래하지 않아야 한다. 이전에는 한 부위에서 혁신이 일어나면 이것이 다른 부위에 무리를 주는 경우가 많았다.[106] 물론 모듈 시스템에서도 호환성을 위해서 지켜야 하는 몇 가지 룰이 있지만, 이 룰을 지키는 데 드는 비용은 그렇게 크지 않다. 느슨한 결합(loosely-coupled), 즉 벨크로테이프처럼 붙였다 뗐다 할 수 있고 뗀 뒤에도 흔적이 남지 않는 이러한 관계가 전체를 연결한다. 그 결과 기회주의나 사후적 위협 등의 문제가 일어날 여지가 줄어든다. 여기서는 더 이상 관계 지향적 투자에 신경을 쓸 필요가 없고 언제든지 서로에게 가장 잘 맞는 파트너를 고르면 된다.

이러한 이상적인 모듈화가 현재 형성되고 있는가? 최근 플랫폼이라고 불리는 소프트웨어 생태계는 모범적인 사례를 보여준다. 스마트폰과 앱 개발자 공동체, 그리고 인터넷 브라우저와 애드온(add-on) 방식의 소프트웨어 생태계를 생각할 수 있다. 스마트폰이나 컴퓨터 프로그램이 플랫폼을 형성하고 그 위에서 다양한 소프트웨어가 탑재되어 소비자에게 서비스를 제공한다. 여기서 플랫폼은 일종의 장터와 같고 소프트웨어 제공자는 소상인에 비유할 수 있다. 소프트웨어 개발자들은 이제 플랫폼 기업의 조직에 속하지 않으며 독립적인 주체로 활동하고 특정 플랫폼에 참가할지 안 할지도 자유롭게 결정한다. 물론 특정 플랫폼이 제공하는 언어인 개발 도구를 습득해야 하지만 부담이 적어 자유롭게 관계를 맺고 끊을 수 있으므로 굳이 이들이 하나의 조직으로 통합될 필요가 없다.

모듈화의 근본적 강점은 첫째 혁신의 촉진, 그리고 둘째는 환경 변화에 대한 대응력 강화이다. 다시 말해서, 소프트웨어 개발자들은 일정 수준의 플랫폼 이용료만 내면 수익을 모두 가져갈 수 있으므로 어떤 간섭도 없이 자유롭게 창의적 아이디어를 발휘할 인센티브를 갖는다. 플랫폼 운영체제와 호환된다는 조건만 지키면(물론 사회적으로 유해한 내용이나 기타 법 규범에 저촉되는 것들은 규제되겠지만) 어떠한 아이디어도 자유롭게 구현할 수 있다. 그리고 만약 소프트웨어 개발자를 기업 자체에서 육성하고 관리했다면 결코 상상할 수 없었을 다양성이 가능해진다. 애플의 iOS는 10만 명의 앱 개발자 공동체를 거느리고 있는데, 이들을 모두 직원으로 받아들였다면 엄청난 관리비용이 필요했을 것이며 또 아이디어의 자유분방함, 다양성 등이 크게 위축되었을 것이다. 독립적인 앱개발자들의 자유로운 활약을 보장하면서도 그 결과 얻어진 다양한 앱의 존재는 고스란히 최종제품, 스마트폰의 강점과 매력에 기여한다.[107]

IT 기술을 기반으로 한, 운영체제로서의 플랫폼과 소프트웨어는 이러한 모듈화가 기술적으로 가장 쉽게 구현될 수 있는 산업일 것이다. 문제는 이러한 모듈화가 다양한 오프라인 산업에서도 적용 가능할 것인가이다. 최근에는 서비스 산업에서도 모듈화가 거론되고 있으며, 연구개발에서 레고형 R&D라는 개념까지 제안되고 있다.[108] 그러나 IT 플랫폼만큼 쉽사리 산업과 비즈니스 모델을 모듈화하기는 쉽지 않다. 전 산업이 모듈화의 원리에 의해 재편될 것이라고 단언하는 것은 시기상조로 보인다.

그럼에도 불구하고 현재 커다란 변화가 진행되고 있음은 분명하다. 모든 산업이 IT 플랫폼과 같은 강력한 모듈화 기반이 있지는 않지만, 소재과학의 발달로 데이터가 아닌 실제 사물을 다루는 지식이 엄청나게 발전하며 나아가고 있다. 이러한 발전이 향후 제조업과 산업 전반을 근본적으로 뒤바꿔놓을 가능성은 충분하다.

조직은 명령-통제 원리에 의한 중앙집권 시스템으로, 모듈화와는 거리가 있다. 조직의 각 부문은 상호 간 영향을 미치며 그 결과 조직의 수뇌부는 내부 조정을 위해 동분서주해야 한다. 반면에 시장은 화폐나 거래 시스템과 같은 운영체제가 있고, 모든 거래자는 독립적이며 필요하면 거래하고 그렇지 않으면 하지 않는다는 점에서 모듈화 시스템에 가깝다고 볼 수 있다.

기업조직이 모듈화된다는 것은 기업조직의 시장화, 즉 조직이 해체되고 해체된 단위들이 시장의 독립 거래자로 분리됨을 의미한다. 모듈화의 진전은 조직의 수직적·수평적 해체를 초래하는 경향이 있다.[109] 앞에서 고전적 안트러프러너 시대의 경제 시스템이 주로 시장 메커니즘에 의해서 이루어졌다는 것, 따라서 이 시기에 현대 경제학을 구축한 대가들이 완전경쟁의 모델을 교과서적 표준으로 확립했다는 사실을 언급한 바 있다. 지금 진행되는 모듈화는 시장 메커니즘의 중요성을 다시 한 번 부각시킬 가능성이 있다.

그러나 '시장에서 조직으로', 다시 '조직에서 시장으로'라는 식의 일차원적 왕복운동으로 상황을 단순화해서는 곤란하다. 앞서 얘기한 바와 같이 IT와 같은 강력한 모듈화 기반은 오프라인 산업에서는 아직 구축되지 않았다. 현실적으로는 플랫폼 자체가 경쟁과 변화에 노출되어 있고 이에 대한 참여에서도 모듈화가 개념 그대로 구현되기는 어려울 것이다. 이것은 모듈화로 묶인 파트너들이 비록 과거처럼 한 조직을 이루는 부서들은 아니지만, 시장의 자유로운 거래자들보다는 훨씬 더 높은 수준의 협력 관계를 유지해야 할 필요가 있음을 의미한다. 이것은 모듈화가 곧바로 시장화인 것이 아니라, 어쩌면 상당한 정도의 '사회화'로 이어질 가능성을 뜻한다.[110]

모듈화의 강점 중 하나는 자유로운 혁신이다. 특정 부위에서 혁신해도 다른 부위와의 '호환 규칙'만 지키면 민폐를 끼칠 위험이 없다. 그러나 이것은 개량 수준의 작은 혁신에만 국한된 이야기일 수 있다. 플랫폼 자체의 변화를 포함하는 근본적 혁신이 일어날 때 과연 자유로운 독립적 업체들의 파트너십만으로도 감당할 수 있을까?

최근 복수의 기업과 기타 다양한 전문가들이 함께 참여하는 개방적 혁신(open innovation)에 대한 관심이 높아지고 있다. 그런데 이 개방적 혁신의 성패 및 추진 전략에 중대한 영향을 미치는 것이 바로 생산 시스템의 모듈화이다.[111] 모듈화가 심화되면 큰 규모의 근본적 혁신을 시장 거래를 통해서 추진하고 20세기 초 대기업 시대와 같은 대규모 조직화를 우회할 수 있을지도 모른다. 20세기 대기업의 시대는 "혁신은 시장에서 살 수 없다"라는 인식하에 시스템 혁신을 추진하기 위한 해법으로 조직 통합을 채택했던 것이다.

기업의 재산권 이론에서 살펴보았듯이 불완전 계약으로 인해 거래비용이 최소화된다면 독립적 주체로서 협력 계약을 맺는 것이 인센티브상 최적의 성과를 거둘 수 있다. 하나의 조직이 되는 것은 인센티브 저하라는 비용을 치러야 한다. 레닌의 사회주의 실험이 실패한 근본 이유가 개인의 동기부여 효과를 무시했기 때문이라고 사람들은 말한다. 그러나 20세기 대기업들도 어떻게 보면, 스스로 자기 사업을 할 때 최대로 동기부여될 사람들을 대규모 조직의 종업원으로 고용함으로써 인센티브 효과를 반감시키고 있다. 동등한 개인 간 시장 거래로는 근본적이고 체계적인 시스템 혁신이 불가능했기 때문에 고육지책으로 인센티브를 희생하고 조직력을 선택한 것이다. "시장이 가장 효율적"이라는 명제는 기반 자체를 뒤흔드는 근본적 혁신의 경우를 말하는 것이 아니다. 그렇다면 앞으로는 모듈화를 통해서 "체계적 혁신까지도 시장에서 조달할 수 있게될 것인가?"가 문제이다. 향후 기업들은 이 문제와 씨름하게 될 것이다.

모듈화가 시장화를 촉진한다고 하지만, 모듈화의 기반이 되는 플랫폼 역시 시장 경쟁에 의해 효율적으로 조달될 것인가 하는 흥미로운 문제가 제기된다. 플랫폼은 세계가 다시 계획경제로 돌아가지 않는 한, 시장을 무대로 펴져야 하고 따라서 당연히 '진영 경쟁'이 발생한다. 진영 경쟁은 그 자체가 더 좋은 플랫폼을 만들어내는 긍정적 효과를 발휘한다. 다만 '네트워크의 경제'라는 것이 작용할 수 있는데, 이는 플랫폼에 접속한 파트너의 수가 늘어나면서 선점 효과를 발휘하여 새로운 플랫폼이 우월한 경쟁력을 지니고 있어도 기존의 플랫폼을 이기지 못하는 경우를 가리킨다. 일종의 락인(lock-in) 효과다.

그러나 앞으로 더욱 치열해질 플랫폼 경쟁에서는 먼저 자리 잡았다는 이유로 선점의 이점을 장기간 누리는 것은 점점 더 어려워질 것으로 보인다. 이것은 한번 안정된 플랫폼이라도 언제든지 경쟁에 돌입하거나 교체될 수 있다는 것을 의미하며, 이로 인해 플랫폼 참가자들은 어느 진영을 택할 것인지 선택해야 하는 상황에 직면하게 된다. 패배한 플랫폼에 올인한 참가자는 상당한 거래비용을 부담하게 되어 시장 형성에 부정적 영향을 미칠 수 있다.

② 다각화의 새로운 모습

왜 한 기업이 여러 산업, 여러 기능으로 확장하는 것이 좋지 않은 걸까? 그것은 결국 한 분야에서 축적된 역량이 다른 분야에서 그대로 적용되기 힘들다는 생각이 더 우세해지고 있기 때문이다. 과거 경영자 혁명의 시대에는 특수한 산업의 전문가보다는 일반 경영자의 '전사 전략(corporate strategy)'이 중시되었다. 이것은 기업조직 내에서 일종의 '공공재' 역할을 하면서 여러 사업에 이점을 줄 수 있었다. 요컨대 특정 사업을 잘 관리한 경영자가 다른 사업의 관리에도 자신의 역량을 나누어주는 것으로, 두 사업이 두 명의 유능한 경영자에 의해 이끌어지는 것보다 더 유리하다는 판단이었다. 그러나 시간이 갈수록 "자신이 정통하지 않은 분야에 섣불리 뛰어들지 말라." 하는 공감대가 형성되고 있다. 한 사람이 평생의 경력을 투입해도 한 사업을 제대로 알기가 어렵다는 것이고, 그렇게 해서 얻은 노하우가 다른 산업으로 이전되지도 않는다는 것이다.

이는 현대가 레오나르도 다 빈치와 같은 전인(universal man)이 불가능한 시대임을 말한다. 하나의 산업을 알려면 기술의 동향을 세세하게 꿰뚫어야 할뿐더러 소비자의 선호를 통찰할 수 있어야 한다. 이것은 평생 자기 분야의 이슈들과 씨름하면서 성공과 실패를 치열하게 경험하지 않는 한 불가능하다. 현대의 경영자는 편집광이라고 할 정도로 몰두해야 한다.

게다가 오늘날에는 한 인간이 감당할 수 있는 전문성의 범위가 급격하게 움츠러들고 있다. 아리스토텔레스는 형이상학과 논리학은 물론 물리학, 동물학, 정치학, 윤리학, 시학이라는 여러 학문에서 권위적인 저작을 남겼다. 그러나 이제는 특정 학문은 고사하고 학문의 세부적인 한두 가지 주제에 대해서도 한 사람이 포괄적인 지식을 보유하기가 쉽지 않다. 이는 비단 학문의 세계에서만 통용되는 이야기가 아니다. 산업에서도 하나의 산업에 정통하기 위해서 일생의 노력과 경험이 필요하다는 것을 의미한다. 어설픈 시도는 더 이상 성과를 거둘 수 없으며, 그렇기 때문에 거대 기업의 비관련 다각화는 "거대한 실수(colossal mistake)"로 비판받게 되었다.[112]

그런데 2008년 금융위기가 전 세계에 타격을 주면서 일부 실증적 근거를 바탕으로 다시 다각화의 강점을 이야기하는 목소리가 부상하기 시작했다.[113] 확률 분포 자체를 가늠할 수 없는 '블랙 스완'적 사건이 일어나는 상황에서 어떻게 단일 사업에만 몰입하여 안정적, 지속적 성장을 기대할 수 있겠는가 하는 것이었다. 더욱이 기술과 시장의 급속한 변화는 '터무니없는 공상'과 '실현된 미래'를 점점 더 분간하기 어렵게 만들고 있다.

이러한 상황은 기업을 심각한 딜레마에 빠뜨린다. 환경 변화의 범위가 그 어느 때보다 넓은데 다양한 사업에 정통할 필요성 또한 더욱 커지고 있으니까 말이다. 이제 한 산업과 다른 산업의 사이는 건너갈 수 해협처럼 넓어졌다. 그렇다고 해서 오늘날의 대기업이 과거 안트러프러너들처럼 전구, 비행기, 전화기와 같은 하나의 아이템에 몰입할 수는 없다. 하나의 아이템이 실패할 경우 소규모 벤처 기업의 도전과 달리 규모가 큰 대기업은 경제, 사회적으로 엄청난 파장을 일으킨다.

'콩글로머리트의 재래'라고도 불리는, 구글의 대대적 지배구조 개편은 그래서 화제가 되고 있다.[114] 구글은 스스로 '행성'의 위치로 내려앉고 자신과 함께 다양한 모색적 사업단위들을 아우르는 '항성' 격인 지주회사 알파벳(Alphabet)을 출범시켰다. 이것은 대기업과 스타트업을 과거 지주회사와 계열사의 관계로 묶는 시도이다. 콩글로머리트처럼 보이지만 그 취지와 구성이 다르다. 구글은 이제 기존 성공 사업에만 의존하는 것이 아니라 미래를 향해 안테나를 사방으로 펼칠 수 있게 되었다. 한 사람의 전인이 아니라 각 분야의 '덕후(deep diver)'들을 느슨한 결합으로 관리해 나가는 것이다. 스타트업들도 든든한 대기업의 다양한 지원, 즉 시간과 자원과 다양한 경영 기능들을 지원받을 수 있다.

과거의 콩글로머리트는 상당한 규모와 자립성을 지닌, 그 자체로 대기업들의 집단이었다. 잭 웰치(Jack Welch)가 이끌었던 GE가 대표적인 사례이다. 웰치는 소속 사업부가 시장에서 1등 또는 2등을 하지 못하면 과감하게 잘라내는 "No.1 or No.2" 전략으로 유명하다. 사업의 판도가 어느 정도 안정되어 있고 변화가 서서히 일어난다면 이것은 경쟁력을 유지해가는 합리적인 전략이라고 할 수 있다. 그러나 산업 판도가 급변하는 상황에서는 현재의 1등이 언제 무너지고 새로운 1등이 탄생할지 알 수 없다. 사업 포트폴리오를 통한 위험의 상쇄, 그리고 주력 사업의 성장 둔화에 대비한 신규 성장 사업의 준비가 기존 콩글로머리트의 주목적이었다. 미래를 준비하는 새로운 복합 기업은 이보다 훨씬 더 심각한 불확실성에 대응하면서 동시에 특정 분야를 훨씬 더 집요하게 탐구해야 하는 2가지 도전을 병행해야 한다.

산업혁명기 고전적 안트러프러너들 역시 무에서 유를 창조한다고 해도 좋을 정도로 과감한 도전을 시도했으나 당시는 아직 경쟁 기업은커녕 산업 자체가 없는 무풍지대, 마치 최초로 육상에 올라온 양서류들이 천적이 없는 신천지를 차지한 것처럼, 원초적인 '선발자 이익'을 누렸다. 현재는 이미 산업과 인프라가 발달하고 강력한 경쟁자들이 시장을 장악하고 있는, 처녀지가 사라진 레드 오션의 시대이다. 그만큼 새로운 전략으로 도전하기도, 작은 성공을 더 큰 기회로 빠르게 확산시키기도 어렵다. 기술의 발전과 모듈화의 진전으로 아이디어를 구현하는 데 필요한 진입 장벽이 어떤 의미에서는 낮아졌으나 기회의 창 역시 함께 좁아졌다. 인구 증가도 경제 성장도 정체되고 있으며 소비자는 지갑을 닫고 있다.

물론 새로운 아이디어를 생각해내기가 쉬웠던 시대란 동서고금을 막론하고 없었을 것이다. 그러나 현대에는 아이디어를 현실화하기가 더욱 어려워진 측면이 있다. 기존의 제품, 서비스들이 이미 훌륭하므로 뚜렷한 차별화를 이루기가 어렵다. 또한 현대사회에서 새로운 시도를 하려면 이해관계자들의 동의, 대중의 지지, 견제 세력 무마 등에 대한 고려가 동시에 요구되며 사회적이고 법적인, 때로는 정치적 대응 등 비시장 요소에 대한 전략 또한 필요하다. 과거에는 핵심 기술 하나만 있으면 혼자서 어떻게든 시도하고 도전해볼 만한 낭만적 분위기가 있었다. 에디슨이 혼자 해낸 그 모든 일은, 오늘날의 눈으로 보면 아리스토텔레스가 인문, 사회, 자연과학 영역에서 잇달아 권위 있는 저술을 남긴 것과 마찬가지다. 그러나 오늘날에는 이러한 일이 학문 세계에서만 아니라 비즈니스에서도 불가능하다. 벤처, 스타트업과 같은 초기의 출발 조직들에게 핵심 기술 외의 모든 사회, 문화, 제도적 고려 사항에서도 프로가 되라고 요구하는 것은 무리다.

창조적 아이디어는 쉽게 죽어버리는 연약한 존재다. 지속적 혁신을 위해서는 우리 시대의 안트러프러너들이 자신의 아이디어를 실현하는 과정이 더 쉬워져야 한다. 그러나 한 세기의 엄청난 기술과 제도의 발전에도 불구하고 이것은 여전히 풀기 어려운 과제이다. 한 우물을 파고드는 열정은 개인의 몫이지만 이들을 입체적으로 지원하는 것은 사회와 제도의 문제다. 이것은 국가의 중요한 정책 과제이기도 하지만 혁신에 대한 강력한 인센티브, 그리고 끝까지 이를 밀고 갈 추진력을 고려한다면 민간조직인 대기업 역시 중요한 이해관계자이다.

대기업이 주도적 리더십을 발휘하여 스타트업들을 지휘하는 방식을 취하는 것은 현재로서는 적절하지 않아 보인다. 그보다는 앞에서 얘기한 시장, 비시장 환경에서의 전문적 사업 지원을 통해, 고도로 제도화된 현대 시장에서 안트러프러너들이 마음껏 비전을 실현할 기회를 제공해주는 것이 더 바람직할 것이다. 그 과정에서 대기업은 규모 있는 사업으로 키워갈, '될성부른' 아이템을 탐색할 기회를 가질 수도 있다.

'인터넷 콩글로머리트'로 불리는 구글의 시도가 어떤 결과를 낼 것인가에 대해서는 낙관과 비관이 교차한다. 낙관론자들은 래리 페이지(Larry Page)가 '오마하의 현인'이라는 워런 버핏(Warren Buffett)처럼 미래 신사업에 탁월한 선구안을 발휘하여 고도성장을 이어나가길 바란다. 그러나 우려의 목소리도 높다. 버핏은 IT 기업에 투자하지 않으며 자기 자신이 잘 이해할 수 있는 사업에만 투자한다고 한다. 이것은 래리 페이지가 선택할 수 있는 원칙이 아니다. 또한 지주회사의 계열사로 다양한 프로젝트를 소속시킴으로써 경영이 투명해져서 투자자들의 답답함은 다소 해소되었을지 모르나 인내심 없는 시장에 미래 사업 현황을 속속들이 알리는 것이 잘한 일인가 하는 의문도 제기되고 있다.

—— 앞으로 일이 잘 풀려나갈 것인가는 페이지가 '돈 먹는 하마인(cash-consuming)' 과학 프로젝트에 적절한 리더를 선임하고 높은 투자수익을 올리는 데 능한가에 달려 있다. 마치 버핏이 '현금을 창출하는(cash-generating)' 회사들에 대해서 그렇게 한 것처럼 말이다.[115]

한 분야에 대한 몰입과 열정이라는 안트러프러너십, 그리고 이러한 기회를 시장이 쉽사리 인정해주지 않는 간극을 어떻게 극복할 것인가가 향후 기업 발전의 핵심적 과제가 될 것이다.

③ 시장 거래와 사회적 관계

전환기에 접어든 기업은 조직의 규모를 줄이면서 시장에 보다 많이 의존하게끔 변해가고 있다. 그러나 과연 시장에서 모든 것이 다 원활하게 기능할 것인가? 앞에서 "과연 시장은 혁신을 기다려줄 수 있는가?"라는 질문을 던진 바 있다. 경제학에서 일반 균형 이론은 완전정보를 가정하는데, 이것은 영원무궁한 모든 미래를 정확하게 예측한다는 것을 의미한다. 이것이 시장이 완전한 균형을 이루고 효율적인 거래를 달성하기 위한 전제조건이다. 하지만 우리의 우주는 결코 예측 가능하지 않으므로 시장만으로는 완전하지 않으며, 그래서 기업이 생겨난 것이다.

현재 기술 발달이 예측 능력과 분석 능력을 향상시켜 조직보다는 시장 메커니즘으로 무게중심이 옮겨가는 경향이 있다. 그러나 익명 간 거래를 담당하는 시장이 모든 것을 다 처리할 수 있으리라고 단언할 수는 없다. 시장을 보완할 수 있는 대안 중 하나로 강조되는 것이 사회적 메커니즘이다.

사회적 메커니즘이란 서로 인지할 수 있는 개인들의 상호 관계의 역사 속에 친분과 신뢰를 쌓고 이러한 사회적 자본의 기반 위에서 상호작용하는 것을 말한다. 이 메커니즘은 사회의 규모가 커지면 한계가 있다고 했으나, 앞에서도 말한 바와 같이 집단을 위계화하는 방법에 의해서 여전히 이러한 관계를 확산시킬 가능성이 있다. 최근에는 IT 기술의 발전이 사회적 상호작용의 능력을 크게 강화하고 있다. 바로 사회적 네트워크이다. 인간이 실제 만나고 소통하는 데 필요한 장소나 시간, 이동 등의 제약을 IT 기술이 대폭 단축해준 것이다. 물론 사람이 인지하고 기억할 수 있는 능력 자체가 달라지지는 않는다. 그러나 적절한 도움이 있으면 강한 관계에서는 큰 변화가 없겠지만, 약한 관계에서는 교류의 범위가 엄청나게 확대될 수 있다. 의사가 수백 명의 환자를 다룰 때 환자 한 사람 한 사람을 기억하지 못해도 진료 기록을 보면 어렴풋이 기억하고 치료를 이어갈 수 있는 것과 같다. 상호작용을 지원하는 각종 소통의 기술들이 인간사회에 어떠한 영향을 미칠지는 두고 봐야 할 일이다. 이방인에 대한 경계심이라는 소통의 장애가 앞으로 어떤 식으로 극복되고, 이렇게 해서 벌어지는 인간관계의 폭과 깊이의 변화가 생산성에 어떤 영향을 미칠지 예단하기는 쉽지 않다.

사회적 관계는 우선 기업 간에 영향을 미칠 것이다. 일본의 기업 간 협력이 관심을 끌었던 사실을 언급한 바 있다. 최근에는 플랫폼 기업과 이에 접속한 회사 간의 관계 역시 단순한 시장 거래 관계는 아니라는 사실이 주목된다. 자본주의 경쟁을 상징한다고 할 수 있는 기업들이 서로 협력과 신뢰를 도모한다는 것이 역설적으로 들릴지도 모른다. 그러나 점점 더 기업 간 네트워크가 중요한 경쟁 원천으로 대두하고 있다. 기업의 협력은 그동안은 주로 담합으로 여겨졌다. 일부 기업들이 다른 기업, 또는 진입을 고려하는 기업을 방해하거나 또는 소비자로부터 더 큰 이익을 끌어내기 위한 모의를 시도한 탓이다. 그 때문에 기업들은 서로 치열하게 경쟁하는 것이 사회 전체를 위해 좋은 것으로 인식되었다. 기업 간 우애는 사회 후생에 해롭다는 것이 불완전경쟁에 대한 기존 경제학의 결론이다.

그러나 기업들의 협력이 필요한 경우가 점점 더 많아지고 있다. 역량을 공유해서 품질을 높인다든가, 기술적 한계를 극복한다든가, 소비자에게 복합적인 서비스를 제공한다든가 하는 협력은 법적으로도 문제가 되

프랑스 시트로엥 사의 설립자 앙드레 시트로엥(André Citroën)은 '마케팅의 귀재'라고 불리는 엔지니어 출신의 경영자로, 르노와 푸조가 이미 자리를 굳힌 프랑스 자동차 시장에서 추격을 위해 큰일을 저질러야겠다는 생각을 했다. 당시는 자동차가 대중화되던 초기로서 자동차의 강건함을 과시하기 위해 다양하고 인상적인 프로젝트가 시도되고 있었다. 그는 자신이 개발한 두 번째 모델 B2를 끌고 사하라 사막을 횡단하고 곧이어 아프리카 대륙을 횡단하여 단번에 인지도를 끌어올렸다.[116] 이러한 '개척자' 이미지는 마케팅 전략의 일환이 되었으며, 그중에서도 매우 효과적인 것이었다.

지 않는다. 협력은 서로 독립적으로 존재하면서 계약에 의해 공동 프로젝트를 하는 것을 의미한다. 상호 간의 신뢰만 지켜진다면, 이것은 재산권 이론에서도 예상했듯이 가장 좋은 성과를 거둔다. 문제는 누군가가 배신하는 경우인데, 한 업계 내에 수많은 군소 업체가 난립하는 경우가 아니라 과점적 상황이 형성된다면 상호 호혜적 협력의 조건이 마련될 여지가 있다. 또한 이업종 간에는 서로 보유하고 있는 역량과 자원이 다르고 소비자에 대한 접점도 달라서 충분히 협력할 소지가 있다. 업종 내 협력은 과거 담합 혐의가 있었고, 업종 간 협력은 여러 가지 기술적·제도적 제약으로 활성화되지 못해왔다. 그러나 이런 문제가 점차 완화되면서 기업 간 협력의 가능성이 더욱 커지고 있다.

한편, 더 중요한 것은 기업과 고객의 관계이다. 만약 무수히 많은 기업과 무수히 많은 고객이 거래하는 시장이라면 이것은 완전한 익명성 거래이다. 그러나 글로벌 명성을 가진 대기업이 등장하면서 기업은 더 이상 익명의 거래자가 아니다. 기업의 브랜드가 모두에게 인지될 수 있는 상징성과 전파성을 갖게 되고 더 나아가 독특한 개성을 가지게 된 것이다. 고객은 아직도 익명의 대중인 경우가 대부분이지만 최근 소비자의 발언권이 강화되면서 기업의 일방적 우위보다는 기업과 고객 간의 상호작용이 중요해지고 있다. 다양한 소셜 네트워크의 발달과 이를 통한 소비자들의 커뮤니티 활동의 강화가 고객의 직접 경험 및 공동체 구성원의 간접 경험을 더욱 중요한 것으로 만들고 있다.

'제조업의 서비스화', 또는 '체험 경제'라고도 표현되는 최근의 동향은 단순히 제품 성능으로서의 품질이 아니라, 제품이 고객과 맺는 다면적이고 심층적인 관계의 중요성을 강조한다. 이제는 단순히 고객에게 물건을 팔고 돈을 받으면 끝나는 것이 아니다. 이것이 뜻하는 바는 기업이 고객을 깊이 알아야 한다는 것이다. 이는 일견 시장의 기본적 속성, 즉 익명 개인 간의 거래라는 원리와는 어긋나는 듯이 보이기도 한다. 상대가 누구인지 묻지 않고 내가 누구인지 알릴 필요 없이, 서로가 원하는 조건이 확인되면 바로 교환이 이루어지는, 이 '옅은 상호작용'이야말로 시장을 확대시킨 원동력이었기 때문이다. 그런데 '체험'의 중요성이 강조되면 이제 서로가 서로를 알 필요가 커진다.

최근 기업들은 소비자를 알기 위해 여념이 없다. 서베이 등을 통해 얻은 정보를 집계해서 평균값을 얻고자 하는 데 그치지 않고 한 사람 한 사람의 특성을 알기 원한다. 아마존은 책 구매자들의 구매 이력을 점검하고 테마파크는 고객의 어트랙션 방문 동선을 알고자 하며, 쇼핑몰은 매대를 응시하는 고객 시선의 움직임까지 파악하고자 노력한다. 선물하려는 자는 선물 받을 사람을 알아야 한다. 체험을 선사하려는 자가 상대방이 체험으로부터 무엇을 느끼는지를 몰라서는 곤란한 것이다.

대체 가능한 일회용 소모품을 파는 것이 아니라 의미와 체험을 팔고자 하는 기업은 고객을 알아야 한다. 빅데이터를 처리할 수 있는 인공지능의 용량이 늘어나면서, 과거 소규모 인간 집단의 한계에 묶여 있던 익명성의 영역이 열리고 있다. 이것은 우리가 알고 있는 시장 모델과는 분명히 다르다.

기업과 기업 간의 협력 네트워크 못지않게 이제 기업과 고객 간에도 인격적(personal) 관계 형성을 모색해야 할 때다. 바로 이 점에 대해서 일본의 경제학자 이와이 가쓰히토는 향후 저성장 시대에 기업의 살길은 기업이 인간의 얼굴을 보여주는 것이라고 말한다.[117]

또 하나, 기업과 종업원 간의 관계가 있다. 많은 경우 회사의 핵심적 기능이 아닐 경우 아웃소싱이 일어나고 있고 기업 활동의 꽃으로 여겨졌던 제조 분야까지 떼어내는 플랫폼 기업이 등장하고 있다. 전체적으로 회사의 규모가 줄어들고 임직원들은 가치 창출에 직결되는 전략적이고 핵심적인 업무에 긴밀하게 종사한다. 회사의 규모가 줄어들고 조직이 더 이상 커지지 않음에 따라 다수의 인력을 관리직으로 승진시키는 일이 불가능하다. 또한 직원들은 장기근속과 성장이 어려운 회사에 모든 것을 걸 수 없고 따라서 자기 전문성을 발달시킬 경력을 구상하게 되고 결국 기업과 인재의 결합은 점점 더 단기화된다. 이 과정에서 회사와 종업원의 관계는 과거보다 더 수평적이 되고 팀워크에 보다 더 강하게 의지하며, 더욱더 상호 호혜적인 협력으로 운영될 가능성이 커진다.

미국에서는 회사와 종업원의 관계를 서로에게 선물을 주는 행위(gift work)로 보자는 운동이 벌어졌고 이러한 취지에 맞추어 '일하기 좋은 직장(best place to work)' 순위를 정해 해마다 포천 500대 기업과 나란히 발표한다. 이때 일하기 좋은 근로 환경만이 중요한 판단 요소가 아니라, 그일이 얼마나 보람 있고 종사자의 가치관에 부합하는가도 중요한 판단 요소가 된다.

이처럼 기업과 기업, 기업과 고객, 기업과 종업원 사이에서 시장원리보다는, 원시사회부터 인류가 꾸준히 유지해온 상호 호혜적 협력 원리가점점 더 그 비중을 늘려가고 있다. 대규모의 강력한 중앙집권적 조직이해체되면서 점차 시장원리와 사회 원리에 그 역할을 이전시키고 있는 것으로도 볼 수 있다. 상명하복, 정교한 계획과 관리, 비인격적 시스템 등에 의존하던 경쟁력 원천이 변화되고 있는 것이다.

기업의 발전 단계:
협력의 역사를 재현하다

지금까지 인류 협력의 진화 과정을 조망하고, 대체로 사회, 국가, 시장의 흐름으로 변화해왔음을 살펴보았다. 더불어 기업은 시장경제가 확산되는 시기에 수많은 개별 시장을 창출함은 물론, 시장에 의해 조직되는 경제, 즉 '시장경제' 자체를 건설하는 '건설자' 역할을 수행해왔음을 확인하였다. 그렇지만 기업은 시장원리만으로, 혹은 국가와 같이 명령과 통제의 원리만으로 만들어진 조직이 아니라 협력, 통제, 거래의 원리를 복합적으로 재구성한 제도적 발명품이라고 할 수 있다. 이 협력 원리들은 시대에 따라서 그 비중이 변화해왔으며, 상충을 피하고 각자의 강점을 살릴 수 있도록 정교하게 설계되었다. 현대의 민법, 상법, 회사법 등 기업을 규율하는 법 조항들을 대략 살펴보기만 해도, 기업이라는 제도가 얼마나 복잡하고 다층적인가를 실감할 수 있다.

고전적 안트러프러너는 무한책임의 소유주를 중심으로 친족 또는 지인과의 긴밀한 협력을 바탕으로 조직되었다. 고전적 안트러프러너 기업의 창업자 그룹은 높은 수준의 신뢰와 열정을 보여주었다. 또한 초기 공장의 베테랑 숙련공과 현장 작업자의 관계 역시 오늘날의 경영관리자와 라인 근로자 사이의 관계와는 전혀 달랐다. 막스 베버는 당대의 기업에 대해 다음과 같이 말한 바 있다.

___ 기업은 정서적으로 연결된 공동체적 관계에 기초한 카리스마 리더십에 의존했다. 경영자를 보좌하는 스태프는 '관료(officials)'가 아니었다. 이들은 기술적으로도 훈련되지 않았다…… 위계라고 할 수 있는 것은 없었다.[118]

일반 경영자와 숙련공 사이에는 거리감이 있었지만, 그렇다고 계약에 의해서만 움직이는 거래적 관계는 아니었을 것으로 추측된다. 이 시대 영국 기업의 풍경은 찰스 디킨스의 소설 《크리스마스 캐럴》에서 잠깐 엿볼 수 있다. 스크루지는 젊은 시절 일했던 작은 회계 회사에서 벌어진 파티를 바라보다가 과거를 회상하며 다음과 같이 외친다.

___ "(페지위그 씨는 우리 사장이었고) 우리를 행복하게도 불행하게도, 그리고 우리의 일과를 가볍게도 무겁게도, 또 기쁨으로도 고역으로도 만들 힘이 있었어. 그 힘은 바로 그의 말과 표정 속에, 그리고 계산할 수도 없는 아무것도 아닌 진정 사소한 것들 속에 있었지. 그는 우리들을 행복하게 해주었고 돈으로는 살 수 없는 것이었어!" 스크루지는 정령의 눈초리를 느끼고 말을 멈추었다.[119]

안트러프러너 기업들은 '경영자 자본주의' 시대의 대기업보다는 훨씬 더 사회적 관계에 의존했다. 무엇보다도 시장을 창조하기 위한 그들의 열정은 단순히 계산적인 것만은 아니었다. 물론 그들이 세상을 구하려는 십자군적인 목표나 명분을 추구했던 것은 아니다. 그들은 분명히 공개적으로 이윤을 추구했다. 자동 방직기의 발명자 에드먼드 카트라이트(Edmund Cartwright)는 자신의 모델에 따라 만들어진 방직기가 랭커스터 카운티 전역에서 이용되는 것을 보고, "공공의 효용을 충족시키는 물건이므로 보상금을 지급해줄 것을 요청했다."[120]

근대 산업화 이전, 숭고한 열정이란 이윤 동기와 거리가 멀수록, 즉 사리사욕이 없을수록 더 믿을 만한 것이었다. 근대에 들어와서야 비로소 공적인 기여와 사적 이윤 추구를 반대 개념으로 생각하지 않게 되었다. 여전히 의심스러운 눈초리에도 불구하고 이제 세상을 더 좋은 곳으로 만드는 것과 큰돈을 버는 것은 일치할 수 있는 것이 되었다. 이윤은 안트러프러너와 그의 사업에 참여하는 사람들이 행동을 통일시킬 수 있는 방향타가 되었다. 이윤이 도덕적으로 바람직한 것인가 아닌가는 단언할 수 없지만 적어도 이윤은 한 가지 사실을 말하고 있다. 그곳에 시장이 있다는 것이다.

초기 안트러프러너는 열정이라는 대의명분과 구성원 간 친목이라는 연대감으로 자발적 조직의 면모를 가지고 있었다. 이후 20세기의 대기업들이 위계 조직화되면서 이와 같은 창업자의 열정은 회사의 '정신적 유산'으로 신화가 되었지만, 실제의 조직 운영은 보다 더 체계적인 권위와 명령에 의존하게 되었다. 대기업 임직원은 직종에 대한 정체성보다는 '회사 인간(company man)'으로서 조직의 위계적 운영에 따르겠다는 암묵적 약속, 이른바 '심리적 계약(psychological contract)'을 받아들였다. '경영자 자본주의'의 전성 시대에는 장기 고용이 글로벌 스탠더드였으며[121] 이런 상황에서 해고는 중세 시대 교회로부터 파문당하는 것에 비유할 수 있었다. 경력을 쌓아 경영자로 승진하기 위해서는 자신의 직종을 고집하기보다 다양한 업무를 거치는 것이 더 유리했다.

보이는 손의 시대가 지나가고 다시 '사라지는 손'의 시대가 되면서, 수평적 또는 수직적으로 대기업 조직이 해체되고 조직이 아닌 시장 메커니즘이 더 많은 경제활동을 매개하고 있다. 인수합병에 의한 기업 통합보다는 '해체의 시대'라 불릴 만큼 업종별 분화, 가치사슬상의 전문화가 일어나고 있는 것이다. 이것은 시장원리 강화와 연결되어 있다. 모듈화로 기업 간 협력이 보다 쉬워지면서 과거에는 단일 조직으로만 가능했던 근본적 혁신도 개방적인 스타일로 진행될 가능성이 커졌다. 이는 시장이 단순히 최종 상품만이 아니라 협력과 혁신을 위한 추상적 아이디어나 전략을 유통하는 장으로 진화하고 있음을 보여준다.

또한 주목해야 할 점은 종업원의 근속 기간이 전반적으로 단축되는 등 고용 관계의 변화이다. 이제 더 이상 기업은 입사부터 정년퇴직까지 일생을 보내는 일터가 아니다. 개인은 기업에 몸담고 있으면서도 기업을 넘어서는, 일관성 있는 경력 경로를 계속 고민해야 하고, 고용계약은 더욱더 시장원리에 가까워지고 있다.

이상의 여러 경향을 종합해볼 때 최근 기업조직의 운영에서는 시장원리의 의미가 점점 더 커지고 있다고 말할 수 있을 것이다. 이처럼 기업이라는 조직의 발전사가 마치 인류 역사가 사회, 국가, 시장의 흐름으로 진행된 것을 재현하듯이 사회적 협력, 권위적 위계 조직, 시장원리의 순서로 진행되어온 것은 흥미롭다. 물론 이러한 순서에 역사의 법칙이 존재

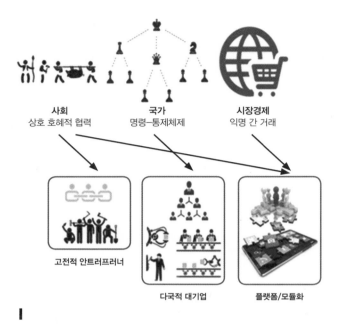

기업의 발전 단계와 협력의 역사

한다고 생각할 근거는 전혀 없으며, 더욱이 기업은 3가지 협력 원리가 모두 뒤섞여 공존하는 것으로 기업 역사의 시대 구분은 인위적인 해석임을 간과해서는 안 될 것이다.

현대의 기업은 어느 한 가지 원리에 제약되지 않고 상호 협력, 명령–통제, 시장 거래를 모두 활용하되, 적합한 부위에 적절하게 적용하는 것을 목표로 하고 있는 듯 보인다. 전략적 제휴나 내부 조직 간 결속 등에서는 협력의 원리를 활용하고, 부수적 기능이나 투입 요소는 아웃소싱 또는 경쟁 시장에서의 최저가 구매 등을 활용한다. 동시에 결단을 내리고 난관을 돌파해야 할 때는 책임 있는 리더십, 즉 '누가 주인인가'를 명확히 할 수 있는 위계 조직에 의존한다.

기업과 사람의 미래

기업이라는 제도는 끊임없이 질문하고 대답하는 '공안(公案)'[1]에 가깝다. 정해진 답이 있는 것이 아니며, 한번 풀었다고 해서 끝나는 것이 아니라 새로운 해석과 대답이 다시 요구된다. 궁극적인 해답이 주어지지 않는다고 해서 허무해할 필요는 없다. 중요한 것은 그러한 질문을 던질 수 있는 토대가 있다는 것이다. 우리는 질문을 계속하는 한 더 좋은 해답을 찾아낼 가능성 역시 보유하고 있는 셈이다. 기업은 공적인 것과 사적인 것, 명령과 협력, 소유와 공유의 미묘한 경계에서 고도의 혁신과 시장 창조의 작업을 수행한다. 이것은 기업의 조직과 지배구조가 경직된 기계장치가 아니라, 끊임없이 미세하게 조율되고 상황에 따라 적응하는 유기체적 성질을 띠고 있음을 보여준다. 기업은 혁신과 협력의 화학적 결합으로서 출현했다. 그리고 환경이 변화할 때마다 그 결합의 모양과 구성은 계속하여 모습을 바꾸어왔다. 우리는 같은 질문이 다른 기회와 위협 속에서 재현되는 것을 지켜보고 있다. 오래된 질문 속에서 새로운 대답을 기다리고 있는 것이다.

기업의 본질:
'답변되지 않는 질문'

오러클을 찾아서… 알파벳과 오마하의 현인

기업의 미래가 가장 궁금한 사람은 현재 최전선에서 경영전략을 실행하는 일선 경영자들일 것이다. 미래를 위해 대대적으로 지배구조를 개편하고 알파벳을 출범시킨 구글의 리더들이, 이를 결행하기 전 조언을 구하고자 누군가를 방문했다. 바로 버크셔 해서웨이(Berkshire Hathaway)의 리더 워런 버핏 회장이다.

전설적인 경영 성과와 함께 '오마하의 현인(Oracle of Omaha)'으로 불리는 워런 버핏은 매년 발송되는 주주 서한을 통해 자신의 독특한 경영철학을 피력해왔다. 사실 버핏은 선지자다운 아우라와는 달리, 프로필만 보면 그다지 미래 지향적으로 보이지 않는다. 물론 버크셔 해서웨이가 20세기 중후반의 콩글로머리트와 많이 다르기는 하지만 업종이나 경영에서 그렇게 파격적이거나 혁신적인 전략을 구사하고 있지 않다. 오히려 기본에 충실하다고 해야 할까?

버핏은 1935년 태생으로, 그의 동년배 경영자들은 이미 오래전에 현직을 물러난 '구세대'다. 은퇴한 지 15년이 넘은 GE의 전설 잭 웰치와 동갑이며, 2016년 타계한 인텔의 앤디 그로브(Andy Grove)보다도 한 살 더 많다. 경영자 혁명 시대의 성좌가 된, 코카콜라의 로베르토 고이주에타(Roberto Goizueta, 1931년생)와도 불과 4살 차이밖에 나지 않는다. 과연 20세기의 전설적 경영자들과 동년배인 80대의 노인이 경영의 미래를 꿰뚫어보고 있을까?

그런데 알파벳을 야심차게 출범시킨 구글의 리더들이 공공연하게 워런 버핏이 이끄는 버크셔 해서웨이가 자신들의 역할 모델이라고 인정하고 있다. 에릭 슈미트, 래리 페이지, 그리고 세르게이 브린이 함께 오마하를 방문해 버핏을 만난 것은 영화 〈매트릭스〉에서 네오가 오러클을 만나고, 〈스타워즈〉에서 루크가 대고바 행성을 찾아가 요다에게 가르침을 받는 장면을 연상시킨다. 과연 버핏은 후배들에게 어떤 조언을 했을까? 간략한 언론기사에 따르면 알파벳이 배운 것은 독립성과 자율경영이라고 한다.

—— 아마도 알파벳이 버크셔를 모방하여 행하는 가장 주목할 만한 시도는 계열사를 경영하는 CEO들에게 절대적 자율성을 부여하는 것이다. 이것이 바로 버핏 경영 스타일의 핵심적 사항이다. …… 더 많은 자율성은 다양한 사업들이 독립성과 정체성을 개발하도록 도울 것이다.[2]

이것이 전부라면 허전하다. 주주 서한을 통하여 버핏의 경영철학을 잠깐 엿보기로 하자. 버핏은 단기적 이익 추구를 강한 톤으로 비판한다. 그의 투자 및 관리 방식은 근시안적 주주의 행태와 정확하게 반대 입장을 취한다.

___ 당신은 평생 햄버거를 먹을 계획인데 소를 키우지 않고 있다면 쇠고기 값이 올라가기를 바랍니까? 내려가기를 바랍니까? […] 주식을 사 모을 사람조차 주가가 오르면 기뻐하고 내리면 우울해합니다. 이는 햄버거를 사 먹으려는 사람들이 쇠고기 값이 오른다고 좋아하는 셈입니다. 주식을 살 사람은 주가가 내려가기를 바라야 합니다.[3]

주식을 장기 보유할 사람은 단기 차익을 노리는 사람과 정반대의 행동을 하게 된다. 심지어 버핏은 달걀을 한 바구니에 담으라고 조언하기도 한다.

___ 빈번하게 사고파는 트레이딩을 투자라고 한다면 바람둥이의 하룻밤 관계도 진정한 사랑일 것.[4]

왜 버핏은 장기 투자를 강조하는가? 단기 차익에 연연하는 근시안적 주주의 가장 큰 문제는 좋은 경영자와 나쁜 경영자를 구별하지 못한다는 것이다. 근시안적 주주를 상대하는 경영자는, 당장 주가 부양에 도움이 되는 인기 정책을 쓰면서 회사 경쟁력을 잠식해간다. 이러한 경향은 스톡옵션 등 보너스 제도와 연계되어 더욱 증폭된다. 경영자가 이런 술수를 부리지 못하도록 통제하기 위해서는 주주가 주식을 장기 보유해야 한다. 단타로 주식을 매매하며 이 회사 저 회사로 날아다니는 주주들은 진정한 오너십을 발휘할 수 없다.

주주는 기업의 주인으로서 그 사업의 성공방정식을 이해하고 왜 이 회사가 돈을 벌 수밖에 없는가를 스스로 확신해야 한다는 것이 버핏의 생각이다. 주식 시장이 유한책임을 도입하면서 소액투자가 가능해졌고, 자본 이익의 기회를 대중화하는 중대한 발전을 이룩하였다. 그러나 동시에 주식을 쉽게 사고팔 수 있도록 만들어 소유권이 갖는 의미를 희석시켰다. 소유한다는 것은 무엇일까? 돈만 주면 거의 모든 것을 소유할 수 있는 세상이다. 그러나 좋은 책을 구입하여 소유할 수는 있지만, 그 책의 지식까지 소유할 수는 없다. 기업도 마찬가지이다. 몇 주의 주식을 샀다고 해서 진정한 소유주가 되는 것은 아니다.

— 찰리와 나는 주주 여러분이 주식을 종잇조각으로 보지 않기를 바랍니다. 매일 가격이 변덕스럽게 오르내리고 정치 경제적 사건으로 여러분이 근심에 휩싸이면 던져버릴 종잇조각 말입니다. 대신 영원히 함께할 기업의 한 부분을 보유한다고 생각하시기 바랍니다. […] 우리는 버크셔 주주들이 끊임없이 바뀌는 얼굴 없는 대중이 아니라 우리를 믿고 평생 돈을 맡겨준 동업자라고 생각합니다.[5]

진정한 소유자만이 전문경영자를 통제할 자격이 있다. 주주들이 익명 집단화하면 전문경영인과의 관계도 일회성 시장 거래가 된다. 이것은 필연적으로 협력과 신뢰의 기반이 취약해지는 것을 뜻한다. 앞서 전문경영인의 경영판단을 존중하는 것은 전문경영인이 이해관계자와 맺는 관계가 반복 게임의 형태를 취하기 때문임을 살핀 바 있다.[6] 그런데 주주가 시장의 익명 거래자가 되어버리면 이 논리는 성립하지 않는다.

물론 주주가 관련 사업을 속속들이 알 수는 없고, 주주와 전문경영인 사이의 지식과 정보는 차이가 있을 수밖에 없다. 버크셔 해서웨이는 콩글로머리트라고 할 정도로 다양한 사업을 보유하고 있는데, 어떻게 이 다양한 회사들을 속속들이 파악할까? 중요한 것은 각 사업의 경영자다. 버핏은 사업 경영자가 사업에 대한 지식과 열정을 풍부하게 가지고 있다면 대규모 콩글로머리트를 운영하는 것이 하나도 어렵지 않다고 말한다. 다각화 조직의 가장 큰 문제는, 무능한 경영자가 여러 가지 기교를 부려 단기 차익에만 몰두하는 주주들을 속이는 것이다. 그렇다면 이러한 기만을 부리지 않는 유능한 사업 경영자란 어떠한 사람인가? 버핏이 즐겨 했던 농담 속에서도 실마리를 찾을 수 있다. 예를 들면, 가톨릭 신자인 한 재단사가 바티칸으로의 성지 순례에서 돌아오자 교구 신자들이 물었다고 한다.

___ "교황은 어떤 분이던가요?" 우리의 영웅은 아주 간결하게 대답했습니다. "44 중간 치수였습니다." [7]

버핏이 좋아하는 경영자는 한 우물을 파는 외골수 장인이며, 슬론의 사업부제 이후의 전형적인 전문경영자 및 스태프와는 다른 유형처럼 보인다. 한눈에 치수를 알아보는 재단사의 감각은 MBA 과정으로 훈련되는 분석적 지식과는 다르다. 이렇게 열정적인 사업 경영자가 있다면 기업은 다각화를 전개할 수 있을 것이다. 주주들이 믿고 장기간 자본을 묻어놓을 수 있는 그런 사업들로 구성된 콩글로머리트는, 전성기 잭 웰치의 'No.1 or No.2' 전략과는 달라 보인다.

그러나 이것은 알파벳이 추구하는 신사업, 즉 인류가 이제껏 보지 못한 '판을 뒤엎는 기획', 이른바 '문샷(Moonshot) 프로젝트'에도 잘 들어맞는 것일까? 모험적인 프로젝트에 자금을 비롯해 연구개발, 전문적인 다양한 기능 지원 등은 물론이고 무엇보다도 중요한 시간과 인내를 제공해 줄 존재는 누구인가? 향후 누가 진정한 혁신의 스폰서와 리더를 맡을 것인가? 국가가 할 것인가, 사회의 크라우드펀딩으로 할 것인가, 아니면 기존 글로벌 대기업들이 할 것인가?

버핏은 지혜로운 투자자의 아이콘으로서 여전히 건재하지만, 미래에 대한 확신이 없어 IT 투자를 하지 않다가 50년의 숙고 끝에 IBM을 선택하여 팬들을 실망시키고 있다. 구글은 문샷 프로젝트를 진행하고 있지만 아직은 대부분 '돈을 먹는 하마'로 보일 뿐이며, 그 앞날은 불투명해 보인다.

미래를 거래하는 시장: 혁신이 야기하는 불확실성

생물이 자신의 영역을 지키는 것에서부터 시작하여 인간은 점점 더 추상적이고 복잡한 것으로 재산권의 개념을 발전시켜왔다. 이제는 지식, 협력 프로젝트, 리더십까지도 시장에서 사고팔 수 있게 되었고, 다른 어떤 생물종보다 더 탁월한 시너지 효과를 창출해왔다. 그런데 이렇게 뭔가를 주고받음으로써 시너지를 내기 위해서는 신뢰성 있는 정보가 공유되어야 한다. 품질을 확신할 수 없는 관광지 시장에서는 물건을 사기가 꺼려지는 법이다. 오늘날 시장은 크게 발달하여, 대규모의 장기 프로젝트, 거대 기업의 경영권 등에 대한 정교한 가치 평가와 그것에 기반을 둔 거래가 이루어지고 있다. 이러한 거래는 과거에는 상상조차 할 수 없던 일들을 가능케 한다.

그럼에도 불구하고 미래의 불확실성은 점점 더 커져만 가고 있다. 외부 환경의 문제가 아니라 인간이 이룩해온 혁신의 고도화 자체가 더욱 큰 불확실성의 원천이 되고 있는 것이다. 원자와 분자 단위까지 소재를 조작하는 나노 기술, 유전자까지 마음대로 다루는 생명공학, 행성 위성에 대한 자원 채취는 물론 식민까지 시도하는 우주개발 등이 인간사회에 어떠한 결과를 초래할지는 상상하기조차 힘들다.

혁신이 희귀했던 전통 사회에서는 혁신에 대한 거부 반응이 뿌리 깊었다. 전통에 대한 순응, 그리고 혁신에 대한 거부 반응은 인간의 집단 본성 중 하나다. 이러한 거부 반응이 현대라고 해서 사라졌다고 말할 수는 없다. 최초의 시도가 인정받고 수용되기가 얼마나 어려운가는 고금이 다르지 않다. 사회학자 아서 스틴치콤(Arthur Stinchcombe)은 이를 "새로움의 부담(liability of newness)"이라는 용어로 표현했다.[8]

본성을 극복하고 새로운 행동 성향을 갖추는 것, 수중 동물이 땅 위로 오르고 육상 동물이 하늘을 나는 변화는 장구한 진화의 시간을 기다려야 했다. 현대사회가 혁신을 수용할 수 있는 체질로 바뀌는 것 역시, 이러한 진화에 비교할 수야 없겠지만 오랜 기다림이 필요했다. 하지만 이것은 여전히 현재진행형이며, 완성 단계라고는 말할 수 없다. 이는 근대사회가 국민의 선거를 통해 정권을 교체하는 민주주의를 정착시키는 것만큼이나 어려운 일이었고, 지금 이 순간도 그러하다.

기업이라는 제도는 혁신에 대한 저항을 극복하기 위한 지금까지의 모든 노력 중에 가장 성공적인 것이라고 볼 수 있다. 인간을 행복하게 하거나 분쟁을 조정하거나 소수자를 보호하는 등 인간사회의 다양한 문제들에 대해 기업이 스위스 만능 칼과 같은 보편적 해법이 될 수 없음은 두말할 필요조차 없을 것이다. 그러나 한 가지 분명한 사실은 혁신을 추진하는 데는 기업이라는 조직이 차별화된 강점을 갖는다는 것이다.

20세기에 인류는 산업혁명이라는 거대한 혁신이 초래한 기술적 불확실성을 사회 또는 국가라는 조정 메커니즘을 통해 해결해보려 시도한 바 있다. 바로 사회주의와 그것이 변형된 국가사회주의이다. 대공황, 독점 자본주의 등 시장경제의 심각한 문제들을 경험한 시대적 상황으로 인해 사회주의 전략은 세계의 광범위한 지역에서 채택되었다. 그러나 앞에서도 언급한 바와 같이 기술혁신의 진화는 국가체제를 통해 관리될 수 없었다. 기본적으로 안정성을 통해 협력을 유지하고자 하는 사회 및 국가라는 조정 메커니즘은 분산화된 지속적 혁신을 담당하는 데 적합하지 않았다.

결국 시장이라는 무대 위에서 기업이 혁신을 주도하는, 오늘날의 경영자 자본주의가 현재 세계 경제의 모습이 되었다. 기업이 경영권을 확보할 수 있는 근거는 의사결정의 결과에 대해 더 많은 책임을 지기 때문이다. 아이디어를 짜내 계획을 수립하고 이를 실행하며 최종 책임을 지는 자가 이윤을 차지하는 것이 이 메커니즘의 핵심이다. 이것은 당사자들의 합리적이고 자발적인 선택의 결과로서, 궁극적으로 시장원리에 부합된다.

그러나 권한과 책임을 일치시키는 이 세밀한 메커니즘이 향후의 거대한 혁신의 물결, 그리고 이것이 가져올 상상 이상의 불확실성 앞에서도 여전히 작동할 것인가는 미지수이다. 대규모 자본을 동원하기 위한 소유의 분산이 소유의 의미를 근본적으로 다시 생각하게 하고 있다. 예수는 "너의 보물이 있는 곳에 너의 마음도 있다."라고 말했다. 이것은 자본주의의 용어로 해석하면 "소유하는 자가 가장 열정적으로 그 대상을 알고 책임질 수 있다."가 될 것이다. 하지만 이제 소유와 지식은 분리되고 있다. '책을 산 사람'과 '책을 읽은 사람'은 다르다. 수많은 소액주주가 모여서 형성된 가공의 주주 집단은 전통적 소유의 개념과는 거리가 있다. 소유로부터 리더십이 자연스럽게 생성되는 메커니즘에 대한 믿음이 흔들리고 있다.

'혁신'의 리더십을 설계하다: 기업 지배구조

혁신을 크게 두 단계로 나누면 발산과 수렴이다. 발산은 그물을 멀리 던져서 광범위하게 단서를 찾는 것이다. 다람쥐 쳇바퀴를 벗어나기 위해 기존의 틀을 깨야 하고, 여러 사람의 아이디어가 필요하다. 단순히 많은 사람의 아이디어를 모으는 것으로는 부족하며, 서로 다른 생각, 서로 다른 패러다임을 지닌 사람들이 지적으로 충돌해야 한다. 근본적이고 파급의 범위가 넓은 혁신의 아이디어를 처음부터 끝까지 한 사람이 창조할 수는 없다. 많은 아이디어가 모여야 한다. 따라서 자발적이고 수평적인 아이디어 그룹이 형성될 필요가 있다.

발산 단계에서 아이디어들은 조직되어 있지 않고 서로 무관한 단편들로 존재한다. 그 때문에 그것을 엮어서 하나의 일관된 계획으로 만드는 단일한 주체가 필요하다. 바로 수렴 단계이다. 이것은 이미 존재하는 수많은 단어와 어구를 가지고 한 명의 시인이 최종적으로 작품을 만드는 것과 같다. 근본적 혁신일수록 치밀한 협력이 필요하며 이는 누군가 한 사람의 머릿속에서 계획되어야 한다.[10] 발산은 여러 사람이 할 수 있으나 수렴은 한 사람이 해야 하는 것이다.

자유주의 경제학자 프리드리히 하이에크(Friedrich Hayek)는 시장 질서를 최고의 시스템으로 옹호하면서 "한 사람의 계획"이라는 아이디어를 강력하게 비판하였다. 그가 시장을 최고의 질서로 존중했던 것은 "한 인간이 만든 질서는 불완전하다."라는 신념 때문이었다.

시장 질서는 한 사람이 설계한 프로그램이 아니다. 한 명의 설계자가 감당할 수 없는 복잡성은 차라리 분산된 각 경제 주체들의 행동을 통해 조절하는 것이 더 바람직하다. 개미들은 그 어떤 중앙 통제 장치도 없고 개개 개미의 두뇌 용량도 극히 미미하지만, 각자 극히 간단한 상황 대응 규칙을 일관되게 적용하여 전체적으로 최적의 결과를 얻어내기도 한다.[11] 인간사회의 복잡한 문제도 수학 문제 풀듯이 분석적으로 정답을 찾아내는 것보다, 개미 알고리즘(ant algorithm)을 활용하는 것이 더 유효하다는 결과가 상당수 보고된 바 있다.

그러나 "혁신은 시장에서 살 수 없다."라는 명제를 상기해야 할 것이다. 기본적으로 시장은 방어자이며 혁신은 공격자다. 혁신이 살아남기 위해서는 명쾌한 비전, 성공 가능성에 대한 논리, 그리고 이를 믿는 사람들의 응집력이 필요하다. 하이에크의 걱정대로 '한 사람 머리에서 나온 계획'이 오히려 세상을 어지럽히는 분란의 싹이 될 수 있으나 혁신은 창조적 파괴라는 표현대로 근본적 변화를 요구하며 이를 위해서는 분란이 필요할 수도 있는 것이다.

존재하지 않던 제품, 시장, 가치를 창조하기 위해서는 누군가의 비전과 이를 실현하겠다는 집념이 있어야 한다. 다수의 사람이 비전과 집념을 공유하는 것이 불가능한 일은 아니지만, 집념의 대상이 그다지 확실하지 않거나 객관적으로 입증하기 어려운 것이라면 다수가 공감하기란 불가능하다. 얼리어답터는 소수의 열성 집단으로부터 출발하는 법이다.

혁신이 초래하는 불확실성은 얼리어답터와 대중 사이의 정보 비대칭성을 심화시킨다.[12]

성공 가능성에 대해 어느 정도 합리적인 추론이 가능하다면 각각의 혁신의 성공 가능성, 기대 보상 등이 계산될 수 있고, 이에 따라 시장이 형성된다. 지리상 발견으로 해상무역이 번성하던 14세기 유럽에서 '해상보험'이 만들어진 것은 해상 사고에 대한 확률 분포를 추정할 수 있었기 때문이다. 하지만 수많은 경제 및 산업의 연구기관이 시시각각 수많은 정보와 예측 자료를 쏟아내고 있는 상황에서도 불확실성은 점점 더 고조되고 있다. 이 불확실성은 확률 분포로 표현될 수 없다는 점에서 '위험(risk)'과 다르다. 나심 니콜라스 탈레브(Nassim Nicholas Taleb)는 합리적 예측이 불가능한 미래를 '블랙 스완'이라고 표현했으며, 금융 전문가들의 예견 능력이 점성술사의 예견력보다 그리 높지 않다고 혹평했다.[13]

이러한 고도의 불확실성을 해결하기 위해 기업의 소유자에게 결정권을 부여하는 기업조직이 생겨난 것이지만, 과거와 달리 소유가 분산된 현재의 주식 시장은 점점 더 복잡 미묘해지고 있다. 고전적 안트러프러너 시대의 단순 명쾌한 지배구조는 얽히고설킨 미로가 되어, 지배의 맥락을 따라가다 보면 길을 잃을 지경이다. 지배구조를 둘러싼 논란은 주주 적극주의(shareholder activism), 주주 우위주의(shareholder primacy), 이사 우위주의(director primacy), 이해관계자 중심주의(stakeholder theory) 등등 백가쟁명의 양상을 보이고 있다.[14]

복잡해진 기업의 지배구조에서 이제 그 누구도 유일한 주인이라는 말을 하기 힘들게 되었다. 시장 거래에 의존하는 수많은 익명의 주주들, 고용된 대리인이지만 위계 조직의 정점을 차지하고 있는 최고경영자들, 기

업 역량을 좌우하는 핵심 인재들, 주요 기관투자자들은 모두 경영권을 두고 강력한 발언권을 행사한다.[15]

한 인간으로서는 감당하기 어려운 거대 콩글로머리트를 관료제적 조직으로 움직이려는 시도는 이제 실패한 것으로 최종 평가되는 듯하다. 그렇다면 과연 이후 벌어진 모듈화, 네트워크화, 시장화라고 하는 경향은 관료제를 극복할 수 있고 또한 효율성을 보장하는가? 근본적인 혁신이 초래하는 '블랙 스완적' 불확실성은 시장에서 감당하기 어려운 것이다. 위계 조직을 벗어버리고 수평적 네트워크와 유연한 시장 거래만으로는 달성할 수 없는 것이 있으며, 그것은 바로 판을 새로 짜는 근본적 혁신이다.

— 한편 어떤 결함이 있든 간에 주식회사에는 법인격과 책임감이 있으나 네트워크에는 그러한 것이 없다. 이런 연유로 네트워크를 통해 종합적인 의사결정을 내리고 이익을 분배하기란 쉬운 문제가 아니다. …… 네트워크를 활용하여 성공한 곳을 살펴보면 반드시 주체가 되는 기업이 있다.[16]

결국 기업의 미래는 2가지 원리, 즉 분산화된 시스템이 국지적 지식을 처리하는 메커니즘과 불확실한 상황에 대처해 일관된 의사결정을 내리고 그 결과에 책임을 지는 메커니즘 간에 어떻게 균형을 유지할 것인가에 달려 있다고 할 수 있다. 이것은 가치사슬을 통합할 것인가, 전문화할 것인가, 다각화를 어느 정도까지 추진할 것인가 하는 문제와 직결되어 있다. 현재 조직 해체의 경향이 진행되고 있는 것은 분명하다. 그러나 혁신은 누군가에 의해 기획되어야 하고, 누군가에 의해 방향감각을 유지해야만 한다.

물론 많은 사람의 아이디어와 의견을 수렴해야 할 것이다. 그러나 전문가 집단은 결단을 내려야 할 순간에 가까워질수록 더 머뭇거리는 경향이 있다. 조직의 핵심, 최종 의사결정 권한을 강화하고 결단력을 유지하는 방법은 모든 것이 해체되고 모듈화되어도 더 이상 분해될 수 없는 핵심으로 남을 것이다. 최근 강력한 기업들은 자율적인 분산화가 높은 수준으로 진행되어도 핵심적 결단력이 훼손되지 않으며 오히려 더욱더 혁신적인 프로젝트를 가동하는 모습을 보여준다. 이것은 기업이라는 존재가 아직도 역사 속에서 그 수명과 역할을 잃지 않고 있다는 사실에 대한 하나의 근거일 것이다.

그러나 어디까지 권위에 의거하고 어디까지 시장에 의존할 것인가 하는 문제는 결코 명쾌하게 답할 수 없는, '답변되지 않는 질문(unanswered question)'이다. 찰스 아이브스(Charles Ives)가 작곡한 동명의 관현악곡은 트럼펫이 제기하는 '질문의 주제'에 대해 현악사중주가 서로 다투는 여러 개의 대답을 교차시키지만, 그들의 대답은 수렴되지 못하고 점점 더 불협화음에 빠지고 만다. 이 비유는 기업 지배구조의 문제가 결코 해답을 찾지 못할 것이라는 회의적인 의미를 담고 있지는 않다. 오히려 결정적인 해답이 없다는 것이야말로 혁신의 동력이 말라버리지 않고 끊임없이 샘솟아나게 하는 원천이 될 수 있다.

기업의 지배구조를 설계하는 것은 제도적으로 보다 쉽고 기술적이면서도 경제 효율에 미치는 효과는 크다. 반면에 경제 제도의 선택이라는 거창한 문제, 즉 사회주의인가, 사회적 시장경제인가, 자본주의적 시장경제인가의 문제에 답하려면 몇 세대에 걸친 노력이 요구되지만, 막상 그 선택의 결과는 의심스럽다. 시장경제로 전환한 동구권 국가의 변화

속도는 확실히 사람들의 기대 수준에 미치지 못했다. 그러나 기업의 지배구조 변화는 한 사회의 체제 변화보다 훨씬 더 미시적인 문제이면서도 경제에 더 지대한 영향을 미친다. 중국은 자국의 체제를 어떻게 정의할 것인가에 대한 고민은 접어둔 채 국유 기업의 개혁, 자본 시장 제도의 정비, 기업 지배구조의 개선 등 미시적 개혁으로 글로벌 시장에서 인정받을 수 있는 지배구조를 구성하는 데 힘을 기울였다. 이는 중국 경제가 사회주의냐 자본주의냐 하는 소모적인 논쟁에 휘말리지 않고 중국 기업들이 약진하는 결과를 낳았다.[17] 올리버 윌리엄슨은 이렇게 말한다.

―― 전반적 경제 성과를 촉진하기 위해 제도 환경 전체를 바꾸는 엄청난 어려움은 더글러스 노스가 '경제사는 압도적으로 실패한 경제의 이야기'라고 말한 이유를 설명해준다. 대조적으로 거래비용 경제학은 성공 스토리를 다룬다.[18]

기업 지배구조에는 정답이 없다. 리더십 전체를 아우르는 비전과 개개 역량 보유자의 지식이 불확실한 환경에서 어떻게 가장 효과적으로 결합될 것인가를 끊임없이 고민하는 일이 남아 있을 뿐이다. 기발한 착상, 실패에 좌절하지 않는 끈기, 다양한 능력의 결합, 독불장군식의 투지와 집념 등이 모두 적절한 맥락에서 힘을 발휘하도록 배치될 수 있다. 이러한 미세 조정을 가능하게 하는, 문제 해결의 기반 중 하나가 기업이라는 조직이다.

기업은 궁극적으로 해답이 주어지지 않은 질문이라는 점에서 '답변되지 않는 질문'이지만 더 정확하게는 '끊임없이 다시 답변되는 질문 (incessantly re-answered question)'이라고 해야 할 것이다.

인재의
미래

얼마 전 알파고가 세계 최고 수준의 기사 이세돌 9단을 꺾어 파란을 일으켰다. 시합이 시작되기 전까지 알파고의 승리를 예견한 사람은 거의 없었다. 패배의 충격은 크지만, 누군가가 말했듯이 인공지능이 인간을 이긴다고 바둑이 없어지는 것은 아니다.[19] 바둑이 좀 더 멋지고 아름다워질 수도 있다. 승부가 목적이 아니라 과정도 중요하기 때문이다.

그러나 어떻게 위안을 하든 인공지능이 인간의 가장 내밀한 영역까지 파고들어왔고 앞으로 어디까지 갈지 한계를 정할 수 없다는 것은 엄연한 사실이다. 인간과 인공지능의 경쟁은 시작되었다. 그렇다면 어떻게 경쟁할 것인가? 그 점을 지식의 이론을 통해 살펴보고자 한다.

인간의 지식에는 분석 가능한 것과 분석이 어려운 것이 있다. 분석 가능한 지식이란 무엇인가? 그것은 프로그램화가 가능한(programmable) 것, 즉 한번 절차(procedure)를 세워놓으면 컴퓨터든 기계든 인간의 재량 없이 자동으로 예정된 결과를 수행할 수 있는 것을 말한다. 다시 말해, 분석적 지식이란 누구나 그 지식을 활용할 수 있도록 한다는 것이며 궁극적으로 자동화, 기계화가 가능하다는 뜻이다.

분석 가능한 지식은 인공지능의 1차 대상이다. 과거의 기계화 역시 제조 공정을 변화시키고 숙련공으로서의 인간의 지위를 대체했다. 그리고 20세기 후반 컴퓨터가 발전함에 따라 정보기술이 작업장과 사무실의 풍경을 바꾸고 일의 성격을 근본적으로 변화시키고 있다.

이러한 변화의 사례로, 하버드 경영대학원의 쇼샤나 주보프(Shoshana

Zuboff) 교수는 전통적 제지 공장이 전산화되면서 어떤 일이 일어났는가를 관련자 인터뷰를 통해 생생하게 전달한다. 전산화가 전면적으로 적용되기 전, 이 공장에서의 작업은 근로자의 육체와 긴밀하게 결부되어 있었다. "종이가 롤러를 타고 나올 때, 머리카락에 느껴지는 정전기를 통해서 종이의 상태를 알 수 있었다."라고 말하는 직원도 있었다.[20] 하지만 전산화 이후 다수의 작업자가 스스로 자신의 작업으로부터 소외감을 느낀다고 보고했다. 기술은 작업자의 재량권을 제한하고 작업에 관련된 대부분의 지식을 작업자로부터 경영자의 영역으로 옮겨놓았다. 이러한 변화가 관리자와 근로자 각각에 어떠한 영향을 주었는지는 다음의 인터뷰를 통해 짐작할 수 있다.

—— 관리자: "1953년에는 작업과 그에 대한 통제가 긴밀하게 연결되어 있었다. 변화를 일으킨 사람이 그 변화의 결과를 볼 수 있었다. 컴퓨터 기술이 발달하면서 통제는 중앙으로 집중되고 물리적 작업으로부터 분리되었다."[21]

—— 작업자: "어두운 복도를 등지고 서 있는 것 같았다. 뒤에 뭐가 있는지 알 수 없다. 모든 것이 멀어져가고, 무방비 상태가 된 듯한 느낌이 들었다."[22]

주보프는 이러한 변화를 '생각과 행동의 분리'라고 말한다. '전통적 작업장에서 행동과 생각은 한 사람의 작업 프로세스에서 분리할 수 없게끔 얽혀 있다. 반면, 분석적 작업이 요구하는 정제된 사고는 추상화, 명시적 추론, 절차적 논증이라는 '형식지'의 성격을 강하게 내포한다. 구체적 맥락으로부터 표준화된 사고는 모든 상황에 적용할 수 있는 보편적 가이드로 작용한다.

기업 내의 '일'이 이렇게 바뀌면서, 경영자 혁명 시대의 경영은 추상적·분석적 기술이 되었다. 경영자에게 중요한 것은 더욱더 일반적이고 추상화된 정보를 다루는 분석 능력이었다. 여기서 마이클 폴라니(Michael Polanyi)가 제시한 형식지—암묵지 논의를 접목할 수 있다.[23] 폴라니는 형식지의 특성을 다음 3가지로 요약했다. 우선 코드화가 가능하고, 다음으로 논리적 연역에 의해 획득되고 창출될 수 있다. 마지막으로, 집계되고 객관적 형태로 저장될 수 있다. 이것은 주보프가 말한, 몸으로 체득되는 지식과 거의 정확하게 반대되는 속성이다. 대기업 조직에서 집계되고 코드화된 정보를 관리하는 것이 바로 경영자다. 집계될 수 있고 코드화될 수 있다는 것은 결국 프로그램화할 수 있다는 것이며, 인공지능으로의 대체도 가능하다는 의미이다. 과거의 기계화·자동화가 제조 현장의 숙련공을 몰아낸 것처럼, 이제 인공지능은 집계된 정보를 분석적으로 다루는 경영자와 전문 스태프의 자리를 위협하게 될 것이다.[24]

뒤집어 이야기하면, 코드화, 집계, 그리고 프로그램화가 어려운 영역이 향후 유망한 분야가 될 가능성이 크다. 흔히 얘기하는 직관과 감성이 중요한 암묵지로의 이행이다. 인간의 모든 노동이 프로그램되고 기계화될 수 있지만, 쉽게 프로그램될 수 없는 영역이 존재한다. 직업 자체로는 단순한 직업이라도 숙련의 정도로 보자면 다양한 단계가 존재하며, 일정 수준 이상에 이르면 그 자체의 희소성이 생긴다. 초보자나 중급 기술까지는 객관화와 매뉴얼화가 가능하지만, 작업 자체에 대한 깊이가 깊어지고 예술적 감수성까지 발휘되는 경지는 매뉴얼화가 어렵다.[25]

시장은 시간이 갈수록 획일화된 대량 소비가 아니라 개성화된 가치를 제공하는 곳으로 바뀌고 있으며, 기업과 고객의 관계가 사회화되어가고 있다. 마케팅 석학 세스 고딘(Seth Godin)은 대중 소비를 지향하는 매스마케팅을 일종의 '최면'이라고 부르며, 이런 방법은 이제 한계에 도달했다고 말한다.[26] 그가 제시하는 것은 바로 '부족(tribes)'이라는 개념이다. 원시시대의 부족은 혈연을 기반으로 한 것이었으나 고딘은 아이디어를 기반으로 한 새로운 부족을 이야기한다. 이것은 소통을 통해 개성적인 아이디어를 공유하고 신뢰를 통해 세상을 바꾸는 방법으로, 이와이 가쓰히토가 말한 "얼굴을 가진 기업", "얼굴을 가진 마케팅"과도 일맥상통한다. 단순히 물건을 파는 마케팅과는 차원이 다르다.

이것을 위해서는 체험적 지식, 몸으로 익힌 지식, 경험과 결부되어 있어서 자기 자신과 떼어놓을 수 없는 지식이 필요하다. 이러한 지식만이 경쟁우위 원천의 가장 중요한 조건인 모방 불가능성(difficult to imitate)을 충족한다. 그러나 체험적 지식을 위해서는 장기간의 헌신적 노력이 필요하다. 평생 씨름하면서 체득한 특정 지식과 기술이 인공지능에 의해 대체되어버린다면 어떻게 할 것인가? 직종 자체가 사라져버린다면 어떻게 할 것인가? 이런 불안감 때문에 국가가 사라지지 않는 한 없어지지 않을 공무원 시험에 수많은 사람이 매달린다.

저성장 터널의 끝이 보이지 않는 가운데, 턱밑까지 들이닥친 인공지능의 추격은 미래의 고용 전망을 더욱 어둡게 만들고 있다. 청년실업은 이미 심각한 수준이다. 경제, 사회, 기술 그 어느 부문에서도 희망적인 비전을 그려내지 못하고 있다. 무엇에 집중해야 할지 모르는 불확실성 속에서, 미래가 보장되지 않은 어떤 분야에 정통하기 위해 일생을 바쳐야 하는 진퇴양난의 상황이다. 어떤 사업을 선택하고 집중할지 판단해야 하는 기업도 마찬가지 상황으로, 이렇게 보면 기업과 개인은 동병상련의 처지다.

대기업의 시대에 기업은 대량소비 시장에서 무엇을 해야 할지가 분명했고, 사업 선택은 그렇게 큰 문제가 아니었다. 개인 역시 기업을 선택하여 특정 직무나 역량에 연연해하지 않고 회사 내에서 다양한 경력을 경험하며 조직인으로 성장해나갔다. 정해진 종목에서 경쟁 기업 대비 조금 더 잘하면 되는 게임이었다. 그러나 이제는 어떠한 비즈니스 모델로 어떠한 제품과 서비스를 제공할지가 그렇게 분명하지 않기에, 특출한 아이디어가 필요하다. 분산화된 탐색과 집중화된 추진이 양립되어야 한다고 이미 말한 바 있듯이, 개인은 자신의 개성적인 삶의 체험을 통해 미래의 가치를 향한 자기만의 탐색을 수행하고 기업은 개인의 이러한 체험을 조직하여 의미 있는 비즈니스 모델을 기획하는, 역할의 분담이 필요하다.

꿀벌 사회가 긴밀하게 협력하면서도 커다란 하나의 유기체로 합체되지 않은 이유가, 꿀이 수많은 꽃들에 조금씩 분산되어 있기 때문이라고 말한 바 있다. 가치를 탐색하는 과정에서 개인들이 겪어야 하는 개별적 리스크를 사회 안전망 등을 통해 최대한 분담하면서, 기업은 개인이 획득한 아이디어와 지식을 조합하여 의미 있는 사업으로 재구성해야 한다. 요컨대 한 개인이 추구할 수 없는 규모의 혁신을 기획하고 추진하는 역할을 할 때 비로소 기업은 의미를 찾을 수 있을 것이다. 앨빈 토플러(Alvin Toffler)가 말한 "프로슈머(prosumers)" 혹은 크리스 앤더슨(Chris Anderson)이 말한 "메이커스(makers)"와 같이 독립 사업자가 다양한 비즈니스를 추구할 수 있도록 비즈니스 인프라가 강화되고 있는[27] 상황에서 개인의 경제적 활동 영역은 더욱 커질 것이기 때문이다.

개인의 역량과 콘텐츠만으로는 추구할 수 없는 혁신의 가능성이 존재할 때 기업은 이들을 '오케스트레이션(orchestration)'하여 사업기회를 창출한다. 대량소비 시대에 규모의 경제가 기업 성장을 좌우하는 동안에는 질적 혁신의 중요성이 다소 가려진 감이 있었다. 기업조직이 지속적으로 성장하는 동안 형성되었던 평생직장과 회사인간의 시대는 이제 돌아오지 않을 것이다. 그렇다고 기업이 경제의 주역에서 물러나는 일도 당분간은 일어나지 않을 것이다. 다만, 개인과 기업이 더욱 창의적이고 건설적인 교섭 양식을 발견하려는 시도가 이어질 것으로 기대된다. 혁신의 상상력과 협력의 실행력이 상충하지 않고 서로를 지원하는 방식으로 설계될 때, 인간의 협력은 또 한 번 진화의 계기를 마련하게 될 것이다.

진화의 역습 :
협력의 어둠과 빛

앞에서 협력과 기업의 진화를 살펴본 결과, 인간은 잠시도 멈추지 않고 변화를 추구해왔음을 알 수 있었다. 그러나 진화가 항상 좋은 방향으로만 이루어지는 것은 아니다. 진화는 어떤 문제의 해결책이지만 동시에 많은 문제를 야기한다. 진화가 이루어질 당시에는 해결책이었던 것이 장기적으로는 결정적 약점이 되기도 한다. 자체 항온 기능이 없던 대형 공룡은 몸집을 크게 키워 한번 데워진 열이 오래 지속되는 전략을 취했다.[28] 그러나 사시사철 무덥던 중생대의 기후가 바뀌어 날이 추워지자 한번 내려간 체온을 다시 올리기가 극히 어려워졌다.

인류의 진화 과정에서 벌어진 중요한 혁신들에 대해 '가지 말았어야 하는 길'이었다는 문명 비판은 고대부터 있었다. 노자는 "도를 잃은 뒤에 덕이 생겨났고 덕을 잃은 뒤에 인이 생겨났고, 인을 잃은 뒤에 의가 생겨났고, 의를 잃은 뒤에 예가 생겨났다."[29]라고 하여 유교의 모든 미덕이 결국은 인간 본성의 타락일 뿐이라고 비난하였다. 고대 그리스인들도 역사를 금의 시대, 은의 시대, 동의 시대, 철의 시대로 점차 쇠퇴하는 과정으로 보았다. 이런 사고방식은 오늘날에도 존재하며, 문명의 발전이 인류의 불행이라는 주장들이 과학적 명제의 모습으로 제기되기도 한다. 칼 폴라니는 시장경제란 인간의 삶과 가치를 집어넣어 분쇄해버리는 "악마의 맷돌"이라고 했으며, 유발 하라리는《총, 균, 쇠》로 유명한 제러드 다이아몬드를 인용하여 "농업혁명은 역사상 최대의 사기"라고 말한다.[30]

본 책에서는 사회, 국가, 시장으로의 이행을 긍정적으로 바라보는 기조를 내내 유지했다. 결코 그로 인해 발생하는 부작용을 도외시해서가 아니다. 일부 언급하기는 했지만, 협력과 상호작용의 발전을 위해 인간이 해온 노력은 상당히 위협적인 문제점을 남겼고, 지금 이 순간에도 그러한 위협은 사라지지 않고 있다. 상호 협력의 경우 과도한 응집력과 외부와의 물리적·사회적 차단으로 인해 '닫힌 사회' 현상을 발생시키기도 하며 이는 많은 문제를 일으킨다. 비정상적 집단 광증(종교 집단의 집단 자살), 이질적 구성원에 대한 학대(감금과 노예 수준의 착취), 내부 갈등의 고질화 등이 그것이다. 외면적으로 평화로운 영국의 시골 마을에 대해서 셜록 홈즈는 왓슨에게 이렇게 말한다.

— "나는 런던에서 가장 불결한 밑바닥 골목보다도 저렇게 아름답고 푸근한 전원에서 끔찍한 범죄가 더욱 많이 일어났다고 믿어."[31]

또한 한 집단의 응집력이 너무 강해지면 외부에 대한 배타성 또한 그에 비례하여 강해진다. "가장 완벽하게 이타적인 인간은 테러 집단의 자살특공대"일지 모른다는 지적도 있다.[32]

수직적 위계 조직의 문제점은 스탠리 밀그램의 실험 및 스탠퍼드 감옥 실험과 함께 언급한 바 있다. 이런 실험의 의미는 나치의 홀로코스트를 설명하는 데 연결되기도 했다. 제2차 세계대전 후 많은 학자를 당혹스럽게 했던 사실은 지극히 평범하고 성실한 시민들이 어떻게 나치의 부역자들이 되어 조금의 주저함 없이 가장 비인간적 학살의 협조자가 되었는가 하는 것이었다. 두 실험은 공권력이라는 것이 인간을 어떻게 변화시킬 수 있는지, 즉 자유로운 개인에게는 추악하고 혐오스러운 일을 어떻게 헌신적으로 수행하도록 만드는가를 보여준다. 권력의 비대칭이 가져오는 문제점은 일일이 거론할 필요조차 없을 것이다. 이는 '갑질'의 전형적인 온상이며, 특히 근대 이후 "모든 인간은 평등하다."라는 인권선언을 무색하게 하는, 모든 부당한 차별의 원천이다.

시장은 어떠한가? 시장에 대한 가장 강력한 비판자 칼 폴라니는 시장 원리의 확산을 인류의 가장 큰 불행의 원인으로 보았다. 그의 주장에 동의하지 않는다 해도, 시장의 힘이 끼친 여러 부정적 사례들은 간단히 무시하기에는 그 파장이 무겁다. 불평등, 양극화, 그리고 거래되어서는 안 될 것들의 가장 부도덕한 거래, 독버섯처럼 사라지지 않는 인신매매, 마약 거래, 장기밀매 등등이 시장의 부작용으로 거론된다. 또한 시장 가치의 추구로 인한 환경 파괴, 자연 파괴, 전통문화 파괴 등 공통 가치에 대한 침해도 도외시하기 어렵다. 대공황 이후 신뢰를 얻었던 시장의 자기 조절 능력은 21세기 벽두부터 세상을 강타한 글로벌 금융위기로 인해 산산이 부서져버렸다.

협력의 진화가 불러일으킨 이 위험한 역습은, 단순히 긍정적 사고로 무마하기에는 너무나 심각하고 엄연한 현실이다. 그러나 이런 문제점 때문에 인류가 걸어온 협력의 진화를 후회하거나 다시 원래대로 되돌려야 하는 과오로 평가해서는 안 될 것이다. 높은 데 오르면 멀리 볼 수 있으나 추락의 위험은 커진다. 협력을 고도화하는 것은 높이 올라 에너지를 축적하는 것과 같다. 축적된 에너지는 위험하다. 이 위험을 무릅쓴 것이 곧 인류의 역사다.

어쩌면 변화란 운명이니 무조건 받아들이고 문명을 비판하지 말자고 주장하는 것처럼 들릴지도 모르겠다. 필자의 의도는 그러한 것이 아니다. '농업혁명'이라는 거대 담론은 역사의 현장에서는 중요하지 않다. 그러나 최초의 농사꾼들이 호미에서 쟁기로 이행할 때, 관개를 위해 수로를 만들 때, 지력 회복을 위해 농경지를 휴경하는 공동체 규약을 만들 때와 같은 구체적인 문제에 부딪혀서는 언제나 신중한 선택이 이루어졌고 그 효과는 바로 검증되었다. 우리는 농업혁명이 잘된 일인가, 잘못된 일인가 하는 질문에는 대답할 수 없다. 기업이 생겨난 것은 인간의 불행인가? 이 질문에도 역시 답할 수 없다. 중요한 것은 과정 중에서 벌어지는 작은 결정들이다.

우리는 현재 벌어지고 있는 변화의 큰 흐름과 최종 기착지를 알지 못한다. 작은 일들을, 우리는 고민하고 결정할 것이다. 그러나 큰 흐름을 이해하기 위해서는 이제껏 알고 있던 과거의 개념에 의존할 수밖에 없다. 사회, 국가, 시장, 기업은 아직까지 우리가 의지할 수밖에 없는, 협력과 상호작용의 메커니즘이다.

앞에서 의도적으로 사회, 국가, 시장의 사악한 측면을 강조하여 기술하였다. 이것은 모두 실존하는 악임이 분명하다. 그러나 마치 검사의 기소를 들은 뒤 변호사가 변호하듯이 이들에 대한 약간의 변호를 해볼까 한다.

수평적 협력이란 인간이 처음으로 동료 인간과의 관계에서 발전시킨 것으로, 폭력적이고 서열을 중시하는 침팬지 사회에서 벗어나 인간으로 도약하게 만든 계기이다. 더불어 타인에 대한 적대감을 극복할 수 있는 '인류애'의 원천이다. 이것이 오래 함께 살면서 생긴 친밀감에 근거를 두고 있다고 하지만, 우리는 이러한 감정을 낯선 사람을 향해 확산할 수 있다. 인류애의 유일한 원천은 바로 이러한 친밀감이다. 이는 생텍쥐페리의 소설《바람과 모래와 별들》에서, 사막에 조난되어 며칠 동안 사경을 헤매던 중 극적으로 낯선 베두인 카라반을 만나는 장면에 감동적으로 묘사되어 있다.

—— 마침내 그가 천천히 4분의 1쯤 몸을 돌리기 시작했다. 그가 우리와 마주보는 그 순간, 장막은 사라질 것이라는 생각이 든다. 그의 눈이 우리와 마주치는 순간 갈증은 사라지고 이 사람으로 인해 죽음과 신기루는 씻겨 내려갈 것이다. 이 사람이 단지 4분의 1만큼 돌아섬으로써 세계는 변화한다. 그가 상반신을 움직임으로써 단 한 번의 눈빛으로 모든 장면이 바뀌고 그는 신처럼 생명을 창조한다.

기적이 다가온다. 그는 신이 물 위를 걸어오듯 우리를 향하여 모래 위를 걸어 온다……[33]

낯선 사람이 친밀한 사람으로 바뀌는 과정에 대해서 작가는 한 번 더 이렇게 말한다.

— 내 모든 친우와 내 모든 적들이 그대 안에서 내게로 행진한다. […] 그리고 이 제 세상에 나의 적은 한 사람도 없다.[34]

우리가 가까운 사람에게 애정을 쏟을수록 낯선 이에게 적개심을 드러 낸다는 것은 부인할 수 없는 사실이다. 그러나 이러한 트레이드오프를 극복할 힘 역시 가까운 사람과의 애정과 친밀 속에 있다. 인간은 인류사 의 시원에서 50명 이내의 집단, 간접적 효과까지 동원해 150명 정도까 지 이러한 관계를 형성했다. 그리고 이러한 삶을 100만 년 이상 지속했 다. 원시사회는 서로 증오하거나 파괴하지 않고 협력을 유지하다가 문명 사회로 이행했다. 우리 몸속에는 배려와 돌봄의 유전자가 흐르고 있다. 그리고 이것은 더 확장될 가능성을 가지고 있다.

위계 조직의 문제점은 잘 알려져 있다. 학교에서 군대에서 직장에서 우리는 이것을 체험하며 자랐다. 스탠퍼드 감옥 실험도 이를 보여주는 사례이다. 그러나 이 실험에 대한 색다른 해석도 있다. 완장을 찬 피실험 자의 65%가 가혹행위를 했다는 것은 뒤집어 말하면 35%는 그렇게 하지 않았음을 의미한다. 권력은 사람의 상태를 뒤바꿔놓을 힘이 있으나, 상 당한 비중의 사람들은 그 힘에 저항했다.

그런데 권력이 부도덕할 경우 35%가 아니라 65%에 해당하는 사람을 선별하여 더 중요한 직책에 앉히는 경향이 있다는 것도 우리는 알고 있다. 중요한 것은 권력에 휘둘리지 않는 기본적 인성의 유지, 그리고 중심을 잃지 않는 사람들을 모든 계층, 모든 부문에서 유지해갈 수 있는 인사의 기준을 확립해가야 한다는 점이다. 권력이 모든 사람을 똑같이 조종할 수는 없으며, 이는 우리가 권력의 타락을 막을 수 있는 인간 본성의 힘을 가지고 있음을 뜻한다.

시장에 대해서는 시장주의의 거목이며 노벨 경제학상 수상자인 밀턴 프리드먼이 지적한 시장의 강점을 언급하는 것으로 충분할 것이다. 프리드먼은 평생 시장을 옹호하고 정부 간섭을 비판한 외골수 보수주의자였다. 그가 시장경제를 옹호한 논리 중에 다음과 같은 것이 있다. 민주주의가 유지되려면 압제적 정부에 대항해 시민들이 자기 목소리를 낼 수 있어야 한다. 그런데 이것이 가능하기 위한 필수적 조건 중의 하나는, 정부에 거슬리는 행동을 한 시민이라도 생계를 유지할 수 있는 경제적 기초다. 권위적인 왕정 국가나 전체주의, 공산주의 국가에서 이러한 일이 가능할 것 같지는 않다. 오직 시장경제에서만 거래의 상대가 누구인가를 묻지 않는 '익명성'으로 인해 정부에 대한 정치적 반대자들의 생계유지가 허락된다. 경제적 기초가 정치적 자유를 떠받치는 힘이 되는 것이다. 프리드먼은 그 증거로서 중세 때 이단으로 여겨졌던 유대인들이 상업의 힘으로 번성할 수 있었던 점, 그리고 매카시즘(McCarthyism) 열풍이 불었던 미국에서 많은 영화배우, 작가들이 미국의 영화 시장 덕분에 할리우드의 다양성을 유지할 수 있었던 것을 이야기한다.[35]

모든 인간 간의 협력과 상호작용은 그 관계가 깊어질수록 빛과 어둠이 공존한다. 사회, 국가, 시장, 기업으로 이어진 이 발전을 한마디로 '실수'나 '사기'로 단정하는 것은 옳고 그르고를 떠나 도움이 되지 않는다. 우리는 빛을 밝게 하고 어둠을 줄이려는 작은 노력들을 지속할 수 있다. 이방인을 벗과 같이 맞이한 베두인, 완장 효과에 저항한 35%, 매카시즘 열풍 속에서도 소신 있는 영화인을 먹여 살린 미국의 영화 시장은 수많은 부작용에도 불구하고 인간의 협력이 앞으로 더욱 많은 것을 이룩할 수 있다는 희망을 버리지 않게 한다.

다수의 사람이 혁신적 프로젝트를 추진하기에 가장 적합한 체제가 기업이라는 점은 본 책에서 내내 주장해온 바이다. 물론 기업이 가져온 탐욕, 물질만능주의, 고객 심리 조작, 분배 양극화 등 헤아릴 수 없이 많은 문제가 있다. 그러나 정보를 가진 자, 위험을 감당할 용기가 있는 자에게 더 많은 보상을 약속하는 지배구조를 왜곡 없이 구현할 수 있다면, 비전을 실현하는 제도적 장치로서 기업은 아직까지 인류가 가지고 있는 최선의 것임에 틀림없다. 그러하기에 일부 기업의 일탈로부터 받은 실망 때문에 기업이 열어갈 미래를 외면하는 것은 지혜롭지 못한 일이라고 말해도 큰 잘못은 아닐 것이다.

1. 조정 메커니즘의 게임이론적 표현

진사회성 곤충 이후의 동물 역사에서 특히 포유류를 포함하여 동종 개체 간 경쟁은 격심했다. 몇몇 예를 제외하고는 대부분의 종이 개체 간에 격심한 동족상잔을 벌이고 있다. 인간이 수많은 포유류 중에서 이렇게 우세한 종이 된 이유는 개체 간의 경쟁을 더 강화했기 때문이 아니다. 초기 인류는 당시의 대형 맹금류나 육식 포유류의 나약한 먹잇감이었고,[1] 따라서 매우 큰 어려움을 겪었다. 인류가 불과 몇천 명 수준으로 멸종 직전까지 도달하기도 했었다는 학설도 있다.[2] 인간은 무자비한 자연의 힘과 다른 맹수들의 위협 앞에 협력을 통해 자신의 역량을 키워왔다. 조금 더 빨라진다든가 조금 더 커진다든가 하는 연속적 개량 수준의 진화는 경쟁에 의해 이루어지지만, 단세포에서 다세포로 이행한다든가 무척추에서 척추로 이행한다든가 물에서 육상으로 올라간다거나 하는 근본적 수준의 진화는 협력에 의해 이루어졌다.

결국 먹잇감으로 쫓기던 인류는 무리 사냥에서 사자와 늑대를 능가하는 팀워크를 발휘하고 더 나아가 지형지물까지 사용하게 되면서 사냥꾼으로 변모해간다. 그리고 우리는 이러한 변화를 가능케 한 3가지 경로, 즉 상호 호혜적 협력, 강제적 조정, 익명의 개인 간 거래를 살펴보았다. 게임이론에 의한 표현을 따라온 독자를 위해서 마지막 요약을 첨부하고자 한다. 논의를 과도하게 단순화하는 느낌은 있지만 이 3가지 경로는 모두 죄수의 딜레마를 해결하기 위한 방법으로 볼 수 있다. 요약하면 다음과 같다.

⓪ 우선, 진사회성 동물의 유전자 공유에 의한 협력이 있다. 이것은 전 사회 구성원을 단일 가족으로 만들어서 구성원 간의 자매애를 극대화하였다. 타인의 효용도 피를 나눈 자매의 효용이 되면서 가족애가 발휘된다. 중요한 것은 자매들 간의 유전자 공유 비중 R이다.

① 혈연에 의한 방법이 불가능해질 경우, 집단은 항구적으로 관계를 유지하면서 죄수의 딜레마 게임을 반복시킨다. 이제 효용은 타인의 효용과의 합이 아니라 현재 효용과 자신의 미래 효용의 합으로 계산된다. 협력을 거부하면 미래 효용이 크게 줄어든다. 중요한 것은 미래가치를 현재가치로 얼마나 반영할 것인가 하는 현가율 D의 크기다.

② 게임의 반복을 통한 상호 간 감시, 응징의 효과를 기다리기 어려운

경우(대표적인 것이 참가자 수가 많아 익명성이 유지되는 경우다) 공권력을 수립하고 그가 감시와 제재를 가한다. 여기서는 적절한 벌칙의 부여와 강행이 중요하며, 또한 감시의 정확도가 높아야 한다. 공권력은 열심히 일해야 한다.

③ 시장 거래는 재산권의 확립을 통해서, 한 사람의 협력이란 단순히 선의의 표시가 아니라, 일종의 꾸어준 것이 된다. 만약 이러한 점유의 양도에 대하여 상응한 의무를 수행하지 않으면 계약은 무효가 되고 최초의 협력은 철회된다. 따라서 배신행위 자체가 불법 행위로서 무효화된다.

이상의 논의를 게임이론을 통해 간략하게 표현해보기로 한다. 전문적으로 게임이론을 연구한 독자를 대상으로 하지 않기 때문에 추상적 이론이 아닌, 2인 게임 모델로 국한한다. 이것은 많은 제약을 갖는다. 당장, 유전자 공유 모형을 2인 게임에 적용하면 이것은 '두 형제 또는 자매 모델'이 되며, 여왕벌과 일벌, 수벌이 존재하는 꿀벌 사회와는 거리가 먼 도식이 된다. 마찬가지로 감시와 제재를 통한 협력의 유도 역시, 익명성의 집단, 즉 구성원이 다수인 경우를 대상으로 하는 것으로서 2인 게임 모형으로는 원칙적으로 설명할 수 없는 것이다. 즉 여기서의 설명은 협력의 대안들을, 가장 단순한 게임 모형을 가지고 개념적으로 이해하는 데 도움을 주고자 하는 것이며 이것을 협력의 진화에 대한 본격적인 모형이라고는 볼 수 없다는 점을 밝혀둔다.

이제부터 죄수의 딜레마를 해결하는, 본문에서 제시한 유전자 공유

메커니즘과 3가지 조정 메커니즘을 단순한 게임이론으로 표현해보기로
한다.

협력이 어려운 이유에 대한
게임이론적 해석

일단 동종 내 개체 간의 갈등이 고조될 가능성을 게임이론으로 설명해보
고자 한다.

두 개체가 서로 협력을 하지 않고 남남처럼 지내면 둘이 관계로부터
얻는 이득은 (0, 0)이 된다. 그런데 이들이 서로 협력을 한다고 가정하
자. 동물 협력의 한 예는 흡혈박쥐들이 서로 먹이를 나눠주는 것이다. 즉
내가 가진 자원을 상대방에게 나눠준다. 그러면 상대방은 플러스가 되고
나는 마이너스가 된다. 만약 배고픈 박쥐가 배부른 박쥐에게 일정량의
피를 받아먹고 다음 날 입장이 바뀌었을 때 동일한 양의 피를 돌려주면,
똑같은 주고받기가 되므로 이득은 '플러스 마이너스 제로'라고 생각하기
쉽다. 그러나 박쥐의 세계에서도 한계효용은 작동한다. 똑같은 양의 자
원이라도 넉넉해서 이미 배부른 박쥐가 양보하는 먹이의 효용은, 배고파
서 양분이 절실한 쪽이 획득하는 먹이의 효용보다 작다. 그래서 협력의
이익을 B라고 하고 비용을 c라고 할 때 B는 c보다 크다는 명제가 일반적
으로 성립한다.

문제는 내가 아낌없이 협력했는데 상대방은 협력을 거부할 때다. 즉
박쥐의 경우 배고플 때 피를 받아먹고 자신이 배부를 때 피를 나눠주기

를 거부하는 것이다. 그러면 배신한 박쥐는 B를 받고 c가 들지 않으므로 이득을 얻는 반면, 먼저 나눠준 박쥐는 c만큼의 비용만 들었을 뿐 얻는 것이 없다. 이러한 상황에서 통상적 게임이론의 매트릭스는 다음과 같다. 즉 박쥐 1과 박쥐 2가 있다. 이들은 여유가 있을 때 상대방에게 피를 나눠주는 협력 전략을 취할 수 있고 거부할 수도 있다. 이렇게 2가지 옵션이 있으므로, 이를 나누어서 보면 4가지 경우가 생긴다. 그것을 매트릭스 가로세로 축에 각각 표현하고 그렇게 해서 생기는 4개의 셀에 둘의 이득을 차례로 표현하는 것이다. 박쥐 1의 이득을 앞에, 2의 이득을 뒤에 놓으면 다음과 같은 매트릭스가 생긴다.

		박쥐 2	
		협력한다	거부한다
박쥐 1	협력한다	B−c, B−c	−c, B
	거부한다	B, −c	0, 0

이것은 전형적인 죄수의 딜레마 게임의 모습이다. 어려운 처지의 동료를 도왔다가 만일 보답을 받지 못하면 바로 피해를 보게 된다는 구조가 동종 내 개체 간의 협력을 어렵게 만드는 것이다.

이제 이 게임의 결과를 살펴보자. 이것은 내쉬균형(Nash Equilibrium)을 찾아내는 것과 같다. 내쉬균형이란 게임 당사자들이 현재 취한 전략을 변경할 경우 손해를 보게 되는 상태를 말한다. 즉 두 당사자가 모두 최선의 상태에 있는 '쌍방최선(mutual best)'이다. 둘이서 동시에 전략을 변화시키지 않는 한, 혼자서 전략을 바꾸는 것은 손해를 초래할 뿐이고,

따라서 일단 내쉬균형에 들어오면 이 상태가 지속된다.

그런데 서로 협력하는 아름다운 상태, 즉 협력-협력의 경우를 살펴보면, 현재 둘은 모두 B-c라는 플러스 이득을 얻고 있다. 하지만 만약 박쥐 1이 전략을 바꾸어 거부로 옮겨간다면 박쥐 1의 이득은 B-c에서 B로 더 커지게 된다. 즉 전략 변경의 유인이 있다. 이것은 박쥐 2도 마찬가지이다. 상대의 전략 변경에 의해 쌍방최선이 무너질 가능성이 상존하므로 서로 협력하는 것은 내쉬균형이 아니다.

반면, 서로 협력을 거부하여 주지도 받지도 않는 냉랭한 상태, 즉 각자의 이익이 (0, 0)인 상태를 생각해보자. 이 상태에서 박쥐 1이 혼자 협력으로 옮겨갔다고 하자. 그는 보상도 받지 못하는 박애적 행동을 함으로써 0에서 -c로 이득이 낮아진다. 그러므로 합리적인 박쥐인 한 이런 일을 할 동기부여가 없다고 여겨질 테고(이는 박쥐 2도 마찬가지다), 따라서 이 냉정한 상태는 내쉬균형이 된다.

비록 추상적이지만 바로 이러한 모델로 생각을 해보면 동종 내 개체 간에 왜 협력이 일어나기 어려운지가 명백히 설명된다. 서로 동일한 자원을 대상으로 경쟁하는 개체들은 먹이 나눠주기라는 단순한 상황에서도 협력을 유지하기가 어렵다.

유전자 공유와
죄수의 딜레마

유전자 공유도가 높으면 왜 협력이 발생하는지를 앞에서 살펴본 동종 개체 간 게임의 예를 통해서 생각해보기로 하자. 박쥐의 예를 보자.

		박쥐 2	
		협력한다	거부한다
박쥐 1	협력한다	B−c, B−c	−c, B
	거부한다	B, −c	0, 0

위의 게임이 죄수의 딜레마의 한 예로서, 앞서 설명했듯이 유일한 내쉬균형은 서로 협력을 거부하는 것뿐이다. 그런데 이제 유전자를 공유하는 개체가 나타나면, 우리는 그에게 감정이입한다. 즉 상대의 기쁨에 같이 기뻐하고 아픔에 같이 아파한다. 얼마만큼 그럴까? 바로 유전자를 공유한 만큼이다.

지금 이 박쥐 둘이 친족이라고 하자. 이들은 유전자를 R만큼 공유하고 있다. R이 1이라면 클론일 것이고 만약 어미와 새끼라면 0.5일 것이다. 만약 꿀벌 사회의 일벌 자매라면 앞에서 본 대로 0.75일 것이다. 여하튼 R이라고 일단 상정하자. 그러면 위의 게임 매트릭스는 다음과 같이 바뀐다.

		박쥐 2	
		협력한다	거부한다
박쥐 1	협력한다	(1+R)(B−c), (1+R)(B−c)	−c+RB, B−Rc
	거부한다	B−Rc, −c+RB	0, 0

유전자를 공유한 상대방이 얻은 이득에 유전자 공유도(R)를 곱한 값이 나의 효용에 더해진다.[3]

그러면 이제 내쉬균형이 어떻게 되는지 살펴보자. 서로 협력을 거부하는 이전의 내쉬균형에서 유전자 비중에 따른 공감이 형성되면, 협력으로 돌아설 유인이 있느냐가 문제다. 그것은 비협력 상태에서 협력으로 돌아설 개체가 얻게 될 이득 $B-Rc$가 0보다 커야만 성립한다. 이것을 수식으로 표현하면, $B-Rc>0$, $R>B/c$, 즉 곧바로 해밀턴의 부등식이다. 해밀턴은 협력으로부터 얻는 이익에 유전자를 곱한 것이 협력의 비용보다 크면 협력이 이루어질 것이라고 주장했다. 그 주장은 위의 단순한 게임 모델에서 확인된다.

나머지 두 경우를 생각해보자. 서로 협력하는 전략은 이제 내쉬균형이 될까? 협력하면 $(1+R)(B-c)$를 얻는데 배신하면 $B-Rc$를 얻는다. 배신의 이익이 협력의 이익보다 크지 않아야 협력한다. 그러려면 $(1+R)(B-c) \geq B-Rc$의 식이 성립해야 한다. 이것을 풀면 다음과 같다.

$$RB \geq c$$

즉, 앞서 살펴본 대로 해밀턴 부등식이 성립하면 이 식은 무조건 성립한다. 따라서 서로 협력하는 전략이 내쉬균형 상태가 되는 것이다.

'시간선호'에 따라 죄수의 딜레마 게임은
어떻게 바뀌는가

미래에 대한 가치 평가, 즉 '시간선호'에 대한 논의는 게임이론을 통해서 좀 더 명확하게 이해할 수 있다. 앞에서 제시했던 죄수의 딜레마 게임으로 돌아가보자.

		참가자 2	
		협력한다	거부한다
참가자 1	협력한다	B−c, B−c	−c, B
	거부한다	B, −c	0, 0

꿀벌들은 이 문제를 유전자 공유, 즉 혈연을 통해 해결했다. 유전자 공유도를 R이라 하고 협력을 통해 타자가 얻는 이득을 B, 협력하는 데 소요되는 자신의 희생, 즉 비용을 c라고 하면 협력이 일어나기 위한 조건은 다음, 이른바 해밀턴의 부등식으로 표현된다.

$$RB \geq c$$

인간은 유전자 공유도를 조작할 수 없기 때문에 그 대신 공동체를 만들어 죄수의 딜레마 게임을 반복하도록 했다. 이제 게임이 반복되면 어떻게 되는가를 살펴보기 위해 전략을 단순화해보도록 한다. 액설로드의 실험에서는 참가자 수만큼이나 다양한 전략이 있었지만, 여기서는 처음부터 협력을 거부하는 '거부' 전략과, 일단 협력을 하지만 상대방으로부터 거부를 당하면 그다음부터는 영원히 거부하는 '조건부 협력' 전략 둘만을 고려한다(액설로드의 실험에서는 이렇게 극단적 태도보다도 더 부드러운 전략이 1등을 했다. 여기서는 모델을 단순화하기 위해 더 간명하고 극단적인 전략을 채택한다).

둘이 모두 조건부 협력 전략을 사용하면 이들은 계속 한 회분의 게임마다 B−c의 이익을 얻을 것이다(서로 배신을 하지 않을 것이므로 당연하다). 이 이익이 매 기간 반복된다. 그러면 이 이익의 현재가치(present value)를 계산해야 한다. 이때 오늘의 100원과 내일의 100원은 가치가 같지 않다. 즉 미래가치는 할인을 해야 하는 것이다. 이자율이 r이라면 현재가치는 다음의 예에서 볼 수 있는 것처럼 계산된다.

즉, 이자율이 25%라면 미래가치는 현재가치의 $1/(1+0.25)=0.8$배에 불과하다. 즉 미래의 100원은 현재의 80원에 불과하다. 이자율이 높을수록 내일 돈의 가치는 급격히 떨어진다. 만약 극단적으로 "내일은 없다", 즉 카르페디엠(carpe diem)을 신봉한다면 미래가치의 현가(현 시점에서 평가한 가치)는 0이 되고 이자율은 무한대가 될 것이다. 이렇게 되면 죄수의 딜레마 게임을 아무리 반복해도 단 한 번의 게임을 하는 것과 똑같다. 환경이 열악하고 생존이 항상 위기일 때는 이러한 상황에 가까울 것이다. 하지만 인류는 점차 미래 예측의 가능성을 높여왔고 그 결과 미래가치는 점차 증가했다. 따라서 이자율이 그렇게까지 높지는 않은 수준에 머문다. 무한하게 반복되는 B−c의 이익을 모두 합하면 다음과 같이 된다. 여기서 이자율을 i라고 하자. 그러면 협력의 이득은 다음과 같이 된다.

$$(B-c)+(B-c)/(1+i)+(B-c)/(1+i)^2+(B-c)/(1+i)^3+...$$

여기서 표현을 간단히 하기 위해 $1/(1+i)=D$라고 하면 이 D는 첫 회 이후의 미래가치가 현재가치의 몇 %인가를 나타내는 현가율(미래 예상 금액을 현재가치로 환원하는 계수)이 된다. 그러면 위의 식은 다음과 같이 쓸 수 있다.

$$(B-c)+(B-c)D+(B-c)D^2+(B-c)D^3+...$$

그러면 위 식의 값은 고등학교 때 배운 무한등비급수의 합 공식에 의해 다음과 같이 된다.

$$=(B-c)/(1-D)$$

조건부 협력을 같이 구사하면 위의 값을 이익으로 얻게 된다. 처음부터 서로 협력을 하지 않으면 0을 얻는다. 만약 누군가가 협력을 거부하면, 첫 회에는 B의 이익을 얻지만 그다음부터는 아무것도 얻지 못하므로 그대로 B가 전체 이익이 된다. 거부로 인해 배신당한 측은 역시 -c의 손실을 입지만 그 뒤부터는 거래를 하지 않을 것이므로 이 손실도 전체 손실이 된다. 그러면 위의 게임 매트릭스는 다음과 같이 변한다.

		참가자 2	
		협력한다	거부한다
참가자 1	협력한다	(B–c)/(1–D), (B–c)/(1–D)	–c, B
	거부한다	B, –c	0, 0

결국 조건부 협력의 결과로 얻는 이득이 더 커졌다는 것 외에는 변화가 없다. 여기서 우선 확인할 것은 서로 협력하지 않는 (0, 0)의 경우가 여전히 내쉬균형이라는 점이다. 즉 서로 협력을 거부하는 상태에서 협력으로 이행할 동기는 없다. 문제는 서로 협력하는 경우다. 협력해서 $(B-c)/(1-D)$를 얻을 수 있는데, 배신하면 B를 얻는다. 협력해서 얻는 값이 배신해서 얻는 B 값보다 크다면 협력하는 것이 내쉬균형이 된다. 그 조건은 다음과 같다.

$$(B-c)/(1-D) \geq B$$

이 식을 다시 정리하면 다음 식이 나온다.

$$DB \geq c$$

어디서 많이 본 식이 아닌가? 바로 해밀턴의 부등식과 동일한 모양이다. 다만 유전자 공유도 R이 현가율 D로 바뀌었을 뿐이다. 이 값은 이자율의 값이 작을수록 커진다(시간선호가 클수록 이자율이 커지므로 당연하다).
피를 한 방울도 공유하지 않은 이방인이라도 그와 미래를 오랫동안 함께할 예정이고 또한 미래가치를 중시한다면 죄수의 딜레마를 극복할 수 있다. 즉 함께하는 미래를 얼마나 중시하느냐가 유전자를 얼마나 공유하느냐와 비슷한 효과를 가져오는 것이다. 결혼으로 인해 태어나는 부부지간을 '무촌'이라고 불러 부모와 자식 간보다도 더 촌수를 가깝게 보는 근거가 여기에 있다. 검은 머리 파뿌리 되도록 함께하기로 한 약정은 피를 나눈 것과 비슷한 효과를 만들어낸다. 타인이라도 미래를 함께하리라는 보장이 있다면, 적어도 게임이론을 통해 풀어본 결과로는, 유전자 공유도와 미래에 대한 선호를 나타내는 비율은 수학적으로 동일한 기능을 한다. 즉 혈연이 가까운 것과 미래를 중시하는 것이 기능적으로 유사하다.

그러나 반복된 죄수의 딜레마 게임이 꿀벌의 '혈연을 통한 협력게임'과 동일하지는 않다. 왜냐하면 혈연을 통한 협력은 협력을 유일무이한 내쉬균형으로 만드는데, 반복 게임에서의 조건부 협력 전략은 물론 내쉬균형이기는 하지만, 안타깝게도 유일한 내쉬균형은 아닌 것이다. 이러한 형태의 게임을 사슴 사냥(stag hunt)이라고 한다. 사슴 사냥 게임이란 참가자 모두가 협력하는 경우도 내쉬균형이지만 그들이 모두 협력하지 않는 경우도 내쉬균형인, 즉 내쉬균형이 2개인 게임이다. 반복된 죄수의 딜레마 게임에서도 조건부 협력 전략이 내쉬균형이지만 모두가 협력을 거부하는 (0, 0)의 경우도 여전히 내쉬균형이다. 반복된 죄수의 딜레마 게임이 사슴 사냥 게임의 일종이라는 것은 인간의 협력에 큰 영향을 끼쳤다. 우선 죄수의 딜레마보다 협력의 가능성을 크게 높여주었다. 하지만 그 협력이 언제든 와해될 수 있다는 불안정성의 징후가 이후 여러 가지 이슈, 특히 분배의 공정성 문제를 제기하게 된다.

명령-통제 체제 :

감시와 제재

지금까지 죄수의 딜레마 게임을 해결하고자 유전자를 공유하는 꿀벌의 방법, 그리고 게임을 반복시키는 초기 인류사회의 방법을 살펴보았다. 이제, 공권력을 확립하고 감시와 제재를 하는 올슨의 제안을 역시 게임 이론으로 설명해보고자 한다(이하의 내용은 엘리너 오스트롬의 논의를 게임이론 모델에 맞게 조금 수정한 것이다).[4]

앞서 첫 부분에서 제시한 죄수의 딜레마 게임으로 돌아가보자.

		박쥐 2	
		협력한다	거부한다
박쥐 1	협력한다	B-c, B-c	-c, B
	거부한다	B, -c	0, 0

죄수의 딜레마를 해결하기 위해 폭력 사용의 독점권을 부여받은 존재, 즉 정부와 같은 권위자를 초빙해 온다고 가정하자. 그는 박쥐들을 감시하고 얌체 짓을 하는 개체를 징계한다. 징계에는 여러 가지 방법이 있겠지만, 결국에는 박쥐가 얌체 짓으로 얻은 이익을 차감시키는 것이다. 벌금을 부과하든 체형을 하든 그것은 모두 효용의 감소라고 이해할 수 있다. 그렇다면 정부는 어느 정도의 징벌을 가해야 죄수의 딜레마를 방지할 수 있을 것인가. 협력을 거부하는 행위를 하는 박쥐에게 -P만큼의 페널티를 부과한다고 하자. 그러면 위의 게임은 다음과 같이 바뀐다.

		박쥐 2	
		협력한다	거부한다
박쥐 1	협력한다	B−c, B−c	−c, B−P
	거부한다	B−P, −c	−P, −P

　우선, 이전에는 내쉬균형이었던 경우 곧 둘 다 협력을 거부하는 경우가 이번 게임에서 어떻게 변화했는지 살펴보자. 그 경우 이득은 (0, 0)이 아니라 (−P, −P)가 되었다. 그러나 중요한 문제는 이로써 이득이 감소했다는 것이 아니다. 이것으로부터 전략을 바꿀 만한, 즉 협력으로 돌아설 만한 유인이 생겼는가가 문제이다. 한 참가자가 혼자서 협력으로 돌아서면 그는 배신당한 대가로 −c의 손실을 본다. 이 손실이 벌금보다 작다면 그는 협력으로 돌아설 것이다. 즉 $c < P$라면 이 게임의 참가자는 협력으로 돌아서게 된다.

　이번에는 둘 다 협력하는 경우가 내쉬균형인지를 따져보자. 예전 게임에서는 서로 협력하고 있을 경우 참가자는 $B−c$의 이득을 얻고 있다. 그런데 여기서 거부로 돌아서면, 즉 배신하면 B를 얻게 되고, 이것이 협력이 유지되지 못하는 결정적인 이유가 되었다. 그런데 페널티가 적용되는 현재의 게임에서는 벌금 때문에 B가 아니라 $B−P$밖에 얻지 못한다. 이 값이 협력의 이득 $B−c$의 값보다 작으면 협력은 내쉬균형이 된다.

$$B−P < B−c$$

　이 식은 앞의 조건, 즉 둘 다 협력을 거부할 경우에서 산출한 식 $c < P$와

똑같다. 즉 협력에 응하는 데 들어간 비용보다 더 큰 벌칙을 가한다면 죄수의 딜레마는 완벽하게 해소된다. 다시 말해 페널티를 적용할 경우에는 쌍방협력만이 유일한 내쉬균형이 되는 것이고, 비록 벌금이 부과되고는 있지만 위반자가 없으니 실제 벌금을 내는 자는 없는 상태가 달성된다. 이것은 단 둘만의 게임이므로 앞에서 본 반복을 통한 징벌로 수평적으로도 해결할 수 있으나, 참가자 수가 많아져 감시와 제재가 어려워지면 그때는 권력에 의한 해결책이 사용된다는 것이, 앞서 본문에서 살펴본 올슨의 논리라고 할 수 있다. 여기서 한 가지 문제가 제기된다. 정부(감시와 제재의 주체를 간편하게 '정부'라고 부르기로 하자)는 무얼 먹고사는가? 여기서 정부는 사심 없는 개입자로서 무료 자원봉사자로 상정되어 있다. 즉 그는 보수 없이 일한다. 이것이 가능한가? 그러나 이 문제는 간단하게 해결할 수 있다. 이 게임의 참가자들은 정부가 없을 때는 서로 협력을 하지 않아 아무 이득도 얻지 못한다. 그런데 정부가 활동함으로써 모두가 협력에서 벗어나지 않을 유인이 생겨 이제는 $B-c$의 이득을 얻게 되었다. 그렇다면 0과 $B-c$ 사이의 적당한 금액만큼을 세금으로 정부에 납부할 만한 충분한 동기가 있다. 세금을 내도 참가자들은 $B-c-Tax$(세금 액수)라는 이득을 여전히 얻을 수 있기 때문이다. 정부는 이 세금으로 자신의 제재와 감시활동에 대한 보상을 충당할 수 있다. 이것이 바로 세금을 통한 공공재의 조달이다.

그런데 오스트롬은 이 부분에서 심각한 문제를 제기한다. 소규모 집단에서 적용되던 상호 감시와 응징이 대규모 집단에서 불가능했던 것은 현실적 어려움 때문인데, 정부 역시 대규모 집단을 감시하는 데 어려움을 겪지 않을까? 감시자 곧 정부의 능력이 한정되어 있다고 할 때 규모가 커질수록 일일이 감시하고 제재하는 데 어려움이 따를 것이다. 오스트롬은 이를 명시적으로 분석했다. 그의 분석을 우리의 모델에 맞도록 약간 수정하여 소개하면 다음과 같다.

과연 정부는, 이를테면 '목동'의 위반행위를 정확히 감시할 수 있는가? 그리고 그에 따라 엄정하게 징벌할 수 있는가? 목동이 위반 사실을 숨길 수도 있고 징벌에 응하지 않을 수도 있다. 정부가 100% 정확하게 행정처리를 한다고 가정하면 강제력은 완벽한 해결책이다. 그러나 정부는 2가지 오류를 범할 수 있다. 규칙을 준수한 사람을 실수로 벌줄 수 있고, 정작 규칙을 어긴 사람에게는 벌을 주지 않을 수도 있다. 이 2가지 오류 확률을 각각 x와 $1-y$라고 하자. 즉 규칙을 어기지 않았는데 처벌할 확률이 x, 규칙을 어겼음에도 이를 적발하지 못할 확률이 $1-y$이다. 감시가 부정확한 것은 사태를 복잡하게 만드는데, 실제로 우리의 현실은 복잡하다.

		박쥐 2	
		협력한다	거부한다
박쥐 1	협력한다	$B-c-Px$, $B-c-Px$	$-c-Px$, $B-Py$
	거부한다	$B-Py$, $-c-Px$	$-Py$, $-Py$

어느 정도까지 오류를 범하면 이 게임은 원래의 죄수의 딜레마로 복귀하는가? 쌍방 비협력의 이득인 $-Py$가 여기서 협력으로 돌아섰을 때의 손실 $-c-Px$보다 더 크면 된다. 즉 $-Py \rangle -c-Px$이다. 그리고 양쪽 모두

협력하는 상황이 내쉬균형이 안 되는 조건은 B−c−Px〈B−Py이다. 두 조건은 결국 동일한 것으로 판명된다.

이 식을 다르게 표현하면 다음과 같다.

$$y-x \langle c/P$$

좌변은 위반자를 정확하게 처벌할 확률에서 협력자를 잘못 처벌할 확률을 뺀 것이다. 즉 감시자의 감시 성공률이 전반적으로 높아질수록 이 값이 커질 것이다. 우변은 배신당했을 때의 손실을 벌칙의 손실로 나눈 것이다. 즉 벌칙의 강도가 낮아지고 감시의 성공률이 낮아질수록, 정부의 개입에도 불구하고 이 게임이 원래 죄수의 딜레마로 되돌아갈 가능성이 커진다. 집단의 규모가 커질수록 감시의 성공률은 낮아질 것이며, 바로 이 때문에 오스트롬은 국가의 개입이 만병통치약이라고는 생각하지 않는다.

더 중요한 것은 단순히 수익과 비용의 계산이 아니라 이러한 구조로부터 발생하는 인센티브, 그로 인한 사람들의 태도와 마음가짐이다. 즉 정부가 감시에 들어갈 때 정부는 일단 두 목동 입장에서 볼 때는 국외자(局外者)다. 국외자는 내부 정보를 파악하기가 쉽지 않다. 이것이 오류의 가능성을 키운다. 바람직한 대안은 목동들이 서로 감시하여 위반 사항을 정부에 알리는 것이다. 그런데 정부의 관할 아래서는 두 목동에게 그런 일을 할 만한 동기가 없다. 상대방에 대한 감시의 성공률을 높이는 것은 정부가 제 기능을 하는 데는 필요한 일이지만, 상대방이 그렇게 하지 않을 때 내가 왜 그렇게 해야 하느냐 하는 것은 별도의 문제다. 자발적 감시활동은 그 자체가 비용이 드는 일일뿐더러, 상대방이 감시활동을 하지 않을 경우 나 혼자서 하는 감시활동은 그 효과가 제한적이다. 따라서 이 행동의 효과는 의심스럽고, 대부분의 경우에 동기가 부족하다. 오스트롬은, 정부가 아니라 두 목동이 자신의 비용을 들여 외부 중재자를 고용하는 것을 대안으로 제시하고 있다. 자체 규제를 위한 감시자를 스스로 고용할 경우, 이들은 효과를 거두지 못할 경우 외부 중재자에 대한 보수를 낭비하게 된다. 따라서 이 경우는 목동이 상호 감시를 할 충분한 인센티브가 있다. 이 점에서 오스트롬은 국가의 강제적 조정보다 자발적 합의에 의한 조정이 보다 유력하다고 주장한다.

오스트롬의 이러한 주장이 타당성을 지녔느냐 여부를 떠나, 권력에 의한 강제적 조정이 정보의 문제와 인센티브의 문제를 안고 있다는 점은 분명히 파악해야 할 것이다. 실제로 국가는 자신을 유지하고자 경찰력과 정보력에 상당 부분 의존한다. 오스트롬의 지적은 올슨의 이론에 결함이 있다는 것이 아니라, '폭력의 독점'만으로는 부족하고 '폭력의 독점 및 지혜롭고 주도면밀한 사용'이 있어야 한다는 의미라고 보아야 한다. 구성원의 규칙 위반 사항을 정확히 감시하고 그 처벌은 단호하고도 강력하게 해야 한다는 것이다.

정보를 정확히 파악하기 위한 국가 권력의 노력이 단지 나치의 게슈타포, 소비에트의 KGB, 미국의 CIA나 FBI의 일로만 나타나는 것은 아니다. 페르시아의 다리우스 1세는 전 국토를 20개의 주로 나누고 주장관인 '사트라프(Satrap)'를 두었으며 이 사트라프의 행동을 감시하고 중앙과 연락을 담당할 '왕의 눈'과 이를 보좌하는 '왕의 귀'를 별도로 두었다고 한다.[5] 지방관을 파견하고 다시 이를 견제하며 감시하는, 마치 조선시대 암

행어사 같은 감찰제도를, 고대로부터 대다수의 국가 권력이 유지해온 것을 보면 오스트롬의 지적에 일리가 있다고 생각하지 않을 수 없다.

— 규제 기관은 항상 감시자를 별도로 고용해야 한다. 이 경우 규제 기관은 감시자들이 자기 일을 제대로 하고 있는지 챙겨보아야 하는 문제, 즉 주인-대리인 문제에 직면하게 된다.[6]

재산권의
진화

야생의 세계에서는 점유가 곧 소유이다. 그러나 진화생물학에 의하면, 인간에게만 존재하는 것으로 여겨지는 추상적이고 사회적인 재산권 개념 역시 동물로부터 진화되어왔다고 해석할 여지가 있다. 재산권의 진화적 뿌리는 다름 아닌 '영역 행동'이다. 많은 동물이 영역을 표시하고 이를 방어한다. 다시 말해 동물에게도 부동산에 대해 재산권과 유사한 질서가 있는 것이다.

동물이 생존을 위해 어떻게 영역 행동을 진화시켰는가에 대한 흥미로운 연구가 있다. 적절한 서식처, 예를 들면 절벽의 둥지 터를 두고 경쟁하는 맹금류 종이 있다고 하자. 두 마리의 개체가 적절한 둥지 터 앞에서 만났다면 틀림없이 다툼이 벌어진다. 각자가 취할 수 있는 전략에는 싸우는 것 혹은 물러서는 것이 있다. 싸우면 누가 이길지 모르기 때문에, 승률은 50%라고 가정한다. 이기면 그 둥지 터를 차지하지만(이득의 값을

v라고 하자) 패배하면 에너지를 소모하고 다치는 등 상당한 손실을 입는 다(손실의 값을 C라고 하자). 물러난다면? 다치지는 않겠지만 둥지 터를 차 지하지는 못한다. 어떤 전략이 진화할 것인가.[7]

모두 '매 전략'(싸우는 것을 '매 전략', 물러나는 것을 '비둘기 전략'이라고 칭하 자)을 사용하면 기대이득은 (v−C)/2 이다. 이것은 마이너스 값을 갖는다 고 가정한다. 만약 한 마리가 매 전략을, 다른 한 마리가 비둘기 전략을 택하면 매파는 v를 얻고, 그러므로 비둘기파는 얻는 것이 0이다. 서로 비 둘기 전략을 쓰면 어떻게 될까? 서로 싸우지 않으려고 하면 둘 중 하나가 운에 따라 집을 차지하게 된다고 가정할 수 있으므로 기대이득은 v/2이다.

서로 싸우면 다칠 위험이 크기 때문에 매파 대 매파는 내쉬균형이 아 니다. 또한 비둘기 대 비둘기 역시, 여기서 한쪽이 매 전략을 취하면 v/2 가 아닌 v를 차지하게 되므로 역시 균형 상태가 아니다. 여기서 균형이 란 한쪽이 비둘기, 다른 쪽은 매가 되는 것이다.

		맹금류 2	
		싸운다(鷹)	물러난다(鳩)
맹금류 1	싸운다(鷹)	(v−C)/2, (v−C)/2	v, 0
	물러난다(鳩)	0, v	v/2, v/2

문제는 치킨게임에서와 마찬가지로 내쉬균형이 2개라는 점이다. 두 개의 균형이 갖는 완벽한 대칭성은 게임의 균형이 2개의 가능한 경우 사 이를 요동하게 만든다. 어느 한쪽이 절대로 양보하지 않겠다는 의지를 표명할 수 있다면 승리할 것이다. 치킨게임에서 상대방을 향해 돌진하는

두 운전자가 더욱 거칠게 운전하여 자신의 의지를 보여주려 하는 것과 비슷한 상황이다. 동물들이 험악한 외모, 갈기털이나 요란한 색깔 등으로 적을 위협하는 것은 그래서인지도 모른다. 아무튼 균형이 2개라는 점에서 이론으로서는 결과를 예측할 수 없고 게임할 때마다 결과가 바뀌는 불안정한 상태가 된다.

그렇다면 진화적으로는 어떤 일이 벌어질 것인가? 이를테면 타고난 본성에 따라 일부는 매파로 일부는 비둘기파로 성격 유형이 나뉠 수 있다. 매파로 태어날 확률이 x이고 비둘기파로 태어날 확률이 $1-x$라고 하자. 그러면 매파의 구성비가 v/C일 때 이 집단은 내쉬균형에 도달한다. 인간이든 동물이든 성격의 차이가 생기는 것은 이런 이유 때문일지도 모른다.

그런데 상이한 성격으로 진화하는 것 말고 또 다른 방식의 해결책도 가능하다. 조금 더 고도화된 전략이 나타나는 것이다. 즉 둥지 터를 먼저 발견한 쪽이 매 전략을 취하고 나중에 도착한 쪽은 비둘기 전략을 취하는 것이다. 이것이 바로 '영역 행동'이다.[8] 영역 행동을 하면 모든 경우에서 비둘기-매의 조합이 나타나 문제는 원만히 해결될 것이다. 선천적으로 성격이 나뉘는 종족과, 방금 소개한 이른바 '영역'을 인정하는 종족이 있을 때, 각 개체가 누리는 평균이득을 비교해보면 영역 행동으로 문제를 해결하는 종족의 이득이 더 큼이 증명될 것이다.

결국 영역의 기득권을 인정하는 일종의 규칙, 바로 그것이 인간의 재산권의 기원일 수도 있다. 매파와 비둘기파 두 성격만 존재하는 집단에 돌연변이로 조건부 전략을 택하는 개체가 나타나면, 이 개체가 경쟁에서 우위를 점하며 집단 내에서 점점 더 확산된다. 조건부 전략을 채택한 개체가 더 우월한 성과를 거둘 것이기 때문이다. 즉 영역을 인정하는 전략은 동물들에게는 한 차원 높은 전략으로 전략 자체가 진화한 사례라고 볼 수 있다.

물론 동물 세계에서 발생한 영역 행동이 동산(動産)에는 적용되지 않는다는 점에서 인간사회의 재산권과 완전히 동일하다고는 볼 수 없다. 인간만이 도구를 사용하면서 차츰 동산에 대한 소유권을 발전시켰다. 그 위대한 첫걸음은 손이다. 꽉 쥘 수 있는 손은 무엇인가를 빼앗기지 않도록 붙잡고 있을 수 있었다. 그러나 손만으로는 부족하다. 이로 인해 끈, 울타리, 바구니, 보따리, 더 나아가 토기, 항아리, 그리고 궁극적으로 가옥과 이에 부수한 창고가 나타났다. 재산권을 만들어간 인류는, 불필요한 다툼을 억제하고 보다 건설적인 협력 관계를 달성할 수 있는 기초를 구축하게 되었다.[9]

이상과 같이 유전자 공유 및 3가지 조정 메커니즘에 대한 게임이론적 표현을 살펴보았다. 이미 강조했듯이, 이것은 실제 조정 메커니즘의 극도로 단순화된 표현이다. 그러나 게임이론이라는 방법을 통해 조정 메커니즘 간의 논리적 차이점을 파악하는 데는 도움이 되리라고 본다.

좌수의 딜레마 :

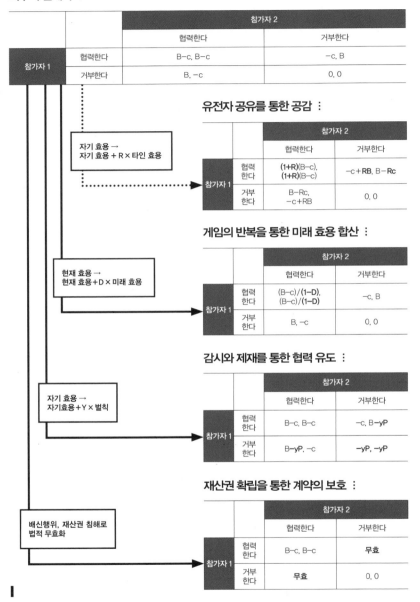

		참가자 2	
		협력한다	거부한다
참가자 1	협력한다	B−c, B−c	−c, B
	거부한다	B, −c	0, 0

자기 효용 →
자기 효용 + R × 타인 효용

유전자 공유를 통한 공감 :

		참가자 2	
		협력한다	거부한다
참가자 1	협력한다	(1+R)(B−c), (1+R)(B−c)	−c+RB, B−Rc
	거부한다	B−Rc, −c+RB	0, 0

현재 효용 →
현재 효용+D × 미래 효용

게임의 반복을 통한 미래 효용 합산 :

		참가자 2	
		협력한다	거부한다
참가자 1	협력한다	(B−c)/(1−D), (B−c)/(1−D)	−c, B
	거부한다	B, −c	0, 0

자기 효용 →
자기효용+Y × 벌칙

감시와 제재를 통한 협력 유도 :

		참가자 2	
		협력한다	거부한다
참가자 1	협력한다	B−c, B−c	−c, B−yP
	거부한다	B−yP, −c	−yP, −yP

배신행위, 재산권 침해로
법적 무효화

재산권 확립을 통한 계약의 보호 :

		참가자 2	
		협력한다	거부한다
참가자 1	협력한다	B−c, B−c	**무효**
	거부한다	**무효**	0, 0

주요 조정 메커니즘의 게임이론적 표현

2. 집단선택론에 대하여

본문에서는 집단선택론이 다루어지지 않았다. 논란의 여지가 있을뿐더러 논의가 너무 복잡해질 수 있기 때문이다. 그러나 협력의 진화를 다루는 데 있어 집단선택론은 결코 무시할 수 없는 이론이며, 어떻게 보면 시간이 지날수록 포괄적응도 이론보다 큰 역할을 할 가능성도 있다. 따라서 부록에서나마 간략하게 소개하고자 한다.

인간이든 생물이든 어떤 집단에서 과연 개체의 희생이란 것이 존재할 수 있는가? 희생이란 자신의 생존가치는 떨어뜨리면서 타자의 생존가치를 높여주는 행동을 말한다. 이것이 전체 집단의 경쟁력을 설령 높여준다고 하더라도 자기 자신에게는 불리하므로 이러한 성향을 지닌 개체는 집단 내에서 도태될 수밖에 없게 된다. 즉 희생은 결코 지속가능하지 않으며 이것이 1960년대에 출간된 조지 윌리엄스의 《적응과 자연선택》이란 책에서 입증되었다는 것이 통설이었다. 그러나 데이비드 슬론 윌슨 집단선택론의 전형적 반박 논리로 사용되는 사례이다. 개체 수가 너무 많아지면 결국 집단 전체의 생존에 문제를 일으키므로 일부 쥐들이 집단 자살을 하여 인구조절을 한다고 한다. 어떻게 이런 현상이 발생할 수 있는가? 쥐 집단이 여럿 있는데 이러한 자기희생을 감수하는 쥐의 집단이 그렇지 않은 집단보다 더 우월하므로 이러한 집단의 생존가능성이 커진다고 한다면, 희생적 행동의 진화를 설명할 수 있다. 그러나 만약 집단 자살을 하려는 무리 중에서 어떤 쥐 한 마리가 물속에서도 살아남을 수 있도록 튜브를 장착했다고 하자. 동료 쥐들이 죽고 한결 나아진 환경에서 이 쥐는 많은 이득을 누릴 것이다. 한 쥐가 이런 행동을 하는 것을 보면서 다른 쥐들도 자살 대열에서 이탈하게 될 것이다. 즉 집단 자살은 내쉬균형이 아니라는 것이다. 집단 자살이 전체 종에는 유리할지 모르지만, 여기서 살짝 그 자살의 대열을 벗어나면, 개체에게 막대한 이득이 돌아오기 때문에 이탈자가 점점 늘어나게 되고 결국 집단적 희생은 유지될 수 없다는 결론에 도달한다.

등 몇몇 과학자가 소멸해가는 집단선택론의 불씨를 되살렸다.[10] 희생하고 헌신하는 개체의 비중이 높은 집단이 이기적 개체의 비중이 높은 집단보다 집단 차원에서는 경쟁력이 높다. 그러므로 집단 간 경쟁이 충분히 치열하다고 가정하고, 집단 내에서 이타적 개체가 소멸하는 속도가 이기적 개체 비중이 높은 집단이 소멸하는 속도보다 느리다면, 집단선택이 존재할 수 있다는 것이다. 그러나 개체 간 선택압보다 집단 간 선택압이 더 크기는 어렵기 때문에 실제로는 이런 경우를 찾아볼 수 없다는 논의가 상당 기간 대세를 이루고 있었다.

이후 집단선택론의 이론적·실증적 연구 결과가 계속 등장하였는데,[11] 그 가운데 집단선택론을 개념적으로 이해하는 데 도움이 되는 사례를 하나 소개하고자 한다. 이것은 '심슨의 역설(Simpson's paradox)'이라는 모델이 현실 속에서 등장했던 경우이다.[12] UC 버클리 대학은 입학 사정에서 여학생을 차별한다는 의심이 있어 이에 대해 조사했다. 실제로 전체 지원자 중 여성 비율보다 합격자 중 여성 비율이 현격하게 낮았다. 학교는 그 원인을 조사하고자 학과별로 어느 학과가 문제인지 조사했다. 실제 입학 지원도, 입학 사정도 학과 단위로 이뤄지므로 이것은 합리적인 조사라고 볼 수 있다. 그런데 놀라운 조사결과가 나타났다. 모든 학과에서 지원자 중 여성 비율보다 합격자 중 여성 비율이, 최소한 낮지는 않았던 것이다. 즉 모든 학과에서 여성 차별은 없었다. 그러나 전체 합계를 내면 비율이 낮아졌다. 어떻게 이런 일이 가능할까?

실제 숫자로 한번 살펴보자. 우선, 2개의 학과가 있다고 하자. 입학 정원은 2개 학과 모두 50명이다. 그러면 전체 정원은 100명이 될 것이다. 두 학과 모두 똑같이 100명씩 지원을 했다고 하자. 그러면 경쟁률은 2:1이다(일단 경쟁률이 같다고 가정한다). 이때 갑 학과는 남학생 지원자가 80%이고 을 학과는 50%를 차지한다고 해보자. 그렇다면 갑 학과에서는 80명의 남학생과 20명의 여학생이 지원했을 터이고, 경쟁률은 2:1이었으므로 각각 40명과 10명의 합격자를 냈을 것이다. 을 학과의 경우는 남녀가 각각 50명씩 지원하여 25명씩의 합격자를 냈을 것이다.

두 학과는 원칙을 준수했다. 이제 이 두 학과 전체의 합격생 합계를 내보자. 그러면 남학생은 65명, 여학생은 35명이 합격을 한 것이 된다. 지원자 전체로 보면 남성은 130명, 여성은 70명으로 13:7이었고, 이 비율이 그대로 준수된 것을 볼 수 있다.

이것이 우리가 직관적으로 생각하는 흐름이다. 그런데 이 과정은 변수를 전혀 고려하지 않고 있다. 여기서 큰 변화를 가져오는 사항은, 입학 정원은 정해져 있지만 지원자 수는 통제가 되지 않는다는 점이다. 즉 지원자 수는 변할 수 있고 이것이 경쟁률을 변화시킨다. 경쟁률이 학과마다 다를 때 어떤 현상이 벌어지는지 살펴보자.

예컨대 을 학과에 지원자가 크게 몰려 경쟁률이 4:1이 되었고 남녀 지원자 비율은 그대로라고 하자. 즉 지원자가 200명으로, 남학생 100명 여학생 100명이 지원했고 합격자는 그대로 남녀 각각 25명씩이라고 하자. 그러면 갑과 을 학과 전체의 지원자 수가 200명에서 300명으로 늘어나고, 이때 남녀 지원자의 수는 각각 180명과 120명으로 남녀 비율은 3:2 이다. 그리고 두 학과 전체의 합격자는 65명 대 35명으로 남녀 비율이 13:7로 앞의 경우와 동일하게 나왔다. 합격자 비율을 따져보니 여학생 대비 남학생 비율이 약 1.86인데, 이는 지원자 중 여학생 대비 남학생 비율인 1.5를 상회하는 값이다.

두 경우 모두에서 지원자의 남녀 비율과 합격자의 남녀 비율이 똑같이 유지되었음에도 불구하고 전체 학과 합계를 놓고 합격생 숫자와 비율을 따져보면 후자에서 남학생의 합격률이 크게 높아졌다는 것을 알 수 있다. 여기서 달라진 요인은 무엇일까? 바로 경쟁률이다. 즉 남학생이 더 많이 지원한 학과의 경쟁률, 다시 말해 합격률은 50%인 반면, 여학생이 많이 지원한 학과의 합격률은 25%로 낮았던 것이다. 이 경우 학과별로는 남녀 성비 규칙을 준수하더라도 학교 전체 결과를 놓고 보면 격차가 생겨날 수 있다. 다시 말해 학교 전체로는 학과 인원수 대비 가중평균이 되는데, 학과별로 볼 때는 이러한 가중치를 두지 않기 때문이다.

버클리 대학에서 확인된 이 사례는 진화의 연구, 특히 이타적 행위의 진화 연구에도 결정적으로 중요함을 다음의 사례로 확인할 수 있다. 즉 100마리의 개체로 구성된 집단을 상정해보자. 이 개체는 둘이 만나 후손을 남기지만 문제를 간단하게 하기 위해 성 구분은 없다고 가정하자면, 평균적으로 10마리의 후손을 남기고 한 세대가 사멸한다. 그런데 이 집단은 이타적인 부분집단과 이기적인 부분집단으로 나누어진다. 이타적 집단은 본인의 생존에는 불리하지만 전체에 유리한 행동을 하고 이기적 집단은 그렇게 하지 않는다. 남기는 후손의 숫자가 바로 환경적응도라고 간주한다. 이타적 개체는 자기 후손의 수를 하나 줄이면서 다른 개체의 후손을 5마리 늘리는 행위를 한다.

이타적 개체는 이타적 행위로 인해 후손 하나가 줄어들지만 만난 상대방 역시 이타적 개체일 경우 5마리의 후손이 늘어난다. 현재 이 집단은 100마리의 개체로 구성되어 있는데, 이 중 50마리가 이타적 개체이다. 따라서 이타적 개체의 적응도, 또는 후손의 숫자는 다음과 같다.

$$10-1+5(49)/99=11.47$$

이기적 개체는 상대방에게 손해를 당하지 않고, 혹시 이타적 개체를 만나면 이득을 보게 된다. 그러면 그의 이득은 다음과 같다.

$$10+5(50)/99=12.53$$

즉 이기적 개체가 후손을 더 많이 남긴다. 현재의 차이는 크지 않지만 세대를 이어나갈수록 이타적 개체는 도태되게 된다.

그런데 이제 다른 종류의 집단을 생각해보자. 이것은 마치 대학이 학과로 나뉘어 있고 입학 사정을 학과 주체로 하는 경우와 비슷하다. 앞에서와 같이 집단이 이타적 개체, 이기적 개체 5:5로 구성되어 있지 않고, 집단이 2개로 분류되는데 한 집단에는 이타적 개체가 절대다수이고 (80%) 다른 집단은 그 수가 소수(20%)라고 하자. 이것이 앞의 모델에서와 다른 점은 서로 파트너를 맺는 관계가 소집단 내에서만 이루어진다는 점, 즉 격리되어 있다는 점이다. 마치 인도의 카스트처럼 자기 집단 내에서 번식이 일어난다. 이 경우 소집단 내에서 일어나는 현상은 앞에서 다룬 것과 본질적으로 다르지 않다. 즉 이타적 개체가 손해를 본다.

그런데 버클리 대학의 사례와 마찬가지로, 이 두 그룹을 합쳐 하나의 그룹으로 살펴보면 또다시 신기한 현상이 벌어진다. 이타적 개체가 더 많은 소집단이 전체적으로 후손의 수를 많이 늘리게 되면, 전체를 합했을 때 이타적 개체의 비율이 늘어나는 현상이 발생하는 것이다. 수학적으로 이러한 일이 가능하다는 것은 앞서 이미 확인했다. 중요한 것은 이것이 진화의 과정에서 어떤 의미를 갖느냐다. 두 소집단이 격리되어 완전히 따로 움직인다면, 두 집단 내에서 이타적 개체의 비율은 점점 줄어들어 무의미한 수준까지 수렴할 것이다. 그러나 이 두 소집단이 다시 하나의 집단을 이룬다면, 이 전체 집단 차원에서는 이타적 개체의 비율이 끊임없이 늘어난다. 두 집단이 영원히 격리되어 있다면 가공의 합계는 무의미할 것이다. 그러나 격리된 두 집단이 어떤 계기로든 하나의 그룹을 이루게 되면 그때부터는 사정이 달라진다.

이러한 설명은 유전형에서 남을 돕기를 좋아하는 스타일의 개체군이 따로 존재할 수 있다는 사실을 지지한다. 즉 선한 사람과 악한 사람이 있다는 것이다. 그리고 이것은 유전될 것이다. 그리고 이런 선한 사람들은 선한 사람들이 많은 그룹에서 상호작용을 해야 한다. 다른 소집단과 뒤섞여서는 이러한 현상이 일어나지 않는다.

이런 경우를 생각해보자. 첫 번째 소집단은 이타적 개체가 20%이고 두 번째 소집단은 80%라고 하자. 악인과 선인 그룹이 서로 분리되어 있는 셈이다. 두 집단에서 앞에서 살펴본 것과 같이 적응도를 계산한다.

이기적 집단에서 소수파인 이타적 개체의 적응도는 다음과 같다.

$$10-1+5(19)/99=9.96$$

반면 이기적 개체의 적응도는 다음과 같다.

$$10+5(20)/99=11.01$$

100개 개체의 다음 세대 수는 $20 \times 9.96+80 \times 11.01=1,080$이고, 따라서 차세대에서 이타적 개체의 비율은 0.184로 최초 0.2에서 줄어든다. 이 소집단이 유일한 집단이라면 이타적 개체의 비중은 계속해서 감소해갈 것이다.

두 번째 소집단에 대해서도 같은 계산식을 적용해보자.

이타적 개체의 적응도: 10−1+5(79)/99=12.99

이기적 개체의 적응도: 10+5(80)/99=14.04

차세대 개체수: 80×12.99+20×14.04=1,320

이타적 개체의 비율=0.787

결국 여기서도 0.8보다 이타적 개체의 비율이 줄어든 것을 볼 수 있다. 그러나 버클리 대학 사례처럼, 두 번째 집단의 인구 증가가 훨씬 빠르다. 이 두 집단이 만나 하나의 집단이 되었다고 하면 전체적으로 이타적 개체의 비율은 증가한다.

최초 이타적 개체의 비율: [0.2(100)+0.8(100)]/200=0.5

다음 세대 이타적 개체의 비율:

[0.184(1,080)+0.787(1,320)]/2,400=0.516

0.5보다 증가했다. 서로 돕는 집단의 적응도가 더 높다는 이유로 인해, 전체적으로는 이타적 성향이 진화에서 지속가능하게 된다. 이것은 모든 개체가 균등하게 분포되어 있지 않고 국지적으로 편중되어 분포하기 때문에 나타나는 현상이다. 이타적 성향은 전체 입장에서는 매우 좋다. 하지만 어떤 개체도 전체를 대변하여 이를 조율해나갈 수 없고, 모두 개체 차원에서 움직여야 하기 때문에 이 '전체의 입장'이 구현되지 않는 것이다. 그러나 우연히 바람직한 자질이 모여 있다면, 이것은 힘을 발휘한다. 만약 서로 유사한 사람들끼리 모이는 성향이 있다면 이러한 움직임은 더욱 보편적으로 일어날 것이다. 착한 사람들이 착한 사람과 만나

는 것은 그럴듯하다. 문제는 이기적인 개체가 이기적인 개체에 끌릴까? 이것이 좀 의심스럽다. 유유상종(類類相從)이라는 말은 이타적 개체가 집단선택에 의해 진화해가는 데 반드시 필요한 조건인 셈이다.

3. 기업의 수직적 통합에 대한 이론:
선택적 개입의 수수께끼

조직과 시장의 경계에 대해 노벨 경제학상 수상자 올리버 윌리엄슨이 흥미로운 역설을 제시했다. '선택적 개입의 수수께끼'라는 역설이다. 기업이란 다른 기업을 인수합병하여 자사의 사업부로 거느릴 수 있다. 한 기업이 다른 기업을 인수한 후 시너지 효과가 없다면 독립채산제로 운영하고 시너지 효과가 있다면 통합 운영을 한다고 하자. 이 경우 인수합병이란 어떻든 현재 상태를 유지시키거나 더 유리하도록 만드는 것이기 때문에, 기업은 마치 쇠를 먹고 커지는 불가사리 이야기처럼 계속해서 주변 기업을 합병하여, 결국 지구상에 단 한 기업이 남을 때까지 합병이 이루어져야 한다. 이는 아주 단순한 논리로, 기업은 최종 소비자만을 제외하고 모든 시장을 다 뒤덮어야 한다는 명제가 일단 성립한다.

이 수수께끼는 아킬레스가 거북이를 따라잡을 수 없다는 제논의 역설을 연상시키며, 실제로 그 역설만큼이나 논리적 해결이 쉽지 않다. 제논의 역설은 근대 수학의 무한급수 이론으로 고대의 무한 개념을 극복하고 나서야 해결되었다. 윌리엄슨의 역설 역시 상당한 수준의 기업 이론이 동원되지 않고서는 해결되기 어렵다. 그러나 이 역설의 해소가 기업 이론을 이해하는 데 많은 도움을 주기 때문에 여기에 소개하고자 한다.

기술중시 기업

이론

기술의 특성을 통해 윌리엄슨의 역설을 해소하는 설명이 가능하다. 이는 신고전경제학의 설명 방식이기도 하다. 더 큰 규모의 기계설비를 사용하면, 고정비는 증가하지만 변동비는 줄어들기 때문에 조업 규모를 증가하면 평균비용이 계속 하락하여 규모의 경제가 구현된다. 아래 그림에서 보듯이 저가의 도구를 사용하는 단계에서 공장으로, 그리고 더욱더 고도

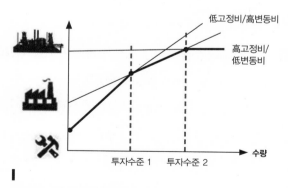

규모 증대에 따른 고정비 증가 효과

화된 생산 인프라로 옮겨갈수록, 규모의 경제 효과가 커지는 것을 볼 수 있다.

문제는 고정비 분산 효과가 있는 한 기업 규모가 계속 커진다는 것이다. 이것은 선택적 개입의 수수께끼와 마찬가지로 기업이 무한정 커진다는 결론에 도달한다. 이러한 무한성장에 제동을 거는 것이 바로 '공급이 한정된 생산요소'이다. 기업은 생산을 위해 인력, 기술, 자금, 토지 등 다양한 자원이 필요하다. 생산규모가 늘어나면 이런 자원들도 비례적으로 투입을 늘려야 한다. 토지 또는 핵심 인력과 같은 일부 자원은 다른 자원에 비해 더 빨리 한계에 도달한다. 지구상의 토지 자체가 유한한 것이지만, 그런 궁극적 한계에 이르기 훨씬 전부터 여러 가지 제한이 발생할 수 있다. 예를 들어 국토균형발전 차원에서 정부가 도심에 공장이나 연구개발센터의 증축을 불허할 경우 좋은 입지의 시설 확대는 불가능해진다. 그러면 기존 장소와 떨어진 곳에 시설을 증축할 수밖에 없으며 이는 우수 인력 확보에 장애 요인이 된다. 이렇게 일부 생산요소의 제한이 생산성 증가의 발목을 잡게 된다. 결국 고정비 분산 효과로 계속 떨어지던 평균비용은 주요 생산요소가 한계에 도달함에 따라 다시 상승하여 U자형을 보이게 된다. 다시 말해 기업은 무한정 커질 수 없게 되는 것이다.

아쉽지만 U자형 평균비용 곡선은 선택적 개입의 수수께끼를 해결하지 못한다. 핵심 자원, 예를 들어 우수한 경영자를 더 뽑을 수 없다고 하자. 규모 증가로 경영자가 지치면 비용은 올라갈 것이다. 그러나 이미 활동 중인 다른 기업을 합병하는 경우에는 상관이 없다. 경영자의 여력이 있다면 그 리더십을 나누어 새로 인수한 회사를 가이드할 때 활용하면 된다. 만약 경영자의 업무 부담이 이미 한계에 와 있다면, 간섭하지 않고 인수하는 회사의 기존 경영자에게 지금 그대로 경영을 맡기면 그만이다. 물론 합병으로 인한 추가 효과는 없지만 그렇다고 손해도 아니다.

대리인

이론

기술적인 설명으로 윌리엄슨의 역설이 해결이 안 된다면 인센티브, 즉 제도나 심리적 방법을 찾아봐야 할 것 같다. 유력한 접근법으로 대리인 이론이 있다. 대리인이란 주인 또는 발주자(principal)가 고용하여 자신의 일을 대행하도록 위임한 자이다. 대리인은 발주자를 대행하지만 자기 자신의 동기와 선호를 갖는다. 대리인에는 변호사, 컨설턴트와 같은 독립 서비스 제공자나 전문경영인과 종업원 같은 피고용자가 있다. 대리인은 고정 보수를 받을 수도 있고 성과에 따른 변동 보수를 받을 수도 있다. 종업원이라면 기본급과 보너스가 이에 해당하고 변호사의 경우 착수금과 성공보수라는 것을 받는다.

만약 고정 보수가 보장되면 대리인은 일정 수준 이상으로 열심히 일하고자 하는 동기부여는 줄어든다. 만약 대리인의 노력이 작업 기간이나 다른 지표로 정확하게 측정가능하다면 그것에 연동되는 성과 보상 계약을 맺음으로써 대리인 문제를 해결할 수 있다. 그러나 현실적으로 그러한 정확한 측정은 불가능한 경우가 많다. 노력을 정확하게 측정할 수 없을 때 도덕적 해이가 발생할 가능성이 커진다.

발주자 입장에서는 대리인의 성과가 자신의 기대에 부응할지 불확실한 상황에서 고정 보수를 약속하는 계약이 마음에 들지 않고 가급적 대리인의 노력에 따라 보상을 변동시키고 싶다. 그러나 측정이 어려울뿐더러, 또한 성과가 반드시 노력에 비례하지 않는다는 문제도 있다. 예컨대 영업 사원이라면 경기가 좋고 나쁨에 따라 같은 노력을 해도 실적이 달라지는 것이다. 대리인 입장에서는 과도한 성과급이 반갑지 않다.

대리인 이론은 어느 정도의 인센티브를 어떤 방식으로 제시해야 대리인이 발주자의 뜻에 맞게 자신의 의무를 다할 것인가를 설명하는 이론이다. 그런데 대리인이 변호사와 같은 독립 서비스 제공자일 때와 한 기업의 종업원일 때는 어떻게 달라질까? 대리인 이론은 조직 외부에서 벌어지는 이른바 갑을 관계와 한 조직 내부에서 벌어지는 상사—부하 관계가 다음과 같은 차이를 갖는다고 본다.

첫째, 갑을 관계에 비해 상사—부하 관계에서는 정보 비대칭성이 줄어든다. 대리인 문제가 심각한 이유는 대리인은 자기 자신이 얼마나 노력했는지를 잘 아는데, 발주자는 그것을 외부에서 판단하기가 어렵다는 사실에 기인한다. 그런데 한 조직으로 합쳐져서 상사와 부하가 되면 일단한 장소에서 오래 같이 근무하게 되므로 이러한 비대칭성이 사라진다는 것이다. 노력의 정도를 정확히 알수록 더 긴밀한 보상 플랜을 세울 수 있고 대리인 문제는 그만큼 감소한다.

둘째, 성과에 연동하는 보상을 부여하기가 조직 내에서 한결 용이하다. 성과 보상을 제안했을 때 피고용자가 이를 거부하기란 쉽지 않다. 반면 독립된 외부 파트너와는 성과에 따른 보상을 강요하는 데 어려움이 있을 수 있다. 두 독립적 기업이 비용이나 이익에 대한 공유 계약을 맺을 경우 불공정 거래가 될 위험도 있다.[13]

얼핏 그럴듯하지만 아직 설명이 부족하다. 왜 하나의 조직이 되어야만 더 감시를 잘할 수 있을까? 단지 가까운 곳에 있기 때문인가? 그렇다면 외부 대리인이 작업하는 가까운 곳에 발주자가 상주하면 된다. 또한 발주자 측에서 작업 과정을 철저히 감시한다는 조건을 계약서 문안에 삽입할 수도 있다. 성과 연동 보상이 독립 사업자에게는 잘 받아들여지지 않으리라는 설명이 그럴듯하기는 해도 엄밀한 근거가 있는 것은 아니다.

대리인 이론은 대리인의 동기부여를 높일 수 있는 최적의 보상 플랜을 설계하는 데 많은 기여를 했지만, 그것만으로 대리인을 조직 내 구성원으로 받아들여야 할지 독립적 파트너로서 제휴해야 할지에 대해 논리적 구분을 짓지는 못한다.

거래비용 이론…
정보와 불확실성

거래비용 이론은 이 세상의 어떤 계약도 완벽할 수 없다는 점에 주목한다. 특히 중요한 것은 계약이 이행되지 않는 경우, 즉 위약의 가능성이다. 어떤 기업이 자사의 제품에 꼭 필요한 부품을 단 하나의 협력 기업으로부터 납품받고 있다고 하자. 이 부품은 협력 기업의 독자 기술로만 생산할 수 있으며 협력 기업은 특허권을 가지고 있다. 만약 이 부품의 조달에 문제가 생기면 모기업은 제품 생산에 치명적 타격을 입는다. 이 사실을 알면 협력 기업이 갑의 위치가 되고, 결정적 순간에 부품 공급을 보류하고 납품 가격 재협상을 요구할 수 있다. 이것이 곧 자산특정성에 의한

'사후적 위협(hold-up)' 문제이다.

이러한 문제가 있다는 것을 알게 되면 모기업은 특정 기업에 의존하는 생산 방식의 도입 자체를 처음부터 꺼린다. 그러나 그 독점적 부품이 매우 효율적이고 인기가 높음에도 불구하고 사후적 위협 때문에 이를 사용하지 않는다면 이는 죄수의 딜레마 상황과 흡사한 것이 된다. 그러므로 이때 두 기업이 통합하여 단일 조직이 된다면 위약과 기회주의적 재협상 위험이 사라지고 이 부품에 대한 투자가 적극적으로 이루어질 수 있다.

그러나 다시 의문이 제기될 수 있다. 서로 별개의 업체가 하나의 조직으로 합친다고 해서 과연 기회주의적 행동이 저절로 사라질까? 기업의 종업원이 된다고 해도 어차피 모든 자유를 잃는 것은 아니다. 극단적인 경우 하나의 부서나 사업부가 조직 내부에서도 기회주의적 행동을 얼마든지 할 수 있지 않나? 물론 조직 내에서는 감시가 한결 용이하고 회사 정책에 따르지 않는 부서장은 해고될 수도 있다. 그러나 본질적으로 그것이 사업 파트너와의 계약 해지보다 더 쉽고 간단한 일이라는 점을 엄밀하게 설명하기란 쉽지 않다.

영화 〈카운터페이터(counterfeiter, 위폐범)〉(슈테판 루조비츠키 감독, 2007)는 천부적인 그림 솜씨로 나치에 발탁되어 달러 위조지폐 제작 작업에 투입된 유대인 살로몬 샐리 소로비치의 이야기를 다룬다. 위폐 제조의 기술을 인정받아 목숨을 이어가는 소로비치는 엄중하게 속박된 상태로 거의 노예에 가까운 수준이다. 그러나 그의 위폐 기술은 독보적이어서 그는 자신의 영향력을 이용해 동료의 생명을 구하기도 하고 위폐 작업을 교묘하게 사보타주하기도 한다. 생명의 위협을 받는 포로조차 이러한 일을 할 수 있었던 것은 위폐 기술자를 쉽게 확보하여 대체하기가 어려웠기 때문이다. 자신을 함부로 제거할 수 없음을 당사자가 아는 한 저항할 수 있는 것이다. 하나의 조직 안에 있느냐 없느냐가 결정적인 것은 아니다. 그런 의미에서 거래비용 이론은 조직이 계속 확장되는 것도, 또 어느 정도 선에서 확장을 멈추는 것도 명쾌하게 설명하는 데는 한계를 갖는다.

재산권 이론의
설명

스스로 주인일 때와 남의 밑으로 들어갔을 때 사람의 인센티브는 달라진다. 그것은 자산에 대한 권한이 소유주에게 일임되고 그 결과 비소유 참가자는 소유주의 처분을 받아들여야 하기 때문이다. 통합은 두 주체 간의 불신과 견제로 인한 교착 상태를 벗어날 수 있게 해주지만, 피인수자의 인센티브 저하라는 비용을 부담해야 한다.

— 요약하면, 통합의 이익은 인수하는 기업이 상호 긴밀하게 연계되어 있는 프로젝트에 과감하게 투자를 확대할 수 있는 인센티브를 갖게 된다는 것이다. 왜냐하면 인수 기업은 잔여통제권을 확보한다는 조건 아래 이 투자를 통해 발생하는 이익의 더 큰 부분을 거둬들일 수 있기 때문이다. 반면 통합의 비용은 피인수 기업이 이러한 투자를 하고자 하는 인센티브를 저하시킨다. 왜냐하면 잔여통제권을 인수 기업에 대부분 양도한 결과 자신의 투자 성과의 보다 더 적은 부분만을 차지할 수 있기 때문이다.[14]

※ 재산권 이론에 의한 기존 이론의 재해석

재산권 이론은 선택적 개입에 대한 다른 이론들의 설명을 자기만의 방식으로 재해석한다. 기술중시 기업 이론은 U자형 평균비용 곡선에서 하강 국면은 규모의 경제가 작용하는 부분이고, 상승 국면은 희소자원이 제약된 탓이라고 본다. 재산권 이론은 이를 다음과 같이 재해석한다. 생산의 조업 규모가 작은 경우 한 조직 내에서 사용되는 자원—이를테면 기계들—은 상호 간에 더 큰 보완성을 띠며, 따라서 기계를 증가시킬 때 생산성이 체증한다. 두 대의 기계가 바로 옆에서 함께 작업할 때, 수십 대의 기계가 한꺼번에 사용될 때보다는 상호작용이 더 클 것이다. 당장 한 대가 고장 났을 때 다른 기계들이 생산량을 벌충하기 위해 떠안아야 할 추가 작업량이 크게 다르다. 이렇게 보완성이 크다는 것은 한 기계에서 문제가 생겼을 경우 다른 기계에 미치는 영향이 크다는 것이고, 따라서 이 기계를 조직 내에서 소유하지 않는 경우 문제가 될 가능성이 크다. 그렇다면 이 기계를 소유하여 통제권을 갖는 것이 더 효율적이다. 그러나 기계가 많아지면 기계들 간의 상호 보완성이 약화되어, 규모를 늘림으로써 얻는 비용 감소 효과보다 그것들을 소유함으로써 발생하는 인센티브 저하 효과가 더 커진다. 재산권 이론은 내부 위협(hold-up) 문제와 인센티브 저하라는 요인을 가지고 U자형의 평균비용 곡선을 재구성할 수 있었다.

대리인 이론은 하나의 조직이 됨으로써 감시 비용이 어떻게 변하는지를 논리적으로 명쾌하게 설명하기가 어려웠다. 이에 대해 재산권 이론은 다음과 같이 설명한다. 인수 기업이 피인수 기업의 자산을 획득하고, 만약 이 자산이 특수기계 같은 것이어서 기계 사용법을 상당 수준으로 익혀야만 한다고 생각해보자. 이 경우 종업원은 고용주에게 우수한 인재로 인정받고자 하는 인센티브가 생겨 기계 설비 사용법에 더 열심히 적응하게 된다. 왜냐하면 고용주는 외부에 아웃소싱할 때와 달리, 자산을 소유함에 따른 위험을 부담하게 되었기 때문에 이 자원이 잘 활용되는지를 더 철저하게 감시하기 때문이다. 이 과정에서 직원은 자신의 정보를 더 많이 알림으로써 신뢰성을 높이려고 한다. 정보를 알리지 않음으로써, 즉 누가 더 잘하는지 모르게 하려는 은폐 전략보다는 자신의 우수성을 가시화하려는 동기가 더 커질 가능성이 높다.

또 하나, 대리인 이론을 정당화하는 흥미로운 논점이 있다. 만약 조직의 일원이 되면 독립적 파트너일 때보다 인센티브 강도가 낮아질 것이다(성과급이 있다 하더라도 독립 사업자일 때처럼 시장과 직접 대면하지는 않는다). 인센티브가 낮아지면 업무 강도가 낮아질 것이라고 우려하지만, 다른 한편으로는 개인별 인센티브가 덜 강조됨에 따라 조직 내 동료 간 협력이 강화될 수 있다. 상호 경쟁이 치열할 경우 협력하면 좋을 상황도 죄수의 딜레마 상황으로 바뀔 수 있음을 생각하면, 독립 파트너 여럿으로 존재할 때보다 이들이 한 조직의 팀원이 될 때 협력에 의한 생산성 증진의 효과를 얻을 수 있다. 이러한 효과는 조직이 적정 규모 이하일 때 더 크고, 기업조직 자체가 거대해져 내부적으로 동료애가 크게 발휘되지 않는, 즉 익명성이 우세한 조직이 될 경우에는 약화될 것이다. 기업의 규모가 커질수록 협력 효과가 약화된다면 이는 선택적 개입의 수수께끼를 해소하는 하나의 설명이 될 수 있다.

이 문제에 대해 올리버 하트는 수학적 모델을 사용하여 엄밀한 논의를 전개하고 있는데 그 결론은 다음과 같다. 첫째, 그 투자가 더 '중요할수록' 해당 자산을 소유하고자 한다. 즉 주택이 중요한 사람은 그것을 소유한다. 즉 집을 하나의 예술품처럼 꾸미거나 자신만의 공간으로 만드는 데 지대한 관심이 있는 사람이라면 못 하나 마음 놓고 박을 수 없는 임대를 택하지는 않는다. 주택을 임대하는 사람은 삶에 있어 주택보다 더 중요한 것(예를 들면 여행)이 있다고 믿는 사람이다. 둘째, 자산들 간의 보완성이 높으면 이것들이 하나의 소유주에 의해 소유될 가능성이 크다. 즉 볼트를 소유한 사람이 너트를 소유한 사람과 함께 살면서 필요할 때마다 만나서 협력하는 것보다는 어느 한쪽이 다른 자산을 사버리는 경향이 있다는 것이다. 이 논리를 일관성 있게 적용하면 서로 관계가 없는 독립적 자산은 각각 독립적으로 소유되는 것이 더 좋다는 결론이 나온다.

재산권 이론은 경영이 항상 불확실하다는 점에 착안한 것이다. 모든 것이 확실하면 시너지가 없을 때는 각 사 분리, 시너지가 있을 때는 통합 운영을 하라는 것이 수수께끼의 골자였다. 그런데 현실에서 경영은 시너지가 있는지 없는지 여부가 확실하지 않고, 사람들의 의견이 엇갈리기도 한다.[15] 또한 시너지 추구가 본업에 전념할 에너지를 분산시켜 상당 수준의 기회비용을 야기한다는 주장도 있다.[16] 시너지 유무를 가리는 기준 자체가 명쾌하지 않은 것이다.

완벽하다고까지 할 수는 없어도 기업의 형성을, 불완전 계약이 초래하는 불확실 상황에 대한 효율적 리더십으로 설명하는 재산권 이론은, 현존하는 것 가운데서는 가장 적절한 설명을 제시한다고 볼 수 있다.

4. 기업의 수평적 확장에 대한 이론: 기업은 왜 다각화를 하는가?

앞서 본문에서 살펴본 수직통합과 마찬가지로 다각화는 기존 경제 이론으로서는 골칫거리이다.[17] 여러 제품을 생산하고 복수의 사업을 전개하는 것은 현대 기업의 가장 흔한 모습임에도 불구하고 이를 이론적으로 설명하기가 곤란한 것이다.

리스크 헤징을 위한
사업 포트폴리오

가장 쉬운 설명으로, 리스크 헤징을 위한 사업 포트폴리오에 관해 생각해보자. 나막신 장수와 우산 장수를 두 아들로 둔 어머니가 날씨의 위험으로부터 안전하듯이, 한 기업은 서로 경기가 엇갈리는 복수의 사업을 영위하고 싶지 않을까? 그러나 리스크가 문제라면 오늘날에는 주식 시장이 잘 발달해 있으니 투자자들이 주식 포트폴리오를 구성하면 된다는 반박에 부딪힌다. 리스크 때문에 경영자가 자신이 잘 모르는 사업까지 관리하느라 굳이 정신을 어지럽힐 필요가 없다는 것이다.

외형 확장을 위한
경영자의 개인적 야심

또 다른 설명은, '대리인으로서의 경영자 입장'을 고려하는 것이다. 주주는 이익률을 목표로 삼지만 경영자는 매출, 즉 외형을 중시한다. 왜냐하면 경영자의 지위가 기업의 외형에 의존적이기 때문이다. 경영자는 경영자 시장에서 인지도와 명성 등으로 몸값을 올리는데, 주목을 받으려면 아무래도 맡은 기업의 덩치가 큰 것이 효과적이다. 통계적으로 분석해봐도 경영자의 보수는 해당 기업의 외형과 강한 상관관계를 맺고 있다. 단일 제품 시장만으로는 수요 증대에 한계가 있으므로 외형을 계속 확대시키려면 다른 산업으로의 진출을 모색할 수밖에 없다.

여기까지 보면 꽤 그럴듯한 설명이 되지만 충분하지는 않다. 왜냐하면 이것은 경영자가 다각화를 희망한다는 것을 말할 뿐이지, 그 희망이 현실적으로 무리 없이 작동될 것인가는 말하지 않고 있기 때문이다. 희망이 모두 현실이 되는 것은 아니다. 외형 확장을 목적으로 다각화를 추진했는데 신규 산업에서 실패한다면 애초 희망했던 외형 성장은 이루어질 수 없다. 즉 다각화에 대한 별도의 논리적 근거가 없다면 '경영자의 희망 사항이라는 점'이 다각화의 원인으로 제시될 수는 없다.

범위의
경제

다각화의 효과는 '규모의 경제'에 대비하여 '범위의 경제'라고 불린다. 예를 들어 학습지 사업과 정수기 사업에 시너지가 있다고 할 때 여기서 말하는 시너지가 바로 범위의 경제의 요인이다.

___ 학습지와 정수기는 비슷한 점이 전혀 없어 보인다. 하지만 우수한 교사, 전국적 네트워크 및 교사 관리 노하우는 정수기 사업에서 요구되는 역량인 우수한 자질을 가진 코디, 전국적인 서비스망 및 코디 관리 노하우와 많이 닮았다. 두 사업이 요구하는 역량이 비슷했기 때문에 쌓아온 경험과 노하우를 쉽게 활용할 수 있었다.[18]

범위의 경제를 통한 설명은 공통 역량이 한 사업에 투입되었을 때 모두 고갈되지 않고 여력이 남아 이를 다른 사업에도 활용할 수 있을 때 가능하다는 것이다. 그런데 이러한 설명의 문제점은 그 여유 역량으로 굳이 또 다른 사업을 해야 하는 이유를 찾기 어렵다는 것이다. 즉 학습지 회사가 네트워크 관리 역량을 가지고 있다고 해서 하필 정수기 사업이라는 낯선 사업에 진출해야만 하는 걸까? 이 역량을 다른 학습지 회사 또는 정수기 회사에 돈을 받고 파는 것이 더 간단할 수도 있지 않을까. 네트워크 구축에 관한 컨설팅을 할 수도 있고, 아니면 네트워크 교육이나 관리를 대행해줄 수도 있다.

따라서 기존의 여유 역량에, 이 회사 저 회사로 나누어 쓸 수 없다는 '비분리성'이 있다는 가설이 필요해진다. 분리될 수 없는 역량이란 어떤 것일까? 서울 사무실의 컴퓨터 버그조차 인도의 IT 기사가 원격으로 처리하는 시대에 이러한 사례를 찾기는 쉽지 않다. 이에 가까운 예로서 경영자의 역량 및 리더십이 유력한 후보로 거론된다. 경영자가 비록 현재 사업을 관리하고도 남는 시간이 있다고 해서 그 남는 시간 동안 자신의 역량을 외부 시장에 판매하는 것이 가능한가에 대해서는 의문의 여지가 있다. 사규로 겸업 금지가 규정되어 있을 수도 있다. 경쟁업체를 도와주는 경우는 근본적으로 말이 안 되겠지만, 설령 관계가 없는 회사라 하더라도, 경영자의 업무 형태를 생각하면 일주일에 3일은 A회사, 나머지 3일은 B회사라는 식은 불가능하거나 비효율적일 수 있다. 한 회사의 두 사업부라면 빠르게 모드 전환을 하거나(사무실이 가깝다), 관련자를 한데 모아서 대처할 수 있을 것이다(예를 들어 정기회의 시 모든 사업부 간부를 한꺼번에 불러 1회에 처리할 수 있다). 그렇지만 전략적으로 중요한 업무는 시의성 때문에 연기하거나 앞당기는 방식으로 업무를 배분하기가 곤란한 경우가 생긴다. 특히 이해관계자와의 협력을 조율하는 과정에서 투자자, 주주, 정부 관련 부처, 노동조합, 시민단체 등과의 회합 시간 조정만으로도 경영자의 업무는 시간 제약에 구속될 것이다.

경영자의
위험회피 성향

범위의 경제라는 기술적 접근이 아닌 제도적 접근으로 다각화를 해명하고자 한 시도도 지속해서 이루어져왔다. 경영자가 주주보다 더 위험회피적 성향을 지닌다고 하자(문제가 있는 가정이지만 이론은 흔히 이런 가정을 한다). 그렇다면 경영자는 자신의 능력과 노력을 평가받을 때 운의 영향을 줄이고 싶어한다. 비유하면 농구 스타가 어떤 이벤트에서 자유투 시범을 보이게 되었을 때, 그는 단 한 번의 슛에 자신의 이미지를 걸 것인가, 아니면 다섯 번의 슛을 할 것인가 하는 문제와 흡사하다. 즉 한 번의 슛에서 실패하면 만회의 기회가 없으므로 위험회피적 경영자는 여러 번을 던져 이 위험을 분산시키고자 한다. 이와 유사하게, 여러 개의 사업을 하면 각 사업에서 운이라는 요소가 상쇄되고 노력 대비 성과 관계를 상대적으로 명확하게 보여줄 수 있다. 실제로 주주가 2개 이상의 이업종 사업을 영위하는 경영자를 관찰하면 그 경영자가 운이 좋은 것인지 아니면 실력이 좋은 것인지를 더 잘 구별할 수 있다는 실증 연구가 있다.[19]

주요 참고문헌

참고문헌 중 본 책에서 중요하게 활용된 일부에 대해, 핵심적인 내용이나 활용한 바를 간단하게 언급하였다. 원서로 참고한 책은 원서로 기재하되 번역본이 있는 경우에는 병기하였다.

- Chandler, Alfred, D. (1977). *The Visible Hand*: *The Managerial Revolution in American Business*. Harvard University Press. [앨프리드 챈들러 (2014). 《보이는 손》. 김두얼, 신해경, 임효정 역. 커뮤니케이션북스.]
  '기업의 진화'에서 두 번째 시대, 즉 대기업의 시대에 대한 결정판이라고 할 수 있다. 결코 읽기 쉬운 책은 아니지만 역사적 사실에 대한 신중하고 진지한 서술의 무게가 느껴진다. 본 책에서는 기업의 역사 파트 중 특히 "대기업의 시대"에 중요한 사실과 논평이 인용되었다.

- Coase, R. H. (1960). "The Problem of Social Cost". *Law and Economics*.
  코스는 그리 많지 않은 연구로 향후 학문의 진로에 결정적 영향을 미쳤다(비슷한 학자로는 존 내쉬가 떠오른다). 이 논문은 수많은 거래비용 경제학 문헌을 압축한 가장 핵심적인 요약이라고 할 수 있다. 본 책에서는 시장이 외부효과를 해결하는 메커니즘을 설명하는 데 코스가 제시한 농부의 사례를 그대로 활용했다. 그 이후에도 시장과 조직의 경계선을 설명하기 위한 이론적 기초를 여기에서 가져왔다.

- Dugatkin, L. A. (1988). "Do Guppies Play Tit for Tat During Predator Inspection Visits?". *Behavioral Ecology and Sociobiology*.
  듀거킨의 거피 이야기는 오래전부터 필자가 '협력의 진화'라는 테마에 매혹되도록 만들었다. '거피의 정찰'은 자연계 협력의 아이콘이라고 해도 좋을 정도이다. 거피의 헌신도 놀랍지만, 거피의 헌신을 실험적으로 증명하려는 저자의 실험설계도 흥미진진하다. [이 논문은 아니지만 저자의 책이 번역되어 있다. 리 듀거킨 (2002). 《동물들의 사회생활》. 장석봉 역. 지호.]

- Gonick, Larry (1990). *The Cartoon History of the Universe*. volumes 1~7. Broadway Books. [래리 고닉 (2006). 《세상에서 가장 재미있는 세계사》. 이희재 역. 궁리.]
  만화로 된, 웃으면서 읽을 수 있는 몇 안 되는 세계사이다. 그러나 가벼운 책이라고 생각하면 오산이다. 만화 인물의 그림 스타일은 실제 각 시대의 예술작품을 참고하여 만들어졌다. 이를테면 이집트의 캐릭터는 이집트 벽화에서 따오는 식이다. 또한 역사 전공자가 아니라 수학 전공자인 저자가 시대를 파악하는 능력은 매우 놀랍다. 저자는 책의 말미에 참고문헌에 대해 자신의 인상을 간단히 메모했는데, 필자는 지금 그것을 따라하고 있다.

- Landes, David S. (2003). *The Unbound Prometheus: Technological Change and Industrial Development in Western Europe from 1750 to the Present*. 2nd ed. Cambridge University Press.
  브로델이 시장경제 형성에 관한 세밀한 풍경화를 보여주었다면 이 책은 산업혁명, 특히 제조업 및 기술혁신 부분에 대해, 낭만적이거나 화려하지는 않더라도 꼬장꼬장하고 치밀한 분석을 보여준다. 다소 딱딱한 내용이나 문체와는 달리

'프로메테우스의 해방'이라는, 신화를 원용한 멋진 제목을 가지고 있지만 이 책은 원래 케임브리지 경제사 시리즈의 한 파트로 의뢰된 것이었다. 아마도 그 내용이 너무 짜임새 있고 훌륭해 별도의 단행본으로 나오게 된 것이리라. 산업혁명사에서는 지금까지 가장 권위 있는 저술이자 결정판으로서, 필자도 산업혁명과 기업의 등장 부분을 집필할 때는 이 책에 집중적으로 의존하였다. 딱딱한 문체와 밀도 있는 서술, 방대한 분량(본문만 560쪽이 넘는다)으로 독파하기에는 부담이 크다. 전체를 다 읽기보다는 서론과 첫 번째 챕터, '영국의 산업혁명' 부분만 읽어도 산업혁명의 핵심적 메시지는 대부분 파악할 수 있을 것이다.

• Langlois, R. N. (2007). *The Dynamics of Industrial Capitalism*. Routledge.
본 책의 기업 이론 파트의 시대 구분은 랭글로이스의 연구에 대부분 의존하고 있다. 저자의 '동적 거래비용' 개념은 혁신과 거래비용을 연결시키는, 본 책의 테마의 직접적 근거가 되었다. 또한 랭글로이스가 언급한 구스타보 스위프트의 사례는 본 책의 제4부 2장 '경영자와 대기업의 시대'의 주요 내용으로 그대로 소개되었다.

• Lazonick, W. (1991). *Business Organization and the Myth of Market Economy*. Cambridge University Press.
"신고전경제학을 비판한다."라는 노골적 선언과 함께 주류 경제학에 대해 날선 공격을 가한다. 그렇지만 설명은 표준적 경제이론에 입각하여 단순 명쾌하게 진행된다. 기존 경제학에 익숙한 독자라면 메시지를 더욱 잘 이해할 수 있을 것이다. 경제학 관련 경험이 없다면 읽기 쉬운 책은 아니다.

• McMillan, John (2002). *Reiventing the Bazaar*. W. W. Norton & Company. [존 맥밀런 (2007). 《시장의 탄생》. 이진수 역. 민음사.]
이 책은 표면적으로는 시장경제를 옹호한 책처럼 보여, 시장경제를 옹호하는 기관이나 저자들이 적극적으로 홍보하기도 하였으나, 근본주의적 시장주의와는 거리를 두고 있다. 내버려두기만 하면 모든 것이 잘된다는 자유방임주의는 여기서 찾아볼 수 없다. 오히려 시장이 잘 작동하려면 정밀한 설계와 세심한 관리가 필요하다는 것이 내내 강조된다. 이 책의 핵심적 메시지는 다음과 같다. 시장 메커니즘을 불신하고 대안을 모색해야 한다는 반시장주의에 대해, 진정한 시장주의는 시장 메커니즘을 믿되 원활한 작동을 위한 사전·사후의 정교한 조율이 있어야 한다는 것이다. 조정 메커니즘을 설계하고 관리하는 것이 경제의 성과에 매우 중요하다는 점에서 방임주의와 다르다. 사례가 많아서 읽기 편하고 어려운 이론적 내용도 쉽게 정리해준다는 장점이 있다.

- McNeil, Ian ed. (1990). *An Encyclopedia of the History of Technology*. Routledge.
  산업과 기술에 대한 방대한 백과사전이다. 1990년에 출간되었다는 점에서 첨단 기술이 빠져 있으리라 걱정할 수도 있겠지만, 기술에 대한 탄탄한 카테고리를 갖추고 한 권의 책 속에 항목들이 잘 정비되어 있어서 기술사에 대한 훌륭한 1차 레퍼런스를 제공해준다. 본 책에서는 근대적 공장과 기계의 관계를 설명하는 부분에서 방적기 발명에 관한 내용을 다루면서 주로 참고하였다.

- North, Douglass C. & Thomas, Robert Paul (1973). *The Rise of the Western World : A New Economic History*. Cambridge University Press.
  신제도경제학의 기념비적 저작이다. 서구 사회의 근대화 원인을 제도적 조정에서 찾은 책으로, 본격적인 이론적 저작이면서도 평이한 문장으로 쓰여 있다. 역사적 사실과 이론적 설명 간의 균형이 잘 잡힌 책으로, 오스트롬의 《공유의 비극을 넘어》와 함께, 노벨 경제학상 수상자의 작품 중에서 일반 독자에게 추천하고 싶은 드문 책이다.

- Hart, Oliver (1995). *Firms, Contracts, and Financial Structure*. Oxford University Press.
  기업에 대한 재산권 이론을 소개한 결정판적 성격의 책이다. 기업 이론은 여전히 발전 과정 중에 있지만 적어도 현재까지의 이론적 성과를 가장 명확히 소개하고 있는 책이라고 할 수 있다. 실제 모델을 설명하고 있는 부분은 내용이 전문적이라서 어렵다. 그러나 저자는 대목마다 최대한 평이한 말로 설명하고 핵심 메시지를 깔끔하게 전달하려고 노력한다. 본 책의 '기업 이론' 부분에 담긴 골자는 대부분 하트의 연구에 기반을 두고 있다.

- Olson, Mancur (1965). *The Logic of Collective Action*. Harvard University Press.
  본 책의 핵심적 참고문헌 중 하나이다. 이미 사회과학 분야에서는 고전의 반열에 올라 있다. 집단이 공동 목표를 추구하는 과정에서 권력의 역할을 엄밀하게 밝힌 책이다. 이론적으로 난해하지는 않지만 사고의 전개가 치밀하여 편하게 읽을 수 있는 책은 아니다. 그러나 협력과 조직에 대한 논의를 위해서는 꼭 읽고 넘어가야 할 필수 관문이라고 할 수 있다.

- CCTV다큐제작팀 (2014). 《기업의 시대》. 허유영 역. 다산북스.
  사회주의 국가를 표방하고 있는 중국의 대표 방송사에서 제작한 기업의 역사에 대한 다큐멘터리를 단행본화한 것이다. 기업의 일부 문제점을 지적하고는 있지만 기업이라는 조직의 역사적 기여도와 미래 가능성에 대해 근본적으로 낙관적 견해를 표방하고 있다. 다큐 방송을 책자화한 것인 만큼 가볍게 읽을 수 있으며, 기업의 개념을 전반적으로 조망하는 데는 무리가 없는 책이다.

- 네이선 로젠버그 (2001). 《인사이드 더 블랙박스》. 이근 외 역. 대우학술총서. 아카넷.
  기술을 본격적으로 다룬 경제학 서적으로 관련성 깊은 주제에 따라 심도 있는 논의가 펼쳐진다. 기술을 빼놓은 추상적 경제이론에 불만을 가진 독자라면 가뭄에 단비와 같은 책이다.

- 로버트 액셀로드 (2009). 《협력의 진화》. 이경식 역. 시스테마.

사회과학에서도 실험이 중요하다는 것을 알려주는 기념비적 저작이다. 리처드 도킨스는 기드온 성경 대신 이 책을 호텔 서랍에 넣어두어야 한다고 했지만……강력한 메시지에 비해서는 다소 딱딱한 문체로 쓰였다. 게임이론에 큰 관심이 없다면, 도킨스의 《이기적 유전자》의 "착한 놈이 일등한다" 챕터를 읽는 것만으로도 충분하리라. 어쨌든 이기적 행위가 항상 이익은 아니라는 사실을 과학적 언어로 보여준, 20세기의 권선징악 교본이라고도 할 만하다. 과학이 이런 식의 결론을 말하는 일이 흔치 않은 만큼 좀 더 많이 소개되어야 할 책이 아닐까 한다.

- 리처드 도킨스 (1993). 《이기적 유전자》. 홍영남 역. 을유문화사.
과학서 분야의 장기 베스트셀러이다. 이 책의 기본 아이디어는 도킨스 자신의 것이 아니라 해밀턴의 개념인 '포괄적응도'라는 점이 많이 지적되었고 도킨스 자신도 이를 인정하고 있다. 해밀턴이 진화생물학의 거목임에도 불구하고 그의 메시지가 세상의 주목을 받기 위해서는 도킨스라는 걸출한 저술가가 필요했던 것이다. 도킨스는 최근, 종교에 대한 노골적인 공격으로 논란의 중심에 선 바 있다. 그의 공과를 따지기에 앞서 과학이라는 이슈를 대중화시킨 사실만큼은 인정해야 할 것이다. 아무나 할 수 있는 일이 아니다.

- 아놀드 토인비 (2004). 《세계사: 인류와 어머니 되는 지구》. 강기철 역. 일념.
토인비가 더 이상 역사학의 권위로서 통용되지 않을지는 모르지만, 적어도 이 책은 그의 만년의 지혜가 집약된 것으로서 흥미로운 점이 많다. 무엇보다도 고대사가 중세사나 현대사와 비중을 같이하는 세계사라는 점에서 그렇다. 최근의 역사학 발전으로부터 재검증을 거쳐야 하는 옛날(outdated) 책이지만, 통찰력 있는 언급이 많다. 호오가 갈리겠지만, 필자는 이 책을 좋아한다.

- 아마티아 센 (1999). 《윤리학과 경제학》. 박순성, 강신욱 역. 한울.
본격 이론서라기보다는 에세이 형태를 취한 책이지만 함축적이어서 편하게 읽을 수 있는 책은 아니다. 그러나 경제학의 대가가 윤리와 경제 문제에 대해 매우 깊은 수준의 통찰을 보여준다.

- 애덤 스미스 (2007). 《국부론》. 김수행 역. 비봉.

  아마 다른 고전처럼 대부분의 사람들이 선뜻 이 책에 손을 대지 못하고 있을 것이다. 그러나 가벼운 마음으로 읽기 시작하면 평이한 서술에 놀라게 된다. 스미스만큼 건전한 상식과 단순한 논리로 설득력 있게 이야기를 풀어가는 대가도 없을 것이다. 끝까지 완독할 욕심만 부리지 않는다면 즐기며 읽을 수 있는, 몇 안 되는 사회과학 도서 중 하나다. 남이 전하는 얘기가 아니라 저자의 육성을 직접 들으면서 읽다 보면 곳곳에서 놀라운 이야기를 발견하게 된다.

- 야마모토 요시타카 (2010). 《16세기 문화혁명》. 남윤호 역. 동아시아.

  지식의 역사에서 우리가 간과하고 있던 16세기, 즉 과학혁명과 산업혁명의 뿌리를 이루는 중요한 시기에 대한 통찰을 담고 있다. 열거하는 역사적 사례도 흥미롭고 문장도 훌륭하다. 과학사를 조금 더 깊게 이해하고 싶을 때 일독을 추천할 만한 책이며, 자매편인 《과학의 탄생》도 흥미롭다.

- 엘리너 오스트롬 (2010). 《공유의 비극을 넘어》. 윤홍근, 안도경 역. 랜덤하우스코리아.

  본 책의 가장 중요한 참고문헌 중 하나다. 국가, 시장, 사회라는 3가지 조정 메커니즘을 대비시키고 이를 실증적으로 비교하고 실천적 지혜를 도출하고자 한 노작이다. 필자가 사용한 3가지 조정 메커니즘의 틀과 전개 방식은 거의 오스트롬을 추종한 것이라고 볼 수 있다. 이론서이면서도 형식적 모델보다는 생생한 사례로 설명하고 있어 흥미롭다. 단, 결론이 입체적이고 세밀하기 때문에 이해하려면 많은 노력이 필요하다. 몇 줄로 요약될 수 있는 책이 아니다.

- 유발 하라리 (2015). 《사피엔스》. 조현욱 역. 김영사.

  본 책의 주석에서 일부 언급한 바 있듯이, 《사피엔스》의 문제의식과 내용은 본 책과 꽤 비슷하다(하라리의 TED 강연 "무엇이 인간의 성공을 설명해줄까요?"는 더욱 간명하게 핵심을 드러내준다). 본 책보다 《사피엔스》의 접근이 좀 더 보편적이고 근본적이다. 하라리는 사피엔스라는 종 자체가 바뀌는 변화를 예견한다.

인간은 이제 죽음을 극복하고 유전자를 설계하고 우리의 욕망구조 자체를 설계하게 되는 꿈같은 일이 목전에 닥쳤다고 그는 말한다. 약간의 토를 단다면, 궁극적으로는 그렇게 될지 몰라도 시간이 좀 더 오래 걸릴 것 같다. 조그마한 기술적 가능성 하나를 구현하는 데도 굉장히 긴 시행착오의 시간이 소요된다. 퍼스널 컴퓨터 이후 스마트폰에 이르는 놀라운 IT 기술의 발전이 실제로 얼마나 생산성에 영향을 주었는가에 대한 회의적 의견이 많다. 알파고 이후 인공지능이 크게 화제가 되었을 때, 컴퓨터를 사용하는 작업자들이 "인공지능은 고사하고 다운되지 않는 컴퓨터 프로그램이나 나왔으면 좋겠다."라고 푸념하는 걸 들은 적이 있다. 물론 하라리는 눈앞의 현상보다 근본적인 흐름에 주목한 것으로 일상적 경험에 의해 비판할 일은 아니지만, 그가 말하는 미래의 기술적 가능성을 구현하려면 여전히 많은 노력이 요구되며, 필자는 그 과정에 대해 좀 더 연구할 필요가 있다고 느낀다.

- 이민주 (2015). 《지금까지 없던 세상》. 쌤앤파커스.
  현재 일어나고 있는 고용의 변화를 역사적 흐름 속에서 살피고, 심각성을 경고하는 데서 그치지 않고 고용사회 종말의 대안을 고민하며 작더라도 실천할 수 있는 근거를 제공하고자 한 노작이다.

- 존 R. 힉스 (1998). 《경제사 이론》. 김재훈 역. 새날.
  시장경제의 형성 과정에 대해, 특히 시장에 대한 국가의 역할이 역사적으로 어떻게 변화했는가에 대해 쓸 때 거의 이 책에 의존했다. 기초적 경제학 지식을 갖춘 독자에게는, 경제사의 이해를 위한 가장 효율적인 자료가 될 것이다(이미 절판되었지만 서울 시내 6개 도서관에서 이 책을 소장하고 있다). 특히 이 책의 저자에게 주목할 만한데, 신고전경제학의 토대를 닦고 IS-LM 곡선을 고안한 노벨경제학상 수상자 힉스이다. 정통 이론경제학을 하던 사람이 말년에 경제사에 관심을 가지고 이러한 책을 저술했다는 점이 이채롭다. 특히 그의 경제사는 자신의 업적인 신고전경제학 이론을 충실히 적용했다기보다는 오히려 과거 이론이 너무 추상적이고 현실과 괴리되어 있었다는 반성에 입각하고 있다. 시장은 무조건 방임하면 가장 효율적인 결과에 도달한다는 근본주의적 시장주의에 대한 가장 좋은 치료책은, 아마도 앞에서 제시한 존 맥밀런의 《시장의 탄생》과 힉스의 바로 이 책일 것이다.

- 칼 마르크스 (1987). 《자본 I-1~3》. 김영민 역. 이론과실천.
  마르크스는 산업 현장의 구체적 현상, 특히 기술과 조직에 대한 분석에서 이후 학문에 큰 영향을 주었다. 마르크스의 분석은 데이비드 랜즈의 《해방된 프로메테우스》. 그리고 로젠버그의 《인사이드 더 블랙박스》 등의 '기술에 대한 경제학적 분석'의 롤모델이 되었다. 역사적 한계가 있지만 생산력과 생산양식에 대한 마르크스의 분석은 여전히 유효한 연구 방법론으로서 참조할 가치가 있다.

- 칼 폴라니 (1994). 《초기 제국에 있어서의 교역과 시장》. 이종욱 역. 민음사.
  폴라니는 시장경제 비판 진영의 거두로 알려져 있다. 그러나 그의 결론과 분석 사이에 어느 정도 거리를 둘 필요는 있다. 시장경제가 인류사에서 근대에 일어난 유일무이한 사건이라는 그의 통찰은 음미할 필요가 있다. 시장경제가 태고 이래 인간의 자연스러운 본성이었다고 말하는 근본적 시장주의는 시장경제에 대한 이해에 도움이 되지 않는다는 것이 분명해지고 있다. 다만 시장의 특이성은 그만큼 정교하고 고도로 진화된 성과로서 이것이 성취한 것들을 가볍게 생각할 수 없다는 점에서 폴라니의 시장 비판은 신중하게 검토되어야 할 것이다.

- 클로드 레비-스트로스 (1999). 《야생의 사고》. 안정남 역. 한길사.
  문명인이 오지인에 대해 갖는 자존심을 깨뜨리는 강력한 논리를 제공한다. 편하게 읽을 수 있는 책은 아니지만, 저자의 다른 책에 비하면 그래도 읽기가 수월한 편이다. 오지인의 능력을 통해, 선사 시대 조상들의 역량과 경이로운 혁신 업적을 리마인드하도록 해준다. 최근 스티브 잡스의 혁신 등 여러 사례에 적용되었던 '브리콜라주(bricolage: 임기응변식 손재주)'라는 말도 이 책에서 제시한 '브리콜뢰르(bricoleur)'에서 유래한 것이다. 저자는 신화적 사고의 본질이 브리콜뢰르라고 보았다. 어렵지만 도전해볼 만한 책이다.

- 페르낭 브로델 (1995).《물질문명과 자본주의》. 주경철 역. 까치.

  브로델이 기획한 15~18세기 유럽 자본주의 발달의 역사로서 '일상생활의 구조'
  는 그 1권이다. 방대한 사실과 에피소드부터 고도의 추상적 명제까지 자유자재
  로 아우르는 놀라운 책이다. 시장경제의 형성 과정을 담은 본 책의 제2부 3장 부
  분을 집필할 때 대부분 브로델의 서술에 의존하였다(점−선−면 식의 진행도, 브
  로델의 메타포를 차용한 것이다). 역자의 심혈을 기울인 번역으로 우리말로 재
  탄생한 브로델의 문장은 한 군데도 허술한 곳이 없는 번뜩이는 명문이다. 브로
  델의 문장을 인용하는 것은 마치 우아한 유럽 가구나 진품 명화로 집 안을 장식
  하는 느낌을 준다.

- 프랭크 H. 이스터브룩 & 다니엘 R. 피셸 (1999).《회사법의 경제학적 구조》. 이
  문지 역. 자유기업센터.

  회사법과 관련한 다양한 항목들에 대한 경제학적 해석을 제공하는 책으로 다루
  는 범위의 포괄성과 논의의 깊이에 있어 최고의 수준을 보여주는 책이다. 워낙
  쉽지 않은 내용이라서 어쩔 수 없었겠지만 번역 문장이 매끄럽게 읽히지는 않는
  다. 그러나 전체적 내용 파악에는 문제가 없다. 교양도서로 널리 추천할 만한 책
  은 아니지만, 과연 이 책보다 더 쉽게 기업의 지배구조와 회사법에 관해 쓴 책이
  있으리라고는 생각되지 않는다. 이는 '기업'이란 현상이 그만큼 아직도 어렵고
  논의할 이슈가 많고 또 복잡함을 뜻할 것이다. 기업은 결코 이해하기 쉬운 이슈
  가 아니며, 그렇다고 해서 전문가들에게 내맡겨두어도 될 이슈 또한 아니다. 사
  람들의 관심과 이해를 높일 방안이 계속 모색되어야 할 것이다.

| 프롤로그 | 기업을 어떻게 이해할 것인가?

1. MBC TV에서 1981년 5월부터 2013년 8월까지 32년 동안이나 방영했던 유아 전문 프로그램 〈뽀뽀뽀〉(2007년 〈뽀뽀뽀 아이 조아〉로 프로그램명 변경)의 주제가로, 대표적인 국민동요로 꼽힐 만큼 널리 사랑받았다.

2. 경총 (2015). 대졸 신입사원 채용동향과 특징조사.

3. 이민주 (2015).《지금까지 없던 세상》. 쌤앤파커스. 11쪽.

4. 윌리엄 오하라 (2007).《세계 장수 기업, 세기를 뛰어넘은 성공》. 주덕영 역. 예지.

5. 레비-스트로스 (1999).《야생의 사고》. 안정남 역. 한길사.

6. 근대 이후 기업을 중심으로 하는 내용보다 역사적 사실이 풍부한 자료를 보고 싶은 독자는 존 미클스웨이트와 에이드리언 올드리지의《기업, 인류 최고의 발명품》(2011. 유경찬 역. 을유문화사)을 읽어보기를 권한다. 번역이 안된 자료로는 Landes, David S., Mokyr, Joel & Baumol, William J. (2011). *The Invention of Enterprise: Entrepreneurship from Ancient to Modern Times*. Princeton University Press를 참조.

7. 최재천 (2008). "사회과학, 다윈을 만나다".《사회생물학, 인간의 본성을 말하다》. 박만준 편. 산지니.

8. 강신익 (2010. 10. 15). "대한민국은 왜 '통섭'에 홀렸나". 《프레시안》.

9. "이제 게임이론은 경제학에서뿐 아니라 정치학, 사회학, 인류학, 심리학 등 여타 사회과학 분야와 수학, 생물학 등 자연과학 분야 곳곳으로 퍼져나가 […] 분과 학문 간의 의사소통을 위한 언어적 기초로 역할하고 있다." [최정규 (2013). 《게임이론과 진화 다이내믹스》. 이음. 13쪽].

10. 대략만 열거해도 다음과 같은 것들이 있다. 로버트 액설로드 (2009). 《협력의 진화》. 이경식 역. 시스테마; 마틴 노왁 (2012). 《초협력자: 세상을 지배하는 다섯 가지 협력의 법칙》. 허준석 역. 사이언스북스; 유발 하라리 (2015). 《사피엔스》. 조현욱 역. 김영사; 새뮤얼 보울스, 허버트 긴티스 (2016). 《협력하는 종: 경쟁하는 인간에서 협력하는 인간이 되기까지》. 최정규 외 역. 한국경제신문사; 최정규 (2009). 《이타적 인간의 출현》. 뿌리와이파리.

11. Padgett, John F. ed. (2012). *The Emergence of Organizations and Markets.* Princeton University Press. Ch. 1.

12. '협력'이란 엄밀하게는 강제성이 없는 자발적이고 수평적인 협력을 의미한다. 따라서 위계 조직의 명령에 의한 순응, 또 시장에서 단순히 상품과 화폐를 교환하는 거래행위는 좁은 의미의 협력에 포함되지 않는다. 그러나 본 책에서는 이러한 위계 조직이나 시장 거래가 수평적 협력의 한계를 극복하기 위해 고안되었다는 입장을 취하기 때문에, 순응이나 거래행위 역시 광의의 협력이라고 본다. 이렇듯 좁은 의미와 넓은 의미의 협력이 함께 사용됨으로써 혼란을 초래할 수 있기에 미리 양해를 구한다.

| 제1부 | 협력의 메커니즘: 협력은 어떻게 인류를 진화시켰는가?

1. 박시룡 (2003. 8). "형제자매 해치는 동물들의 기막힌 사연: 동생을 벼랑 아래로 떨어뜨리는 세가락갈매기". 《과학동아》.

2. Inui, Yoko & Itioka, Takao (2007. 11). "Species−specific Leaf Volatile Compounds of Obligate *Macaranga* Myrmecophytes and Host−specific

Aggressiveness of Symbiotic Crematogaster Ants". *Journal of Chemical Ecology*. Vol. 33. Issue 11. pp. 2054-2063.

3. 오태광 (2006. 1. 19). "개미가 키우는 두 가지 미생물". 《중앙일보》.

4. "전투에서 패배한 갈매기들은 상처를 입고 버티다 천적들에게 공격을 당하거나 굶어 죽어 자연 도태된다." [조준호 (2013. 6. 24). "울릉도·독도의 터줏대감 '괭이갈매기'". 《경북일보》].

5. Jabr, Ferris (2012. 8. 10). "How Did Insect Metamorphosis Evolve?". *Scientific American*.

6. 1998년 12월에 발매된, 그룹 GOD의 1집 앨범 《Chapter 1》의 타이틀곡 〈어머님께〉의 가사 중 일부이다.

7. "같은 종끼리 서로 죽이는 행위는 인간 외 자연 세계에서는 극히 드물다. 자연 세계에서는 주로 어르기만 하면서 강자와 약자를 가르지 서로 죽이거나 크게 다치게 하는 일은 흔하지 않다." [이상희 (2015. 5. 29). "몸에 새겨진 폭력의 흔적". 《미주중앙일보》].

8. 박시룡 (2003. 8). "형제자매 해치는 동물들의 기막힌 사연: 동생을 벼랑 아래로 떨어뜨리는 세가락갈매기". 《과학동아》.

9. 대규모 무리를 형성하는 종이 없는 것은 아니다. 극한적 수준의 회전을 하면서도 흩어지지도 부딪치지도 않고 아름다운 군무를 보여주는 거창 오리떼, 들판을 황폐화하는 메뚜기떼가 그 예이다. 그러나 이러한 무리생활은 개미나 꿀벌과 같은 체계적이고 항구적인 협력 시스템을 이루지는 못한다.

10. Whitaker, Romulus (2010. 7. 22). "King Cobra: A Lover and a Fighter". *DiscoverWildlife*.

11. 이 점에 대해서는 유발 하라리가 인간과 침팬지의 가상 대결이라는 이야기로 설득력 있게 설명하였다. [유발 하라리 (2015. 6). "무엇이 인간의 성공을 설명해줄까요?". TED 강연. 〈https://www.ted.com/talks/yuval_noah_harari_hat_explains_the_rise_of_humans?language=ko〉.]

12. 인간의 핵심적 특징을 '대규모 협력망'으로 보고 그 형성의 원인과 과정을 제시하려고 했다는 점에서 본 책의 문제의식은 유발 하라리의 책 《사피엔스》와 상

당 부분 일치한다. 하지만 본 책에서는 이 문제의 해답을 주로 조직과 기업이라는 관점에서 찾고 있기에 《사피엔스》의 내용과는 그 차원과 시각이 다르다.

13. 종 내 개체 간에는 큰 차이가 없다고 보고 하나의 종을 개체처럼 취급하고 연구하는 것이 한동안 동물학의 패러다임이었다. 그러나 곧 종 내에도 개체에 따라 습성이 다른 경우들이 관찰되면서 이질적 행동에 관한 연구가 진행되고 있다. 행동생태학에서는 이를 대안 전략(alternative strategies)이라고 부른다. [Krebs, J. R. & Davies, N. B. (1981). *An Introduction to Behavioral Ecology. Sinauer.*]

14. 한국영양학회에서는 영양 섭취 기준을 평균 필요량, 권장 섭취량, 충분 섭취량, 상한 섭취량 4가지로 운영하는데, 이 중 권장 섭취량이 건강을 유지하기 위한 최소 섭취 기준이라고 할 수 있다. [이강봉 (2016. 4). "한국인 영양 섭취 기준이 확 바뀐다". *The Science Times.*]

15. 동물의 평균수명을 비교 연구한 자료에 따르면, 마모셋은 야생 10년/동물원 16년, 짧은꼬리원숭이는 야생 5년/동물원 33~35년, 겔라다개코원숭이는 야생 14년/동물원 30년 이상, 벨벳멍키는 야생 11~13년/동물원 15~20년, 큰긴팔원숭이는 야생 25년/동물원 40년 이상, 오랑우탄은 야생 50~60년/동물원 58~59년, 침팬지는 야생 30~50년/동물원 50~75년, 고릴라는 야생 25~50년/동물원 50~54년이다. [Wright, Jonathan (2012). "Wild Animals/ Captivity vs. Wild". ⟨hwwp://en.allexperts.com⟩].

16. 옥스퍼드 대학 연구팀은 1960~2005년까지 45년간의 데이터를 분석해 코끼리의 평균수명이 야생에서는 35.9년인 데 비해 동물원에서는 16.9년에 불과하다는 보고서를 발표했다. [이형주 (2015. 6. 4). "동물원 '최소공간권'은 최저임금제와 마찬가지". 허핑턴포스트.]

17. 전중환 (2016. 2). "다윈의 특별한 어려움: [전중환의 협력의 공식] 2화". 《과학동아》.

18. "유엔식량농업기구(FAO)에 따르면 꿀벌은 세계 식량의 90%를 차지하는 100대 주요 작물 중 71종의 수분(꽃가루받이: 수술의 꽃가루가 암술에 붙는 현상) 작용을 돕는다. […] 세계적인 환경단체 '어스 워치(Earth Watch)'는 '대체 불가

능한 생물 5종 가운데 꿀벌은 첫 번째 종'이라고 발표한 바 있다." ["2억 년 지구 지킨 꿀벌 떼죽음 행렬… '생태계 대재앙' 경고음" (2013. 5. 24). 《한국경제신문》.]

19. Delaplane, Keith (2015. 10). "The Superorganism". *American Bee Journal*.

20. Woyciechowski, Michal (2012. 4. 24). "Swarming Generates Rebel Workers in Honeybees". *Current Biology*. Vol. 22. pp. 707–711.

21. 최근 포괄적응도 이론 자체가 오류라는 주장을 실은 논문이 《네이처》에 게재되었다. [Nowak, Martin A., Tarnita, Corina E. & Wilson, E. O. (2010). "The Evolution of Eusociality". *Nature*]. 포괄적응도 이론에 대한 실증적 반박으로서 주목된다. 포괄적응도 이론의 약점을 예리하게 파고든 연구이다.

22. 실험은 당연히 서로 다른 어미를 가진 개체들을 대상으로 수행되었다. [Wilkinson, Gerald S. (1984. 3. 8). "Reciprocal Food Sharing in the Vampire Bat". *Nature*. Vol. 308. pp. 181–184.]

23. Dugatkin, Lee Alan (1988). "Do Guppies Do Tit for Tat during Predator Inspection Visits?". *Behavioral Ecology and Sociobiology*. Vol. 23. No. 6. pp. 395–399.

24. 랜드 연구소는 제2차 세계대전 직후 미국 공군의 훈령에 따라 대륙 간 핵전쟁에 관한 전략 연구를 수행하는 것을 목적으로 창설되었다.

25. 앨버트 터커는 이 개념을 논문으로 발표하지 않았다. 그는 멜빈 드레서에게 보낸 편지에 이 게임의 골자를 적어 보냈다고 한다. [윌리엄 파운드스톤 (2004). 《죄수의 딜레마》. 박우석 역. 양문. 177쪽.]

26. 물론 그 첫걸음은 꿀벌의 유전자 공유였다. 직계 가족이라는 혈연을 넘어서기 위한 방법을 찾아나간 것이 인간 협력의 역사이다.

27. 심리학자 애덤 그랜트(Adam Grant)는 남에게 베풀기 좋아하는 타입의 사람들, 즉 "기버(giver)"가 성공할 수 있는 이유를 이렇게 설명한다. "기버가 성공하면 사람들은 그에게 총구를 겨누기는커녕 오히려 응원하고 지지한다." [애덤 그랜트 (2013). 《기브앤테이크》. 윤태준 역. 생각연구소].

28. 로버트 액설로드 (2009). 《협력의 진화》. 이경식 역. 시스테마; Axelrod, Robert (1984). *The Evolution of Cooperation*. Basic Books.

29. 이것을 '포크 정리'라고 하는데, 이 용어 그대로 수없이 회자되어왔다. 위키피디아의 '포크 정리' 항목에는 11가지 포크 정리에 대한 연구 출판물을 간략하게 도표로 정리하여 보여주고 있다. [Wikipedia. "Folk Theorem(Game Theory)" 참고.]

30. 데이비드 슬론 윌슨 (2009). 《진화론의 유혹》. 김영희, 이미정, 정지영 역. 북스토리.

31. 아지트 바르키, 대니 브라워 (2015). 《부정본능》. 노태복 역. 부키.

32. 리처드 도킨스 (2010). 《이기적 유전자》. 홍영남, 이상임 역. 을유문화사.

33. 영국의 인류학자 로빈 던바(Robin Dunbar)는 1996년 《가려운 데 긁어주기, 뒷담화, 그리고 언어의 진화(*Groomimg, Gossip and the Evolution of Language*)》라는 책에서 언어는 기능적 협력 등 실제적 목적보다는 비위 맞추기, 농담, 뒷담화와 같은 사회적 친교 목적으로 만들어진 것이라고 주장하였다. 뒷담화는 평판 효과를 강화하는 역할을 함으로써, 협력의 촉진제 역할을 하게 된다. [딜런 에번스 (2001). 《진화심리학》. 이충호 역. 김영사. 102-108쪽.]

34. 도시에서 전형적인 직장인 생활을 하던 박범준, 장길연 부부가 도시를 떠나 시골에서 생활하면서 그 경험을 적은 책 《이보다 더 좋을 순 없다》(2005, 정신세계원)의 표지에 실린 문장이다.

35. 워런 버핏은 이 금언을 높이 평가하고 투자자가 고려해야 할 가장 중요한 요소라고 주장한다. [워런 버핏, 로렌스 커닝햄 편 (2015). 《워런 버핏의 주주 서한》. 이건 역. 서울문화사].

36. 이것을 경제학에서는 시간선호(time preference) 경향이 강하다고 표현한다. 시간을 선호한다는 것은 현재를 선호한다는 의미다.

37. 장 자크 루소 (2015). 《인간 불평등 기원론》. 이상옥 역. 아이앤유. 한 가지 언급해둘 것은, 이 게임이 성립하려면 모든 사냥꾼 곁으로 토끼가 동시에 지나간다고 가정해야 한다는 점이다.

38. Skyrms, B. (2004). *The Stag Hunt and the Evolution of Social Structure*. Cambridge University Press.

39. 미국인이 사랑하는 영화 명대사 중 2위를 차지하기도 했다. 미국영화연구소 (American Film Institute) 2005년 발표.

40. Olson, Mancur (1965). *The Logic of Collective Action*. Harvard University Press. p. 2.

41. Olson, Mancur (1965). *The Logic of Collective Action*. Harvard University Press. p. 25.

42. 송호정. "원시사회의 유적을 찾아서". 역사학연구소 게재 자료[〈http://www.ihs21.org/bang/songcs/html2/ga4-10-1.htm〉]. 뒷담화를 하는 언어 단계에 이르러서는 이 규모가 늘어서 150명 정도까지 집단이 유지될 수 있다고 한다. [유발 하라리 (2015). 《사피엔스》. 조현욱 역. 김영사. 52쪽.]

43. 물론 위력에 의한 실력 저지나 물리적 강제가 수반되는 피케팅은 위법이다. 현행법은 파업 조합원이 구두나 문서에 의한 평화적이고 온건한 방법으로 설득해야 한다는 단서를 달고 있다.

44. Olson, Mancur (1965). *The Logic of Collective Action*. Harvard University Press. p. 71.

45. 국가는 공권력을 행사하여 개인의 자유를 구속할 수 있고 극단적으로는 사형을 통해 생명을 빼앗을 권리까지 갖고 있다. 그런데 근대 절대왕권을 주장한 토머스 홉스나 장 보댕(Jean Bodin)조차도 이것이 모두 자발적인 계약의 결과라고 주장한다는 점에서, 왕의 개인적인 카리스마 또는 신으로부터 부여받은 권리로 보는 이전의 견해와는 크게 달랐다.

46. 막스 베버 (2015). 《직업으로서의 학문·정치》. 김진욱 역. 범우사.

47. 하버드 대학교의 마틴 노왁(Martin Nowak)은 다음과 같이 말한다. "어떤 사회의 사람들이 간접상호성에 기반을 둔 경제적 교환에 의지하게 되면 이 사회는 보다 거대하고 복잡하며 상호 연결된 사회로 쉽게 진화할 수 있다." [마틴 노왁 (2012). 《초협력자: 세상을 지배하는 다섯 가지 협력의 법칙》. 허준석 역. 사이언스북스. 99쪽]. 평판 등으로만 확장되는 간접상호성이 경제적 교환을

만나면 시장경제가 정착된 사회가 된다는 것이다. 그러나 앞으로 살펴보겠지만, 시장은 단순히 평판 등에 의해서 구축될 수 없다. 평판은 시장 활성화의 중요한 촉진제이지만, 그보다 먼저 재산권의 확립이 필요하며, 이를 위해서는 공권력과 같은 훨씬 더 중무장한 제도적 기반이 요구된다.

48. 동물 세계에서의 재산권 진화가 어떻게 이루어졌는가에 대해서는 본 책 부록의 〈1. 조정 메커니즘의 게임이론적 표현〉에서 "재산권의 진화" 항목을 참고하라.

49. 보들레르 (2000). 〈등대〉. 《악의 꽃》. 김인환 역. 민족문화사. 보들레르는 서양 회화의 걸작들에 대해 이 표현을 사용했다.

50. 소유권과 재산권은 법적으로 약간 다른 개념이지만 본 책의 논의에서는 구별하지 않았으며 이후 재산권으로 통일하였다.

51. Geertz, Cliffor (1978). "The Bazaar Economy: Information and Search in Peasant Marketing". *American Economic Review*; McMillan, John (2002). *Reiventing the Bazaar*. W.W.Norton & Company에서 재인용.

52. Ackerloff, George (1970). "Lemon Market: Uncertainty of Quality and Market Mechanism". *Quarterly Journal of Economics*. 한국에서는 재치 있는 번역어로 '개살구 시장'으로도 알려져 있다.

53. North, Douglass C. & Thomas, Robert Paul (1973). *The Rise of the Western World: A New Economic History*. Cambridge University Press.

54. Coase, R. H. (1960). "The Problem of Social Cost". *Law and Economics*.

55. 예를 들어 내가 소유한 집이 이층집인데 2층으로 가려면 마당과 1층을 통과할 수밖에 없는 사정을 인정하지 않고 오직 2층만의 소유를 인정할 경우 사실상 2층의 소유권을 행사하기란 불가능할 것이다. 이런 경우 민법에서도 정당한 소유권 행사를 위한 타인 토지의 이용권을 인정하고 있다. 목장주의 방목권도 일종의 불가피한 권리로 해석할 여지가 전혀 없지는 않다.

56. North, Douglass C. & Thomas, Robert Paul (1973). *The Rise of the Western World: A New Economic History*. Cambridge University Press.

1. 석기 시대에 형성된 습성, 예를 들어 당분과 지방에 대한 탐닉이 구석기 100만 년 동안 형성되어, 1만 년에 불과한 문명사회에서도 끈질기게 남아 있다는 것이 진화심리학의 설명이다. 이것이 타당하다면 수평적인 협력 또한 인간의 본성이 되고 위계 조직에 의한 상하 관계는 문명 이후의 인위적인 것이라고 주장할 수 있을 것이다. 실제로 이것은 새뮤얼 보울스(Samuel Bowles), 스티븐 핑커(Steven Pinker) 등 몇몇 저명한 연구자들에 의해 지지되고 있다. [Güth, Werner (2011). "Bowles, S. and Gintis, H.: A Cooperative Species— Human Reciprocity and its Evolution". *Journal of Economics.*]

2. Binmore, Ken (2005). *Natural Justice.* Oxford University Press.

3. 유발 하라리 (2015). 《사피엔스》. 조현욱 역. 김영사. 569쪽.

4. 새들의 집단에서 모이를 쪼는 순서라는 의미이다. 굴(Guhl)의 연구에 의하면 서열이 확립된 닭의 집단이 그렇지 못한 쪽에 비해 모이를 더 많이 먹고 체중도 더 나간다고 한다. 즉, 서열은 갈등을 줄여주는 공공적 기능이 있다. [Guhl, A. M. (1958). "The Development of Social Organization in the Domestic Chick", *Animal Behavior*; Brown, Roger (2003). *Social Psychology.* 2nd Ed. Simon and Schuster. p. 98에서 재인용.]

5. Binmore, Ken (2005). *Natural Justice.* Oxford University Press. p. 134.

6. 피에르 클라스트르 (2005). 《국가에 대항하는 사회》. 홍성흡 역. 이학사. 59쪽.

7. 복수할 때 인간의 쾌감 중추가 반응한다는 실험 결과가 있다. [Dan Ariely. (2010. 6. 3). "The Upside of Irrationality and Revenge". *The Huffington Post.*]

8. 실증적 연구에서도 협력의 수준은 높은 감정이입 상태일 때 중간 이하일 때 보다 현저하게 높은 것으로 나타났다. [Atran, Scott et al. (2009). *Values, Empathy, and Fairness Across Social Barriers*, Wiley—Blackwell. p. 47.]

9. 타인의 행복에 감정이입을 많이 할수록 불공평에 대한 불만이 더 증폭되지 않을까? 최근의 연구에 의하면 감정이입은 형평의 요구나 정의감과 직접 연관되지

는 않는다고 한다. 그러나 높은 수준의 감정이입을 할 때 자기 자신보다는 오히려 '타인에 대한 불공정'에 대한 민감성, 즉 보편적인 도덕률의 준수에 대해서 더 민감해진다고 한다. 어쨌든 감정이입은 공정성에 대한 요구를 증대시킨다고 말할 수 있다. [Decety, J. & Yoder, K. J. (2016). "Empathy and Motivation for Justice: Cognitive Empathy and Concern, but not Emotional Empathy, Predict Sensitivity to Injustice for Others". *Social Neuroscience.*]

10. 김영용 (2014. 4. 23). "반기업정서 해법 머리 맞대자". 《굿소사이어티》.

11. 조국 (2009. 4. 21). "[조국의 눈] '보노보' 찬가". 《위클리경향》. 821호.

12. 이 부분은 주로 Wikipedia의 "buffalo jump" 항목의 내용에 근거하였다.

13. Nitecki, Matthew H. & Nitecki, Doris V. (2013). *The Evolution of Human Hunting.* Springer Science & Business Media. p. 209.

14. 엘리너 오스트롬 (2010). 《공유의 비극을 넘어》. 윤홍근, 안도경 역. 랜덤하우스코리아. 29쪽.

15. 엘리너 오스트롬 (2010). 《공유의 비극을 넘어》. 윤홍근, 안도경 역. 랜덤하우스코리아. 29쪽.

16. 이것은 얼핏 현대 민주국가의 행정, 대의, 사법 기능과 유사하게 보이기도 한다.

17. 군장사회는 중간 수준의 사회로서 무두사회와 관료제 국가 사이의 진화적 다리를 형성한다. [Earle, Timothy K. (1987). "Chiefdoms in Archaeological and Ethnohistorical Perspective". *Annual Review of Anthropology.* Vol. 16. pp. 279–308.]

18. Franklin, Benjamin. *The Papers of Benjamin Franklin.* Ed. Leonard W. Larabee. Vol. 4, July 1, 1750, through June 30, 1753. New Haven, Conn: Yale University Press. 1961. pp. 118–119; 조지형 (2012). 《미국 헌법의 탄생》. 서해문집에서 재인용.

19. 요차이 벤클러 (2013). 《펭귄과 리바이어던》. 이현주 역. 반비.

20. "보편군주(universal monarch)"라는 말은 단테가 《제정론》에서 사용한 것으로, 보편적 평화를 위해 노력하는 군주, 특히 인민의 지지 외에는 별도의 권위

를 요구하지 않는 군주를 의미한다. 여기서는 단테의 정치 철학을 특별히 강조하기보다는, 사리사욕을 떠나 인민과 세계를 위해 봉사하는 공적 이익의 대변자라는 의미로 사용하였다. [성염. "단테의 세계평화론". 〈http://hompi.sogang.ac.kr/donbosco/research/pax.htm〉.]

21. "(모든 이집트 학자들이 동의하는 것은 아니지만) 점점 더 넓은 계곡 영역으로 관개시설과 정교한 홍수 관리 체계가 확장된 시기는, 더욱 강력한 사회적 형식과 정치 조직이 발전한 시기와 일치한다는 점을 주목하지 않을 수 없다. […] 이집트 역사에서 번영의 시기는 강력한 권력 집중기와, 쇠퇴한 시기는 중앙 권력이 약화되고 분열된 시기와 정확히 맞아떨어진다." [Mazoyer, Marcel & Roudart, Laurence (2006). *A History of World Agriculture*. Monthly Review Press. p. 145].

22. Carneiro, Robert L. (1970). "A Theory of the Origin of the State". *Science*. Vol. 169.

23. 이때만 해도 농경의 발달로 잉여 생산물이 있었기 때문에 포로를 죽이지 않고 노예로 삼아 복종시켰다.

24. Claire, Isaelin. "Cone of Enmetena, King of Lagash". 〈http://www.louvre.fr/en/oeuvre-notices/cone-enmetena-king-lagash〉.

25. "첫 번째 증거는 치아이다. […] 앞니와 송곳니, 앞어금니, 어금니의 역할이 각각 다르다. 침 안에서도 증거를 찾을 수 있다. 전분과 지방 일부는 침 안에 포함된 효소에 의해 분해된다. 전분은 육식동물이나 반추동물은 잘 먹지 않고 잡식동물이 주로 섭취하는 영양소다." [김성우 (2015. 11). "[인간은 과식할 준비가 돼 있지 않다] 잡식동물 인간, 수만 가지 동식물을 탐하다". 《과학동아》.]

26. 고대 철학자 헤라클레이투스는 "투쟁 내지 전쟁은 모든 것의 아버지이고 모든 것의 왕이다."라고 말했다. [한스 요아힘 슈퇴리히 (2013). 《세계 철학사》. 박민수 역. 자음과모음.]

27. 페르낭 브로델 (1995). 《물질문명과 자본주의 1-1: 일상생활의 구조 上》. 주경철 역. 까치. 64쪽.

28. 기원전 3000년경 유물 중에서 스콜피온이라는 권력자가 운하 기공식을 하는

부조가 새겨진 철퇴머리가 발견되기도 하였다. [요시무라 사쿠지 (2002).《고고학자와 함께하는 이집트 역사기행》. 서해문집.]

29. Neugebauer, O. (1975). *A History of Ancient Mathematical Astronomy*. Springer. p. 559.

30. Wittfogel, Karl A. (1957). *Oriental Despotism: A Comparative Study of Total Power*. Yale University Press.

31. Carneiro, Robert L. (1970). "A Theory of the Origin of the State". *Science*. Vol. 169.

32. 비트포겔은 전제정치를 향후 역사에서 서구 사회와 같은 역동적 발전을 저해한 장애물로 보는 느낌이 없지 않다. 당시 아시아는 왜 근대화를 달성하지 못했는가 하는 "아시아적 정체"를 설명하고자 하는 동기에서 이론이 나왔기 때문에 더 그러할 것이다. 그러나 근대화가 서구에서 있었다고 해서 서구적 요소가 고대부터 계속 우월했던 것은 아니며, 오히려 근대 이전에는 유럽 이외 지역의 문명이 훨씬 더 높은 수준에 도달했고 유럽은 이들로부터 많은 요소를 들여옴으로써 발전의 계기를 마련할 수 있었다는 것이 더욱 타당한 이해일 것이다.

33. 그레이엄 핸콕 (1996).《신의 지문》. 이경덕 역. 까치.

34. 정종현 (2015).《맹자정해(孟子正解)》. 신의나라. 등문공장구 상(滕文公章句上) 4.

35. 민속학자 고든 휴즈가 작성한 1500년경 세계지도는 76개의 문화권으로 나뉘어 있는데, 이 중 44번까지가 수렵−채집 또는 유목으로 농경 이전 단계이고 (고대의 이야기가 아니다! 서기 1500년 당시의 상황인 것이다.) 45~63번이 괭이 농사 단계이며, 마지막 64번 이후 13개만이 농경문명이라고 부를 수 있는 지역이다. [페르낭 브로델 (1995).《물질문명과 자본주의 1−1: 일상생활의 구조 上》. 주경철 역. 까치. 64쪽.] 지역적으로는 소수파지만 인구로는 이곳이 가장 조밀한 이른바 "무거운 지역"을 이룬다. 이러한 지역은 예외 없이 국가에 의해 경영되는 지역이었다.

36. Woods, Michael & Woods, Mary B. (2009). *Seven Wonders of Ancient Asia*. Lerner Books.

37. "세계의 문화유산". 문화재청 홈페이지.

38. 국가라는 위계질서와 동물 세계의 서열은 다르다. 인간의 위계 구조는 단순히 자원의 배분 기준만이 아니라 생산 방식의 변화를 도모하기 위해서 다양한 공공재의 혁신을 추구한다. 물론 서열도 갈등을 줄여준다는 점에서는 일종의 원초적 공공재이기는 하다. 그러나 그것은 동물의 단계에서나 타당한 것이며 정의를 중시하는 인간사회에서는 용납될 수 없는 것이다. 즉, 인간사회에서 서열의 우위에 있는 자는 궁극적으로 그에 해당하는 가치를 증명하지 않으면 안 된다.

39. Baugess, J. & DeBolt, A. A. (2011). Encyclopedia of the Sixties. ABC-CLIO. "Space Race" 항목.

40. 이솝 (2009). "왕을 바라는 개구리들".《이솝 우화》. 이덕형 역. 문예출판사.

41. 구약성서. 사무엘 상 8장 11~18절.

42. 최초의 도시국가를 기원전 3200년경으로 본다면, 근세 15세기경까지 5,000년 조금 못 미치는 시기가 된다.

43. 중세 유럽의 삼포제, 조선 시대 이앙법 등 프로세스 혁신의 사례들이 알려져 있으나 산업혁명에 비견할 정도의 혁신은 아니었다고 말할 수 있을 것이다.

44. 이것은 농업이 최초에 호미로 얕게 가는 농법부터 시작한 것을 연상시킨다.

45. 애덤 스미스는 농업에서 분업이 어려운 이유를 설명하고 있다. "자기의 작업과 도구를 30분마다 바꾸어야 하며 거의 매일 20가지의 상이한 방법으로 제 손을 사용해야 하는 농촌 노동자는 어쩔 수 없이 빈둥거리는 습관과 게으르고 소홀하게 일을 하는 습관이 몸에 배게 된다." [애덤 스미스 (2007).《국부론(상)》. 김수행 역. 비봉출판사. 12쪽].

46. 헤로도토스 (1987).《역사》. 박광순 역. 범우사. 제4권.

47. 페르낭 브로델 (1996).《물질문명과 자본주의 2-1: 교환의 세계 上》. 주경철 역. 까치. 22-23쪽.

48. 흔히 수용소나 감옥에서조차 시장이 형성되고 규제로 인해 교역을 할 수 없는 지역에서도 암시장이 형성된다는 사실을 가리켜 시장이란 인간의 자연스러운 본성에 기인한다고 주장되기도 한다. 그러나 외부 감시를 피해 형성되는 거래

망은 응집력이 강하고 또 거래 파트너가 고정된다. 따라서 관계가 오히려 지속성을 가지게 되며, 이것은 그 자체로 재산권 보호의 역할을 하게 된다. 즉, 본성이 악조건에 처하더라도 시장을 만들어낸다고 보기는 어렵다.

49. 존 R. 힉스 (1998).《경제사 이론》. 김재훈 역. 새날. 42쪽.

50. 페르낭 브로델 (1996).《물질문명과 자본주의 2-1: 교환의 세계 上》. 주경철 역. 까치. 246쪽.

51. 물론 중세 이후 유럽의 인구와 경제가 성장하면서 차츰 곡물, 목재 등의 일상적 수요와 국제 무역이 연결되는 양상을 보이지만, 이것은 유럽이 근대적 시장 경제를 향해 꾸준히 다가가고 있음을 보여주는 것이지 전형적인 중세 경제의 모습은 아니다.

52. 톰 하트만 (2010).《기업은 어떻게 인간이 되었는가》. 이시은 역. 어마마마. 139쪽. 물론 매디슨은 상업 없이 국가 발전이 어렵다는 것을 인식하고 있음을 다른 곳에서 보여준다.

53. 오늘날 기업의 이야기와 크게 다르지 않다.

54. 아랍 상인은 유럽에 후추와 커피를 알렸고 콜럼버스는 남미에서 담배를 가지고 돌아왔다. 콜럼버스와 마젤란은 모두 희망봉 항로와 반대 방향으로 지구를 돌아 인도에 가고자 했다.

55. 동양에서도 명나라 정화의 남해 원정 등 사례가 많다. 우리 역사에서도 널리 알려진 신라 장보고의 청해진을 비롯해 이후에도 개성상인, 경강상인, 의주상인 등이 유명했고 거대한 부를 축적한 거상들이 다수 존재했다.

56. 18세기 이전까지 일반 서민들의 집안에는 가구가 거의 없었다. "돼지와 울타리 하나 사이로 떨어져서 침대도 가구도 없이 짚단 위에서 자는 사람"의 모습은 드문 풍경이 아니었다. [페르낭 브로델 (1995).《물질문명과 자본주의 1-1: 일상생활의 구조 上》. 주경철 역. 까치. 401쪽.]

57. 페르낭 브로델 (1996).《물질문명과 자본주의 2-1: 교환의 세계 上》. 주경철 역. 까치. 253쪽.

58. 영국은 프랑스에 비해 소득이 평등하고 임금이 높았다고 한다. [Landes, David S. (2003). *The Unbound Prometheus: Technological Change and*

Industrial Development in Western Europe from 1750 to the Present.
2nd ed. Cambridge University Press. p. 47.]

59. 본 책의 〈제4부 기업의 진화: 안트러프러너에서 플랫폼까지〉에서 상세하게 다루어질 것이다.

60. 폴 크루그먼 (2012). 《경제학의 향연》. 김이수, 오승훈 역. 부키. 142쪽.

61. Deane, Phyllis & Cole, William Alan (1962). *British Economic Growth 1688–1959: Trends and Structure*. Cambridge University Press.

62. Maddison, Angus (1995). *Monitoring the World Economy, 1820-1992*. OECD Development Centre.

63. Wikipedia. "Market Economy".

64. 칼 폴라니 (1994). 《초기 제국에 있어서의 교역과 시장》. 이종욱 역. 민음사. 39쪽.

65. 폴라니는 이를 시장의 타락으로 보았지만 이는 주관적인 견해일 뿐, 객관적으로 말하면 시장이 입체적으로 되었다고 보아도 좋을 것이다.

66. 최형선 (2013). 《낙타는 왜 사막으로 갔을까》. 부키.

67. 지금부터의 논의는 다음을 참조하였다. 칼 마르크스 (1987). 《자본 I-1》. 김영민 역. 이론과실천. 1권 4장 "화폐의 자본으로의 전화".

68. 그것은 각각 '상품-화폐-상품(G-W-G)'과 '화폐-상품-화폐(W-G-W)'라는 기호로 표현된다.

69. 칼 마르크스 (1987). 《자본 I-1》, 김영민 역. 이론과실천. 183쪽.

70. 페르낭 브로델 (1996). 《물질문명과 자본주의 2-1: 교환의 세계 上》. 주경철 역. 까치. 52쪽.

71. 페르낭 브로델 (1996). 《물질문명과 자본주의 2-1: 교환의 세계 上》. 주경철 역. 까치. 53쪽

72. 칼 마르크스 (1987). 《자본 I-1》, 김영민 역. 이론과실천. 183쪽.

73. 오화석 (2014). 《잠셋지 타타: 가난한 국민들의 희망, 인도 산업 발전의 아버지》. 김영사.

74. 한비 (2010). 《한비자》. 김원중 역. 글항아리. 715–717쪽.

75. 힉스는 상인과 비상인은, 서로 언어가 달라서 의사소통이 안 되는 것과 마찬가지로 상대를 이해하지 못한다고 지적한다. [존 R. 힉스 (1998). 《경제사 이론》. 김재훈 역. 새날. 55쪽.]

76. 1784년(정조 8년) 도제조 서명선이 정조 임금에게 "제발 건강 좀 챙기시라."고 걱정했다. 몸이 편치 않았던 정조가 아직 회복하지 않았는데도 8도에서 올라온 보고서를 친히 살펴보고 있었기 때문이었다. 신하의 간언에 정조는 이렇게 대답했다고 한다. "정신 좀 차리고 보니 국사가 많이 지체되어 어쩔 수 없이 보는 것이네(不得不親覽矣). 그리고 나는 원체 업무 보고서 읽는 것을 좋아하네. 그러면 아픈 것도 잊을 수 있지." [이기환 (2014. 2. 26). "진시황의 만기친람과 정조의 만기친람". 《경향신문》.]

| 제3부 | 기업의 탄생: 기업은 어떻게 협력의 역사를 가속하였는가?

1. "이처럼 만주 땅의 작은 집단에서 비롯된 청 제국의 탄생과 성장 과정을 하나의 생명체가 잉태되어 태어나고 자라나는 과정에 비유할 수 있다면, 청나라는 '키메라'의 제국이라고 부를 수 있다." [구범진 (2013). 《청나라, 키메라의 제국》. 민음사.]

2. 이와이 가쓰히토 (2004). 《회사 앞으로 어떻게 될 것인가》. 김영철 역. 일빛. 53쪽.

3. 노자. 《도덕경》. 38장. [〈http://m.blog.daum.net/palangse01/17447850〉.]

4. 김종훈, 정태수, 서민수 (2012). "상사 업 분석: 상사 벤치마킹 시즌 1". 삼성경제연구소. 이 보고서에서 "시장 간극"은 상사 업의 개념을 설명할 때 사용되었는데, 이보다는 다소 넓게 시장경제하에서 시장이 충분히 성숙하지 못한 단절 부위에 대하여 이 용어를 사용하기로 한다.

5. Hart, Oliver (1995). *Firms, Contracts, and Financial Structure*. Oxford University Press. p. 7.

6. 고전소설 《흥부전》에서 '놀부의 심술' 대목을 보면 그가 이러한 역동적 구조를 잘 이해하고 있음을 알 수 있다. 즉, 놀부는 "길 가는 과객 양반 재울 듯이 붙들

었다 해 지면 내어쫓는" 것이다. [박동진 (1988 녹음). 〈판소리 흥보가〉.] 이것이 '사후적 위협' 개념에 부합하려면, 실제로 내쫓지는 않고 숙박료를 터무니없이 높게 부르면 될 것이다.

7. 집단 과업에서 상호의존성은 상대방과 무관하게 각자의 산출을 합치는 방식(pooled)에서 한 사람의 산출이 다른 사람의 투입으로 연결되는 연쇄적(sequential) 의존성으로 고도화해간다. [Thompson, James (1967). *Organizations in Action*. Mcgraw-Hill. p. 54.]

8. 현실 속에서 가족 구성원들이 관련 있는 회사들을 담당하는 것은 이 문제를 전통적인 친족 공동체의 유대 관계로 해결하려는 것이다. 그러나 현대사회에서 모든 경영을 가족 네트워크에 의존하기란 불가능하다.

9. "Aladdin; Or, the Wonderful Lamp". 〈http://www.sacred-texts.com/neu/burt1k1/tale30.htm〉.

10. 램프를 끝까지 내주지 않기 때문에 알라딘은 살아날 수 있었다.

11. 본문에서 '핀 공장'이라고 명시하고 있다.

12. 마르크스는 자본주의 비판의 원조로서 최초 기업 내 권력이 '본원적 축적'이라는 역사적 사건, 즉 농촌에서 농민에게 공유지를 빼앗고 이들을 도시로 축출한 결과로 발생했다고 주장한다. 즉, 비시장적 폭력이 기업 권력의 원천이라고 주장하는 것이다. 그러나 본원적 축적은 실증적 근거가 취약하다고 보고되고 있다. [Landes, David S. (2003). *The Unbound Prometheus: Technological Change and Industrial Development in Western Europe from 1750 to the Present*. 2nd ed. Cambridge University Press. pp. 114-116.]

13. Hart, Oliver (1995). *Firms, Contracts*, and *Financial Structure*. Oxford University Press. Part 1. Ch. 2.

14. 물론 이윤 배분을 통해 인센티브를 강화할 수 있다. 그러나 경영권이 모회사에 이전됨으로써 이윤 정보가 독점되므로 정확한 성과 배분이 보장되지 않는다. 정직한 정보 공유를 한다고 하더라도 부서로 격하된 파트너에게는 여전히 다양한 압력수단이 존재한다.

15. 상호 호혜적 협력의 예였던 박쥐의 먹이 교환도 시간의 경과 속에 이루어진다

는 점에서 이와 같은 구조로 볼 수 있다. 그러나 박쥐의 먹이 교환은 친밀한 개체 사이의 암묵적 약속인 데 반해, 시장에서의 채권 거래는 익명의 타인과도 거래를 나눌 수 있음을 의미한다.

16. 존 힉스는 채무 노예라는 비인간적 제도의 폐지 이후 인류가 부실채권으로 겪게 되는 곤란을 말하면서, 상환 능력이 없는 채무자에게 벌을 내려 감옥에 보내는 것은 전혀 해결책이 되지 못한다고 설명한다. 투옥된 동안 소득이 없어 빚을 갚을 수 없을 뿐만 아니라 감옥에서 지내는 동안의 비용 역시 세금으로 부담해야 하기 때문이다. [존 R. 힉스 (1998).《경제사 이론》. 김재훈 역. 새날. 100쪽.]

17. 존 R. 힉스 (1998).《경제사 이론》. 김재훈 역. 새날. 54쪽.

18. North, Douglass C. & Thomas, Robert Paul (1973). *The Rise of the Western World: A New Economic History*. Cambridge University Press. Part 3. Ch. 8 "Fiscal Policy and Property Rights."

19. 고대의 의사결정 기구에서는 공동체적 원리가 중시되어 만장일치가 될 때까지 논의하는 규칙이 적용되기도 하였다. 신라의 화백제도가 그것이다. 논의가 긴급하지 않다면 이러한 방식도 가능하겠지만 시간이 중요한 많은 의사결정에서는 미결정 상태를 종결할 제도적 장치가 필요했다. 그 결과 다수결이나 의사결정권을 갖는 특정인의 지정과 같은 해결책이 나타나게 되었다.

20. 평생을 비행선 사업에 헌신했던 페르디난트 그라프 폰 체펠린 백작(Ferdinand Graf von Zeppelin)이 바로 그 사람이다. 그가 증기선을 성공시킨 로버트 풀턴(Robert Fulton)이나 증기기관차를 성공시킨 조지 스티븐슨(George Stephenson)보다 열등한 혁신가였다고 판단할 객관적 근거는 없다. 록그룹 '레드 제플린'이 그의 이름을 따름으로써 어떤 면에서 그는 스티븐슨이나 풀턴보다 더 유명해졌다.

21. 마치 층간 소음이 정확한 소음의 양, 그리고 그로 인한 피해의 측정이 어렵기 때문에 시장 거래에 의해 해결되기 어려운 것과 마찬가지다.

22. 혁신은 공해와 달리 긍정적 외부효과의 대표적 사례로 거론된다. 그러나 기존 사업, 기술, 인력의 노후화를 가져온다는 문제가 있고, 또 유사한 혁신 활동에

너무 많은 연구개발 투자가 이루어져 과당 경쟁이 벌어지는 번잡(congestion externality) 효과도 있을 수 있다. 《이코노미스트》는 각광받았던 "파괴적 혁신"이 오히려 산업과 소비의 질에서 부정적 효과를 가져온다는 부정적 외부효과에 대한 기사를 게재한 바 있다. 즉, 파생상품 등 첨단 금융기법 혁신이 2008년 금융위기를 가져왔고 MP3와 온라인 음악 시장의 발달은 음악 시장을 과거보다 위축시켰다는 것이다. ["Disruptive Innovation: Negative Externalities" (2014. 7. 3). *The Economist.*]

23. 레몬 시장의 정보 비대칭 문제 역시 정보의 분포와 권한 책임의 분포가 불일치하기 때문에 발생한다. 중고차에 대한 정보를 가장 많이 가지고 있는 차주, 즉 중고차 판매자는 차를 팔고 나면 모든 책임으로부터 벗어난다. 하지만 정보를 가장 많이 지닌 자가 결정하게 하고 책임을 지도록 만들면 부작용을 예방할 수 있다. [Arkelof, G. A. (1970). "The Market for 'Lemmons': Quality Uncertainty and Market Mechanism". *The Quarterly Journal of Economics.*]

24. 물론 가입 조건이 시장 거래에 의해 이루어진다는 점에서 징병제 군인이나 임명제 관료와는 신분과 거취의 형태가 다르다.

25. Lazonick, W. (1991). *Business Organization and the Myth of Market Economy.* Cambridge University Press. p. 93.

26. 우리는 스마트폰이라는 상품을 통해 잠재 수요가 폭발하는 과정을 직접 목격했다. 그러나 아이폰이 등장할 때까지만 해도 이 상품의 반응에 대해서는 반신반의하는 시각이 많았다.

27. 자크 앙크틸 (2007). 《목화의 역사: 흰 황금의 대서사시》. 최내경 역. 가람기획. 85−86쪽.

28. 콜럼버스는 담배를 보았으나 흥미를 보이지 않고 피워보지도 않았다고 한다. 최초의 흡연자이자 유럽에 담배를 가지고 온 것은 로드리고 데 헤레스 (Rodrigo de Jerez)이다. [홍윤철 (2014). 《질병의 탄생》. 사이.]

29. J. M. 케인스 (1985). 《고용, 이자 및 화폐의 일반이론》. 조순 역. 비봉출판사. 159−160쪽. animal spirit는 최근에는 주로 '야성적 충동'으로 번역된다.

30. Stolyarov II, Gennady (2005). "Austrian Economics and Kirzerian Entrepreneurship". *The Rational Argumentator*.

31. 중세 유럽에서 말린 후추 1파운드(453그램)는 농노 한 명을 해방할 수 있는 가격이었다고 한다. [장 마리펠트 (2005). 《향신료의 역사》. 김중현 역. 좋은책만들기.]

32. 이론적으로 영구기관은 불가능하겠지만, 분자를 조절하는 맥스웰의 도깨비는 나노 로봇을 연상시킨다. 실제로 맥스웰의 아이디어를 이어받은 나노 장치에 관한 연구와 실험이 진행되고 있다고 한다. [Wikipedia, "Maxwell's Demon".]

33. 왈라스의 경매인이 없으면 모든 일반 균형을 가능하게 하는 방정식의 체계를 세울 수 없다. 즉, 이것은 이론의 성립 자체를 좌우하는 핵심적 가정이다.

34. 칼도어는 중간상(dealer or merchant)이 현실에서 상상 속 경매인(heavenly auctioneer)의 역할을 대신하고 있다고 말한다. [Kaldor, Nicky (1985). *Economics Without Equilibrium: The Okun Memorial Lectures At Yale University*; Ramanan, V. "The Heavenly Walrasian Auctioneer", in Blog "The Case for Concerted Action"에서 재인용.]

35. 조선 시대 행정기구인 6조에, 제조업에 해당하는 '공조'는 있으나 오늘날의 농수산부에 해당할 '농조'는 없다. 농사기술의 혁신이 늙은 농부의 지혜에 의존하고 있다는 점은 이미 언급한 바 있다.

36. 공자는 "모자란 것보다 고르지 못한 것을 걱정한다(不患寡而患不均)."(《논어》 계씨편)라고 했고, 강원도 관찰사를 지낸 정철은 〈훈민가〉라는 시조에서 농민들에게 다음과 같이 권고한다. "내 논 다 메거든 네 논 좀 메어주마."

37. 이러한 사정이 애덤 스미스로 하여금 '야경국가'를 이상적인 것으로 생각하게 만들었을 것이다. 애덤 스미스의 《국부론》이 발간된 때는 제임스 와트(James Watt)가 증기기관을 완성한 1776년이었다. 증기기관은 국가의 개입이 없이 이루어진 전형적인 사적 혁신의 산물이다.

38. 자동 방직기의 발명자 에드먼드 카트라이트(Edmund Cartwright)가 그 예다. "카트라이트는 1809년 의회에 […] 보상금을 지급하도록 요청했다. 요청을 받

아들인 의회는 1만 파운드를 교부했고 카트라이트는 이 돈으로 켄트 주에 있는 작은 농장을 인수해 여생을 편안히 마칠 수 있었다. 하지만 그의 발명품이 영국 전체에 부를 가져다주었음을 생각하면, 그가 받은 보상은 충분하지 못한 것이었다." [자크 앙크틸 (2007).《목화의 역사: 흰 황금의 대서사시》. 최내경 역. 가람기획. 101쪽.]

39. 조선은 건국 이래 상당 기간 이앙법을 금지하였는데, 가뭄 시 농사 피해 리스크가 증폭되는 점과, 생산성 증가에 따른 노동 수요 감소를 우려했기 때문이다. ["답중정모법: 논 이모작의 서막". 한국전통지식포탈 〈http://www.koreantk.com〉.]

40. "1629년 한 베니스의 저자는 1579년 단치히에서 역직기가 발명되었으나 시회가 많은 가난한 직조공들이 직업을 잃을 것을 우려하여 발명가를 비밀리에 교살했다고 기록하고 있다." [Usher, Abbott Payson (1954). *A History of Mechanical Invention: Revised Edition*. Dover Publications.] '비밀리에' 라는 문구를 보면 발명에 대한 처벌이 반드시 떳떳하기만 한 것은 아니었던 것 같기도 하다.

41. 《사이언티픽 아메리칸》이 간행한 발명품 목록에서 산업혁명 시기(1791~1890년)의 주요 품목들을 열거한 것이다. [로드니 칼라일 (2011).《사이언티픽 아메리칸 발명·발견 대사전》. 심장섭 역. 책으로보는세상.] 마치 캄브리아기 대폭발(갑자기 생물종 수가 많이 늘어난 현상)처럼 발명이 늘어나지만 이후 20세기에는 더욱더 많은 목록이 기다리고 있다.

42. 유교는 항상 "이익보다 인의를 앞세우라(先義後利)."라는 주장을 견지했다. 기독교 역시 탐욕을 중대한 죄악으로 간주했다. 애덤 스미스의 "각자의 이익 추구"에 대한 정당화는 근대정신의 출발이라고 할 정도로 획기적인 것이었다. 단, 그의 메시지가 정말로 획기적인 것이 되려면 사리 추구의 주체가 빵장수, 푸주한, 양조업자가 아니라, 리처드 아크라이트, 조지 스티븐슨, 제임스 와트와 같은 혁신가가 되어야 할 것이다.

43. 야마모토 요시타카 (2011).《16세기 문화혁명》. 남윤호 역. 동아시아. 12쪽.

44. 엘리스 아웃워터 (2010).《물의 자연사》. 이충호 역. 예지. 282-283쪽.

45. 경영전략의 권위자 마이클 포터(Michael E. Porter)의 5가지 경쟁요인 모델 (5-Force Model)은 바로 이 점을 체계적으로 반영한 모델이라고 할 수 있다.

46. 마르크스는 기계의 발명이 노동자에 미친 영향을 ① 요구되는 육체적 힘이 줄어듦에 따른 여성과 아동 노동 증가, ② 하루 노동 시간의 증가, ③ 노동 강도의 강화로 요약한다. 이것 외에도 그는 노동의 단순화, 파편화로 인한 숙련의 쇠퇴도 언급하고 있다. [칼 마르크스 (1987).《자본 Ⅰ-2》. 김영민 역. 이론과 실천. 13장 3절.]

47. Murrin, John M. et al. (2015). *Liberty, Equality, Power: A History of the American People*. 7th Edition. Cengage Learning.

48. 래리 슈웨이카트, 린 피어슨 도티 (2010).《Great Company 500: 세계 명문기업들의 흥망성쇠》. 장세현 역. 타임비즈.

49. 물론 여기에는 초기 자원 부존이 특정한 상태여야 한다는 강한 추가 가정이 필요하므로 이 결론은 약화된다. 이 문제에 대해서는 아마르티아 센이 지적한 바 있다. "사람들 간에 자원을 재분배하는 것이 정치적으로 가능할 때에만 제2 기본정리(후생 최적화 배분은 특정한 조건하의 시장 균형의 배분 결과와 같다)는 사용될 수 있을 것이다." [아마르티아 센 (1999).《윤리학과 경제학》. 박순성, 강신욱 역. 한울. 61쪽.]

50. 이 결과를 두고 자본주의와 사회주의 양대 진영에서는 체제 우위 논쟁을 벌였다. 19세기 말에서 20세기 초는 신고전경제학과 사회주의가 모두 성숙해가던 시기였다. 두 진영은 현실적 한계를 지적하면서 각각 시장과 조직의 우위를 주장했는데, 만약 모든 것이 '완벽하다'는 전제를 받아들인다면 둘 사이는 우열을 가릴 수 없다고 보는 것이 타당할 것이다.

51. 박이택 (2015. 5). "아리스토텔레스, 집단지성으로 군주정을 넘어서다".《Economy21》.

52. Demsetz, Harold (1997). "The Firm in Economic Theory: A Quiet Revolution". *American Economic Review*. Vol. 87. Issue 2. pp. 426-429.

1. 최재천 (2011. 11. 27). "[최재천의 자연과 문화 138] 도구를 사용하는 동물". 《조선일보》.

2. 배용화 (2008. 10). "자연 속 하이테크놀러지 새 둥지: 새들의 은밀한 사생활을 엿보다". 《과학동아》.

3. Gonick, Larry (1990). *The Cartoon History of the Universe: From the Big Bang to Alexander the Great* (Volumes 1–7). Doubleday. 정확한 원형 디스크 제작, 축을 끼우기 위한 가운데 구멍 등, 바퀴는 금속 도구가 정교화된 이후에야 나타날 수 있었다.

4. 격자의 하단에는 최종적인 소비재만 포함되며, 중간재들은 그것이 하나의 산업이고 시장에서 팔리는 물건이라 하더라도 가치사슬의 중간 부위에 위치한다.

5. 국내의 한 출판사가 내놓은 100권짜리 세계 위인전 세트에는 총 14명의 기업가가 실려 있는데, 20세기 이후의 유명 경영자를 제외하고 산업혁명이 일어났던 19세기 이후 본격적으로 활동한 발명가이자 기업가를 따지면 에디슨, 라이트 형제, 테슬라, 노벨, 와트, (그리고 미디어도 서비스 산업으로 본다면) 퓰리처까지 포함하여 6명이 포진하고 있다. ["세계 위인전 WHO? 시리즈" (2015). 다산어린이.]

6. Bula, Hannah Orwah (2012). "Evolution and Theories of Entrepreneurship: A Critical Review on the Kenyan Perspective". *International Journal of Business and Commerce*. Double Blind Peer Review Journal.

7. "'산업혁명'이라고 부르는 기술 변혁은 바퀴의 발명 이후로는 필적할 대상이 없는 급격한 것이었다." [Landes, David S. (2003). *The Unbound Prometheus: Technological Change and Industrial Development in Western Europe from 1750 to the Present*. 2nd ed. Cambridge University Press. p. 42. 강조는 필자.]

8. "산업혁명 시기 근대적 기술의 시작은 과학으로부터 아무 영향도 받지 않았다. 모든 것이 전통적 장인의 발명의 결실이었다." [Hall, A. R. & Hall, M. B.

(1964). *A Brief History of Science*. New American Library.]

9. 어디까지나 추정이지만, OECD에 따르면 서기 1년 세계 경제 1인당 소득은 444달러, 1820년 667달러로 성장률은 1~1000년 0.01%, 1000~1820년 0.22% 라고 한다. [조계완 (2012). 《우리 시대 노동의 생애》. 앨피.]

10. 중국은 이미 13세기에 산업용 방적기계의 핵심부품을 모두 발명했으며 이 기술은 이탈리아를 거쳐 영국으로 전해졌다고 한다. [존 앳킨스 홉슨 (2005). 《서구 문명은 동양에서 시작되었다》. 정경옥 역. 에코리브르.]

11. 1780년대 영국의 소득은 현재 신흥국 최하위권과 비슷했다. 최근, 이제까지 거의 시장으로 인정받지 못하던 신흥국 저소득층 시장(BOP: Bottom of Pyramid)이 성장의 새로운 돌파구로 부각되기도 했다. 이들이 시장경제로의 도약을 이룰 수 있을지는 아직 불투명하다. [Prahalad, C. K. (2004). *The Fortune at the Bottom of the Pyramid: Eradicating Poverty Through Profits*. Wharton School.]

12. 필리프 미나르(Philippe Minard) (2010. 9. 1). "산업혁명은 왜 중국 아닌 영국에서?". 허보미 역. 네이버 카페 BSE ⟨http://cafe.naver.com/bsecenter/1260⟩.

13. D. C. 서머벨 편 (1992). 《(A. J. 토인비의) 역사의 연구》. 박광순 역. 범우사.

14. 랜즈는 이것이 산업혁명의 결정적인 이유는 아니라고 단서를 달았지만, 매우 중요한 계기 중의 하나라고는 볼 수 있다.

15. Landes, David S. (2003). *The Unbound Prometheus: Technological Change and Industrial Development in Western Europe from 1750 to the Present*. 2nd ed. Cambridge University Press. p. 73.

16. "새로운 투자 기회, 즉 탐험이라는 과정을 통해서나 지식의 향상을 통해 펼쳐지는 기회를 이용함으로써, 경제가 성장한다는 것은 언제나 사실이었다. 그러나 이전의 단계에서 이 탐험은 주로 지리상의 것이었는 데 반해, 이후의 단계에서 그것은 훨씬 더 넓은 의미에서의 물질세계에 대한 과학적 탐험이었다." [존 R. 힉스 (1998). 《경제사 이론》. 김재훈 역. 새날. 185쪽.]

17. Landes, David S. (2003). *The Unbound Prometheus: Technological*

Change and Industrial Development in Western Europe from 1750 to the Present. 2nd ed. Cambridge University Press.

18. 양동휴 (2006. 6. 4). "[양동휴 교수의 경제사 산책] 영국 산업혁명의 노동공급".《한국경제신문》.

19. Hart, Oliver (1995). *Firms, Contracts, and Financial Structure*. Oxford University Press.

20. 칼 마르크스 (1987).《자본 I−3》. 김영민 역. 이론과실천. 801쪽 이하.

21. John, Richard R. (2004). "Private Enterprise, Public Good?: Communications Deregulation as a National Political Issue, 1839−1851". in *Beyond the Founders*. edited by Pasley, J. L., Robertson, A. W. & Waldstreicher, D. University of North Carolina Press. p. 331.

22. Landes, David S. (2003). *The Unbound Prometheus: Technological Change and Industrial Development in Western Europe from 1750 to the Present*. 2nd ed. Cambridge University Press.

23. 래리 슈웨이카트, 린 피어슨 도티 (2010).《Great Company 500: 세계 명문기업들의 흥망성쇠》. 장세현 역. 타임비즈.

24. 유윤종 (2015. 3). "대작곡가들 '교류의 시대': 19세기 후반 브람스, 차이콥스키, 그리그, 드보르자크의 만남".《월간 SPO》.

25. 헤르베르트 하프너 (2016).《음반의 역사: 실린더 레코드부터 디지털 음원까지》. 홍은정 역. 경당.

26. John, Richard R. (2004). "Private Enterprise, Public Good?: Communications Deregulation as a National Political Issue, 1839−1851". in *Beyond the Founders*. edited by Pasley, J. L., Robertson, A. W. & Waldstreicher, D. University of North Carolina Press.

27. 미국에서는 산업 통계의 체계화 등을 목적으로 1937년 최초의 네 자릿수 산업 분류체계 SIC(Standard Industrial Classification)를 만들었다. 이후 산업 발전에 따라 1997년에 새롭게 NAICS(North American Industry Classification System)를 만들었는데 여섯 자릿수로 개편된 것이어서 산업의 팽창 정도를 보

여준다. 신체계가 구체계의 12개 대분류 산업을 그대로 이어받고 있다는 점에서 분류의 기본 윤곽은 불변하였음을 알 수 있다. [Wikipedia. "Standard Industrial Classification". "North American Industry Classification System".]

28. 알렉상드르 뒤마 (2014). 《몬테크리스토 백작》. 오증자 역. 민음사.

29. Wikipedia. "Semaphore line" 참고.

30. Khanna, T., Palepu, K. G. & Sinha, J. (2005). "Strategies That Fit Emerging Markets". *Harvard Business Review*.

31. 한계혁명에 관한 네 거두의 저작 출간 연도를 보면, 레옹 왈라스의 《순수경제학요론》은 1874년, 앨프리드 마셜의 《경제학원리》는 1890년, 스탠리 제번스의 《정치경제학이론》은 1871년, 칼 멩거의 《국민경제학의 기본원리》는 1871년이다.

32. 전달기의 중요성은 수직 물레방아의 혁신에서 잘 드러난다. 최초의 물레방아는 맷돌에 연결되어 있었기 때문에 맷돌과 같이 수평 회전해야 했다. 그래서 물레방아는 물 위에 누워 수평으로 돌았고 속도가 느렸다. 1세기경 로마의 엔지니어들이 물레를 수직 방향으로 돌도록 만들었다. 캠축과 기어 장치를 통해 수직 운동을 수평 운동으로 바꿔주었던 것이다. [페르낭 브로델 (1995). 《물질문명과 자본주의 1-2: 일상생활의 구조 下》. 주경철 역. 505쪽.]

33. 칼 마르크스 (1987). 《자본 I-2》. 김영민 역. 이론과실천. 427쪽 이하.

34. "방적공이 느슨하게 꼬면 실은 풀어져버리고, 너무 많이 꼬면 엉켜버린다. […] 이렇게 실을 잣는 것은 매우 섬세한 손길이 필요하며 기계화는 불가능해 보였다. 하그리브스가 제니 방적기를 통해 이 일을 해낸 것이다." [McNeil, Ian (ed.) (1990). *Encyclopedia of the History of Technology*. Routledge. 17. Textiles and Clothing.]

35. 이것은 알파고가 이세돌을 이긴 사건의 출발점이라고 해도 좋을 것이다. 인간의 지능을 모방했다는 점에서 인공지능의 진정한 기원은 컴퓨터가 아니라 근대의 기계다.

36. 장하준 (2014). 《경제학 강의》. 부키. 74쪽.

37. CCTV다큐제작팀 (2014). 《기업의 시대》. 허유영 역. 다산북스. 프랑스의 경제 사학자 니콜라 바브레와의 인터뷰.

38. 앨프리드 챈들러는 경영자 자본주의의 시대가 철도산업으로부터 시작되었다고 본다. [Chandler, Alfred, D. (1977). *The Visible Hand: The Managerial Revolution in American Business*. Belknap.]

39. 흔히 자본주의 2.0이라고 한다. [아나톨 칼레츠키 (2011). 《자본주의 4.0》. 위선주 역. 컬처앤스토리].

40. 이하의 논의는 라조닉의 연구를 참조하였다. Lazonick, W. (1991). *Business Organization and the Myth of Market Economy*. Cambridge University Press.

41. Lazonick, W. (1991). *Business Organization and the Myth of Market Economy*. Cambridge University Press. p. 95.

42. 이 점은 이 두 시기를 연구한 데이비드 랜즈와 리처드 랭글로이스(Richard N. Langlois)의 저작에서도 유사한 문장이 등장하는 것으로 확인할 수 있다.

43. 애덤 스미스 (2007). 《국부론(상)》. 김수행 역. 비봉출판사. 13~14쪽.

44. Landes, David S. (2003). *The Unbound Prometheus: Technological Change and Industrial Development in Western Europe from 1750 to the Present*. 2nd ed. Cambridge University Press. p. 21. 괄호 안은 필자의 보충, 문장의 순서를 일부 채조정함.

45. Chandler, Alfred D. & Daems, Herman (ed.) (1980). *Managerial Hierarchies: Comparative Perspectives on the Rise of the Modern Industrial Enterprise*. Harvard University Press. p. 1.

46. Turmel, Wayne (2015. 11. 17). "Managing the Pyramids Project". *Management.Issues*.

47. Whitefield, Debra (1985. 4. 14). "Peter Drucker: Guiding Light to Management". *L.A. Times*.

48. Langlois, R. N. (2007). *The Dynamics of Industrial Capitalism*. Routledge. pp. 108~109.

49. Landes, David S. (2003). *The Unbound Prometheus: Technological Change and Industrial Development in Western Europe from 1750 to the Present*. 2nd ed. Cambridge University Press. p. 44.

50. Landes, David S. (2003). *The Unbound Prometheus: Technological Change and Industrial Development in Western Europe from 1750 to the Present*. 2nd ed. Cambridge University Press. p. 52, pp. 53-54.

51. Langlois, R. N. (2007). *The Dynamics of Industrial Capitalism*. Routledge. p. 111.

52. Landes, David S. (2003). *The Unbound Prometheus: Technological Change and Industrial Development in Western Europe from 1750 to the Present*. 2nd ed. Cambridge University Press. p. 42.

53. Langlois, R. N. (2007). *The Dynamics of Industrial Capitalism*. Routledge. p. 112.

54. Landes, David S. (2003). *The Unbound Prometheus: Technological Change and Industrial Development in Western Europe from 1750 to the Present*. 2nd ed. Cambridge University Press. pp. 64-65. 1792년에 6파운드면 도대체 어느 정도의 가치일까? 한 블로거의 친절한 계산 덕분에 대략 156만 원 정도로 추정해볼 수 있다. 오늘날 고사양 노트북 정도의 가격이다. [nasica (2009. 3. 27). "영국군과 프랑스군, 누가 더 봉급이 많았을까?". 다음블로그. 〈http://blog.daum.net/nasica/ 6862363〉.]

55. 이를테면, 데이비드 데일은 수력 방적기를 만든 아크라이트의 사위 로버트 오웬의 도움을 받아 면사 공장을 세웠다. 그의 공장에서는 400명의 어린이가 일했다고 한다. 일부 공장에서는 "수천 명"이라는 표현이 사용되기도 한다. [자크 앙크틸 (2007). 《목화의 역사: 흰 황금의 대서사시》. 최내경 역. 가람기획. 106-110쪽.]

56. 혁신 상황에서 벌어지는 이러한 시장 이용의 어려움을 랭글로이스는 '동적 거래비용'이라고 명명했다. [Langlois, R. N. (2007). *The Dynamics of Industrial Capitalism*. Routledge. p. 29.]

57. Wikipedia. "Gustavus Franklin Swift".

58. 유발 하라리는《사피엔스》에서 인간이 대규모로 협력할 수 있게 된 것은 실재
하지 않는 것을 상상하고 소통하여 '집단적으로 상상할 수 있게' 된 덕분이라고
한다. 과거의 보편종교나 고대국가의 메시지와 마찬가지로 기업가정신이란
바로 이 '집단적 상상'이며 그 근대판이라고 볼 수 있다. 이런 측면에서 필자의
생각은《사피엔스》의 메시지와 궤를 같이한다.

59. 최근 회사명으로 더욱 관심을 끌게 된 니콜라 테슬라(Nikola Tesla)가 어떤 면
에서는 과학자의 성향을 띠고 있었다고 볼 수 있다. 일부 자료에서 에디슨을
악덕 기업주로, 테슬라를 이상을 동경하는 천재과학자로 묘사하기도 하나[이
현경 (2012. 6). "직류전기 토머스 에디슨 대 교류전기 니콜라 테슬라".《신동
아》], 둘의 차이점을 지나치게 선명하게 부각시키려는 의도가 아닌가 생각된다.

60. 토마스 휴즈(Thomas P. Hughes)는 바로 에디슨의 전력 시스템 개발 과정을
연구하여 '기술 시스템 이론'을 제시하였다. 그에 의하면 기술 시스템은 기술뿐
아니라 사회적으로 구성된 실체이다. [Bijker, Wiebe E., Hughes, Thomas
P. & Pinch, Trevor (2012). *The Social Construction of Technological
Systems.* MIT Press.]

61. "에노스(1958)는 주요 혁신 이후 후속 개량에 의해 이루어진 비용 절감이 주
요 혁신이 최초로 도입되어 이루어진 비용 절감보다 훨씬 더 컸다고 지적하였
다." [네이선 로젠버그 (2001).《인사이드 더 블랙박스》. 이근 외 역. 대우학술
총서. 아카넷. 24쪽.]

62. 1624년 영국에서 독점법(Statue of Monopolies)이 통과됨으로써 발명가
의 지적 재산권이 보호를 받게 되었고 이것이 기술 발전 및 산업화에서 영
국이 비교우위를 지니게 된 요인이라고 이야기된다. [North, Douglass C.
& Thomas, Robert Paul (1973). *The Rise of the Western World: A New
Economic History.* Cambridge University Press. p. 154.]

63. Carroll, Rory (2002. 6. 17). "Bell Did Not Invent Telephone, US Rules".
The Guardian.

64. Wikipedia. "Canadian Parliamentary Motion on Alexander Graham

Bell".

65. 네이선 로젠버그 (2001). 《인사이드 더 블랙박스》. 이근 외 역. 대우학술총서. 아카넷. 254쪽.

66. 네이선 로젠버그 (2001). 《인사이드 더 블랙박스》. 이근 외 역. 대우학술총서. 아카넷. 258쪽.

67. 모든 조건을 충족했을 때 2만 5,000달러의 가격이 책정되었다. 군이 선불을 꺼린 것은 최초의 비행기 개발 투자에서 실패한 전례가 있었기 때문으로 보인다.

68. 1908년 토머스 셀프리지(Thomas Selfridge) 중위는 최초의 비행기 사고 사망자로 기록되었다.

69. Edwards, Vernon J. (2002. 7). "The True Story of the Wright Brothers' Contract". *WIFCON.com*. 이 기사는 라이트 형제의 사례를 통해 "성과 기반 계약"의 적합성에 의문을 제기하고 있다.

70. 네이선 로젠버그 (2001). 《인사이드 더 블랙박스》. 이근 외 역. 대우학술총서. 424쪽.

71. Chandler, Alfred D. (1990). "Integration and Diversification as Business Strategies: an Historical Analysis", *Business and Economic History*.

72. 이때 단일 업종 기업의 정의는 회사 내 최대 사업부의 매출 비중이 95%가 넘는 기업이다. [Rumelt, R. P. (1982. 10/11). "Diversification Strategy and Profitability". *Strategic Management Journal*. Vol. 3. Issue 4. pp. 359-369.]

73. 여기에서는 표준산업분류(SIC; Standard Industrial Classification)의 중분류 기준으로 사업을 나눴다. [Montgomery, Cynthia A. (1994. Summer). "Corporate Diversification". *Journal of Economic Perspectives*. Vol. 8. No. 3. pp. 163-178.]

74. Porter, Michael E. (1987). "From Competitive Advantage to Corporate Strategy". *Harvard Business Review*.

75. Lazonick, W. (1991). *Business Organization and the Myth of Market*

Economy. Cambridge University Press. p. 44.

76. 김덕호 외 (2013). 《근대 엔지니어의 탄생》. 에코리브르. 10–11쪽.

77. 피터 드러커 (2002). 《미래경영》. 이재규 역. 청림.

78. "조직은 전략을 따른다."라는 앨프리드 챈들러의 유명한 명제를 뒷받침한 사례 중의 하나가 GM의 사업부제이다. [Chandler, Alfred D. (1962). *Strategy and Structure: Chapters in the History of the American Industrial Enterprise*. MIT Press.]

79. Rae, J. (1959). *American Automobile Manufacturers: the First 40 Years*. Chiltern.

80. CCTV다큐제작팀 (2014). 《기업의 시대》. 허유영 역. 다산북스. 245쪽.

81. 프랭크 H. 이스터브룩, 다니엘 R. 피셀 프랭크 (1999). 《회사법의 경제학적 구조》. 이문지 역. 자유기업센터. 123쪽. 엄격한 사회계약론자였던 미국의 제3대 대통령 토머스 제퍼슨은 선조가 맺은 계약에 후손이 자동적으로 구속된다는 것에 반대하여 "최후의 재협상 이후 전체 인구의 절반이 태어났을 때는 언제나 헌법의 효력이 정지되고 수정되어야 한다."라고 제안했다. [같은 책. 39쪽.]

82. 물론 공직자에 대해서도 소환, 탄핵 등의 제도적 장치가 마련되어 있다.

83. 이것은 프랭크 이스터브룩의 논의에 약간의 해석을 추가한 것으로서, 제도를 순전히 경제적 측면에서 해석한 것이다.

84. 프랭크 H. 이스터브룩, 다니엘 R. 피셀 프랭크 (1999). 《회사법의 경제학적 구조》. 이문지 역. 자유기업센터. 160쪽.

85. Langlois, R. N. (2007). *The Dynamics of Industrial Capitalism*. Routledge. p. 30.

86. Jensen, M. C. & Meckling, W. H. (1976. 7. 1). "Theory of the Firm: Managerial Behavior, Agency Costs and Ownership Structure". *Journal of Financial Economics*. Vol. 3. No. 4.

87. Zenger, Todd R. & Hesterly, William S. (1997). "The Disaggregation of Corporations: Selective Intervention, High–Powered Incentives, and Molecular Units". *Organization Science*. Vol. 8. Issue. 3. pp. 209–222.

88. Baldwin, Carliss Y. & Clark, Kim B. (1997). "Managing in an Age of Modularity". *Harvard Business Review*.

89. Kelly, Eamonn (2015). *Business Ecosystem Come of Age: Introduction*. Deloitte University Press.

90. "The Incredible Shrinking Company" (1990. 12. 15). *The Economist*.

91. Zenger, Todd R. & Hesterly, William S. (1997). "The Disaggregation of Corporations: Selective Intervention, High-Powered Incentives, and Molecular Units". *Organization Science*. Vol. 8. Issue. 3. pp. 209–222.

92. 산업분류의 기준은 1992년 기준으로 이 비중을 계산한 Montgomery(73번 주석 참조)의 연구와 마찬가지로 SIC코드 중분류 기준을 활용하였다. 다만, 대상 기업이 미국 500대 기업이 아니라 전 세계 1,000대 기업이지만 결론을 바꿀 정도의 큰 차이가 있을 것으로는 생각되지 않는다. [김성표, 홍선영, 이동준 (2016). "글로벌 기업 사업구조 변화 특징과 사업변신 성공요인". 삼성경제연구소.]

93. Chandler, Alfred D. (1990). "The Enduring Logic of Industrial Success". *Harvard Business Review*.

94. 본 책의 '부록 4. 기업의 수평적 확장에 대한 이론'을 참고하라.

95. 아나톨 칼레츠키 (2011). 《자본주의 4.0》. 위선주 역. 컬처앤스토리.

96. "Family Companies: To Have and to Hold" (2015. 4. 18). *The Economist*.

97. "The Power of Families: Dynasties" (2015. 4. 18). *The Economist*.

98. Egloff, Camille & Bhalla, Vikram (2014. 10. 20). "Governance for Family Businesses: Sustaining the 'Magic' for Generations to Come". *bcg.perspectives*.

99. 공직처럼 임기제가 적용되지 않는다는 점은 앞에서 설명한 바 있다.

100. 홍성태 (2000. 6). "소니의 미국시장 공략과 코카콜라의 왕좌 지키기". 《신동아》.

101. Magee, David (2007). *How Toyota Became #1: Leadership Lessons*

from the World's Greatest Car Company. Portfolio.

102. Williamson, O. (1985). *The Economic Institutions of Capitalism*. The Free Press. p. 120. 저자는 이 부분을 "추가적인 고찰(some remarks)"이라는 항목 아래 적고 있는데, 내용 대부분을 1983년도 일본 방문 당시 이뤄졌던 일본 측 인사와의 인터뷰 결과에 의존한다고 언급함으로써 책의 중심 줄거리에서 살짝 비껴가는 뉘앙스로 다루고 있다.

103. Baldwin, C. Y. & Clark, K. B. (1997). "Managing in an Age of Modularity". *Harvard Business Review*.

104. Tiwana, A., Konsynski, B. & Bush, A. A. (2010). "Research Commentary−Platform Evolution: Coevolution of Platform Architecture, Governance, and Environmental Dynamics". *Information Systems Research*. 21(4). pp. 675−687.

105. 물론 기계 부품의 표준화 등 특정 기계나 설비의 수준에서는 모듈화가 진전되고 있었다. 논의의 수준을 구별할 필요가 있다.

106. 산업혁명기 영국 섬유산업에서 방직과 방적의 핑퐁 게임이 대표적인 예이다.

107. Tiwana, A., Konsynski, B. & Bush, A. A. (2010). "Research Commentary−Platform Evolution: Coevolution of Platform Architecture, Governance, and Environmental Dynamics". *Information Systems Research*. 21(4). pp. 675−687.

108. 김동민 외 (2015). "소재사업의 레고식 R&D 플랫폼 전략". 삼성경제연구소.

109. Langlois, R. N. & Robertson, P. L. (1992). "Networks and Innovation in a Modular System: Lessons from the Microcomputer and Stereo Component Industries". *Research Policy*. Vol. 21. Issue 4, pp. 297−313.

110. 자동차 산업의 경우 모듈화 추세는 부품업체 간 인수합병을 촉진시켜, 현재의 3,000여 개 부품업체가 향후 150개로 줄어들고 이 중 50여 개 업체가 시장을 주도할 것이라는 전망이 나온다. 업체 수의 감소는 상호작용의 강도를

강화시키고 공동체적 원리가 적용될 가능성을 높일 수 있다. [김종율 (2013. 12. 9). "21세기 자동차 설계의 화두 '모듈화'". 《Automotive Report》.]

111. Ozman, M. (2011). "Modularity, Industry Life Cycle and Open Innovation". *Journal of Technology Management & Innovation*.

112. "그것은 확실히 미국 기업이 저지른 사상 최대의 집단적 오류였으며 미국의 산업을 경쟁국에 비해 뒤처지게 만든 '거대한 실수'였다." [Davis, G. F., Diekmann, K. A. & Tinsley, C. H. (1994). "The Decline and Fall of the Conglomerate Firm in the 1980s: The Deinstitutionalization of an Organizational Form". *American Sociological Review*. Vol. 59. No. 4. pp. 547–570.]

113. "Is the Time Right for the Return of the Conglomerate?" (2009. 9. 2) *Financial Times*.

114. "From Alphabet to Warren Buffett: How the Conglomerate Was Reborn" (2015. 8. 15). *The Guardian*.

115. Cohan, Peter (2015. 8. 11). "3 Reasons Larry Page Is Not Warren Buffett or Jack Welch". *Forbes*.

116. 김우성 (2012). 《두근두근 자동차톡》. 미래의창.

117. 岩井克人 (2014. 7). "「顔を見せることが価値を生む時代へ". DIAMOND ハーバード・ビジネス・レビュー.

118. Weber, Max. (1947). *The Theory of Social and Economic Organization*. tr. Henderson, A. M. & Parsons Talcott. Oxford; Langlois, R. N. (2007). *The Dynamics of Industrial Capitalism*. Routledge. p. 70에서 재인용.

119. Dickens, Charles (1971). *A Christmas Carol: the Original Manuscript*. Courier Corporation.

120. 자크 앙크틸 (2007). 《목화의 역사: 흰 황금의 대서사시》. 최내경 역. 가람기획. 101쪽.

121. IBM은 종신고용을 상당 기간 회사의 경영원칙으로 유지하였다. 종신고용이 일본 등 동양만의 관행이었다고는 볼 수 없다.

| 에필로그 | 기업과 사람의 미래

1. 공안이란 선불교에서 수행자의 마음을 연마하는 데 쓰이는 일종의 시험문제다. 주로 수수께끼나 문제의 형태로 제시되는데, 한마디로 말하자면 논리를 초월하여 진리를 터득하는 지적 게임에 가깝다. [허문명 (2005. 7. 26). "나는 누구? … '공안'은 생각 바꾸기 훈련". 《주간동아》.]

2. Niesen, Max (2015. 10. 19). "Eric Schmidt Explains how Alphabet will Emulate Berkshire Hathaway and Warren Buffett". *Quartz*.

3. 워런 버핏, 로렌스 커닝햄 편 (2015). 《워런 버핏의 주주 서한》. 이건 역. 서울문화사. 179쪽.

4. 워런 버핏, 로렌스 커닝햄 편 (2015). 《워런 버핏의 주주 서한》. 이건 역. 서울문화사. 37쪽.

5. 워런 버핏, 로렌스 커닝햄 편 (2015). 《워런 버핏의 주주 서한》. 이건 역. 서울문화사. 66쪽.

6. 본 책 제4부의 〈2. 경영자와 대기업의 시대〉에서 "경영판단 존중 원칙의 이론적 근거"를 참고하라.

7. 워런 버핏, 로렌스 커닝햄 편 (2015). 《워런 버핏의 주주 서한》. 이건 역. 서울문화사. 109쪽.

8. Stinchcombe, Arthur L. (1965). "Social Structure and Organizations". in March, J. (ed.) *Handbook of Organizations*. Rand McNally, pp. 142–193.

9. 국제카톨릭성서공회. 《최신해설판성경(신약성경)》. 마태복음 6 : 21.

10. 이 계획은 유발 하라리가 말한 "집단적 상상"이라고 볼 수 있다. 기업의 비전과 근대 이전 사회의 집단적 상상의 차이는, 소설과 신화의 차이로 이해할 수 있다. 현대의 소설이 저자를 알 수 있고 계속 신작이 나오는 것에 반해, 고대의 집단적 상상인 신화는 저자도 알 수 없고 조상 대대로 정전(正傳)이 이어져 내려온다. 혁신은 우리 시대의 집단적 상상이며 인간의 협력을 나날이 새롭게 경신한다.

11. 개미들은 먹이를 발견하면 둥지까지의 경로에 페로몬을 뿌린다. 그런데 긴 경로에는 페로몬을 뿌리는 시간이 오래 걸리고 상대적으로 최초 페로몬의 향이 옅어진다. 짧은 경로가 상대적으로 강한 향을 유지하여 전체적으로 최적 경로를 발견하는 알고리즘이 성립한다. [Dorigo, Marco & Di Caro, Gianni (1999). "Ant Colony Optimization: a New Meta-Heuristics". *New Ideas in Optimization*. McGraw-Hill.]

12. 이것은 종교적 신앙의 전파와도 유사한 상황이다. "너는 나를 보고서야 믿느냐? 보지 않고도 믿는 사람은 행복하다." [국제카톨릭성서공회. 《최신해설판 성경(신약성경)》. 요한복음 20:29.]

13. 나심 니콜라스 탈레브 (2008). 《블랙 스완》. 차익종 역. 동녘사이언스.

14. 고재종 (2015). "기업의 지배구조 속에서 사회적 책임 이론의 적용: 이사, 집행임원의 경영책임을 중심으로". 한국경영법률학회. 《경영법률》. 25권 4호.

15. 이들만이 아니다. 이러한 핵심적 이해관계자들 주변에는 '게이트키퍼 (gatekeeper)'라고 불리는 집단이 있다. 바로 기업 관련 변호사, 신용평가기관, 회계감사를 담당하는 회계법인, 경제와 산업을 분석하고 전망하는 리서치 애널리스트 등이 그들이다. 이들의 영향력은 날이 갈수록 강대해지고 있다. [Hill, Claire A. & McDonnell, Brett H. (ed.) (2012). *Research Handbook on the Economics of Corporate Law*. Edward Elgar Publishing.]

16. 존 미클스웨이드, 에이드리언 울드리지 (2011). 《기업, 인류 최고의 발명품》. 유경찬 역. 을유문화사.

17. 글로벌 500대 기업에 이름을 올린 중국 기업은 2000년 10개, 2010년 46개에 불과했으나, 2015년에는 98개에 달했다. 더욱이 100위권 안에만 17개가 포진하였다. [Cendrowski, Scott (2015). "China's Global 500 Companies Are Digger than Ever—And Mostly State-Owned". *Fortune*.]

18. Williamson, Oliver (1999). *The Mechanisms of Governance*. Oxford University Press.

19. "사람보다 더 빨리 달리는 자동차가 만들어진 지가 100년이 훨씬 지났어도 달리기 운동이 쇠퇴하거나 없어지지 않았다." [배태일 (2016. 3). "이세돌: 알파

고, 누가 이길까?". cyberoro.com.]

20. Zuboff, S. (1989). *In the Age of the Smart Machine*. Basic Books. p. 58.

21. Zuboff, S. (1989). *In the Age of the Smart Machine*. Basic Books. p. 71.

22. Zuboff, S. (1989). *In the Age of the Smart Machine*. Basic Books. p. 63.

23. Polanyi, Michael (1962). *Personal Knowledge*. University of Chicago Press.

24. 1990년대 이후 기업조직은 대대적인 계층 철폐(delayering)를 통해 관리직 규모를 축소해왔다. 기업이 과거 중국의 관료 조직처럼 지식인을 고용해주던 시대가 저물어가고 있는 것이다.

25. 많은 사람이 전통적 숙련공의 직업으로 옮겨가고 있다. 인간에게만 가능한 감각적 숙련은 여전히 시장에서 대접을 받는다. 2014년 《월스트리트저널》에 따르면, 로스앤젤레스 지역 대졸자 중 48%가 4년제 학위를 요구하지 않는 직장에서 일하고 있는데 이들을 반드시 하향 취업이라고만 볼 수는 없으며, 15만~20만 달러 수준의 연봉을 받는 용접기술자 등 고소득 블루칼라가 점점 더 늘어나고 있다고 한다. [Josh Mandel (2014. 4. 21). "Welders Make $150,000? Bring Back Shop Class". *The Wall Street Journal*.]

26. Godin, Seth (2009). "The Tribes We Lead". TED 강연.

27. 크리스 앤더슨 (2013). 《메이커스: 새로운 수요를 만드는 사람들》. 윤태경 역. 알에이치코리아.

28. 박미용 (2008. 5). "왜 공룡은 거대했을까?". The Science Times.

29. 김경수 (2009). 《노자역주》. 문사철. 38장.

30. 유발 하라리 (2015). 《사피엔스》. 조현욱 역. 김영사. 124쪽.

31. 아서 코난 도일 (2013). "너도밤나무 저택", 《주석 달린 셜록 홈즈 1》. 승영조 역. 현대문학. 521쪽.

32. 최정규 (2009). 《이타적 인간의 출현》. 뿌리와이파리.

33. Saint-Exupery, Antoine de (1967). tr. Galantiere, L. *Wind, Sand and Stars*, Harcourt Brace Javanovivh.

34. Saint-Exupery, Antoine de (1967). tr. Galantiere, L. *Wind, Sand and*

Stars, Harcourt Brace Javanovivh.

35. Friedman, Milton (2002). *Capitalism and Freedom: 40th Anniversary Edition*. University of Chicago Press.

| 부록 |

1. Tougias, Michael J. (2007). *When Man is the Prey*. Macmillan.

2. 미국 스탠퍼드 대학 연구팀은 DNA 분석을 통해 인류의 발자취를 뒤쫓는 제노 그래픽 프로젝트(DNA 자료를 근거로 인류의 이동을 파헤친《내셔널 지오그래 픽》의 프로젝트)를 통해 7만 년 전쯤 극심한 가뭄으로 현생인류가 2,000명 수준 까지 줄어들었다는 내용의 보고서를 미국 유전학 저널에 게재했다. 이 결론 은 극적인 만큼 논란도 있다.

3. 실제 문제는 이것보다 더 복잡하다. 상대방의 이득에 감정이입을 해서 얻은 나 의 이익에 대해서 상대방이 또 공감할 것이므로 이 과정은 무한급수가 될 것이 다. 너무 복잡하므로 일단 여기서는 상대방이 얻은 실질적 이득에만 공감하고, 공감으로 얻은 정신적 기쁨에 대해서는 공감하지 않는다고 인위적 가정을 해 보자.

4. 엘리너 오스트롬 (2010).《공유의 비극을 넘어》. 윤홍근, 안도경 역. 랜덤하우스 코리아.

5. Lendering, Jona. "Eye of the King". Livius.org. Livius.org는 네덜란드의 역 사학자 요나 렌더링이 1996년부터 운영한 비영리 고대사 관련 사이트이다.

6. 엘리너 오스트롬 (2010).《공유의 비극을 넘어》. 윤홍근, 안도경 역. 랜덤하우스 코리아. 48-49쪽.

7. Smith, John Maynard (1982). *Evolution and the Theory of Game*. Cambridge University Press [최정규 (2013).《게임이론과 진화 다이내믹스》. 이음에서 재인용.]

8. 물론 이 게임에서는 개체 간의 전투력 차이가 없다고 가정한다. 몸집이 크거나

작거나 병약해 보이거나 혹은 털 상태가 좋거나 나쁘거나 하는 상황에 따라 실제 자연계에서 나타나는 경쟁 양상은 매우 복잡할 것이다.

9. 최정규는 이렇게 비판한다. "부르주아 전략(재산권 인정)이 그렇게 좋은 것이라면 그 전략이 왜 진작 출현하지 못하고, 지금으로부터 1만 1,000년 전을 전후로 해서, 인류가 농경사회에 진입하면서 비로소 그 모습을 드러내게 되었는가에 대해 설명하지 못한다." [최정규 (2013). 《게임이론과 진화 다이내믹스》. 이음.] 그러나 존 메이너드 스미스의 단순 모델은 영역 행동과 같은 원시적 재산권에 대한 것이지 인간의 재산권 일반을 설명할 수 있는 모델은 아니라고 생각된다.

10. 마틴 노왁, 로저 하이필드 (2012). 《초협력자: 세상을 지배하는 다섯 가지 협력의 법칙》. 허준석 역. 사이언스북스. 149쪽.

11. Sober, Eliott & Wilson, David Sloan (1998). *Unto Others: The Evolution and Psychology of Unselfish Behavior*. Harvard University Press.

12. 이 역설을 맨 처음 제시한 영국의 통계학자 에드워드 심슨의 이름을 딴 것이다. 나무위키에도 '심슨의 역설'이라는 항목 아래 훌륭하게 설명되어 있다. [〈https://namu.wiki/w/%EC%8B%AC%EC%8A%A8%EC%9D%98%20%EC%97%AD%EC%84%A4〉.]

13. Hart, Oliver (1995). *Firms, Contracts, and Financial Structure*. Oxford University Press. Part 1. Ch.1 footnote 18.

14. Hart, Oliver (1995). *Firms, Contracts, and Financial Structure*. Oxford University Press. p. 32.

15. 베인에 따르면 352명의 글로벌 기업 경영자에 대한 설문조사에서 인수합병의 성과가 저조한 원인으로서 시너지 효과에 대한 과대평가를 두 번째 요인이라고 답하였다. [Miles, Laura, Borchert, Adam & Ramanathan, Alexandra Egan (2014. 8). "Why Some Merging Companies Become Synergy Overachievers". Bain & Company.] 예를 들어 시너지 효과에 대해 상위 경영자는 긍정적이지만 실무자는 부정적이라는 연구 결과도 있다.

16. Goold, Michael & Campbell, Andrew (1998). "Desperately Seeking Synergy". *Harvard Business Review*.

17. "다수의 제품을 생산하는 기업의 존재 자체가 신고전경제학이 상정하는 비용 함수로는 설명이 안 된다." [Teece, D. J. (1980. 9). "Economies of Scope and the Scope of the Enterprise". *Journal of Economic Behavior* & *Organization*. Vol. 1. Issue 3. pp. 223−247.]

18. 이우창 (2011. 10. 20). "산업용 온도계 선두 기업… 가정용에는 왜 실패했을까?". 《한국경제신문》.

19. Aron, D. J. (1988. 2). "Ability, Moral Hazard, Firm Size, and Diversification". *The RAND Journal of Economics*. 19(1). pp. 72−87.